हिंदी–काव्य में प्रगतिवाद और अन्य निबंध

वाणी प्रकाशन
21-ए, दरियागंज, नयी दिल्ली-110002
फोन : 011-23273167, 23275710, 41562622
फैक्स : 011-23275710
e-mail : vani_prakashan@yahoo.com
vaniprakashan@gmail.com
website : vaniprakashan.com

हिंदी–काव्य में प्रगतिवाद और अन्य निबंध

विजयशंकर मल्ल

प्रस्तुति
विष्णु चंद्र शर्मा

वाणी प्रकाशन का लोगो
विख्यात चित्रकार मकबूल फिदा हुसेन
की कूची से

ISBN : 81-8143-652-0

वाणी प्रकाशन
21-ए, दरियागंज, नयी दिल्ली-110002
द्वारा प्रकाशित

प्रथम संस्करण : 2007

आवरण : वाणी चित्रांकन

जयभारत प्रिंटिग प्रेस, दिल्ली-110032
द्वारा मुद्रित

मूल्य : 300.00

**HINDI KAVYA MEIN PRAGATIVAD
AUR ANYA NIBANDH**
by **Vijayshankar Malla**

वक्तव्य

प्रस्तुत पुस्तक का उद्देश्य आधुनिक हिंदी-काव्य की नवीनतम प्रवृत्ति 'प्रगतिवाद' का सुबोध विवेचन है। मैंने यह प्रयत्न किया है कि इसमें प्रगतिवाद की साहित्यगत आवश्यकता का उल्लेख उसके सैद्धांतिक और व्यावहारिक पक्ष का निरूपण तथा उसकी सद्सद् प्रवृत्तियों का निर्देश, स्पष्ट रूप में हो जाए।

पुस्तक सन् 1945 के अप्रैल में तैयार हो गई थी। फिर विचार हुआ कि इसका और विस्तार कर दिया जाए; पर कई कारणों से यह कार्य रुकता गया और विलंब होने लगा इसलिए जहाँ-तहाँ बहुत थोड़े परिवर्तन के साथ, प्रायः उसी रूप में, 'हिंदी-काव्य में प्रगतिवाद' प्रकाशित हो रहा है।

यह कहना कि श्रद्धेय गुरुवर पं. विश्वनाथप्रसाद जी मिश्र की कृपा से ही यह पुस्तक इस रूप में उपस्थित की जा रही है, तथ्य का कथन मात्र है। श्रद्धेय गुरुवर-द्वय पं. केशवप्रसाद जी मिश्र और पं. नंददुलारे जी वाजपेयी ने एक-एक बार इसकी पांडुलिपि देखकर मुझे प्रोत्साहित किया है। यद्यपि शब्दों द्वारा गुरुजनों के स्नेह और अनुग्रह का उल्लेख करना कठिन है तथापि प्रचलित रीति के अनुसार उपर्युक्त महानुभावों_के प्रति मैं हार्दिक कृतज्ञता ज्ञापित करता हूँ। इस पुस्तक में जिन लेखकों की रचनाओं से किसी प्रकार के उद्धरण दिए गए हैं उन सबका मैं ऋणी हूँ। अंत में मैं उन सभी मित्रों का आभार स्वीकार करता हूँ जिनकी प्रेरणा से इस पुस्तक को प्रकाशित कराने में शीघ्रता करनी पड़ी। प्रियवर श्री नामवर सिंह ने भी पुस्तक का नामानुक्रम तैयार करके मेरी सहायता की है।

यदि यह पुस्तक जिज्ञासुओं को प्रगतिवादी काव्य की गतिविधि संमझने में कुछ भी सहायक हुई तो मैं अपना श्रम सार्थक समझूँगा।

हिंदू विश्वविद्यालय, काशी

अगस्त '47

—विजयशंकर मल्ल

इस दूसरे संस्करण में कुछ नवीन सामग्री जोड़ दी गई है और कई जगह थोड़ा बहुत परिवर्तन और परिवर्द्धन भी हुआं है। इस प्रकार छः अध्यायों के स्थान पर अब सात अध्याय हो गए हैं। पुस्तक के अंत में पहले संस्करण की भाँति नामानुक्रमणिका देने की आवश्यकता नहीं समझी गई।

जून 1950

—लेखक

इस संस्करण में मूल पुस्तक के साथ लेखक के अन्य निबंध भी सम्मिलित किए गए हैं।

प्रस्तुति : विष्णु चंद्र शर्मा

अनुक्रम

इतिहास की खोई हुई आवाज थे प्रो. विजयशंकर मल्ल

(1)

एक पूरा इतिहास उनके साथ खो गया। कम से कम आचार्य रामचंद्र शुक्ल और आचार्य केशव प्रसाद मिश्र के समय का काशी हिंदू विश्वविद्यालय। 'चर्चिल कट' मूँछ थीं शुक्लजी की। वे जब मंद-मंद मुस्कुराते थे, उनकी मूँछों में हँसी के कण नजर आते थे। शुक्लजी अपनी हर किताब के हाशिए पर नोट लिखते थे और उनके नोट पेंसिल से लिखे हुए होते थे।

उस दिन प्रो. विजयशंकर मल्ल बेहद खुश थे और डॉ. बच्चन सिंह के साथ वे विश्वविद्यालय के एक-एक प्रसंग की चर्चा कर रहे थे।

मैंने 56-57 में हिन्दी में एम.ए. करते समय मल्लजी को देखा था, वे लड़कियों के सामने आँखें नीची कर लज्जाधुर नजर आते थे। लड़कियाँ अपनी कापियाँ उनको दे रही थीं। उन कापियों में भारतेंदु, बालमुकुंद गुप्त, प्रतापनारायण मिश्र के साहित्य का मूल्यांकन था या प्रसंग थे भारतेंदु युग के। लड़कियाँ उन प्रसंगों पर कुछ सवाल पूछ रही थीं। खासतौर पर माधुरी। और मल्लजी मुझे संबोधित कर रहे थे, "शर्मा जी, इनसे कह दें कापियाँ रख जाएँ।" मैंने मुस्कुराते हुए माधुरी को देखा और वह चली गई अपनी सहेलियों के साथ।

'ऊधव शतक' रत्नाकर की पुस्तक मल्लजी हमें पढ़ाते थे। हर बार पढ़ाने के पहले कुछ शंकाएँ उनके मन में उठती थीं। वे पास में बैठे आचार्य विश्वनाथ प्रसाद मिश्र से उन शंकाओं का समाधान कर रहे थे। मैं 'ऊधव शतक' के खुले हुए पन्ने देख रहा था, जहाँ मल्लजी के नोट दाएँ-बाएँ, ऊपर-नीचे भरे हुए थे।

आचार्य विश्वनाथ प्रसाद मिश्र, रीतियुग और मध्ययुग के अद्वितीय पंडित थे। अक्सर विद्यार्थी या प्राध्यापक उस युग की कविता या उसके पद की व्याख्या उनसे पूछते थे और अर्थ बताते हुए उनकी आँखें चश्मे के भीतर चमक उठती थीं।

अर्थ खोलते हुए उनकी बत्तीसी खिल उठती थी।

तो मैं बात बच्चन सिंह जी और मल्लजी से कर रहा था, लेकिन मुझे याद आ रहे थे प्रो. विजयशंकर मल्ल के विश्वविद्यालय के प्रसंग। एम.ए. के विद्यार्थियों का 'भारतेंदु युग' एक विशेष पेपर था। मल्लजी उसके असाधारण विद्वान थे।

प्रतापनारायण मिश्र के 'ब्राह्मण' की फाइल हो या भारतेंदु की कोई दुर्लभ किताब हो, मल्लजी अक्सर अपने खजाने से उसे दिखाते थे और मुस्कुराहट उनके चेहरे पर खिल जाती थी।

तब मल्लजी कमच्छा में रहते थे। सामने ऐनी बेसेंट की मूर्ति और हिंदू स्कूल का अहाता था। गली के मोड़ का पहला मकान मल्लजी का था। यह मकान मेरी तरह अनगिनत लेखकों का अपना घर था। एम.ए. करते समय अपनी गरीबी में कवि नरेश मेहता भी आकर यहाँ पढ़ा करते थे और कभी त्रिलोचन अपनी फाकेमस्ती में रात-दिन यहीं आकर कविताएँ लिखा करते थे।

आज भी मल्लजी के पास 'क्षत्रिय-मित्र' की फाइल में त्रिलोचन की अनगिनत कविताएँ मैंने देखी हैं। अक्सर त्रिलोचन कविता लिखकर देर-सवेर कागज मल्लजी के पास छोड़ जाते थे। यह त्रिलोचन के 'धरती-काल' का प्रसंग है। शायद त्रिलोचन को भी अब याद न हो कि उनकी ढेरों कविताएँ मल्लजी के खजाने में सुरक्षित हैं।

सुरक्षित तो पूरा भारतेंदु युग उनके नए घर में है। इधर 'निराला निवेश' में पत्रकार चंद्रकुमार, प्रो. विजयशंकर मल्ल, प्रो. बच्चन सिंह या तो घूमते हुए नज़र आते थे या बातों के बीच इनके ठहाके सुना करता था मैं।

उस दिन दिल्ली में एक स्कॉलर आया था अमेरिका से। मैंने उससे कहा था कि शुक्लजी पर काम करने से पहले आप बनारस जाकर 'रस-मीमांसा' की पांडुलिपि जरूर देख लें।

मैंने उसे मल्लजी का पता लिखवाया था। उसने बनारस से लौटकर अफसोस के साथ कहा था कि, "बनारस में खोजने पर भी 'रस-मीमांसा' की पांडुलिपि मुझे नज़र नहीं आई।"

जब डॉ. रामविलास शर्मा 'आर्य भाषा पुस्तकालय' में भारतेंदु पुस्तक पर काम कर रहे थे, उस समय भी मल्लजी अक्सर आते थे। उस समय भी मल्लजी मदद करते थे।

एक बार मेरे घर पर आठ-दस दिन रहे थे प्रो. मल्ल। हम सुबह से बैठते थे। वह तख्त पर प्रतापनारायण मिश्र की कविताओं का क्रम लगा रहे थे या प्रवृत्तियों के अनुसार उनका विभाजन कर रहे थे। बीच-बीच में मैं उठकर चाय बनाता था, चेहरे पर मल्लजी के थकान देखता था। चाय के लिए जब मैं पूछता था—

'कै चम्मच दूँ चीनी'

वो मुस्कुराकर डिब्बा कप में उलट देते थे और मैं हँसकर चाय पीने लगता था।

एक दिन सारे बनारस में खोजने के बाद भी मुझे चंद्रशेखर शुक्ल की लिखी हुई, 'आचार्य रामचंद्र शुक्ल' की जीवनी कहीं नहीं मिली थी।

मैंने मल्लजी से अपनी परेशानी बताई, उन्होंने आश्वासन दिया था, ''कल मैं खोज के बताऊँगा।''

मणिकर्णिका घाट के रास्ते पर एक सँकरी गली ऊपर की ओर जाती है। चंद सीढ़ियाँ चढ़ने के बाद आचार्य विश्वनाथ प्रसाद मिश्र का मकान है। उसका नाम वाणी वितान है। विशारद या एम.ए. के समय अनगिनत बार इस मकान में मैं आया हूँ। यहीं शुक्लजी की 'रस-मीमांसा' का संपादन किया था। यहीं केशव और घनानंद की रचनावली का संपादन किया था। यहीं सूरसागर के हर पद का भाष्य लिखा था। यहीं उनके बेटे चंद्रभूषण की मौत पर मैंने आहत मिश्र जी की अंतःकथा उनसे सुनी थी। जब भी आया कुछ लेकर ही गया। उस दिन प्रो. मल्ल यहीं से आचार्य रामचंद्र शुक्ल की जीवनी मेरे लिए लाए थे।

वो जितने सरल थे, उतने ही उदार थे। पर अपनी पुस्तकों के खजानों के प्रति उतने ही 'सूम' थे। बनिया जैसे अपने गल्ले को सँभालकर रखता है, मल्लजी के घर में उसी तरह भारतेंदु युग का पूरा खजाना 'सूम' के धन की तरह पड़ा हुआ है।

उदार वो इतने थे और सहज कि मेरे हाथ से **संकल्प प्रकाशन** की पुस्तकें लेकर वह विश्वविद्यालय लाइब्रेरी में गए थे और मुझे कुछ दिनों बाद उन पुस्तकों के बिल का भुगतान करने मेरे घर आए थे।

1972 से **सर्वनाम** को वह खरीद कर पढ़ते थे। शुरू में पत्र भी लिखते थे। उनके दो पत्र सर्वनाम में छपे भी थे। बाद में मैंने देखा कि लिफाफे में सर्वनाम बंद है। और उसे खोलकर मल्लजी ने देखा भी नहीं है। वह क्यों उदासीन थे अपने लेखन से।

दो साल मैं लगातार 'वाणी प्रकाशन' को 'प्रतापनारायण ग्रंथावली' देने के बाद पत्र लिखता रहा पर एक पेज की भूमिका मल्लजी नहीं लिख सके। भारतेंदु युग की सारी पुस्तकें उनके पास थीं। अक्सर वो उन पर बात भी करते थे, पर जब मैं कहता कि सर्वनाम में आप नियम से भारतेंदु युग पर लिखते रहें, वे मुस्कुराते थे, अरे कहकर उठ जाते थे। फिर कोई उनके साथ आता था। मेरे लिए लस्सी और कुछ मिठाई लिए हुए। वो मुस्कुराते थे, अरे विष्णुजी चीनी तो आप लेते ही नहीं हैं, फिर फीकी चाय, या फीकी लस्सी कैसी लगती होगी आपको। मैं उनके चेहरे को गौर से देखता। लंबूतरे चेहरे में विस्मय विमुग्ध आँखें।

उस दिन से आज तक मैं कहते हुए थक गया, पर मल्लजी ने न भारतेंदु युग पर कुछ लिखा न मुझे बोल कर लिखवाया कुछ। न ही अपने बेटे या बेटियों को भारतेंदु युग पर शोध करने के लिए प्रेरित किया।

कभी शमशेर ने नामवर सिंह में सामंती संस्कार देखे थे। बात सामंती संस्कार पर चल रही थी, त्रिलोचन ने कहा, मल्लजी के गाँव से राशन आता था। एक नौकर इनकी धोती कचारता था, दूसरा इनके कॉलेज जाने के कपड़े लिये हुए खड़ा रहता था। मल्लजी ने सामंती जीवन का गहरा अनुभव किया था पर वे कहीं से सामंत नहीं थे। हाँ, जितना खुलकर मैं या मेरी तरह उनके विद्यार्थी उनसे बात कर सकते थे, उनका बेटा, बहू या बेटी उनसे अपनी जिज्ञासा भी सरल ढंग से प्रकट नहीं कर सकते थे।

यह आतंक एक बार मैंने दिल्ली में उनकी बेटी और दामाद में देखा भी था। मल्लजी नहाकर आए थे और देख रहे थे 'कुछ'। अरे भाई कहाँ रख दिया? उन्होंने कहा था, चारों ओर देखा था। बेटी और दामाद उस कुछ को बिस्तर, मेज, यहाँ-वहाँ खोज रहे थे, और वो कुछ उनका चश्मा था जो उनके हाथ में था। मैंने कहा—आप चश्मा तो नहीं खोज रहे हैं, वे हँसे, अरे भाई यही तो खोज रहा था। दूसरे कमरे में बेटी और दामाद की हँसी मैंने सुनी थी।

नाम मुझे याद नहीं है, लेकिन प्रगतिवाद पर पहली पुस्तक प्रो. विजयशंकर मल्ल ने लिखी थी जो आज भी कहीं संदर्भ ग्रंथ के रूप में किसी न किसी विश्वविद्यालय में पढ़ाई जाती है। मैंने कई बार कहा था, शिवदान सिंह चौहान जब 'हंस' के संपादक थे, 1940-43 के बीच, तबसे आप प्रगतिशील लेखक संघ के सक्रिय सदस्य रहे हैं, तभी आपने यह पुस्तक भी लिखी थी। मुझे बीच में रोककर वह हँसे थे, अरे भाई, आपने अच्छा याद दिला दिया।

शायद टेक्स्ट बुक में अधिक समय देने के कारण मल्लजी का लेखन स्थगित होता गया। शायद उनके साथ का कोई मित्र लेखक भी नहीं था जो उन्हें झँझोड़ कर लिखने के टेबल पर बैठा देता...।

उस दिन मेरी बहन, सत्यवती शर्मा का फोन आया था। मल्लजी के मकान से सटा हुआ उनका घर है। बहन ने कहा, "दो दिन से मल्लजी यही कह रहे थे चक्कर आता है बहन जी।" सत्या से वह खुलकर अपनी बात कह सकते थे, कहते भी थे। बहन ने ही मुझे बताया 31 अगस्त को मल्लजी नहीं रहे।

मैं तब से उन सारे प्रसंगों को सिलसिलेवार रखने की कोशिश कर रहा हूँ जिनके केंद्र में मल्लजी थे। आज केंद्र ही खाली है और पूरा भारतेंदु युग फाइलों में कहीं रखा है। शुक्लजी से लेकर आज तक का अनुभव का विशाल संसार भी बेतरतीब नजर आ रहा है, क्योंकि उन्हें तरतीबवार रखने वाला आदमी ही नहीं रहा। वो मेरे गुरु थे, पर अंत तक वो मुझे एक मित्र की तरह पास बैठाकर बहुत कुछ बताते थे। आज टेपरिकॉर्डर तो है मेरे पास पर उसमें टेप करने वाली इतिहास की वो आवाज ही खो गई है।

(2)

आज 3 अगस्त 2006 का दिन है। मैंने दूसरी बार 'काव्य में प्रगतिवाद' पुस्तक पढ़ी। फिर डॉ. रामविलास शर्मा, डॉ. शिवदान सिंह चौहान, डॉ. नामवर सिंह के लिखे हुए 'प्रगतिवाद' पर विचार या प्रवृत्तियों की याद आई। मल्लजी ने 'प्रगतिवाद' को भारतेंदु युग के हँसमुख गद्य की परंपरा से जोड़ा। राहुलजी ने कभी पुश्किन की जातीय चेतना के साथ भारतेंदु की तुलना की थी।

प्रगतिवाद के साथ कम्युनिस्ट पार्टी के लेखकों और पार्टीबद्ध लेखक की क्या भूमिका थी? सोवियत संघ की क्रांति के साथ भारत की प्रगतिशील भूमिका क्या है? इस पर लंबी बहस इस देश में हो चुकी है। अभी 'विशाल भारत' में छपे स्व. शिवदान सिंह चौहान के लेख 'प्रगतिवाद' पर, डॉ. पुरुषोत्तम अग्रवाल ने व्यापक मुठभेड़ की है। इस पुस्तक में चौहान के लेख उसी की चर्चा मल्लजी ने ऐतिहासिक उपलब्धि के रूप में की है। सिर्फ उस एक लेख को पढ़कर जीवन भर डॉ. रामविलास शर्मा मार्क्सवाद और प्रगतिवाद में चौहान की भूलों या नासमझी पर टिप्पणी जड़ते रहे हैं।

आज जब इस पुस्तक के लेखों की खोज करने के साथ मैं 1943 से 1952 तक 'मार्क्सवाद और प्रगतिवाद' का विजयशंकर मल्ल की चिंतनधारा का सर्वेक्षण कर रहा हूँ तो मुझे फिर से संवाद या विवाद के मुद्दों पर उनके बड़े व्यक्तित्व की याद आ रही है।

वह प्रगतिवाद की विचारधारा को यथार्थवाद की जमीन पर परखते हैं और उस धारा को भारतेंदु से नेपाली तक के स्वदेशी संघर्ष की रोशनी में परखते थे। मार्क्स और एंगेल्स ने बार-बार 'यथार्थवाद की सर्वमान्य क्लासिकीय अवधारणा को निरूपित किया है।' मल्लजी प्रगतिवाद पर विचार करें या जैनेन्द्र के नायकों को परखें, वह एंगेल्स की तरह रचना या रचनाकार में यथार्थवाद का अर्थ तलाशते हैं। चाहे वह व्यंग्य रचनाओं में हो या शुक्लजी के व्यक्तिव्यंजक निबंधों में हो, वह 'तफसील' की सच्चाई को परखते हैं। शुक्लजी के 'विकासवाद' की चर्चा इन निबंधों में नहीं है पर काडवेल, इलियट, मार्क्स को साहित्य की यथार्थवादी परंपरा में अपने ढंग से याद करते हैं प्रो. मल्लजी। उनका अपना ढंग 'आम परिस्थितियों में, आम चरित्रों का सच्चाई भरा पुनःसृजन ही है।' मल्लजी ने लोक और कर्ता कवि की संवेदनशील सामाजिकता को इसी दृष्टि से परखा या व्याख्यायित किया है।

हिंदी के आम आलोचकों की तरह वे रूसी क्रांति या रूसी कवियों, आलोचकों या काडवेल की स्थापनाओं का जहाँ-तहाँ उपयोग नहीं करते, बल्कि वे भारतेंदु युग के बाद प्रगतिवादी युग में लोक और साहित्य के अन्योन्याश्रित संबंध की ऐतिहासिकता पर जोर देते हैं। करीब से और गहराई से प्रगतिवाद के इतिहास को वह परखते हैं। वे लगातार प्रगतिशील तत्त्व और आधुनिक रूसी काव्य के श्रेष्ठ और

घटिया काव्य (कृत्रिम) का अंतर बताते हैं। यह एक दिलचस्प मुद्दा है कि प्रकाशचंद्र गुप्त से नेमिचंद्र जैन तक काडवेल को हर आलोचक ने उसकी पुस्तक 'Illusion and Reality' (भ्रम और यथार्थ) से परखा है। इससे उद्धरण भी दिए हैं, पर साहित्य के प्रचार और पुनःसृजन की बहस मल्लजी ने पहली बार यहाँ शुरू की है। वे न तो आजादी के बाद शाश्वत या शास्त्रीय मूल्यों की रक्षा करते हैं न ही प्रगतिशीलता के नाम पर पार्टीबद्ध भ्रम को स्वीकार करते हैं। एक मायने में वे काडवेल और हिंदी आलोचकों से हटकर कवियों की संवेदना और क्लासिकीय अवधारणा पर इन लेखों में खुली बातचीत करते हैं। रामविलास शर्मा ने प्रगतिवाद के बहाने पंत का मजाक उड़ाया है, पर मल्लजी ने सामाजिक जीवन की व्याख्या करते हुए पंत की प्रगतिशील भूमिका को देखा-परखा है। निराला, पंत, नरेंद्र शर्मा, नेपाली सभी 'अनंत काल व्यापी मानव जीवन की भावात्मक सत्ता का आभास' देने वाले प्रगतिशील रचनाकार हैं। कवि पंत, नरेंद्र शर्मा, निराला, सुमन और नेपाली और केदारनाथ अग्रवाल की नैसर्गिक लोक शक्ति और अनुभूति की व्याख्या की है।

तीव्रता के साथ कला रूपों की मल्लजी ने व्यापक धरातल पर समीक्षा की है। इस दृष्टि से 'काव्य में प्रगतिवाद' पुस्तक ऐतिहासिक भी है और अपने मूल्यांकन में पारदर्शी भी। उस दौर के अंतर्विरोधी सिद्धांतों को समझने के लिए यह एक दस्तावेज है।

(3)

आज जब सोवियत संघ बिखर चुका है, मार्क्सवाद का एक रहा सहा 'मॉडल' बिखर गया है। पुराना आधार नहीं रह गया है, ऐसी स्थिति में मल्लजी से सैद्धांतिक और व्यावहारिक आलोचना की साहित्यिक दृष्टि से पहचान की है। नया आलोचक उनसे बहुत कुछ सीख सकता है। नया आलोचक बिना समीपवर्ती परंपरा से सीखे मार्क्सवाद और साहित्य पर एक ओर सैद्धांतिक अराजकता फैला रहा है और दूसरी ओर श्रेष्ठ साहित्य पर अटकल लगा रहा है। ऐसे मार्क्सवादी तत्त्वों की कमजोरियों को उसी समय गहराई से मल्लजी ने पकड़ लिया था। 'आजकल मार्क्सवाद के राजनीतिक विचारों से संपूर्ण साहित्यिक प्रणालियों को ढँक देने का अवांछनीय उपक्रम' कुछ लोग कर रहे हैं। व्यवहार में चाहे मार्क्सवाद के सिद्धांतों से कोसों दूर हों, पर वहीं से खड़े-खड़े मार्क्सवाद की जय मनाना....एक फैशन हो गया है। आजकल के नए कविगण प्रायः आलोचक भी होते हैं या आलोचक कहलाने के लिए उत्सुक रहते हैं।"

प्रगतिशील साहित्य और मार्क्सवादी सिद्धांतों में गड़बड़ी फैलाने वाले दो तरह के लोग आज भी हैं। एक हैं, जिन्हें मल्लजी ने 1952 में आगाह किया था और लिखा

भी था, "एक तो कम्युनिस्ट पार्टी का दलगत साहित्य (पार्टी लिटरेचर) जिसमें रूसी कम्युनिस्ट पार्टी की नीति को सर्वोपरि महत्त्व दिया गया था। दूसरी वे कृतियाँ जिनमें मार्क्स के द्वंद्वात्मक भौतिकवाद की विकृति तो अंतर्निहित रहती है, पर कम्युनिस्ट पार्टी की नीति का बंधन जिन्हें स्वीकार नहीं।"

शिवदान सिंह चौहान, रामविलास शर्मा और नामवर सिंह के 'प्रगतिवाद की परख' के अंतर्विरोध यहीं से शुरू होते हैं। जब तक वे पार्टी के किसी पद—महामंत्री, अध्यक्ष पद पर विराजमान रहते हैं, तब तक उनके मार्क्सवाद में संकीर्णता बरकरार रहती है। कभी-कभी वे अपनी भूलों का पुनर्मूल्यांकन भी करते हैं लेकिन उस समय भी वे अपनी भूलों को स्वीकार नहीं करते। जैसे 'रूपतरंग और प्रगतिशील कविता की वैचारिक पृष्ठभूमि' में रामविलास शर्मा, त्रिलोचन का पुनर्मूल्याकंन करते हैं, पर यह नहीं बताते वे इतने समय क्यों भूले रहे उन्हें।

विजयशंकर मल्ल कभी कम्युनिस्ट पार्टी के सदस्य नहीं रहे, प्रगतिशील लेखक संघ के हिस्सेदार जरूर रहे। 'हिंदी काव्य में प्रगतिवाद और अन्य निबंध' का संग्रह करने के बाद मेरा निश्चित विचार है कि समकालीन कवियों को पढ़ने की इस पुस्तक से नई भूमिका तैयार हो सकती है। पार्टी संगठनों का रूप अब बदल चुका है, लेकिन इस पुस्तक से प्रगतिवाद के अंतर्विरोधों से मुठभेड़ करने की भूमिका तैयार हो सकती है। क्योंकि कवियों को मुख्य धारा में देखने की यह एक खुली किताब है। प्रगतिवाद आज 2006 में भी समीपवर्ती कवियों की इसी परंपरा के नाते कविता की मुख्य धारा है। प्रगतिवाद की प्रवृत्तियाँ आज भी वही हैं जिनकी चर्चा मल्ल जी ने की थी। एक, स्वतंत्रता की भावना और अंतर्राष्ट्रीयता। दो, परिवर्तन की पुकार। तीन, समाजवादी यथार्थवाद। चार, सामाजिक समस्याओं के प्रति जागरूकता। पाँच, काव्य के विषय में अति सामान्य धारणा और छठा बौद्धिकता और व्यंग्य का प्रसार।

(4)

यह नई भूमिका क्या है? यह है विजयशंकर मल्ल की आलोचना की भाषा। यह भाषा आचार्य रामचंद्र शुक्ल की साहित्य की उद्भावना की भाषा है। 'आचार्य रामचंद्र शुक्ल की गद्य-शैली' पर लिखा है, "शुक्लजी के साहित्य को यदि हम विषय की दृष्टि से देखें तो पाएँगे कि प्रकट किए जाने वाले विचारों या भावों की शृंखला बनाकर उनमें पूर्णतया तारतम्य स्थापित कर क्रमबद्ध रूप में उनका उद्घाटन किया गया है। कोई ऐसा स्थल शायद ही मिले जहाँ पाठक कहे कि यहाँ अमुक बात छूट गई है। शैली की दृष्टि से इनकी रचनाओं में इनका व्यक्तित्व यहाँ से वहाँ तक साफ झलकता मिलेगा। जिन लोगों ने शुक्लजी को निकट से देखा है, वे इस तथ्य को और ठीक तरह समझ सकते हैं।"

मैंने मल्लजी को निकट से देखा है इसलिए उनकी भाषा में उनका व्यक्तित्व साफ झलकता है। वह शुक्लजी की भाषा के उत्तराधिकारी आलोचक हैं। उनकी मार्क्सवाद या प्रगतिवाद की स्थापना में एक ओर आचार्य केशव प्रसाद मिश्र और आचार्य विश्वनाथ प्रसाद मिश्र का शास्त्रीय विवेक और अनुशासन है, दूसरी ओर 'विश्व प्रपंच' की भूमिका में आचार्य रामचंद्र शुक्ल का वैज्ञानिक विकासवाद का पुट है। देखें उपसंहार के पहले शुक्लजी की यह स्थापना :

'साहित्य किसी जाति की रक्षित वाणी की वह अखंड परंपरा है जो जीवन के स्वतंत्र स्वरूप की रक्षा करती हुई जगत की गति के अनुरूप उत्तरोत्तर उसका अंतर्विकास करती चलती है। उसके साथ प्राचीन के साथ नवीन का इस मात्रा में और इस सफाई के साथ मेल होता चलता है कि उसके दीर्घ इतिहास में कालगत विभिन्नताओं के रहते हुए भी यहाँ से वहाँ तक एक ही वस्तु के प्रसार की प्रतीति होती है।'

'उपक्रम' में मल्लजी उस 'जाति की रक्षित वाणी' के लिए 'प्रगतिवादी साहित्य की परख' लेख में संवाद करते हैं प्रगतिवाद के अंतर्विकास पर। 'आलोचना का मार्क्सवादी आधार' लेख में कालगत विभिन्नताओं के रहते हुए जातीय 'साहित्यिक दृष्टि' को सफाई के साथ प्रस्तुत करते हैं। भारतेंदु युग का लेखक 'हँसमुख गद्य का विकास' कर सका। मल्लजी का चिंतन 'जगत की गति' को परखते हुए 'हिंदी नए चाल में ढली' परंपरा की रक्षा करता है।

उस समय तक हिंदी का आलोचक मूलतः कविता का आलोचक था। मल्लजी ने 'जैनेन्द्र के औपन्यासिक नायक' लेख में मध्यवर्ग के अंतर्विरोधों को देखा-परखा है और 'जीवन के स्वतंत्र' (नारी के) स्वरूप का विश्लेषण किया है। बाल्जाक के पात्र पर एंगेल्स को लिखी मार्क्स की चिट्ठी (28 फरवरी 1867) की आपको याद दिलाना चाहता हूँ। मार्क्स ने लिखा था, "इस वक्त मैं तुम्हें केवल चंद पंक्तियाँ ही लिख सकता हूँ इसलिए कि इस समय मेरे सामने मकान-मालिक का कारिंदा बैठा हुआ है और उसके मामले में मुझे बाल्जाक की कामदी के मेकर्दि की भूमिका अदा करनी होगी। जहाँ तक बाल्जाक का संबंध है, मैं तुम्हें उनकी 'रहस्यमय श्रेष्ठ कृति' तथा 'मेलमोत की याचिका' शीर्षक रचनाएँ पढ़ने की सलाह देता हूँ। ये दोनों छोटी श्रेष्ठ कृतियाँ हैं, सूक्ष्म व्यंग्य से भरपूर।" इसी परंपरा में 'निराला की व्यंग-वृत्ति' लेख को पढ़ने की मैं इस पुस्तक के पाठकों को सलाह देता हूँ। जिस तरह मूलतः कवि की संवेदना और अनुभव को मल्लजी साहित्यिक दृष्टि यानी साहित्य की स्वायत्तता की कसौटी मानते हैं, उसी प्रकार 'निबंधकार आचार्य रामचंद्र शुक्ल' और 'आँसू का काव्य सौष्ठव' लेख की सूक्ष्मता इसी बात में है कि आलोचक व्यावहारिक आलोचना की कसौटी निर्मित करता है।

पूरी पुस्तक में एक कसौटी, एक गहरी तारतम्य दृष्टि (ऐतिहासिक कौशल)

पाठक को नजर आएगा। मल्लजी स्वतंत्र चिंतक हैं, इसीलिए दल या सोवियत मॉडल या चलते मुहावरों में, कोई फिकरा वह नहीं उछालते हैं। पार्टीबद्ध लेखन की संकीर्णता पर वह बहस करते हैं। केदारनाथ अग्रवाल, निराला, रामविलास शर्मा, नेपाली की मार्क्सवादी सौंदर्याभिरुचि की वह इसी दृष्टि से व्याख्या करते हैं। मल्लजी के हर लेख में एक मुठभेड़ करता विचारक पाठक को मिलेगा। वह 'काव्य का प्रभाव-क्षेत्र' देख-परख रहा हो या 'निरालाजी की स्वर्णजयंती' पर एक 'रपट' लिख रहा हो। वह आज के आलोचकों की तरह न अपनी 'रामकहानी' सुनाता है, न विषय-विशेष पर विचार करते हुए बहकता है। अपनी रुचि के अनुकूल वह कुछ सार्थक टिप्पणियाँ जड़ता है जैसे–

(1) 'व्यक्तिवाद की जैसी लहर इस समय हिंदी काव्य जगत में आई वैसी यहाँ कभी देखी-सुनी न गई थी।...इन सब व्यक्तिवादी मनोवृत्तियों ने मध्यवर्गीय नागरिक कवियों की रचनाओं में व्यक्तिवाद के विकास में कुछ योग अवश्य दिया।' (छायावाद का प्रादुर्भाव)

(2) 'अवसरवादिता का खेल साहित्य के भीतर नहीं चल सकता। कुछ दिन पहले तक जो कवि और लेखक नए प्रगतिवादियों के निकट पलायनवादी थे वे अब 'अपने समय के प्रगतिवादी' घोषित किए जाने लगे हैं।'

(3) 'साहित्य की स्वतंत्र सत्ता है। वह किसी राजनीतिक सिद्धांत की पूर्ति का साधन मात्र कदापि नहीं है। इस प्रकार के प्रभावों से सतर्क रहने की बड़ी आवश्यकता है। हमारी संपूर्ण सांस्कृतिक मर्यादा को पराभूत करके इस प्रकार के मतमतांतरों का प्रभाव कहीं हमारे नवीन साहित्यकारों की स्वाभाविक उद्‌भावना शक्ति को पंगु न बना दे। इसका विचार होना चाहिए।'

आज मल्लजी की पुस्तक और उनके पाठकों और विचारकों से खुला संवाद है। यह इतिहास के एक खोए हुए पृष्ठ की तरह है। शायद पाठक और आलोचक के बीच में कभी संवाद की स्थिति पैदा हो, तब आज का सजग पाठक कल का आलोचक होगा और वह मेरी तरह मल्लजी के समग्र लेखन और व्यक्तित्व पर संधान करना चाहेगा। मैंने केवल मल्लजी की आलोचना दृष्टि और सौंदर्याभिरुचि पर विचार किया है और मल्लजी की रचनाएँ आपके सामने प्रस्तुत कर दी हैं। मुझे पूरा विश्वास है, शुक्लजी की परंपरा के इस प्रगतिशील आलोचक पर सजग बुद्धिजीवी फिर से विचार करेंगे और इतिहास की खोई हुई प्रवृत्तियों को समझने, उनसे मुठभेड़ करने की, मुक्तिबोध की तरह कोशिश भी करेंगे।

10 अक्टूबर, 2006

–विष्णुचंद्र शर्मा
ई-11, सादतपुर,

1

हिंदी-काव्य में प्रगतिवाद

पूर्व पीठिका

काव्य और लोक

काव्य लोक की वस्तु है और उसका कर्त्ता कवि संवेदनशील सामाजिक प्राणी। लोक के बीच संचरित होने वाली भावधारा एवं विचार तरंगों के आघात से उसकी हृत्तन्त्री जब कंपित हो उठती है तब काव्य की झंकार उत्पन्न होती है, जिसकी रमणीयता में मग्न होकर सहृदय पाठक विश्वात्मा की मंगल-साधना में योग देता है। कहने का तात्पर्य यह कि काव्य में सामाजिक जीवन के दृश्यों एवं मनोवृत्तियों का प्रतिबिंब होता है और उस कविता का अध्ययन करने वाले पाठक के हृदय पर निरूपित चित्रों एवं व्यंजित भावों का प्रतिबिंब पड़ता है। अर्थात् काव्य प्रातिबिंबिक सत्ता है।

जब काव्य और लोक-जीवन का संबंध इतना घनिष्ठ है तब यह स्वाभाविक है कि किसी काल विशेष की काव्यधारा में उस युग की चिंता आकांक्षा और मनोवृत्तियों की पूरी छाप हो। मानव-समाज की ये भावनाएँ और मनोवृत्तियाँ अपने समय की आर्थिक, राजनीतिक, सामाजिक और धार्मिक परिस्थितियों के अनुरूप ही निर्मित होती हैं। उन विशेष परिस्थितियों ने ही उनके प्रस्तुत स्वरूप का संघटन किया है। अतएव किसी कालविशेष की साहित्यिक गतिविधि और उसके निर्माणात्मक तत्त्वों के पूर्ण परिज्ञान के लिए उन परिस्थितियों का परिचय भी आवश्यक होता है। इस प्रकार जहाँ हम किसी कवि की कृतियों को उसकी समकालीन परिस्थितियों के आलोक में देखकर उसकी भावनाओं को ठीक ढंग से हृदयंगम कर सकते हैं वहाँ उसकी रचना तत्कालीन मानव-समाज की उन गूढ़ अंतर्वृत्तियों का प्रकाशन भी करती है जिसका वास्तविक परिचय अन्य मार्गों से प्राप्त करना कठिन है। किसी ने ठीक ही कहा है कि कवि की कृति का सम्यक् अध्ययन उसके युग की परिस्थितियों से परिचित करा देता है।

हमारे समाज को जो वर्तमान स्वरूप प्राप्त है, वह आकस्मिक नहीं वरन् अपने पूर्ववर्ती अनेक युगों के परंपरागत विकास का फल है। उसका जन्म अपने पूर्वकालीन

समाज के गर्भ से हुआ है। इसी भाँति किसी काल का साहित्य अपने पूर्व के वाङ्मय के क्रोड़ से उत्पन्न होता है। अर्थात् वह अपनी पूर्वपरंपरा का ही विकसित रूप होता है। इस प्रकार हमारा वर्तमान काव्य-वाङ्मय हिंदी की दीर्घकालीन काव्य-परंपरा की अंतिम कड़ी है। इसका अपने पूर्ववर्ती साहित्य से भी कुछ न कुछ संबंध होना चाहिए। अतएव इस अंतिम कड़ी के परिचय और परीक्षण के पहले इसकी पूर्वपीठिका का संक्षिप्त विवरण प्रस्तुत कर देना युक्तिसंगत प्रतीत होता है।

आधुनिक हिंदी-साहित्य के प्रथम उत्थान से ही हिंदी के काव्य-क्षेत्र में नवीन विषयों, भावों एवं विचारों का सन्निवेश होने लगा था; अतः नूतनतम काव्यधारा की पूर्वपीठिका यही आधुनिक काव्यभूमि ठहरती है। प्रवृत्ति और स्वरूप के विचार से उसे चार खंडों में विभाजित किया जा सकता है—भारतेंदु युग, द्विवेदी युग, छायावाद युग और वर्तमान युग।

भारतेंदु युग

जिस समय से आधुनिक हिंदी-कविता का प्रारंभ होता है वह समय संघर्ष, विचार-परिवर्तन और विदेशी-सत्ता के निरंतर बढ़ते हुए शोषण और उत्पीड़न का युग है। यद्यपि प्रायः सौ साल पहले ही अंग्रेज व्यापारियों ने अपने प्रतिद्वंद्वियों को परास्त कर अपने पैर भारत में जमा लिए थे तथापि सन् 1857 के विद्रोह के पश्चात् व्यवस्थित रूप से विदेशी सत्ता की स्थापना यहाँ हुई। सन् '57 की क्रांति ने भारतीयों के जीवन में उथल-पुथल मचा दी थी और जनता आश्चर्यचकित हो तत्कालीन परिवर्तनों को देख रही थी। राजनीतिक जीवन आमूल परिवर्तित हो गया। एक ओर धोंधूराव पेशवा सरकारी पेंशन बंद होने के कारण आँसू बहा रहे थे, दूसरी ओर लखनऊ के नवाब वाजिदअली शाह राज्य खोकर कलकत्ते में बैठे-बैठे शायरी करके दिल को तसल्ली दे रहे थे। कंपनी के राज्य का अंत हुआ और महारानी विक्टोरिया भारत की शासिका हुईं; भारत का शासन-सूत्र इंग्लैंड की पार्लमेंट के हाथ में गया। राजकीय घोषणा से लोगों को विदित हुआ कि हमारे धर्म पर अब कोई आघात न होगा। सरकारी नौकरियों का द्वार सबके लिए खुला है। इन सब बातों से भारतीयों के हृदय में नवीन आशा का संचार हुआ और उन्हें थोड़ी शांति मिली। वर्षों की मारकाट और अशांति के पश्चात् लोगों को यह सामान्य स्थिति अत्यंत सुखद प्रतीत हुई। उस समय हमारे कवियों ने भी राजप्रशस्तियाँ गाईं। यद्यपि रेल-तार आदि की व्यवस्था का मूल उद्देश्य-देश के भीतरी भागों में विदेशी माल की खपत और कच्चे माल के निर्यात को सुविधाजनव बनाना था पर सामान्यतः लोगों को यही प्रतीत हुआ कि सरकार हमारी सुख-सुविधाओं की दृष्टि से ये नवीन व्यवस्थाएँ कर रही है, इस विचार से तत्कालीन कवियों ने अपनी रचनाओं के द्वारा जनता के हर्ष में और राज्य के प्रति कृतज्ञता-प्रकाशन में योग दिया।

पर शीघ्र ही लोगों को विदित हो गया कि विदेशी सत्ता हमारे देश का आर्थिक शोषण कर रही है। तब काव्य-जगत् में राज-प्रशस्ति के साथ-साथ देशभक्ति का स्वर भी ऊँचा और तीव्र होने लगा, जिसके अंतर्गत देश की तत्कालीन दशा का विवरण भी दिया जाने लगा। भारत की अतुल संपत्ति जलमार्ग से बहकर विदेश को जा रही है। इसका आभास भारतेंदु की इन प्रसिद्ध पंक्तियों में मिलता है–

अंग्रेज-राज सुखसाज सजे सब भारी,
पै धन विदेश चलि जात यहै अति ख्वारी।

इस काल के पहले इंग्लैंड में औद्योगिक क्रांति हो चुकी थी। औद्योगिक उन्नति से वहाँ की पूँजी बहुत बढ़ गई थी अतएव उस पूँजी को लगाने के लिए नए बाजार की आवश्यकता हुई। भारत हाथ में था ही; यहाँ विदेशी पूँजी अधिकाधिक मात्रा में लगाई गई। आर्थिक शोषण का चक्र विशेष गतिमान हुआ। सन् 1868 से 78 के बीच देश में कई बार अकाल भी पड़े। इस प्रकार आर्थिक अवस्था क्रमशः शोचनीय होती गई। कई स्थानों पर किसानों के विद्रोह भी हुए। नए-नए करों के बोझ से जनता दबती जा रही थी। धीरे-धीरे विदेशी शासन पर लोगों का विश्वास कम होने लगा। इधर सन् 1885 ई. में कांग्रेस की स्थापना हुई जिसने देश में नवीन चेतना का प्रसार किया। इन सब आर्थिक और राजनीतिक कारणों से जनता के कष्ट नित्यप्रति बढ़ते गए।

सामाजिक विचारों में भी कुछ सुधार हुए। पाश्चात्य शिक्षा के परिचय और नवीन भावों के आगमन से समाज की कतिपय कुरीतियों की ओर लोगों की दृष्टि गई। इस समय स्वामी दयानंद का उदय हुआ जिनके आर्यसमाज ने हिंदी और हिंदू जाति की प्रगति में बहुत योग दिया। ईसाई मिशनरियों के प्रचार से कुछ लोगों के भीतर अपने धर्म और समाज के प्रति जो हीनता के भाव जगने लगे थे उन्हें बंगाल के ब्रह्मसमाज और आर्यसमाज ने निकाल बाहर किया।

ऐसी परिस्थिति में, जब कि भारतीय जीवन के प्रत्येक क्षेत्र में उथल-पुथल मची हुई थी, आधुनिक हिंदी-साहित्य का आविर्भाव होता है। इसके पहले रीतिकाल की श्रृंगारमयी रचनाओं से सारा काव्य-वाङ्मय भर गया था। उस काल में कविता राजदरबारों में सजधज कर राजाओं और उनके दरबारियों का मनोरंजन करने में ही अधिक लगी हुई थी। कविगण अपनी रचनाओं में राजाओं और दरबारियों की विलासी मनोवृत्ति के अनुकूल मनोरंजन और चमत्कार की अधिकाधिक मात्रा का सन्निवेश कर अपने 'अन्नदाता' को प्रसन्न करने में लगे थे।

अब बहुत से दरबारों का नाश हो जाने के कारण कवियों को राज्याश्रय छोड़कर जनता-जनार्दन के बीच आना पड़ा। छापेखाने का प्रचार हो जाने से जनता के बीच पुस्तकों का वितरण भी सुलभ हो गया था। भारतेंदु-काल के अधिकांश

लेखक किसी न किसी पत्र के संपादक थे। इस प्रकार कवियों तथा लेखकों का संबंध जनता से दिन प्रतिदिन घनिष्ठ होता गया। साहित्य लोक के बीच संचरित होनेवाले मनोभावों से पूर्णतया प्रभावित हुआ। इस प्रकार लोक और साहित्य का अन्योन्याश्रित संबंध हिंदी-काव्य में पुनः स्थापित हुआ। इस नवीन जागृति और उत्थान का संपूर्ण श्रेय भारतेंदु और उनके मित्रमंडल को है। उन्होंने काव्य में नवीन विषयों का सन्निवेश किया। इन्हीं के पुनीत प्रयत्न से हिंदी-काव्य-क्षेत्र में राष्ट्रवादिता का स्वर ऊँचा हुआ। निश्चय ही वह दिन परम आनंदमय था जब भारतेंदु ने हिंदी-काव्य-मंदिर में ममतामयी, परतंत्र, म्लानमना भारतमाता की मूर्ति अधिष्ठित कर अपनी श्रद्धा-भक्ति और प्रेम के भाव-पुष्प उसके पुनीत चरणों पर अर्पित किए।

देशभक्ति की भावना भी कई रूपों में व्यक्त हुई है। जैसा कि कह आए हैं, इस काल के कवियों ने राजप्रशंसा में भी कुछ रचनाएँ कीं। यह राजप्रशस्ति भी उस समय देशभक्ति का एक अंग समझी जाती थी। राज-व्यवस्था देश की सुख-समृद्धि का हेतु और राजा जनता के आनंद-मंगल में तत्पर आदर्श व्यक्ति के रूप में मान्य था। इस काल की कई रचनाओं में रानी विक्टोरिया के वचनों का स्मरण दिलाकर शासकों के मन में न्यायप्रियता जागरित कर देश की आर्थिक दुर्दशा सुधारने की प्रार्थना की गई। पर इस प्रकार की याचनाएँ शुद्ध भ्रम प्रमाणित हुईं। अब कवियों ने अपनी रचनाओं में देश की आर्थिक और सामाजिक दुर्दशा से उत्पन्न क्षोभ की व्यंजना करनी आरंभ की। महँगी और टैक्स के कारण बढ़ते हुए क्लेश का वर्णन हुआ। विदेशी वस्तुओं के विरोध और स्वदेशी वस्तुओं के व्यवहार में निहित कल्याण और सच्ची प्रतिष्ठा का आभास दिया गया—'रहे देश की नाक स्वदेशी कपड़े पहिनें' देश की तत्कालीन दुर्दशा का वर्णन कर भगवान से भारत के उद्धार की प्रार्थना की गई। भारत के गौरवपूर्ण अतीत का स्मरण दिलाकर वर्तमान के लिए नवीन स्फूर्ति और प्रेरणा प्राप्त करने का प्रयत्न हुआ।

इधर भारतीयों में आत्म-सम्मान की भावना धीरे-धीरे बढ़ती जा रही थी। जब 'काले' सैनिकों ने 'गोरों' के साथ-साथ विदेशों में जाकर विजय प्राप्त की तब इस काल के कवियों ने हर्ष का अनुभव किया। मिस्र में उनके विजय प्राप्त करने पर कहा गया—'ऊँचे भये आर्य मोंछ के बार।'

ज्यों-ज्यों विदेशी सत्ता की आर्थिक शोषण और निर्दयता की नीति स्पष्ट होती गई त्यों-त्यों भारतेंदु-युग की रचनाओं में देशभक्ति का स्वर भी उग्र होता गया। ईश्वर की दया पर निर्भर रहना छोड़कर आत्म-निर्भरता और आत्मत्याग की भावना का आभास देनेवाली कई रचनाएँ बालमुकुंद गुप्त आदि ने लिखी हैं। कांग्रेस के स्वदेशी आंदोलन के पहले ही देश की सच्ची स्थिति परखकर स्वदेशी वस्तुओं के व्यवहार और आत्मनिर्भरता द्वारा देश की अधोगति के उपचार का निदर्शन गुप्तजी की इन पंक्तियों में वर्तमान है, यह ध्यान देने की बात है—

"अपना बोया आप ही खावें,
अपना कपड़ा आप बनावें।
माल विदेशी दूर भगावें,
अपना चरखा आप चलावें।
बढ़े सदा अपना व्यापार,
चारों दिस हो मौज-बहार।"

आर्थिक स्वतंत्रता की भावना की दृष्टि से भी इस प्रकार की रचनाएँ ध्यान देने योग्य हैं। किसानों की दीन दशा का आभास भारतेंदु-काल की अनेक रचनाओं में मिलता है। कहीं-कहीं तो उनके कष्टों का विशद वर्णन भी दिखाई देता है।*

लोक के बीच प्रतिष्ठित भक्तिभावना को लेकर भी इस युग में अनेक रचनाएँ हुईं। इनमें आत्मनिवेदन और भक्त हृदय के सरल उद्गारों की अच्छी व्यंजना मिलती है। कृष्ण-भक्ति-शाखा की अनुरंजनकारी प्रेममयी मधुर रचनाओं का परिमाण भी प्रचुर है। कविगण धार्मिक आंदोलनों की ओर भी थोड़े बहुत आकृष्ट हुए। इन्होंने अनेक अंधविश्वासों और रूढ़ियों का विरोध किया। इनकी धार्मिक नीति की सबसे बड़ी विशेषता है उदार मनोदृष्टि, भ्रातृ-भावना और अन्य धर्मावलंबियों के प्रति सहनशीलता। सामाजिक सुधारों की ओर भी ये लेखक और कवि सचेत दिखाई देते हैं। इस समय हिंदू-समाज में तीन दल थे। एक दल तो अंग्रेजी-शिक्षा प्राप्त उन अपरिपक्व बुद्धि नवयुवकों का था जो विदेशी भावनाओं से एकदम आक्रांत थे और सभी प्राचीन भारतीय वस्तुओं को हेय समझते थे। दूसरा दल कट्टर-पंथी और रूढ़ियों से चिपके रहनेवालों का था। इन दोनों के बीच में सुधारवादी समुदाय था जो समय

* उदाहरण के लिए कुछ पंक्तियाँ देखिए—

"जिनके कारण सब सुख पावें, जिनका बोया सब जन खायँ;
हाय हाय उनके बालक नित, भूखों के मारे चिल्लायँ!
काल सर्प की सी फुफकारें लुएँ भयानक चलती हैं;
धरती की सातों परतें जिसमें तावा सी जलती हैं।
तभी खुले मैदानों में वे कठिन किसानी करते हैं।
नंगे तन बालक नर-नारी पित्ता पानी करते हैं।
अहा विचारे दुख के मारे निसदिन पच-पच मरें किसान।
जब अनाज उत्पन्न होय तब सब उठवा ले जायँ लगान।"

—बालमुकुंद गुप्त

× × × ×

"दीन कृषक जन औरहु दया-योग दरसावहीं;
जिनके तन पर स्वच्छ वस्त्र कहुँ लखियत नाहीं।
मिहनत करत अधिक पर अन्न बहुत कम पावत;
जे निज भुजबल हल चलाय के जगत जियावत।"

—प्रेमघन

की गति के अनुरूप कुछ दूर तक सामाजिक रीति-नीतियों का परिष्कार कर उन्हें युग के अनुकूल ढालना चाहता था। भारतेंदु और उनके अधिकांश सहयोगी इसी दल के अंतर्गत आते हैं। उनकी रचनाओं में एक ओर तो विदेशी सभ्यता में रंगे नवयुवकों पर व्यंग्य किया जाता था और दूसरी ओर रूढ़िवादियों का उपहास भी। जहाँ एक ओर इस काल की कविताओं में अंग्रेजी-शिक्षा प्राप्त स्त्रियों की अनोखी चाल-ढाल पर व्यंग्य है वहाँ दूसरी ओर भारतेंदु देश के भीतर स्त्री-शिक्षा का सुव्यवस्थित प्रचार भी चाहते हैं और नारियों को अपने प्राचीन गौरव पर अधिष्ठित कर 'शीललाज विद्यादि' से पूर्ण शक्तिमती सीता और अनसूया आदि के रूप में देखना चाहते हैं। छुआछूत के विरोध का आभास भी इनकी रचनाओं में मिलता है। नागरी की श्रेष्ठता का प्रतिपादन, हिंदुओं की उन्नति, देश की प्रगति--इन सब विषयों पर इस काल में अनेक रचनाएँ हुईं। प्रतापनारायण मिश्र की निम्नलिखित पंक्तियों में भारतेंदु काल की काव्यधारा में समाविष्ट सभी विचार-प्रधान भाव-धाराओं का मूल समन्वित रूप में व्यंजित है--

चहहु जो साँचौ निज कल्यान,
तो सब मिलि भारत-संतान।
जपो निरंतर एक जवान,
हिंदी हिंदू हिंदुस्तान।
तबहिं सुधरिहैं जन्म निदान,
तबहिं भलो करिहैं भगवान।
जब निसिदिन रहि है यह ध्यान,
हिंदी हिंदू हिंदुस्तान।

इस प्रकार हम देखते हैं कि इन कवियों के हृदय का सामान्य लोकजीवन से पूर्ण सामंजस्य है। काव्य और लोकजीवन का संबंध स्थापित कर आधुनिक हिंदी-कविता के विकास में इन्होंने अत्यंत महत्त्वपूर्ण योग दिया। पर इससे यह न समझ लेना चाहिए कि इस काल में केवल इस प्रकार की सामयिक कविताएँ ही होती रहीं। प्रेम और भक्ति की मार्मिक व्यंजना भारतेंदु युग के काव्य-साहित्य में प्रचुर परिमाण में मिलती है। यह सब होते हुए भी यह मानना होगा कि यह संक्रांति-काल ऐसी रचनाओं के विशेष अनुकूल न था जिनका अधिक स्थायी महत्त्व होता। इस काल की रचनाओं में विचारात्मकता अधिक और कवि का तन्मय हृदय कम मिलता है। उनके राजनीतिक और अन्य सुधारवादी विचार जीवन के अविच्छेद्य अंग बनकर उससे पूरी तरह घुले-मिले न थे। अतएव रचनाओं में व्यंजित उनके विचारपूर्ण भावमय बनकर प्रभाव की तीव्रता नहीं ला सके। सच पूछिए तो संक्रांति-काल ऐसी भावमयी साहित्य-सर्जना के विशेष अनुकूल प्रायः होता भी नहीं। इस विषय में टी.

एस. इलियट का यह कथन विचारणीय है कि संक्रांति के काल में कवि प्रत्यक्ष और परोक्ष रूप से तत्कालीन विचारधाराओं के प्रति अतिविश्वासी हो जाता है।*

जब तक काव्य में पूर्ण भावप्रवणता नहीं आती और मार्मिक अनुभूति की उपयुक्त व्यंजना नहीं होती तब तक उसका वास्तविक स्वरूप सामने नहीं आता। पर इस बात से इस युग की रचनाओं का महत्त्व कम नहीं होता। इस काल के कवियों की सबसे बड़ी विशेषता यह है कि काव्य को एक सँकरे पथ से निकालकर इन्होंने उसे लोकजीवन के साथ ला मिलाया, उसमें नवीन भावों और विचारों का सन्निवेश किया और देशभक्ति के रंग में उसे रँगा।

द्विवेदी युग

भारतेंदु युग में काव्य और समाज का जो संबंध स्थापित हुआ वह नित्यप्रति बढ़ता गया। काव्य लोकजीवन के समीप आता गया। शिक्षा प्रसार और राजनीतिक जागृति के कारण लोगों में मातृभाषा के प्रति भी अनुराग बढ़ा। उधर पुरानी परिपाटी के अनुसार चली आती हुई ब्रजभाषा की शक्ति भी कुछ मंद पड़ने लगी थी। जनता की वास्तविक लोकभाषा से दूर जा पड़ने के कारण उसमें पहले जैसी हृदय-ग्राहिता न रह गई। इधर, लोगों को यह बात भी खटकने लगी कि काव्य की भाषा कुछ और हो और गद्य की कुछ और। इन कारणों से शिष्ट-समुदाय में प्रचलित हिंदी के मान्य स्वरूप खड़ी बोली की प्रतिष्ठा पद्य के क्षेत्र में करने के लिए हमारे अधिकांश कवि प्रवृत्त हुए। इसी समय 'सरस्वती' (सन् 1900 ई.) का जन्म हुआ, जिसने कुछ ही दिनों बाद पं. महावीरप्रसाद द्विवेदी के संपादकत्व में युग-प्रवृत्तियों के अनुकूल साहित्य और भाषा संबंधी विकास में बहुत योग दिया। इसी समय से द्विवेदी युग का आरंभ समझना चाहिए। इस काल के सबसे महत्त्वपूर्ण कार्य हैं खड़ी बोली को काव्य के क्षेत्र में प्रतिष्ठित करना और भाषा की अव्यवस्था को दूर कर व्याकरणसम्मत व्यवस्थित भाषा का स्वरूप निर्धारण।

भारतेंदु युग में ही विदेशी शासन की स्थापना से सामाजिक जीवन में जो विशृंखलताएँ और असंगतियाँ प्रादुर्भूत हुई थीं वे विकसित होती जा रही थीं। पर द्विवेदी युग में कुछ ऐसी राजनीतिक घटनाएँ हुईं जिनके कारण भारतीयों में आत्मविश्वास और आत्मनिर्भरता की भावना पुष्ट हुई। अब तक यूरोपीय देशों की शक्ति और समृद्धि का आतंक एशियावासियों पर छाया रहता था। किंतु सन् 1904 में रूस-जापान युद्ध में जापानियों की विजय ने एशियावासियों का सिर ऊँचा किया।

* A Period of revolution is not favourable to art, since it puts pressure upon the poet, both direct and indirect, to make him overconcious of his beliefs as *held.*

The use of poetry and the use of criticism : P. 136.

पाश्चात्यों का आतंक कम हुआ और आत्म-गौरव का भाव लोगों के हृदय में जागरित हुआ। इधर बंग-विच्छेद के प्रश्न पर स्वदेशी आंदोलन की लहर उठी। जनता में विदेशी वस्तुओं के बहिष्कार और स्वदेशी वस्तुओं का व्यवहार करने की प्रवृत्ति अपेक्षाकृत विशेष रूप में दिखाई देने लगी। इस आंदोलन से बहुत से लोग मातृभाषा हिंदी की ओर भी आकृष्ट हुए। 'वंदेमातरम्' का पवित्र गान देश के कोने-कोने में गूँजने लगा। कांग्रेस में भी कुछ महत्त्वपूर्ण परिवर्तन हुए। उसमें गरमदल का प्रभुत्व हुआ जो कर्मप्रवर्तक (रचनात्मक) कार्यक्रम में विश्वास रखता था और यह भलीभाँति समझता और समझाता था कि स्वाधीनता दूसरों के दान से नहीं वरन् अपने कठिन उद्योगों से प्राप्त होती है, जिसके लिए आत्मनिर्भरता का भाव आवश्यक है।

राष्ट्रीय आंदोलनों से प्रभावित होने के कारण द्विवेदी युग की कविताओं में देशभक्ति का जो स्वरूप व्यंजित है वह पहले की अपेक्षा कुछ व्यापक है। केवल हिंदू जाति की ही ओर अपनी दृष्टि परिमित न रखकर इस काल के कवियों ने व्यापक राष्ट्रीयता की ओर ही अधिक दृष्टि रखी जिसकी नींव भारतेंदु द्वारा पड़ी थी।

इन कवियों को हम अतीत की ओर ही अधिक आकृष्ट न रहकर देश और समाज की तत्कालीन दशा का ध्यान रखते हुए उत्साह और आत्मनिष्ठा की भावना का संचार करते हुए पाते हैं।* मातृभूमि में जन्म लेकर, इसी धरती की धूल में खेलकर, यहाँ के अन्न-जल-वायु से पोषित, सभी जातियों और धर्मों के अनुयायी भारतवासी हैं अतएव उनके बीच भ्रातृत्व की भावना का प्रसार होना चाहिए—इस प्रकार की एकता का आग्रह साहित्य के द्वारा भी होने लगा। पर इस समय राष्ट्रीयता के उग्र भावों की व्यंजना तो दूर, देश प्रेम की बहुत स्पष्ट व्यंजना भी सुगम न थी। प्रेस के कानूनों और सेंसर की गृद्ध दृष्टि राष्ट्रीय रचनाओं पर बराबर पड़ा करती थी। द्विवेदी युग की सबसे अधिक लोकप्रिय रचना है गुप्त जी की 'भारत-भारती'। यह संभवतः 1911 में प्रकाशित हुई। इसकी कतिपय उदार भावनाएँ आज समय से बहुत पीछे मालूम पड़ती हैं पर छपने के पहले कवि को राजभय से उसमें बहुत कुछ परिवर्तन करना पड़ता था।† यहाँ तक कि 'ब्रिटिश राज्य' शीर्षक प्रशंसात्मक कविता गुप्त जी को अनिच्छापूर्वक ऊपर से जोड़नी पड़ी थी।

***नहीं रहे अधिकार तुम्हारे न रहे, पर वे मिटे नहीं।**
जन्मसिद्ध अधिकार किसी के मिट सकते हैं भला कहीं?
भूमि वही है, जहाँ निरंतर सभी सिद्धियाँ सिद्ध रहीं।
जगत जानता है कि हुआ था आत्मबोध उत्पन्न वहीं।
बात क्या कि फिर छिन्न-भिन्न यह पराधीनता पाश न हो।
भावी का संदेश सुना, हे भारत कभी हताश न हो।

—मैथिलीशरण गुप्त

† देखिए गुप्त जी की 'भारत-भारती'—साहित्य संदेश, अगस्त 1941।

इस काल की राष्ट्रीय कविताओं में मार्मिकता की दृष्टि से दो महत्त्वपूर्ण परिवर्तन हुए। भारतभूमि के प्रति केवल विचारात्मक प्रणाली से अपना अनुराग न दिखाकर कवियों ने मातृभूमि के कई मर्मस्पर्शी चित्र प्रस्तुत किए। उन्होंने मातृभूमि की परम सौंदर्यमयी प्राकृतिक दृश्यावली का वर्णन करते हुए भारतमाता के प्रति श्रद्धा-भक्ति की उस भावात्मक सत्ता का प्रसार किया जिसमें देश के प्रति सच्ची ममता के दर्शन होते हैं। इनकी रचनाओं में मातृभूमि की परम मंगलमयी मूर्ति के दर्शन कर जहाँ हृदय में ममता जगती है, उसकी विशालता और उच्चता को देखकर जहाँ गौरव का अनुभव होता है, वहीं वास्तविक जगत् में उसे दीन-हीन पराधीन पाकर दुःख, ग्लानि और क्षोभ भी उत्पन्न होते हैं।

राज्य की कृषि और व्यवसाय संबंधी नीति के कारण देश की आर्थिक अवस्था शोचनीय होती जा रही थी। नए करों तथा साहूकारों और जमींदारों के शोषण से किसानों का दैन्य-दुःख बढ़ता ही गया। कठोर शीत, मूसलाधार वर्षा और कड़कड़ाती धूप का ध्यान न रखकर कृषिकर्म में संलग्न सतत प्रयत्नशील कर्त्तव्यनिष्ठ किसानों को अन्न मिलना भी कठिन हो रहा है—इस प्रकार के अधिक विवरण द्विवेदी युग की कविताओं में भरे पड़े हैं।

सामाजिक सुधारों की भी इस समय प्रगति होती ही जा रही थी। शिष्ट-समुदाय में नवीन विचारों का प्रवेश हो रहा था और समाज-सुधार की ओर लोगों का ध्यान अधिक आकृष्ट होने लगा था। सामाजिक सुधारों को लेकर इतिवृत्तात्मक रचनाएँ तो इस युग में प्रचुर परिमाण में हुईं।

इस समय पश्चिमी शिक्षा के प्रभाव से लोगों में तर्क और संशय उत्पन्न करनेवाली बुद्धिवादिता का जन्म काव्य की दृष्टि से भी महत्त्वपूर्ण है। इस प्रकार की युगप्रवृत्ति का ही फल है कि पं. अयोध्यासिंह उपाध्याय के 'प्रियप्रवास' की राधा लोकसेविका के रूप में हमारे सम्मुख आती हैं। इतना ही नहीं, तर्क और संशय के निराकरण के लिए श्रीकृष्ण के गोवर्द्धन को उँगली पर उठा लेने वाली पौराणिक कथा को उपाध्याय जी वर्तमान पाठक के सामने इस प्रकार उपस्थित करते हैं—

लख अपार-प्रसार-गिरीन्द्र में,
ब्रज धराधिप के प्रिय पुत्र का।
सकल लोग लगे कहने, उसे
रख लिया उँगली पर श्याम ने।

गुप्त जी ने तो अपने 'साकेत' में सत्याग्रह, चरखा और किसान-आंदोलन का भी रंग ला दिया है।*

इस प्रकार द्विवेदी युग की रचनाओं में विविध युग-प्रवृत्तियों की पूरी छाप दिखाई देती है। पर मार्मिकता की दृष्टि से, अपने में लीन कर लेनेवाली रचनाएँ कम

* साकेत का प्रणयन द्विवेदी युग में ही हो गया था और उसके कई सर्ग सरस्वती में प्रकाशित हो चुके थे, पर पूरी पुस्तक बाद में प्रकाशित हुई।

ही हुईं। इसके कई कारण हैं। एक तो भाषा को माँजकर उसमें भाव-संचार की पूरी क्षमता लाने में ही विशिष्ट कविगण लगे रहे। दूसरे, व्याकरण के कठोर अंकुश और स्थूल नैतिकता के नियन्त्रण के कारण काव्य में कल्पना अच्छी तरह खिल न सकी। इस समय की अधिकांश कविताएँ विषयप्रधान और वर्णनात्मक ही दिखाई देती हैं। जो थोड़ी बहुत आख्यानक कविताएँ हैं वे प्रायः पौराणिक हैं, और जो काल्पनिक हैं उनमें भी मर्मस्पर्शी कम हैं।

छायावाद युग

इस प्रकार की रचनाओं से कवियों की मानस-तृप्ति न हो सकी। द्विवेदी युग के अंतिम काल में ही कुछ कवियों ने अपनी रचनाओं में थोड़ी स्वच्छंद मनोवृत्ति का परिचय देना प्रारंभ कर दिया था। उनमें अपेक्षाकृत मनोरम कल्पना और भाव-प्रवणता का अधिक परिचय अवश्य मिला, पर सन् 1914-18 के महायुद्ध के पश्चात् हिंदी कविता नूतन मार्ग पर स्वच्छंद गति से बढ़ी और उसका बहुत ही रमणीय विकास हुआ।

इस नवीन युग के निर्माता कवि अंग्रेजी पढ़े-लिखे उत्साह और उमंग से भरे नवयुवक थे। इन्होंने अंग्रेजी के कवियों को तो पढ़ा ही था, बंगाल की कोमलकांत पदावली वाली नवोन्मेषपूर्ण कविताओं से भी ये प्रभावित हुए।

इस काल की रचनाओं पर गत महायुद्ध के पश्चात् की भारतीय राजनीतिक गतिविधि और अन्य परिस्थितियों का पूरा प्रभाव दिखाई देता है। विगत महायुद्ध में भारतीयों ने उत्साह के साथ सरकार से सहयोग किया। युद्ध समाप्त होने पर आत्मनिर्णय का अधिकार मिलने की आशा लगाए सभी बैठे थे। पर इन सब आशाओं पर कुठाराघात हुआ। युद्ध समाप्त होने पर देश के सम्मुख कल्पनातीत परिस्थितियाँ आईं, कुछ दलों के षड्यंत्रों का बहाना लेकर सरकार ने भारतीयों के दमन के लिए रौलट एक्ट पास किया जिसके विरोध में देशव्यापी हड़तालें हुईं और असहयोग आंदोलन का सूत्रपात हुआ। महात्मा गांधी ने 'सत्यमेव जयते नानृतम्' और 'यतो धर्मस्ततो जयः' की भावना से प्रेरित होकर सत्य और अहिंसा के भावों का राजनीतिक असहयोग के क्षेत्र में प्रचार किया। वे बंदी हुए। फिर जलियानवाला बाग का प्रसिद्ध हत्याकांड हुआ। सरकार और जनता का संघर्ष बढ़ता गया। दमनचक्र चलने लगा। सन् 21 में प्रबल राष्ट्रीय आंदोलन हुआ। फिर सन् 28 में बारडोली का सत्याग्रह और सन् 30 में नमक सत्याग्रह। इस प्रकार यह समय घोर असंतोष और राजनीतिक संघर्ष का है। इससे देश की क्षुब्ध मनोदशा का पता चलता है।

सामाजिक दशा भी नवयुवकों के मनोनुकूल न थी। नवीन विचारों से प्रभावित होने के कारण इनकी चेतना बहुत सजग हो गई थी और प्रकृति स्वच्छंद। पर इनके

विचारों का सामाजिक स्थिति से मेल न बैठा। सुधार युवकों के मनोनुकूल न हो पाए थे। विवाहादि में जात-पाँत का बंधन आवश्यक ही बना रहा। कविगण प्रायः मध्यवर्ग के थे जिन्हें आर्थिक और सामाजिक संकटों का प्रायः सामना करना पड़ता था। संपत्ति के अभाव में अपने इच्छानुसार जीवन निर्वाह संभव नहीं था। प्रेम और विवाह में कभी सामाजिक, कभी आर्थिक व्यवधान उपस्थित हो जाते थे। इसका फल यह हुआ कि इनकी रचनाओं में समाज के प्रति विद्रोह और असंतोष तथा निराशा की भावना प्रबल हो उठी।

धार्मिक दृष्टि से इस समय के नवयुवक कवियों पर स्वामी रामकृष्ण, रामतीर्थ और विवेकानंद की विचारधाराओं का प्रभाव पड़ रहा था। बंगला कविताओं की आध्यात्मिकता भी पहले पहल इन्हें बहुत रुची। इसके अतिरिक्त प्राचीन दर्शन शास्त्रों के संसर्ग में भी छायावादी कवि आए। कुछ ने तो—जैसे प्रसाद और निराला ने—इनका गंभीर अध्ययन किया। भारतेंदु-काल के कवियों ने जिन जर्जर रूढ़ि-शृंखलाओं को हिला दिया था उनको तोड़ने में द्विवेदी काल के कवि सफल नहीं हुए क्योंकि उनके विचार अधिकतर पुराने ही थे। वे सुधारवादी विचार और व्यवहार में थोड़ा अंतर रखते थे। छायावाद के कवि सुधारमात्र से संतुष्ट न थे बल्कि वे उन रूढ़ियों को हटाकर एक नवीन संस्कृति की प्रतिष्ठा करना चाहते थे। फलतः व्यक्तिगत, सामाजिक और राजनीतिक स्वतंत्रता के लिए उनके हृदय में अदम्य उत्साह दिखाई देता है और उनकी वाणी में विद्रोह का स्वर सुनाई पड़ता है।

इस प्रकार रीतिकाल की दरबारी संस्कृति, द्विवेदी युग की शुष्क इतिवृत्तात्मकता, स्थूल नैतिकता और समाज के तत्कालीन स्वरूप के प्रति पूर्ण विद्रोह का स्वर छायावादी कविताओं में व्याप्त है। परंपरा-भुक्त प्राचीन प्रतीकों का परित्याग कर इन कवियों ने स्वतः अनुभूत नवीन प्रतीक-कल्पना से कविता कामिनी का शृंगार किया। नरक्षेत्र और प्रकृति के देश में प्रेम, हर्ष, आशा और प्रफुल्लता का रमणीय प्रसार छायावादी कविता के एक पक्ष में दिखाई देता है और दूसरी ओर विद्रोह का तराना और स्वतंत्रता के लिए छटपटाहट। इसमें संदेह नहीं कि छायावाद ने उच्चकोटि की संगीत-सृष्टि की है और मग्न करनेवाली भावधारा बहाई है।

पर जैसा कि कह आए हैं, युग की परिस्थितियों ने निराशा और विषाद के लिए भी आधार प्रस्तुत कर दिया था। इस समय व्यक्तिवाद की जैसी लहर हिंदी-काव्यक्षेत्र में उठी वैसी पहले कभी देखी-सुनी न गई थी। यह व्यक्तिवाद आगे चलकर बहुत ही अस्वस्थ रूप में विकसित हुआ। निराशा की भावना दो रूपों में व्यक्त हुई। एक तो वेदनावाद या दुःखवाद के विषण्ण स्वर के रूप में, और दूसरे वर्तमान जगत् की कठोरता से पलायन के रूप में। वेदनावाद या दुःखवाद कहीं तो व्यक्तिगत निराशा के रूप में प्रकट हुआ और कहीं दुःखवादी या मायावादी दार्शनिक सिद्धांतों का सहारा लेकर एक विशेष निराशामूलक वेदनामय जीवन-दर्शन

(Philosophy) के रूप में। निराशा, पलायनवादी मनोवृत्ति और व्यक्तिवाद का चरम विकास आगे चलकर मधुमत्त आनंदवादी श्री बच्चन की रचनाओं में दिखाई पड़ा था। (अब यह बात नहीं है। बच्चन जी अब जीवन में 'नवल हास' और 'नवल बास' देख रहे हैं।)

छायावाद की संपूर्ण काव्य-रचनाएँ वास्तविक सामाजिक जीवन से विलग नहीं रहीं। छायावादी कवियों ने सामाजिक* और देशभक्ति† संबंधी मार्मिक रचनाएँ प्रस्तुत की हैं। निराला की 'भिक्षुक', 'इलाहाबाद पथ वह तोड़ती पत्थर', पंत की 'माँ मेरे जीवन की हार' (वीणा) तथा 'गुंजन' की अनेक रचनाएँ और प्रसाद के कई मुक्तक और आख्यानक काव्य इसके प्रमाण हैं। काव्य के क्षेत्र में मनुष्यमात्र की महत्ता का प्रतिपादन और विश्वबंधुत्व की भावना का विकास इस युग में दिखाई देता है। इसी युग में सामाजिक विषयों पर छोटे-छोर्ट मर्मस्पर्शी काल्पनिक आख्यानों (काव्य के क्षेत्र में) की सृष्टि भी हुई है। इस ढंग की सरस रचनाएँ प्रस्तुत करने वालों में सियारामशरण गुप्त मुख्य हैं। इनकी ऐसी रचनाओं में पात्रों की उन मनोवृत्तियों का अच्छा उद्घाटन हुआ है जिनसे सामाजिक स्थिति पर काफी प्रकाश पड़ता है।

दो एक उदाहरण–

***एक तपःपूत करुणामयी हिंदू विधवा का चित्र–**
उस करुणा की सरिता के मलिन पुलिन पर,

लघु टूटी हुई कुटी का मौन बढ़ाकर
अति छिन्न हुए भीगे अंचल में मन को–

दुःख रूखे सूखे अधर–त्रस्त चितवन को
वह दुनिया की नजरों से दूर बचा कर,
रोती है अस्फुट स्वर में;

दुःख सुनता है आकाश धीर–
निश्चल समीर,
सरिता की वे लहरें भी ठहर-ठहर कर।...

–निराला

†अरुण यह मधुमय देश हमारा
जहाँ पहुँच अनजान क्षितिज को मिलता एक सहारा
....

× × × ×

हिमाद्रि तुंगशृंग से, प्रबुद्ध शुद्ध भारती
स्वयं प्रभा समुज्ज्वला स्वतंत्रता पुकारती
प्रशस्त पुण्य पंथ है, दृढ़ प्रतिज्ञ सोच लो
अमर्त्य वीर पुत्र हो, बढ़े चलो बढ़े चलो।

–प्रसाद

छायावादी कवियों के साथ एक ऐसा दल भी चल रहा था जो भारतेंदु द्वारा काव्य में प्रवर्तित राष्ट्रीय धारा का बराबर विकास करता गया। इन कवियों में से कुछ तो राजनीति में सक्रिय योग भी देते रहे। माखनलाल चतुर्वेदी, बालकृष्ण शर्मा 'नवीन' और सुभद्राकुमारी चौहान ऐसे ही कवि हैं। इन्होंने देशभक्तिपूर्ण अत्यंत मार्मिक रचनाएँ की हैं। इसका एक कारण यह भी है कि राष्ट्रीयता के भाव और विचार इनके जीवन के अविच्छेद्य अंग बनकर काव्य में उद्‍भूत हुए हैं। चतुर्वेदी जी की अधिकांश रचनाएँ कलात्मक आवरण में सामने आती हैं। 'झाँसी की रानी' की रचयित्री सुभद्रा जी की कविताएँ बिल्कुल सीधी-सादी और सरल पर प्रभावोत्पादक हैं। नवीन जी की रचनाओं में मस्ती और उत्साह का गहरा रंग है। इन्होंने क्रांति के गीत भी गाए हैं। इनकी क्रांति यद्यपि कहीं-कहीं विध्वंसक भी है पर दीनजनों की दुर्दशा से क्षुब्ध आक्रोशमयी वाणी इनकी रचनाओं में सर्वत्र सुनाई पड़ती है।

इसके अतिरिक्त 'दिनकर', 'मिलिंद' आदि और भी कई उत्साहवर्धक राष्ट्रीय रचनाएँ करने वाले कवि इसी समय खड़े हुए हैं यह दूसरी बात है कि कभी-कभी इनमें 'विपथगा' क्रांति का विध्वंसकारी नाद भी सुनाई पड़ जाता है।

यह सब तो गौण काव्य-प्रवृत्तियों की बात हुई, प्रधानता इस युग में शुद्ध छायावादी कविताओं की ही रही। शुद्ध छायावादी कविताओं की अत्यधिक कलात्मकता और प्रेम-निवेदन की विवृति के कारण कतिपय कवि स्वयं भी ऊब उठे। ये कविताएँ काव्य और कला की दृष्टि से चाहे उच्च हों पर यह तो मानना ही पड़ेगा कि जनता के वास्तविक जीवन से ये बहुत दूर जा पड़ीं। छायावाद की बहुत-सी कलापूर्ण रचनाएँ सुनकर या पढ़कर प्रसन्न होनेवाले चाहे पर्याप्त शिक्षित व्यक्ति मिल जाएँ पर उन्हें ठीक ढंग से समझने वाले अब भी कम हैं।

छायावादी कविताओं का प्रचलन धीरे-धीरे कम होने लगा। 'छायावाद' के प्रतिनिधि कवि श्री सुमित्रानंदन पंत 'रूपाभ' में युगवाणी सुनाने का प्रयत्न करने लगे। उसके संपादकीय में उन्होंने लिखा—**"इस युग की वास्तविकता ने जैसा उग्र आकार ग्रहण कर लिया है उससे प्राचीन विश्वासों में प्रतिष्ठित हमारे भाव और कल्पना के मूल हिल गए हैं। श्रद्धा अवकाश में पलनेवाली संस्कृति का वातावरण आंदोलित हो उठा है और काव्य की स्वप्न-जड़ित आत्मा जीवन की कठोर आवश्यकता के उस नग्न रूप से सहम गई है। अतएव इस युग की कविता स्वप्नों में नहीं पल सकती। उसकी जड़ों को अपनी पोषण सामग्री धारण करने के लिए कठोर धरती का आश्रय लेना पड़ रहा है।"**

['**रूपाभ**' **(वर्ष 1, संख्या 1)–जुलाई 1938]**

इस समय राजनीतिक जगत में भी कुछ ऐसा परिवर्तन होता है जिसका हिंदी काव्यधारा की वर्तमान प्रवृत्ति से घनिष्ठ संबंध है। अब तक राष्ट्रीय महासभा कांग्रेस पर केवल गाँधीवाद का ही व्यापक प्रभाव था। गाँधीवाद एक स्वतंत्र जीवन-दर्शन

है जिसका मूल भौतिक आधार है मानव प्रेम और अहिंसा। यह राजनीति के क्षेत्र में भी अहिंसात्मक सत्याग्रह का प्रयोग करता है। इसके अनुसार जीवन का सर्वोच्च लक्ष्य आत्मा की आध्यात्मिक उन्नति और भगवत्प्राप्ति है। लोक सेवा और मानव प्रेम की भावना के प्रसार से ही इस लक्ष्य की पूर्ति हो सकती है। अहिंसात्मक सत्याग्रह के द्वारा अत्याचारियों और शोषकों का हृदय-परिवर्तन कर समाज के दैन्य-दुःख और अत्याचार का अंत किया जा सकता है। आर्थिक सुधार के लिए आत्मनिर्भर ग्रामों की स्थापना और कार्य-संघटन होना चाहिए।

गाँधीवाद की इस विचारधारा से भिन्न मार्क्सवाद की नीति है। रूस में इसके अनुसार शासन-व्यवस्था हो जाने के कारण यूरोप में इसके विचारों का प्रसार हुआ। भारत में भी मार्क्सवाद की चर्चा होने लगी।

मार्क्सवाद-प्रगतिवाद

मार्क्सवाद के अनुसार सृष्टि का मूल भौतिक पदार्थ या भूततत्व (मैटर) है जिसका विकसित रूप है वर्तमान जगत्। जगत् निरंतर परिवर्तनशील है; पर यह परिवर्तन ईश्वर अथवा अन्य किसी सर्वशक्तिमान परोक्ष सत्ता द्वारा संचालित न होकर स्वयं ही घटित होता रहता है। प्रस्तुत अवस्थान (थीसिस) के भीतर आंतरिक असंगतियाँ (इनर कांट्रेडिक्शन्स) प्रादुर्भूत होती हैं जिनके भीतर उनके विनाश के बीज निहित रहते हैं। इन असंगतियों के बढ़ते-बढ़ते एक ऐसी अवस्था आती है जब पूर्व अवस्थान नष्ट हो जाता है और प्रत्यवस्थान (ऐंटी-थीसिस) प्रतिष्ठित होता है। इस प्रत्यवस्थान के भीतर आगे चलकर पुनः असंगतियाँ उत्पन्न होकर बढ़ती जाती हैं और उसके स्थान पर फिर एक समवस्थान (सिंथेसिस) का निर्माण होता है। तात्पर्य यह कि यह सृष्टि दो विरोधी तत्त्वों के द्वंद्व से स्वयं ही गतिशील होती रहती है। कुछ काल तक उसमें दोनों विरोधी तत्त्वों की साम्यावस्था (इक्विलिब्रियम) रहती है, फिर स्वतः क्षोभ उत्पन्न होने पर उनमें द्वंद्व होता है और अंत में एक नया अवस्थान होता है जिसमें इन शक्तियों की साम्यावस्था रहती है। इस प्रकार द्वंद्व और परिवर्तन का क्रम निरंतर चला करता है। इन दो विरोधी शक्तियों की द्वंद्वावस्था में एक ऐसी स्थिति आती है जब मात्रा (क्वांटिटी) के साथ-साथ वस्तु या पदार्थ में गुणात्मक परिवर्तन अत्यंत वेगपूर्वक (क्रांति की दशा) होता है। मात्रा और गुण का यह परिवर्तन-क्रम भी सदा चलता रहता है। इस सिद्धांत को मार्क्स का द्वंद्वात्मक भौतिकवाद (डायलेक्टिक मेटीरियलिज्म) कहते हैं।

जगत् का मूल जिस प्रकार भौतिक पदार्थ (मैटर) है उसी प्रकार समाज-संघटन का मूल आधार उसकी आर्थिक व्यवस्था है। जीवन के लिए आवश्यक वस्तुओं की उत्पादिका शक्ति के विकास के अनुरूप ही समाज के व्यक्तियों का पारस्परिक

संबंध स्थापित होता है। उत्पादक संबंधों के संघटन से ही समाज का आर्थिक ढाँचा खड़ा होता है, जिस पर मनुष्य की समस्त कार्य-प्रणालियाँ—राजनीति, धर्मनीति और साहित्य आश्रित हैं। इसी विचार-प्रणाली के अनुसार मार्क्सवादी 'इतिहास की अर्थमूलक व्याख्या' (एकनामिक इंटरप्रिटेशन ऑफ हिस्ट्री) करते हैं।

समाज के वर्तमान दुःख-क्लेश तथा वैषम्य का कारण है वस्तुओं के उत्पादन, विनिमय और वितरण पर थोड़े से पूँजीपतियों का अधिकार। इसीलिए समस्त समाज प्रधानतः दो वर्गों—शोषक और शोषित—में विभाजित हो गया है। वर्तमान पूँजीवादी व्यवस्था के उन्मूलन से ही वर्ग-गत स्वार्थों और समाज के वैषम्य का नाश हो सकता है। वर्तमान आर्थिक व्यवस्था में आमूल परिवर्तन करना आवश्यक है, और यह सब होगा क्रांति के द्वारा। क्रांति वर्ग-संघर्ष के चरम विकास की अवस्था में ही घटित हो सकती है, अतः समाज में वर्ग-चेतना उत्पन्न करनी चाहिए।

मार्क्सवाद के अनुसार वर्तमान अवस्था में आमूल परिवर्तन होने पर ही वैषम्य मिट सकता है इसलिए मार्क्सवादी लोग पीड़ितों की दशा में सुधार मात्र से संतुष्ट नहीं होते। पीड़ितों के लिए अधिकारियों और धनिकों का हृदय-परिवर्तन कर दया और कृपा की भीख भी वह नहीं चाहते; क्योंकि उनकी दृष्टि में धनिकों के उपकार और दया दीनजनों के असंतोष को दबाने के साधनमात्र हैं। मार्क्सवाद का उद्देश्य है राज-शक्ति हस्तगत कर एक नवीन वर्ग विहीन समाज की स्थापना, जिसमें आर्थिक आधार की विषमता नष्ट होकर समाज के सभी व्यक्तियों को अपने विकास के लिए समान सुविधाएँ प्राप्त होंगी। यह सब कुछ होगा क्रांति के द्वारा।

इस क्रांति में मजदूरों से ही पूरी सहायता मिल सकती है, किसानों से नहीं; क्योंकि मार्क्सवाद की दृष्टि में किसानों की कोई स्वतंत्र विचारधारा नहीं होती। ये लोग थोड़े बहुत सुधारों से ही संतुष्ट हो जाया करते हैं। पुरानी राजनीतिक व्यवस्थाओं और देवी-देवताओं में विश्वास होने के कारण सामाजिक दशा में आमूल परिवर्तन इन्हें इष्ट नहीं होता। इसलिए इनसे तो काम चलेगा नहीं। विशेष-रूप से मजदूरों में ही वर्ग-संघर्ष की चेतना उद्बुद्ध कर, क्रांति के द्वारा श्रमिकों का राज्य स्थापित कर, वर्ग-विहीन समाज का निर्माण करने में ही सच्चा कल्याण है।

भारत में मार्क्सवादी सिद्धांतों के अनुयायी कुछ नवयुवकों ने सन् 1927 में ही अपना एक 'कम्युनिस्ट दल' बनाया जिसकी नीति रूस के संकेतों पर निर्धारित होती है। मार्क्स और एंजेल्स स्वयं अपने को कम्युनिस्ट कहते थे। वैसे कम्युनिज्म शब्द तो पहले से भी प्रचलित था पर एक विशिष्ट राजनीतिक संप्रदाय की संस्था के रूप में मार्क्स और एंजेल्स ने 'कम्युनिस्ट लीग' की स्थापना सन् 1847 में की जिसके एक साल बाद 1848 में कम्युनिस्ट मेनिफेस्टो प्रकाशित हुआ। एंजेल्स के शब्दों में 'कम्युनिज्म सर्वहारा वर्ग (प्रोलेटेरिएट) की मुक्ति का मार्ग बतलाने

वाला सिद्धांत है'। इस कथन में आया 'प्रोलेटेरिएट' (सर्वहारा वर्ग) शब्द फ्रेंच से उधार लिया गया है जिसका अर्थ है गरीब। पर इसका मूल है लैटिन प्रोलेटेरिन्स (Proletarins)। प्रोलेटेरिंस उन संपत्तिविहीन नागरिकों को कहते थे जिन्हें दरिद्र होने के कारण राज्य की सेवा अपने बच्चों द्वारा करनी पड़ती थी। पर अब इस शब्द का तात्पर्य है उस व्यक्ति से जिसकी जीविका का साधन केवल शारीररिक श्रम है।

एनसाइक्लोपीडिया ब्रिटानिका के अनुसार 'कम्युनिज्म समाजवाद (सोशलिज्म) के ही अंतर्गत एक विशिष्ट आंदोलन है जिसका लक्ष्य भी वही है–उत्पादन के साधनों पर से व्यक्तिगत स्वामित्व हटाकर एकाधिपत्य का उन्मूलन। कम्युनिज्म की अपनी विशेषता इस बात में है कि इसके अनुसार इस उद्देश्य की पूर्ति का एकमात्र साधन क्रांति है। समाजवाद क्रांति को, ऐतिहासिक और सामाजिक अवरोधों को दूर करने के लिए, अंतिम उपाय के रूप में अस्वीकार नहीं करता, पर कम्युनिज्म क्रांति को अनिवार्य समझता और खुले आतंक पर आधारित सर्वहारा वर्ग की तानाशाही को ही समाजवादी आर्थिक और सामाजिक व्यवस्था स्थापित करने का साधन मानता है।'

'समाजवाद' शब्द का बहिष्कार कर मार्क्स और एंजेल्स ने 'कम्युनिज्म' शब्द का प्रयोग क्यों किया, इसका उत्तर एंजेल्स ने कम्युनिस्ट मेनिफेस्टो (सन् 1888 वाला संस्करण) की भूमिका में दिया है। उसका कहना है कि 'सन् 1847 में समाजवादी साधारणतः एक ओर तो काल्पनिक व्यवस्थाओं (utopian systems) से चिपके रहनेवाले व्यक्ति समझे जाते थे और दूसरी ओर सुधारक, जो पूँजी और मुनाफे को कोई खतरा पहुँचाए बिना तरह-तरह से सभी सामाजिक अन्यायों को दूर करने की बात बघारते थे। ये दोनों तरह के लोग श्रमिक वर्ग के आंदोलन से दूर रहने वाले और सहायता के लिए शिक्षित वर्ग का मुँह जोहने वाले थे। इनके विपरीत श्रमिक वर्ग का जो भी अंश केवल राजनीतिक क्रांतियों की निस्सारता से भलीभाँति अवगत हो गया था और जिसने आमूल सामाजिक परिवर्तन की आवश्यकता घोषित की वह अपने को कम्युनिस्ट कहने लगा। हमारा विचार आरंभ ही से यह था कि श्रमिक वर्ग के उद्धार का कार्य निश्चित रूप से स्वयं श्रमिक वर्ग का ही होना चाहिए, अतः इन दोनों में से हम कौन सा नाम ग्रहण करें, इस विषय में हमारे लिए कोई असमंजस नहीं रहा।'

कम्युनिस्ट नाम क्यों ग्रहण किया गया, यह बात अब स्पष्ट हो गई होगी। पहले भारत में यह दल गैर-कानूनी था इसलिए अधिक लोग इसमें नहीं आ पाए। इधर कांग्रेस के भीतर भी एक 'कांग्रेस समाजवादी' दल संघटित हुआ जो तत्कालीन परिस्थिति में तो कांग्रेस की नीति का बहुत कुछ अनुसरण करता था पर पूर्ण स्वतंत्रता की प्राप्ति और देश की आर्थिक विषमताओं का पूर्ण उपचार अंततोगत्वा मार्क्सीय

दर्शन के मूल सिद्धांतों द्वारा ही संभव मानता है।* पहली बार कांग्रेस मंत्रिमंडल स्थापित होने पर 'कम्युनिस्ट दल' भी सरकारी बंधनों से मुक्त हुआ और नवयुवकों के बीच इस दल के विचार पहले से अधिक फैलने लगे। साहित्य के क्षेत्र में इन्हीं विचारों के नवयुवकों ने प्रगतिवाद का आंदोलन पहले-पहल खड़ा किया।

यदि यह आंदोलन न खड़ा होता तो भी हमारे काव्य-साहित्य में सामाजिक भावना और राष्ट्रीयता का विकास अवश्य होता, यह बेखटके कहा जा सकता है। छायावाद के विशिष्ट कवियों में भी एकांतिकता के स्थान पर सामाजिक भावना की प्रवृत्ति धीरे-धीरे स्वयं प्रस्फुटित होती जा रही थी। निराला जी की कविताएँ और पंत जी के 'गुंजन' तथा 'युगांत' इसके प्रमाण हैं। ऊपर हम देख ही आए हैं कि किस प्रकार छायावादयुग के भीतर ही देशभक्ति की भावना भी धीरे-धीरे काव्य में पल्लवित हो रही थी। पर 'प्रगतिवाद' का आंदोलन चल पड़ने पर पंत जी आदि भी उस समय उसी में सम्मिलित हो गए और प्रगतिवाद का प्रवाह चल पड़ा।

प्रगतिवाद का इतिहास

प्रगतिवाद आंदोलन और संघ की स्थापना

'प्रगतिवाद' शब्द का प्रयोग हिंदी में चाहे जब हुआ हो पर वर्तमान अर्थ में सामान्य रूप से यह पद सन् 1936 से हिंदी साहित्य में प्रचारित होने लगा, जब लखनऊ में 'प्रगतिशील' लेखक संघ'* का प्रथम अधिवेशन हुआ और उसके सभापति हुए

* सन् 48 में समाजवादी दल कांग्रेस से अलग हो गया। इस दल की कुछ मुख्य विशेषताएँ ये हैं—सबसे पहली बात यह है कि समाजवादी मार्क्स के मूल सिद्धांतों को मानते हुए भी अपने देश की वर्तमान अवस्था के अनुकूल उसकी व्याख्या करते हैं रूस के पॉलिट ब्यूरो से ये नियंत्रित नहीं होते। दूसरे ये राष्ट्रीय हितों को प्रधानता देते हैं। रूस में स्थापित अधिनायकवादी समाजवाद से इनका विरोध है; ये लोकतांत्रिक समाजवाद की स्थापना चाहते हैं। तीसरे गाँधीवाद से प्रभावित होने के कारण ये कम्युनिस्टों की भाँति लक्ष्य या साध्य के ही औचित्य का विचार नहीं करते वरन् साधन के औचित्य का भी पूरा ध्यान रखते हैं।

* प्रगतिशील लेखक संघ (प्रोग्रेसिव राइटर्स एसोसिएशन) अब एक अंतर्राष्ट्रीय संघटन के रूप में हो गया है। अनेक देशों में इसकी शाखाएँ हैं। इसकी स्थापना सन् 1935 में हुई और प्रसिद्ध अंग्रेजी लेखक ई.एम. फारेस्टर के सभापतित्व में इसका पहला अधिवेशन पेरिस में हुआ। डॉ. मुल्कराज आनंद और सज्जाद जहीर के उद्योग से भारतीय प्र. ले. सं. की स्थापना लंदन में इसी साल हुई और इन्हीं व्यक्तियों ने सन् 36 में इसे लाकर भारतवर्ष में स्थापित किया। इसके पहले अधिवेशन के सभापति प्रेमचंद जी और दूसरे के महाकवि रवींद्रनाथ ठाकुर हुए।

प्रेमचंद जी। अपने भाषण में उन्होंने साहित्य में बढ़ती हुई प्रेम और वेदना की लहर की तीव्र आलोचना की। उन्होंने कहा कि साहित्य केवल मनोरंजन की वस्तु नहीं है। वर्तमान काल में जब कि हमारे समाज और देश की अवस्था संकटापन्न है, हमें ऐसा साहित्य निर्मित करना चाहिए जिसमें वर्तमान विपन्नावस्था का प्रतिबिंब हो और उससे परित्राण पाने के लिए आशापूर्ण संदेश निहित हों। "नीतिशास्त्र और साहित्यशास्त्र का लक्ष्य एक ही है—केवल उपदेश-विधि में अंतर है। नीतिशास्त्र तर्कों और उपदेशों के द्वारा बुद्धि और मन पर प्रभाव डालने का यत्न करता है, साहित्य ने अपने लिए मानसिक अवस्थाओं और भावों का क्षेत्र चुन लिया है।...मुझे यह कहने में हिचक नहीं कि मैं और चीजों की तरह साहित्य को भी उपयोगिता की तुला पर तौलता हूँ।....फूलों को देखकर हमें इसलिए आनंद होता है कि उनसे फलों की आशा होती है।"

अंतिम वाक्य ध्यान देने योग्य है। प्रगतिवादी काव्य सिद्धांत भी इस उपयोगितावादी मत का कट्टर प्रचारक है। पर मार्क्सवादी सिद्धांतों का उल्लेख प्रेमचंद जी के भाषण में नहीं है। आर्थिक परिस्थितियों और वर्ग-संघर्ष की विभिन्न दशाओं के बीच रखकर साहित्य की परीक्षा करने का उपक्रम अभी तक नहीं हुआ था। यह हुआ कुछ दिन बाद 'विशाल भारत' में प्रकाशित एक लंबे लेख में।* इस लेख में मार्क्सवाद, वर्गसंघर्ष और भौतिकवाद की लंबी चर्चा के साथ ही वर्तमान साहित्य को पूँजीवाद की ह्रासोन्मुख प्रवृत्तियों का द्योतक बताया गया है और वर्गवादी साहित्य की सृष्टि का आग्रह किया गया।

प्रगतिवादी काव्य का आरंभ

प्रगतिवादी काव्य की स्पष्ट पर प्राथमिक दशा की झलक जुलाई सन् 1938 में श्री सुमित्रानंदन पंत और श्री नरेंद्र शर्मा के संपादकत्व में निकलने वाले कालाकाँकर के मासिक पत्र 'रूपाभ' में मिली। रूपाभ थोड़े ही दिनों बाद बंद हो गया। इधर प्रगतिवाद की विशद व्याख्याएँ और रचनाएँ काशी के 'हंस' में व्यवस्थित रूप से प्रकाशित होने लगीं, जब से (सन् 1941) उसके संपादक श्री शिवदानसिंह चौहान हुए। इस बीच प्रगतिवाद की चर्चा अन्य पत्र-पत्रिकाओं में भी होती रही। हिंदी साहित्य सम्मेलन के पूना-अधिवेशन में पं. नंददुलारे वाजपेयी ने हिंदी काव्य की इस नवीन प्रवृत्ति पर विस्तृत प्रकाश डाला।

अब तक पंतजी की 'युगवाणी' प्रकाशित हो चुकी थी और बहुत से कवियों ने इस प्रकार की रचनाएँ लिखनी प्रारंभ कर दी थीं। आलोचना के क्षेत्र में भी मार्क्सवादी विचारों से रंगे लेखों के दर्शन होने लगे।

* 'भारत में प्रगतिशील साहित्य की आवश्यकता' लेखक—श्री शिवदान सिंह चौहान; 'विशालभारत' मार्च 1937।

मार्क्स के भौतिकवाद से प्रभावित होकर रचनाएँ करने वालों में पंत जी सब से आगे आए। इन भौतिकवादी विचारों को लक्ष्य में रखकर पहले-पहल लिखी गईं प्रगतिवादी रचनाएँ इनकी 'युगवाणी', 'मानवपशु' और श्री रामविलास शर्मा की 'कलियुग' और 'हड्डियों का ताप' हैं। रूपाभ के अंकों में पंतजी की नए ढंग की कई-कई रचनाएँ एक साथ प्रकाशित होने लगीं। इससे बहुत से नवयुवक कवि इस ओर आकृष्ट हुए। पंतजी की ऐसी रचनाओं के कुछ अंश उद्धृत किए जाते हैं–

"आत्मा ही बन जाए देह नव,
ज्ञान ज्योति ही विश्व स्नेह नव
हास अश्रु आशाऽआकांक्षा
बन जाएँ खाद्य, मधु पानी।
युग की वाणी!"

(युगवाणी)

× × × ×

"युग युग से रच शत-शत नैतिक बंधन,
बाँध दिया मानव ने पीड़ित पशु-तन।
विद्रोही हो उठा आज पशु दर्पित,
वह न रहेगा अब नव युग में गर्हित।
नहीं सहेगा रे वह अनुचित ताड़न,
रूढ़ि नीतियों का गत निर्मम शासन।
वह भी क्या मानव जीवन का लांछन?
वह मानव के देहभाव का वाहन।
नहीं रहे जीवनोपाय तब विकसित,
जीवन-यापन कर न सके तब इच्छित।
नैतिक सीमाएँ कर बहु निर्धारित,
जीवन इच्छा की जन ने मर्यादित।

× × × ×

देव और पशु, भावों में जो सीमित,
युग युग में होता परिवर्तित, अवसित।
मानव-पशु ने किया आज भव अर्जित,
मानव-देव हुआ अब वह सम्मानित।
मानव के पशु के प्रति,
मध्यवर्ग की हो रति।"

(मानव पशु)

–रूपाभ, जुलाई '38

"आज सत्य, शिव, सुंदर केवल
वर्गों में है सीमित,
ऊर्ध्व मूल संस्कृति को होना
अधोमूल है निश्चित!"

(मूल्यांकन)
—रूपाभ, अगस्त '38

इन पंक्तियों में पीड़ित जन-समुदाय की उस विपन्नावस्था का वर्णन है जिसे समाज के उच्च वर्ग ने अपने स्वार्थों की पूर्ति के लिए संभव बनाया है। शत-शत नैतिक बंधनों के जाल बिछा कर निम्नवर्ग को समाज ने जकड़ लिया था पर आज उसमें नवीन जागर्ति और चेतना का आविर्भाव हो गया है। अब वह रूढ़ियों और नीतियों के अनुचित ताड़न नहीं सहेगा। वर्तमान समय में सत्य शिव और सुंदर वस्तुएँ उच्चवर्ग की सीमा में ही संकुचित हैं। ऐसे वर्ग समाज का नाश करके धरा में ऐसा स्वर्ग समुपस्थित करना चाहिए जिसमें न तो श्रेणी-संघर्ष हो, न रूढ़ियों का जाल हो और न जहाँ 'जन-श्रम-शोषण' हो।

इस प्रकार नवीन काव्य की मूल विचारधारा का परिचय पहले-पहल पंतजी ने ही दिया। अतएव हिंदी में प्रगतिवादी (सांप्रदायिक) काव्य के सूत्रपातकर्त्ता वे ही ठहरते हैं और प्रगतिवाद काल प्रारंभ होता है सन् 1938 से।

ऊपर उद्धृत पंक्तियों में जिस राजनीतिक विचार का आभास मिलता है उसका पूरा विस्तार पंतजी की रचनाओं में हुआ, पर ध्यान देने की बात यह है कि उन्होंने वर्ग संघर्ष और हिंसात्मक क्रांति का प्रचार नहीं किया है। जहाँ उन्होंने रूढ़िवादियों की भर्त्सना की है वहाँ संकीर्ण भौतिकवादियों के दृष्टि विस्तार की कामना भी प्रकट की है। स्थूल राजनीतिक मत-मतांतरों से, अन्य प्रगतिवादी कवियों की अपेक्षा, अपने कवि का रूप एकदम आच्छन्न हो जाने से कुछ न कुछ बचाने का प्रयत्न भी उन्होंने किया है। उनकी नवीन परिवर्तित दृष्टि की कुछ सूचना उनके इस कथन में है—"ऐतिहासिक भौतिकवाद और भारतीय अध्यात्म दर्शन में मुझे किसी प्रकार का विरोध नहीं जान पड़ा, क्योंकि मैंने दोनों का लोकोत्तर कल्याणकारी पक्ष ही ग्रहण किया है। मार्क्सवाद के अंदर श्रमजीवियों के संगठन, वर्ग-संघर्ष आदि से संबंध रखने वाले बाह्य-दृश्य को, जिसका वास्तविक निर्णय आर्थिक और राजनीतिक क्रांतियाँ ही कर सकती हैं, मैंने अपनी कल्पना का अंग नहीं बनने दिया है।"* और इसीलिए यदि कोई कट्टर प्रगतिपंथी यह कहता मिले कि 'पंतजी जहाँ पहले थे वहीं अब भी हैं'† अथवा 'अब भी उनके दृष्टिकोण में हम कोई मौलिक अंतर

* आधुनिक कवि—सुमित्रानंदन पंत, पृ. 10 (प्रथम संस्करण)

† ये बातें 'युगवाणी' और 'ग्राम्या' की रचना के समय इन्हीं रचनाओं को लक्ष्य करके कही गई थीं।

अब 'स्वर्णकिरण' और 'उत्तरा' जैसी रचनाओं के प्रकाशन के बाद स्थिति बदली दिखाई देती है। नहीं देखते' तो समझना चाहिए कि असली शिकायत यह है कि पंतजी अब भी अपना कवि रूप बनाए ही चल रहे हैं।

हिंदी में प्रगतिवाद की लहर चल पड़ने पर उन रूसी और अंग्रेजी कविताओं की बहुत अधिक चर्चा चलने लगी है जो मार्क्सवाद के साँचे में भली-भाँति ढली हैं। अतः संक्षेप में यहाँ रूसी और अंग्रेजी के वर्तमान काव्य साहित्य का परिचय दे देना आवश्यक प्रतीत होता है।

इसमें कोई संदेह नहीं कि कविता और समाज का अविच्छेद्य संबंध है अतः सामाजिक मनोभावों का प्रतिबिंब उस पर पड़ना अवश्यंभावी है। इतना ही नहीं, उसमें ऐसे उत्थानमूलक भावों का भी सन्निवेश होना चाहिए जो जन-मन को कर्म-प्रेरक उत्साह प्रदान कर सकें। पर यह ध्यान भी होना ही चाहिए कि अपने कुछ विशेष गुणों के कारण जिस रचना-प्रकार का नाम काव्य पड़ा उसमें उन गुणों की अवस्थिति आवश्यक है, अन्यथा उसे काव्य न कहकर कुछ और कहना होगा। पर इन बातों पर ध्यान गया नहीं। प्रसिद्ध रूसी राजनीतिक क्रांति के पश्चात् वहाँ ऐसे नियम बनाए गए जिन्होंने साहित्य को भी अपने ही संकेतों पर चलने को बाध्य किया।

आधुनिक रूसी काव्य

रूसी क्रांति के पहले वहाँ कवियों के दो प्रधान दल थे—भविष्य का सुख स्वप्न देखनेवाले 'भविष्यद्वादी' (फ्यूचरिस्ट), और फ्रायड के मनोविज्ञान से प्रभावित प्रतीक-पद्धति पर चलनेवाले 'मूर्तिकल्पनावादी' (इमेजिस्ट)। भविष्यद्वादी दल के भीतर ही मार्क्सवाद के प्रचारक कवि भी थे। मूर्तिकल्पनावादियों का दल तो अपने दुरूह व्यक्तिवैचित्र्यवाद के कारण कुछ दिनों बाद स्वयं ही समाप्त हो गया था। रह गए भविष्यद्वादी। बाद को इनकी भी आवश्यकता नहीं रह गई, क्योंकि क्रांति के पश्चात् तो एक नए समाज का स्वरूप प्रस्तुत ही हो गया था। अब प्रस्तुत रूसी समाज व्यवस्था और राजनीति से सहमत कवियों ने एक नया वाद फिर खड़ा किया, जिसका नाम रखा समाजवादी यथार्थवाद (इस विषय पर इसी पुस्तक में आगे विस्तार से विचार किया गया है)। इनका कहना है कि समाज की प्रगतिशील शक्तियों को पहचान कर उनकी अभिवृद्धि में साहित्य को योग देना चाहिए। और यह प्रगतिशील तत्त्व है मार्क्सवादी विचारधारा। इसका प्रसार करने में कवियों को जुट जाना चाहिए। अर्थात् प्रचारवादिता कवियों का मुख्य लक्षण ठहराया गया। अब व्यावहारिक पक्ष देखिए। आर्थिक उन्नति के लिए रूस में 'पंचवर्षीय योजना' और 'सामूहिक कृषि-कार्य-संघटन' आदि की व्यवस्थाएँ हुईं। कवियों और लेखकों से आग्रह किया गया कि वे इन योजनाओं को सफल बनाने के लिए अपनी रचनाओं के द्वारा इन

योजनाओं के स्वरूप तथा लाभों से समाज को अवगत कराएँ। साहित्यकारों के दल इन प्रयोगात्मक व्यवस्थाओं का निरीक्षण करने के लिए भेजे गए जिससे वे ठीक-ठिकाने से इनका प्रचार कर सकें। मार्क्सवादियों के अनेक साहित्यिक संघ भी स्थापित हुए, अर्थात् इनका साहित्यिक मोर्चा (लिटरेरी फ्रंट) कायम हुआ। ये संघ नवीन व्यवस्थाओं की प्रशंसा करते और मार्क्सवादी विचारों की व्यंजना अपनी रचनाओं में करने का आग्रह लेखकों से करते थे। यही नहीं, रूस के शासनाधिकारी भी इन साहित्यिक संघटनों को निर्देश देते रहे, जिनके अनुसार लेखकों को अपनी नीति निर्धारित करनी पड़ती थी। साहित्य की कोई अपनी सत्ता वहाँ नहीं रह गई। वह राजनीति का अनुगामी और प्रचारक हुआ। अधिकांश नवयुवक लेखक अपने को 'पहले मार्क्सवादी फिर और कुछ' समझने लगे।* आरंभिक मार्क्सवादी कवियों में प्रधान है मायाकोव्स्की। यह एक उच्चकोटि का कवि था। भावों का उत्कर्ष और काव्य-कल्पना की सौंदर्यच्छटा इसकी अनेक रचनाओं में देखने को मिलती है। इसकी क्रांति के पश्चात् की रचनाओं में भी कई मनोहर काव्य-स्थल मिलते हैं। ऐसी ही रचनाओं के कारण साहित्य में उसकी प्रतिष्ठा होगी। पर रूस में राजनीतिज्ञों ने जब साहित्य पर तरह-तरह के बंधन लगाए तब उन्हीं के निर्देशों पर रूसी काव्य चलने लगा। मायाकोव्स्की ने भी यही पथ ग्रहण कर लिया। उसने कहा कि 'मैं काव्य की उच्चभूमि से कम्युनिज्म के बीच कूद रहा हूँ, क्योंकि अन्यत्र मुझे प्रेम-भावना नहीं मिलती।.....मैं सोवियत के लिए 'सुख का उत्पादन करनेवाला कारखाना हूँ।' इत्यादि।†

---

* उदाहरण के लिए एक रूसी कवि ने लिखा है–
I carry my Membership card not in my pocket but in myself—Bezymensky.

† I hurl myself into Communism,
    from the heights of Poetry above,
because wihtout it,
    for me,
    there is no love,
× × × ×
I'm a Soviet factory,
    Manufacturing happiness.
× × × ×
I want the pen,
        to equal the gun,
to be listed
    with iron
        in industry.
And the polit Bureau's agenda :
            Item 1,

इन सबका फल यह हुआ कि रूसी काव्य साहित्य एक पूर्व निश्चित विचारधारा के अनुसार निर्मित होने लगा जिससे उसमें कृत्रिमता और प्रचारवादिता का प्राधान्य हुआ।* वस्तुतः वर्तमान रूसी काव्य का अधिकांश भाग संक्रांतिकालीन साहित्य है जिसमें स्थायित्व बहुत कम है। वह एक समय-विशेष की संपत्ति है।

यह सब होते हुए भी कुछ रचनाएँ काव्य के प्रकृत स्वरूप का आभास देती रहीं। धीरे-धीरे कवियों पर से सरकारी नियंत्रण भी कम होने लगे थे। वहाँ के बड़े-बड़े राजनीतिज्ञ भी साहित्य पर राजनीतिक नियंत्रण का दुष्परिणाम देखने लगे थे। यदि गत महायुद्ध न आता तो संभव है कि साहित्य पर लगाए गए राजनीतिक प्रतिबंध बहुत कम कर दिए गए होते। प्रतिबंधों के रहते भी कुछ नैसर्गिक काव्य रचनाएँ होती रहीं पर अधिक परिमाण में उत्कृष्ट काव्य-कृतियाँ वर्तमान रूसी साहित्य में निर्मित नहीं हो सकीं यह निर्विवाद है। अतः रूस के संक्रांतिकालीन संपूर्ण काव्य-साहित्य को आदर्श या अनुकरणीय बताना उचित नहीं प्रतीत होता, विशेषतः तब जब कि साहित्य मर्मज्ञ विद्वान इस प्रचारवादी मनोवृत्ति से बहुत ही असंतुष्ट हैं।

आधुनिक अंग्रेजी काव्य

अब आधुनिक अंग्रेजी काव्य का थोड़ा परिचय प्राप्त कर लेना चाहिए। विगत महायुद्ध के पश्चात् जो नैराश्य और अवसाद का अंधकार यूरोप में फैला उसका वहाँ के जीवन पर व्यापक प्रभाव पड़ा। साहित्य के क्षेत्र में भी उलट-फेर हुआ। काव्य में

---

to be stalin's Report on
'The output of Poetry':
"It's like this.....
and that.....
Out of burrows
the working class
has climbed right up
to the top of the tree :
In the Union Republics
the pre-war level's
been far surpassed
in the understanding
of Poetry...."
—From *'Homewards'* —translated by Herbert Marshall

* "Literature in Soviet Russia, Like everything else, is planned; it is artificially reared and looked after, it cannot develop free and untrammelled."

—*Soviet Russian literature* by Gleb Struve.

इतने अधिक प्रयोगात्मक परिवर्तन हुए, 'वादों' की इतनी विवृति हुई और रचना-प्रक्रिया की दृष्टि से इतना अधिक कलाविलास हुआ कि बहुत से लोग इन सब परिवर्तनों को विस्मय-विमूढ़ होकर देखते रह गए। एजरा पाउंड और कमिंग्स जैसे कवियों ने अवचेतन मन की लीलाओं को विस्तारपूर्वक दिखाया और शब्दों तथा ध्वनियों के टुकड़े-टुकड़े करके असामान्य भावों का प्रदर्शन करने की चेष्टा की।

युद्धोत्तरकालीन कवियों में पहले सबसे अधिक ख्यात हुए टी.एस. इलियट। उन्होंने सन् 1907 में एक कविता-संग्रह प्रकाशित किया जिसकी सर्वाधिक उल्लेख्य रचना है 'प्रूफ्राक का प्रेम-संगीत' (लवसांग ऑफ अलफ्रेड प्रूफ्राक)। यह प्रूफ्राक नामक एक अधेड़ व्यक्ति का स्वगत-कथन (सालोलाकी) है जिसमें प्रत्यभिज्ञाजन्य असंबद्ध भावों (फ्री असोसिएशन ऑफ आइडियाज) के प्रकाशन द्वारा वह अपनी मानसिक स्थिति का चित्रण करता है। इसमें आधुनिक मनोविश्लेषण के अनुसार इस संक्रांतिकाल के मनुष्य के भावजगत् का चित्र उपस्थित किया गया है। पर इलियट की प्रसिद्धि का आधार 'वेस्ट लैण्ड' है जो सन् 1922 में प्रकाशित हुआ। इसमें उसने युद्ध की विनाशकारी शक्तियों से ध्वस्त अपने समाज को 'एक टूटी-फूटी मूर्तियों के ढेर' के रूप में देखा है। युद्धोत्तर काल में समाज की जो विशृंखल स्थिति हो गई थी उसका पूरा प्रतिबिंब इस रचना में दिखाई देता है। पुराने विश्वास टूट रहे हैं, पुराने आदर्श ढह रहे हैं, पुरानी संस्कृति की जड़ हिल गई है, नीति और धर्म पर लोगों की आस्था नहीं रही—प्राचीन परंपरा का निदर्शन करनेवाली कोई वस्तु अब नहीं बचेगी। यांत्रिक सभ्यता मानव जीवन पर चतुर्दिक प्रभाव डालकर उसे विनाश की ओर ले जा रही है। आसुरी शक्तियों की प्रबलता बढ़ती जा रही है। चारों ओर निराशा ही निराशा दिखाई देती है। मानव जीवन के परित्राण की अब कोई आशा नहीं बच रही। व्यर्थ है सब कुछ। अब मृत्यु ही में मुक्ति है, उसी की गोद में शांति मिल सकती है।—इस प्रकार के विचार 'वेस्ट लैण्ड' में मुखरित हुए हैं।

इलियट पुरातन-प्रेमी कवि हैं। प्राचीन संस्कृति, साहित्य, कला—सब में इनकी अगाध श्रद्धा है। इनकी दुर्गति देखकर ये क्षुब्ध हो उठे। आधुनिक सभ्यता के प्रति इनका विद्रोह रचनाओं में फूट पड़ा है। पर इस विद्रोह और असंतोष की परिणति अंततः चरम नैराश्य में होती है जहाँ मंगलाशा की कोई गति नहीं। इनकी कविताओं में भाव की अपेक्षा बुद्धि की प्रधानता है अतः उनमें व्यंग्य का पूरा सन्निवेश हुआ है। रचना-प्रक्रिया की दृष्टि से इनकी रचनाएँ रुक्ष और गद्यात्मक हैं और सामान्य पाठक के लिए इनका समझना कठिन है। जो विशृंखलता इन्होंने समाज में देखी वही विशृंखलता इनकी रचनाओं के कला पक्ष में भी मिलती है।

इलियट और उनके अनुयायियों की ऐसी नैराश्यमूलक रचनाओं के प्रति प्रतिक्रिया होनी स्वाभाविक थी। जीवन की चरम परिणति मृत्यु में नहीं है। कर्तव्यनिष्ठ मानव अपनी शक्ति से अवसादजनक परिस्थितियों का नाश करके

आनंद की प्रतिष्ठा कर सकता है। इन विचारों के कवियों ने उपरिनिर्दिष्ट निराशा के विरोध में नवीन आशा के गीत सुनाने प्रारंभ किए। सन् 1930 से इन्होंने अंग्रेजी कविता की नवीन धारा बहाई। ये अधिकतर मार्क्सवादी विचारधारा के माननेवाले हैं और सामूहिक उन्नति के लिए कविता को साधन-स्वरूपा मानते हैं। इनका कहना है कि कविता मुट्ठीभर धनिकों की मनोरंजन-सामग्री नहीं है, बहुसंख्यक मजदूरों की संपत्ति है। इस समय संसार में दो वर्ग हैं—शोषक और शोषित। हमें यह निर्णय कर लेना होगा कि हम किसका पक्ष लेंगे। बीच में रहने से काम नहीं चलेगा, कोई एक पक्ष स्वीकार करना ही होगा। कवि दूसरे वर्ग का पक्ष लेगा और कविता उसके उत्थान और शोषकों के नाश में पूरा-पूरा योग देगी। ऐसे विचारों वाले कवियों में प्रसिद्ध हैं डब्ल्यू.एच.आडेन, स्टेफेन स्पेंडर और सेसिल डे लेविस।

इन्होंने मुख्यरूप से नवीन समाज व्यवस्था लाने के लिए आकुलता व्यंजित करने वाली रचनाएँ कीं जिनमें मजदूरों के संघटन आदि की भी चर्चा रहती है। पर बहुत अधिक जोश होने और साम्यवाद स्थापित करने में प्रयत्नशील होने के लिए पाठक को उत्तेजित करते रहने के उद्देश्य से लिखी गई रचनाओं में काव्य का सच्चा रूप प्रायः छिप जाता है और सामान्य कोटि की प्रचारात्मकता सामने आ जाती है। इनकी बहुत-सी पंक्तियाँ नारों के संकलन या अखबारों के मोटे शीर्षक सी प्रतीत होती हैं। विशिष्ट आलोचकों ने ऐसी कृतियों में अत्यधिक विचारात्मकता और प्रचारवादिता के दोष देखे हैं। ऐसे बहुत से कवियों की रचनाएँ उनके यथार्थ जीवन से दूर और केवल मस्तिष्क की उपज होने के कारण वास्तविकता से दूर और कृत्रिम हैं।* केवल मजदूरों के निमित्त लिखी गई रचनाओं का कोई अर्थ उनके लिए नहीं है जब तक कि उनका (कविताओं का) स्तर बहुत निम्न न हो और उनमें छिछली भावुकता को प्रश्रय न मिला हो।‡

---

* The troublo with most of these peots is that they do not trust their emotions. They are afraid of giving themselves away, with the result that intellect predominates over feeling. And the range of their experience is limited. We may hazard a guess that Auden's workers and clerks are not half as sorry for themselves as he would have us believe.

—*The Outline of Literature ;* By John Drinkwater : revised and extended by Hugh Pollock and Campbell Nairne ; Page 967.

‡ Poetry for the Workers became atonce an ideal and a cant phrase, for poetry, unless it is diluted to the point at which it becomes the doggerel vihicle of sentiment, rarely interests the masses—though among the masses as well as among the classes there are a few to whom poetry is a necessity.

—*Twentieth Century Literature ;* by A.C. Ward ; Page 198.

काव्य सिद्धांत

काव्य–प्रातिबिंबिक सत्ता

काव्य प्रातिबिंबिक सत्ता है। प्रतिबिंब किसका? प्रतिबिंब उस दृश्य जगत् का जो समस्त चर और अचर सृष्टि की समष्टि है। इस सृष्टि अथवा व्यक्त सत्ता के अंतर्गत जड़ प्रकृति, जीव-जंतु तथा मानव-समूह सभी आते हैं। मानव-समूह समाजों में संघटित है। इन समाजों तथा इनकी विभिन्न व्यवस्थाओं का संघटन व्यक्तियों के पारस्परिक रागात्मक संबंध ने संभव बनाया है। राग-विराग की यह प्रवृत्ति-निवृत्ति हमारी मनुष्यता के साथ-साथ लगी है। समाज से दूर वन के एकांत में रहने वाले व्यक्ति का भी इनसे छुटकारा नहीं। जिस वृक्ष की सुखद छाया में वह आश्रय लेगा उसके प्रति ममत्व का अनुभव करेगा; पक्षिवृंद का प्रातःकालीन मधुर कलरव सुनकर वह प्रसन्न होगा और वहाँ कुछ ऐसी पूतिगंधमय वस्तुएँ भी होंगी जिन्हें वह नहीं चाहेगा। कहने का तात्पर्य इतना ही कि राग-विराग की प्रवृत्ति अर्थात् मनोभाव मनुष्य जीवन के साथ हैं। काव्य इन सभी—प्राकृतिक जगत् और प्राणि-समाज तथा उसके बीच संचरित होने वाले मनोभावों—का प्रतिबिंब है।

काव्य का उद्‌भव और विकास

सभ्यता के विकास के बहुत पहले मनुष्य जंगलों में रहता था। जीवन-यापन के लिए उसे आज जैसी सुविधाएँ नहीं प्राप्त थीं। भावों का आदान-प्रदान भी सुगम न था। पर सुख-दुःख राग-विराग की सहज अनुभूति तो उसे होती ही थी। प्रकृति के किसी सुषमा-मंडित रहस्यमय दृश्य को देखकर वह विस्मय-विमुग्ध हुआ और किसी त्रासकारी दृश्य को देखकर उसे डर भी लगा; किसी सुहावने व्यक्ति को उसने प्यार किया, किसी मनोज्ञ वत्स के प्रति उसके मन में ममता जगी, विद्रूप वस्तु या व्यक्ति से उसे ग्लानि या घृणा हुई; क्षुधा-तृप्ति पर उसे संतोष और भूख लगने पर कष्ट का अनुभव हुआ। अपने मन के इन विभिन्न भावों को उसने पहले संकेतों और अस्पष्ट ध्वनियों द्वारा व्यक्त किया। धीरे-धीरे शब्दों का निर्माण हुआ। एक शब्द से, एक सार्थक ध्वनि से, सब लोग एक साथ ही एक ही वस्तु या भाव का ग्रहण करने लगे। इस प्रकार जब शब्दों में ऐसी संकेतात्मकता या प्रतीकात्मकता आ गई कि उनके द्वारा एक प्रकार के भाव सर्वग्राह्य हो सकें तब भाषा बनी। दैनिक जीवन के व्यवहार में आते-आते भाषा मँजती गई और उसमें बहाव आता गया। यही बहाव लय या संगीत-तत्त्व है। सामूहिक, आनंदोत्सव, यज्ञ, आखेट यात्रा आदि के अवसरों पर इसी लय युक्त भाषा का व्यवहार होने लगा। पर यह पूर्ण कविता नहीं हुई।

समाज का कुछ विकास हो जाने पर लोक हृदय को पहचानने वाले कुछ विशिष्ट व्यक्तियों या प्रातिभों ने इसी लययुक्त भाषा में सामान्य हर्ष-विषाद के भाव

व्यक्त किए। इन्हीं ऋषियों ने काव्य की नींव डाली। इनका हृदय लोक-भावनाओं का संघात था, जिससे काव्य सरिता की धारा प्रवाहित हुई। इनकी व्यक्तिगत सुख-दुःख की भावनाएँ लोक हृदय में लीन हुई थीं। व्यक्तिगत हानि-लाभ की भावना से दूर इनकी वाणी ने ही लोक के मनश्चक्षुओं के सम्मुख भाव-सौंदर्य और कर्म-सौंदर्य की विभूति का उद्‌घाटन किया। यह सत्वोद्रेकानंदमयसंवित् वाणी ही काव्य-निर्मात्री है। मानव समाज ही नहीं, वरन् इन्होंने समस्त चराचर के साथ तादात्म्य का अनुभव किया था। ऐसे ही विशाल हृदय के साथ काव्य का संबंध है।

ज्यों-ज्यों समाज का विकास होता गया और सभ्यता की वृद्धि के साथ-साथ उसमें जटिलता आती गई, त्यों-त्यों मनुष्य भी इसमें उलझता गया। समाज की विभिन्न व्यवस्थाओं से उत्पन्न अनेक जटिल भावों का भी प्रभाव उस पर पड़ने लगा। लोक का आनंद भी इन व्यवस्थाओं पर ही बहुत कुछ निर्भर हुआ। इसलिए उसके हृदय पर इन सबका भी प्रभाव पड़ने लगा। पर यह कहना कि आर्थिक व्यवस्थाओं के अनुरूप ही काव्य भी निर्मित होने लगा पूर्ण सत्य नहीं है, आंशिक चाहे हो। काव्य का सीधा संबंध हृदय के भावों से है। वे भाव कभी सामाजिक, कभी राजनीतिक और कभी आर्थिक समस्याओं से प्रभावित अवश्य होते रहे हैं पर इसीलिए यह नहीं कहा जा सकता कि काव्य का मूल आधार केवल आर्थिक ही है। मार्क्सवादी आलोचक काडवेल काव्य के आर्थिक मूलाधार के लिए कठोर आग्रह करता है।* पर सच पूछिए तो काव्य का क्या, जीवन का भी आधार केवल आर्थिक नहीं है।

सामाजिक सौमनस्य

मनुष्य की सबसे प्रधान इच्छा है सुख या आनंद की प्राप्ति। इसकी प्राप्ति के लिए वह सुख-सामग्री एकत्र करता और जगत् के नाना जटिल व्यापारों में उलझता है। पर यदि मनुष्य केवल अपने व्यक्तिगत सुख का ही ध्यान रखने लगे तब तो यह उसकी घोर स्वार्थपरता हुई। उसके सुख या आनंद की सामग्री की भी परिमिति होनी चाहिए जिससे उसके दूसरे साथियों को कष्ट न हो। उसे अपने आनंद के साथ लोक के आनंद का भी ध्यान होना चाहिए। यही नहीं, लोक के आनंद में उसे भी सुख मानना चाहिए, अन्यथा समाज का सुचारु संघटन ही नहीं हो सकता। इसीलिए, समाज का संघटन पारस्परिक सौमनस्य के आधार पर होता है, जिसे पुराने लोग 'धर्म' कहते हैं। इस प्रकार हम देखते हैं कि मनुष्य पहले किसी बात की इच्छा करता है और फिर उसकी पूर्ति के लिए सुख सामग्री एकत्र करता है। पर उसकी व्यक्तिगत इच्छा और सुख सामग्री-संकलन पर सामाजिक सौमनस्य के नियमों का अंकुश भी

---

* Poetry is regarded, then, not as something racial, national, genetic or specific in its essense, but as something economic.

—*Illusion and reality ;* Page 7.

रहता है। मानवजीवन के विकास के लिए इन सभी का योग आवश्यक होता है, केवल अर्थ का ही नहीं।

काव्य पर इन स्थूल व्यवस्थाओं का भी प्रतिबिंब पड़ता तो है पर मूलतः उसकी जन्मभूमि हृदय है। वह हृदय, जो अपनी भावात्मक सत्ता के पूर्ण विस्तार का अनुभव विश्वात्मा में लीन होकर ही करता है।

काव्य का लक्ष्य

काव्य का प्रधान लक्ष्य है मनुष्य की भावात्मक सत्ता का विस्तार। यह होता है उसकी रागात्मक वृत्तियों को तीव्र और परिष्कृत करने से। रागात्मक वृत्तियाँ हृदय से उत्पन्न होती हैं और यह हृदय ही काव्य की प्रकृत भूमि है। काव्य का संबंध इन रागात्मक मनोवेगों से ही है। ये मनोवेग आर्थिक स्थिति के साँचे में ढलकर नहीं निकलते, चाहे विभिन्न युगों में इनके प्रकाशन के ढंग में बाहरी परिस्थितियों के प्रभाव से कुछ स्वरूप विभिन्नता दिखाई पड़ जाती हो। पर इन बाहरी परिस्थितियों का भी आर्थिक स्थिति एक अंगमात्र है।

काव्य की रागात्मक सत्ता का विस्तार कभी तो प्रकृति के वैभव के बीच होता है और कभी मानव समाज के बीच। उसकी कल्पना जगत् से बाहर किसी अक्षय सौंदर्य और आनंद के लोक में भी विचरण करती है। पर यदाकदा ही। इस प्रकार काव्य की मुख्य भूमियाँ दो ही ठहरती हैं—प्रकृति क्षेत्र और मानव-समाज। प्रकृति के व्यापारों में कवि लीन अवश्य होता है और पाठक या श्रोता को भी लीन कराना चाहता है किंतु काव्य की विस्तृत भूमि मानव-समाज ही है। केवल प्रकृति के व्यापारों से काव्य का लक्ष्य सिद्ध नहीं हो सकता, वह हमारे जीवन में स्फूर्ति लाने या उद्दीपन करने के लिए है। कदाचित् इसीलिए भारतीय शास्त्रों में प्रकृति के व्यापार उद्दीपन के अंतर्गत रखे गए हैं। इस प्रकार मानव-समाज ही सर्वप्रमुख काव्य की विस्तृत भूमि ठहरता है। अतः यहाँ हम उसी का विचार करते हैं। प्रगतिवादी काव्यधारा भी मानव समाज को ही काव्य भूमि मानकर चलती है।

समाज में मनुष्य रहते हैं। मानव-जीवन से ही समाज की भी सत्ता है इसी जीवन की व्यंजना काव्य या साहित्य में होती है। पर मनुष्य तो व्यक्तिरूप से सदा नहीं बना रहता। कुछ दिन तक जीवित रहकर जगत् के गतिशील चक्र में एक धक्का देकर वह यहाँ से चला जाता है। पर क्या इसी भाँति काव्य की सभी कृतियाँ भी अपने कर्ताओं के साथ ही साथ समाप्त हो जाती हैं? क्या उनका आकर्षण, उनका सौंदर्य, उनकी मर्मस्पर्शिता भी थोड़े ही काल के उपरांत नष्ट हो जाती है? हम बराबर देखते आ रहे हैं कि ऐसा तो नहीं है। वाल्मीकि, कालिदास, तुलसी और होमर, शेक्सपियर, शेली आदि की रचनाएँ आज भी हमारे मर्म का स्पर्श करती हैं, हमें हर्षोत्फुल्ल करतीं और प्रकाश देती हैं। तो फिर क्या कारण है इनके दीर्घकाल-व्यापी अस्तित्व और प्रभाव का? वे भी तो जीवन से ही संलग्न हैं।

दो प्रकार के काव्य

काव्य में कहीं तो अनित्य सामयिक समस्याओं और स्थितियों का वर्णन होता है और कहीं ऐसे नित्य सौंदर्य का उद्घाटन होता है जिसकी सत्यता और प्रभावोत्पादकता अनेक युगों को पारकर भी विपर्य्ययहीन बनी रहती है। पर ये सामयिक समस्याएँ भी जीवन की ही हैं और सौंदर्य भी जीवन का ही है। सामयिक समस्याएँ सामयिक आवश्यकताओं की उपज हैं और सौंदर्य हृदय के विशुद्ध भावों का निर्माण। सामयिक समस्याओं से उद्‌भूत रचनाओं का महत्त्व तो आवश्यकता की पूर्ति हो जाने पर समाप्त हो जाता है पर मानव हृदय की विशुद्ध भावभूमि पर उत्पन्न रचनाओं का महत्त्व तब तक बना रहेगा जब तक मनुष्य के हृदय में भावों का संचार। मानव-हृदय की यह विशुद्ध भावात्मक सत्ता ही एक ऐसा सूत्र है, जो सभी युगों में, सभी कालों में मनुष्य को एक-दूसरे से संबद्ध रखता है। मानव-हृदय का यही भावात्मक अंश जीवन की अखंडता और व्यापकत्व की अनुभूति कराता है। उसी का विस्तार हमारे वर्तमान जीवन के पहले भी था, वर्तमान समय में भी है और भविष्य में भी रहेगा। इसी एकत्व की अनुभूति के कारण हम अतीत की ओर आकृष्ट होते हैं और भविष्य की आनंद-कल्पना से प्रसन्न। यदि केवल स्वार्थ की दृष्टि से देखें तो अतीत के गड़े मुर्दे उखाड़ने से क्या लाभ? और जिस भविष्य में हम न रहेंगे उसकी आनंद-कल्पना और उसके लिए प्रयत्न क्यों? तब तो वर्तमान जीवन में सुख भोग लेना ही हमारे सारे कर्मों का चरम लक्ष्य होता। पर ऐसा नहीं है। हमारा आनंद तभी पूर्ण होता है जब हमारी दृष्टि वर्तमान के अतिरिक्त आगे और पीछे भी जाती है। इसी भाव से आर्य गृहस्थ अपने मृत पूर्वजों के प्रति कृतज्ञतापूर्वक नतमस्तक होता है और अनेक बाह्य उपचारों द्वारा अपनी श्रद्धा के फूल उनकी स्मृति में अर्पित करता है। तर्क और संशय के आधार पर चाहे भारतीयों की इस मनोवृत्ति की हँसी उड़ाई जाए पर हमें तो मनुष्य की भावात्मक सत्ता का पूर्ण विस्तार इसमें दिखाई देता है। इस दीर्घकालव्यापिनी भावात्मक सत्ता की अनुभूति में योग देना ही काव्य का उच्चतम लक्ष्य है।

इस प्रकार कहना चाहें तो कह सकते हैं कि काव्य दो प्रकार का होता है : 1. सामयिक जीवन की व्यंजना करने वाला और 2. अनन्तकालव्यापी मानव-जीवन की भावात्मक सत्ता का आभास देने वाला। दूसरा प्रकार काव्य का उच्च और शाश्वत स्वरूप उपस्थित करता है और पहला उसका कनिष्ठ तथा अनित्य स्वरूप। आवश्यक दोनों ही हैं पर सामयिक जीवन की व्यंजना करने वाले काव्य या साहित्य को ही उत्कृष्टतम ठहराना अनुचित है।

सामयिक जीवन की व्यंजना करने वाले साहित्य को हम महत्त्वहीन नहीं मानते। हमारा कहना केवल इतना ही है कि दूसरे प्रकार के उच्चतम काव्यों को

अपदस्थ करने के असफल उपक्रम में शक्ति नष्ट नहीं करनी चाहिए और दूसरी ओर सदा वर्तमान पर ही दृष्टि रखकर काव्य की परख करना भी समुचित नहीं। वैसे तो नवीन ज्ञान-विज्ञान से प्रभावित होना प्रत्येक बुद्धिमान व्यक्ति के लिए आवश्यक है और फलतः इन नवीन विचारों से साहित्य भी प्रभावित होगा, पर केवल इनके संकेत पर ही सत्साहित्य का निर्माण नहीं हो सकता। काव्य या साहित्य की भी स्वतंत्र सत्ता है जिस पर जीवन के बाह्य उपकरण प्रभाव डालते रहते हैं क्योंकि वह (काव्य) जीवन से संलग्न है। पर ये बाह्य उपकरण (राजनीतिक, सामाजिक और आर्थिक समस्याएँ) औपचारिक हैं, काव्य के नित्य अंश नहीं। राजनीति अथवा किसी सामयिक नीति के 'वाद' समय-समय पर प्रवर्तित और नष्ट विनष्ट हुआ करते हैं पर साहित्य इस प्रकार नष्ट विनष्ट नहीं हुआ करता। वह विनष्ट नहीं हुआ करता इसलिए काव्य की एक अपनी विशिष्ट स्वतंत्र सत्ता है। काव्य की एक स्वतंत्र सत्ता है इसलिए उसके कुछ अपने निर्माणात्मक अवयव भी हैं जिनके संयोग से उसका स्वरूप खड़ा होता है।

काव्य के उपादान

काव्य का पहला निर्माणात्मक अवयव है भाव। इसकी मार्मिक व्यंजना के लिए कल्पना का योग अपेक्षित है। ऐसी कल्पना जो अनुभूति के आधार पर खड़ी हो और सामान्यतः सहृदयों द्वारा सहजग्राह्य हो; तभी वह ऐसा मूर्ति विधान कर सकेगी जिसका प्रत्यक्षीकरण पाठक कर सकेंगे। अनुभूति की तीव्रता और कल्पना की सुष्ठु मूर्तिमत्ता के आधार पर ही काव्य की शक्तिमत्ता और कवि विशेष की अन्तर्वृत्तियों की महत्ता का उद्‌घाटन होता है। काव्य में कवि का कोई न कोई संदेश निहित रहता है। वैसे सामान्यतः उसके संदेश का आधार तो सार्वभौम एकत्व की अनुभूति ही है, पर साधन भेद से प्रत्येक महान् कवि के संदेश की विशेषता अलग-अलग होती है। बात यह है कि प्रत्येक कवि की अपनी-अपनी विचारधारा, चिंतना और इनसे उत्पन्न कुछ अपने अनुभव-जन्य निष्कर्ष होते हैं। इनकी व्यंजना वह अपनी रचना में करता है। पर ये निष्कर्ष या संदेश अनुभूति की भूमि पर कला के आवरण में प्रतिष्ठित होते हैं। ज्ञानोपलब्धि और चिंतन मनन से मनुष्य कोई महान् विचारक तो हो सकता है पर कवि नहीं। कवि के लिए ऐसी नैसर्गिक प्रतिभा चाहिए जिससे वह सामान्य भावों की तीव्र अनुभूति कर मूर्तिमयी कल्पना के योग से कलात्मक सौंदर्य-सृष्टि कर सके। यह तो सर्वमान्य ही है कि प्रत्येक विचारक कवि नहीं हो सकता, पर प्रत्येक महान् कवि विचारक भी होता है, इसीलिए उसकी कृति में कोई महान् संदेश निहित रहता है। यहीं काव्य की नीतिमत्ता और भावप्रवणता का स्वरूप निर्दिष्ट हो जाता है।

इस प्रकार यह स्पष्ट है कि काव्य मुख्यतः एक भावात्मक सृष्टि है जिसमें लोक सामान्य अनुभूतियों की व्यंजना रहती है और जिसके अंतर्गत कवि की कल्पना, चिंता और आकांक्षा का समाहार होता है।

काव्य पठन क्यों?

काव्य हम क्यों पढ़ते हैं? क्या ज्ञानोपलब्धि के लिए? इसके लिए तो विचारात्मक पुस्तकों में सुव्यवस्थित सामग्री मिल सकती है। तब क्या कर्म की प्रेरणा ग्रहण करने के लिए? इसके लिए तो 'आवश्यकता' ही प्रेरित करती है। क्या ऐतिह्य के परिचय के लिए हम काव्य पढ़ते हैं? पर इसके लिए तो इतिहास की बड़ी-बड़ी पुस्तकें प्राप्य हैं। तब? यह निश्चित है कि सामान्य पाठक इन सब उद्देश्यों की पूर्ति के लिए काव्य नहीं पढ़ता। वह काव्य पढ़ता है आनंद प्राप्ति के हेतु।

तो क्या काव्य का कोई प्रयोजन नहीं, कोई उद्देश्य नहीं? विद्वत्समाज यह भी नहीं मानता कि वह निरुद्देश्य है, केवल मनोरंजन की वस्तु है। काव्य हमें आनंद देता है, हमारा मनोरंजन करता है, पर हमें कुछ ऐसा भी दे जाता है जो महत्त्वपूर्ण है, महान् है। वह हमारे व्यक्तिगत रागद्वेष के प्रपंच से हमें हटाकर विशुद्ध भाव की उस उच्च भूमि पर ले जाकर विचरण कराता है जहाँ हम सारे विश्व के साथ एकात्म्य का अनुभव करते हैं। दूसरे के दुःख पर हम दुःखी होते हैं, दूसरे की पीड़ा का अनुभव कर हम रोते हैं और दूसरे के हर्ष और आनंद में हम भी आह्लादित होते हैं। यही नहीं समस्त चर-अचर को हम उसी एक महाप्राण से सप्राण पाते हैं, जिसने हमारा हृदय भी स्पंदित कर रखा है। हमारी सत्ता का विश्वात्मा में लय हो जाता है। जो आत्मा नहीं मानते, परमात्मा नहीं मानते वे भी तो किसी एक शक्ति की सत्ता स्वीकार करते हैं जिसने इस सृष्टि की उत्पत्ति और विकास को संभव बनाया। जिससे यह सृष्टि गतिमान है। यही वह शक्ति है जिसके द्वारा सृष्टि का पालन और संहार होता है, इसी शक्ति से सूर्य भी भास्वर है। यही शक्ति, अग्नि में दाह बनकर और पवमान में गति का रूप धरकर स्थित है। इसके बिना शिव भी शव है। समस्त ब्रह्मांड के चर अचर में यही व्याप्त है और इसी की कल्पना ईश्वर, विश्वात्मा आदि के रूपों में हुई है। यही एक सत्ता सर्वभूतों में स्थित है जिसका सच्चा अनुभव काव्य ही कराता है। हमारी संकुचित मनोवृत्तियों का परिष्कार कर वह उनका प्रसार करता है। इतना ही नहीं, हमारी कुंठित या सुप्त मनो-भावनाओं को जगाकर वह उन्हें उदात्त बनाता है।

काव्य और लोक-कल्याण

इस प्रकार की संवेदनात्मक अनुभूति उत्पन्न करने के कारण काव्य परोक्ष रूप से लोक-कल्याण में योग देता है। समाज के व्यक्तियों का पारस्परिक सौमनस्य काव्य

की संवेदनशीलता को और भी दृढ़ बनाता है। सत्कर्म की प्रेरणा भी इससे मिलती है, पर उपदेश और नीति-निर्धारण के द्वारा नहीं, वरन् अनुभूति के माध्यम से। तात्पर्य यह कि कर्म की प्रेरणा काव्य दे सकता है, पर शुद्ध काव्य का निर्माण कर्म की प्रेरणा के लक्ष्य से सहेतुक नहीं होता। सभी उच्चकोटि के काव्य उच्चभावों से ओत-प्रोत होते हैं और उनका प्रभाव पाठक के हृदय पर पड़ता है। इस प्रकार उन उच्च भावों के अनुसार उसके मन में प्रेरणा उत्पन्न हो सकती है। पर काव्य का मूल लक्ष्य यह नहीं है कि वह खेत काटने के लिए किसानों को तत्पर करे। हल चलाता हुआ किसान यदि 'कहत कबीर सुनो भाई साधो....' या 'तुलसीदास भजो भगवाना' गा उठता है तो इससे यह निष्कर्ष नहीं निकाला जा सकता कि काव्य हल चलाने के श्रम को हल्का बनाने के लिए ही निर्मित होता है या होना चाहिए। काव्य की उपर्युक्त व्यावहारिक विशेषताओं को भी देखकर संस्कृत के पुराने आचार्यों ने उसका साध्य चतुर्वर्ग धर्म, अर्थ, काम और मोक्ष कहा है, पर व्यावहारिक दृष्टि से देखने पर भी उन्होंने काव्य को ले जाकर केवल 'अर्थ' ही पर नहीं पटक दिया। 'अर्थ' से भी उसका संबंध हो सकता है पर काव्य का मूल लक्ष्य न तो ये व्यावहारिक आवश्यकताएँ हैं और न इन्हें दृष्टि में रखकर उच्चकोटि के काव्य की रचना होती ही है।

युग की विभिन्न परिस्थितियों और प्रवृत्तियों का प्रभाव कवि पर पड़ता है, उसकी भाव-भूमि भी लोकस्वीकृत ही होती है, अतएव उसकी रचना पर काल-विशेष की बाह्य परिस्थितियों का प्रभाव पड़ता ही है। काव्य-विशेष के रचनाकाल में कौन-कौन सी भावनाएँ और चिंताएँ समाज के बीच संचरित हो रही थीं; अपने युग की प्रवृत्तियों से लोग किस प्रकार प्रभावित हुए और कहाँ तक उनके अनुसार चले और कहाँ तक उन परिस्थितियों को परिवर्तित करने में सफल हुए—इन सभी का अन्वेषण काव्य में किया जा सकता है और निश्चय ही यह उसकी एक उपयोगिता भी है, पर इनका प्रतिबिंब मात्र दिखाने के लिए सत्काव्य की न तो रचना होती है और न ऐसा आग्रह करनेवाला कोई काव्य नियामक सिद्धांत ही बनाया जा सकता है।

जीवन-गत दो शक्तियाँ

अरस्तू ने जीवन-गत दो शक्तियों का उल्लेख किया है—एक वह जो जीवन को संभव बनाती है और दूसरी वह जो जीवन को श्रेष्ठतर बनाती है। काव्य इस दूसरी शक्ति से प्रादुर्भूत और जीवन के उन्नयन में योग देनेवाली वस्तु है। प्रश्न हो सकता है कि सबसे पहली आवश्यकता तो जीवन की स्थिति बनाए रखने की है। पर विचार करने पर जीवन को श्रेष्ठतर बनाने वाली शक्ति के मूल में ही जीवन की संभावना छिपी मिलती है। जीवन धारण करने के साथ ही साथ मनुष्य की अंतर्वृत्तियों का भी स्फुरण होता है, पर उन्हें परिष्कृत बनाकर व्यवहृत करने में ही जीवन की सफलता है, जन्म

की सार्थकता है। काव्य जीवन को श्रेष्ठतर बनानेवाली शक्तियों के विकास में ही सहायक होता है। हमारी सभी शारीरिक क्रियाएँ हमारे जीवन को संभव बनाती हैं पर उसे श्रेष्ठतर बनाने का कार्य तो मस्तिष्क और हृदय के योग से ही संभव है। उस हृदय के मूल आधार पर खड़ा होकर काव्य मानव जीवन की ऐसी श्रेष्ठ शक्तियों के मूर्त रूप का प्रत्यक्षीकरण और अनुभव कराता है जो किसी दूसरे साधन से संभव नहीं। इसलिए गोस्वामी तुलसीदास ने उसे सबका हित करने वाली सुरसरि के समान बताया है–

कीरति भनिति भूति भलि सोई,
सुरसरि सम सब कहँ हित होई।

मानव-जीवन को श्रेष्ठतर बनानेवाली शक्तियों की वृद्धि में सहायता देकर कविता इस प्रकार सभी कालों में सबका हित भी करती है। सामयिक जीवन की स्थिति पर भी उच्चकोटि की काव्य सर्जना हो सकती है जिसका मूल्य चिरंतन हो। यह तब होगा जब लोक की कल्याणकारी उन शक्तियों को अनुभूति की तीव्रता के साथ कला की मर्यादा में व्यक्त किया जाए जो मानव-जीवन के विकास में योग देती हैं। कवि को उस घटना विशेष में निहित उस भाव की अनुभूति प्राप्त करनी होगी जिसने मानव-जीवन के उन्नयन में योग दिया है।

काव्य और प्रचार

काव्य में उन उच्च भावों की व्यंजना भी होती है जो समाज को उन्नतिशील बनाने में सहायक होते हैं। अर्थात् विशिष्ट भावों की व्यंजना करने का साधन भी काव्य है। तो क्या काव्य के द्वारा विशेष सांप्रदायिक मतों के आचार-विचार का प्रचार भी करना ठीक है। इस प्रश्न पर विचार करने के पहले कविता के स्वरूप और उसके लक्ष्य का एक बार पुनः स्मरण कर लेना ठीक होगा। काव्य ऐसी भावात्मक निर्मित है जिसमें मानव अनुभूतियों के सहारे ऐसे अक्षय सौंदर्य का उद्घाटन होता है जिसका आनंद देश और काल की सीमाओं को पार कर भी प्राप्त किया जा सकता है। इसके द्वारा हमारे मनोभाव तीव्र और उदात्त बनते हैं तथा हमारे हृदय का विस्तार होता है। काव्य के द्वारा भाव परिष्कृत होते हैं अर्थात् हमारी व्यक्तिगत, स्वार्थपर और संकुचित मनोवृत्तियों का संस्कार होता है। पहले से जिन वस्तुओं और सुख साधनों को हम व्यक्तिगत हानि-लाभ की भावना से देखते आ रहे थे, उन्हें लोक की दृष्टि से देखने लगते हैं। जिनसे हमारा कोई व्यक्तिगत संबंध नहीं उनके हानि-लाभ, सुख-दुःख और हर्ष-विषाद में हमारा हृदय भी सम्मिलित होकर तद्रूप सुख-दुख की अनुभूति प्राप्त करता है। इस प्रकार काव्य प्रचार से भी अधिक अपने सदुद्देश्य की पूर्ति करता है, फिर भी वह प्रचार नहीं करता!

काव्य के उद्देश्य और प्रचार के स्वरूप में ही अंतर है। काव्य लोक-मंगल की भावनाओं का अनुभव कराता है और 'प्रचार' अपने मत विशेष का विज्ञापन कर अपनी ओर आकृष्ट करने की चेष्टा करता है। काव्य जिन भावनाओं का अनुभव करता है वे सर्वकालिक लोक-मंगल के नित्य आदर्श हैं और 'प्रचार' सामयिक और संकुचित मनोवृत्तिमूलक। काव्य को केवल प्रचार का साधन नहीं समझा जा सकता। तुलसीदासजी ने जिस भक्ति-भावना की अभिव्यक्ति अपने महाकाव्य में की है वह इसलिए केवल प्रचार नहीं है कि उसमें सर्वकालीन लोक-मंगल की प्रेरणा वर्तमान है और उससे भी महत्त्वपूर्ण दूसरी बात यह है कि अपनी इस भक्ति-भावना के मंगलकारी स्वरूप का उन्होंने पूरा-पूरा अनुभव किया है और उसे भाव की उस उच्चभूमि पर ले जाकर प्रकाशित किया है जहाँ उसने (भक्ति-भावना ने) उस अक्षय सौंदर्य और मंगल की मूर्ति ग्रहण कर ली है जिसका प्रत्यक्षीकरण और अनुभव प्रत्येक सहृदय पाठक करता है। तुलसीदास की वे पंक्तियाँ जिनमें सामान्य रूप से उपदेशों को पद्यबद्ध किया गया है, अपने आप में सत्काव्य नहीं समझी जातीं। इसके अतिरिक्त प्रबंध के बीच-बीच में ऐसी पंक्तियों का आना कुछ बहुत नहीं खटकता पर यदि ऐसी प्रचारात्मक पंक्तियाँ स्वतंत्र रूप से सामने आएँ तो उनकी गणना उसी कोटि में होगी जिस कोटि में वृंद के दोहे हैं। जैसा कहा जा चुका है, सभी महान् कृतियों में कवि का कोई न कोई संदेश निहित रहता ही है, पर व्यक्तिगत रागद्वेष की भावना से परे वह मानव अनुभूतियों के ऐसे रमणीय आवरण से सज्जित रहता है जो पाठक के मन में अपने अनुरूप संवेदनशीलता भी उत्पन्न करने की पूरी क्षमता रखता है। इसलिए राजनीति के क्षणभंगुर वाद-विवादों के प्रचार का साधन काव्य नहीं बन सकता। और यदि ऐसा उपक्रम किया भी जाता है तो इस प्रवृत्ति के फलस्वरूप वह रचना काव्य न होकर पद्यमात्र रह जाती है, जो काव्य का कंकाल है—रक्त मांस और प्राण से विहीन!

काव्य और प्रयोजन

आचार्य मम्मट ने यदि काव्य-रचना का प्रयोजन यश, अर्थ, व्यवहारकुशलता, अनिष्ट से रक्षा तथा तत्काल आनंद की प्राप्ति* और उपदेश कहा है तो साथ ही 'कांतासंमिततयोपदेशयुजे' भी कहा है। 'कांतासंमित' प्यारी स्त्री के समान गूढ़ संकेत करने से तात्पर्य यह है कि काव्य का संकेत परोक्ष रूप से होता है और उसका प्रभाव बहुत गहरा पड़ता है। अर्थात् काव्य की विशेषता अभिव्यंजना की गरिमा और

*काव्यं यशसेऽर्थकृते व्यवहारविदे शिवेतरक्षतये।
सद्यःपरनिर्वृत्तये कांतासंमिततयोपदेशयुजे॥

भाव-प्रवणता की महिमा है। ऐसी भाव-प्रवणता जो काव्य में वर्णित भावों की सच्ची और तत्काल अनुभूति भी पाठक के हृदय में संचरित कर सके। और यह भी नहीं है कि इन प्रयोजनों की पूर्ति के हेतु जो भी चाहे काव्य का प्रणयन कर ले। उपर्युक्त प्रयोजनों का वर्णन करने के उपरांत ही उन्होंने काव्यकर्ता की विशेषताएँ भी बतलाई हैं। उसमें एक तो काव्य-रचना की नैसर्गिक शक्ति या प्रतिभा होनी चाहिए दूसरे लोक-शास्त्र की ज्ञानोपलब्धि और फिर शिक्षा तथा अभ्यास भी होना चाहिए—

शक्तिर्निपुणता लोकशास्त्रकाव्याद्यवेक्षणात्।
काव्यज्ञ शिक्षयाभ्यास इति हेतुस्तदुद्भवे॥

प्रयोजनयुक्त साहित्य उच्चकोटि का हो सकता है, पर रचना में निहित यह 'प्रयोजन' जब प्रच्छन्न न रहकर काव्य को ही आच्छन्न कर लेता है, मार्मिक भावों की उद्भावना नहीं कर पाता, शब्दशक्ति के योग से शैली में आकर्षण नहीं ला पाता, और सृष्टि के भीतर प्रतिष्ठित रागात्मिकावृत्ति का उचित संबंध-निर्वाह नहीं कर पाता तब वह किसी सांप्रदायिक सिद्धांत या विचार की पुष्टि के लिए प्रयत्नप्रसूत कतिपय उपकरणों या 'नारों' का संकलनमात्र हो जाता है। इसे ही प्रचार कहते हैं और यह काव्य नहीं है।

भावभूमि और कर्मभूमि

जबकि काव्य हमें निर्विशेष आनंद का अनुभव कराते हुए विश्वात्मा के मंगल की साधना में योग देता है, हमारी अनुभूति का प्रसार लोक की सामान्य भावभूमि पर करता है, तब यह निश्चय है कि सामाजिक जीवन की प्रकृत समानावस्था भी उसकी सृष्टि में स्थापित होती है। वहाँ सबके लिए स्थान है, देशकाल की अवस्था का बिना विचार किए। काव्य के भावलोक में ही हम दूसरे की पीड़ा का अनुभव करते हैं, दूसरे के सुख-दुःख की अनुभूति करते हैं और दूसरे के हर्ष आनंद में हृदय से योग देते हैं। हमारी व्यक्तिगत सत्ता का लोक सत्ता में लय हो जाता है। यह हृदय का साम्यवाद है जहाँ एक-दूसरे के सुख-दुःख का ज्ञान और सामाजिक क्लेश की चिकित्सा का उपक्रम नहीं, वरन् उनका अनुभव किया जाता है। क्लेश की चिकित्सा के बाह्य उपक्रम कर्म-भूमि में ही संभव हैं। काव्य भाव भूमि पर प्रतिष्ठित है, वहाँ शेष-सृष्टि के सुख-दुःख का अनुभव ही प्रधान ध्येय माना जाता है।

साधारणीकरण और सामूहिक भाव

दूसरे के सुख-दुःख का अनुभव हम करते कैसे हैं? पुराने आचार्यों ने इस अनुभूति प्रसार करने वाली क्रिया को 'साधारणीकरण' का नाम दिया है। काव्य में जब चित्र और भाव की व्यंजना लोक-स्वीकृत मान्यताओं के अनुकूल होती है तभी साधारणीकरण

संभव होता है। बिना इसके सत्काव्य का उद्देश्य ही पूर्ण नहीं होता। यदि काव्य के चित्र ऐसे असामान्य हों जिनकी कल्पना पाठक नहीं कर सकता अथवा उसमें व्यंजित भाव हृदय में उठने वाले सामान्य भावों के मेल में न हों तो उनका प्रत्यक्षीकरण और अनुभव लोक नहीं कर सकता। ऐसा काव्य लोक का नहीं, लोक उसका नहीं। वह या तो आगे चलकर दुरूह आध्यात्मिक अनुभवों का संकलन या व्यक्तिवादी ऐकांतिकता के नीरव संदेश के रूप में परिणत हो जाता है, जिसका आस्वाद उसके कर्त्ता या उसके मतानुयायी एक परिमित समुदाय के व्यक्ति ही कर सकते हैं। इसीलिए काव्य की प्रेषणीयता की संभावना तभी होती है जब उसके भाव लोक-सामान्य अनुभूतियों के मेल में हों। काव्य का कर्ता व्यक्ति चाहे जिस समुदाय, सामाजिक स्थिति और विचारों का हो पर उसकी रचना में व्यंजित मनोभाव मूलतः सामान्य ही होते हैं सभी सहृदयों के अनुभव करने योग्य होते हैं, सबको तल्लीन कर लेने में समर्थ होते हैं और सभी को आनंद देते हैं। इस दृष्टि से, यह कहना कि कवि अपने समुदाय-विशेष की मनोवृत्ति से परिचालित होकर अपने उन मनोभावों की व्यंजना काव्य में करता है जो उसके वर्ग के अनुकूल होते हैं, कोई महत्त्व नहीं रखता। हम बराबर देखते आ रहे हैं कि काव्य का कर्ता चाहे जिस श्रेणी और स्थिति का व्यक्ति हो पर उसकी रचनाओं का आनंद सभी समुदाय और श्रेणी के लोग लेते हैं। अब तक काव्य उच्च वर्ग के लोगों के बीच ही निर्मित होता रहा है, अतएव उसमें उसी वर्ग का स्वार्थ निहित है, वह एक घेरे में बँधकर कर्मभूमि से विलग होकर विलास और आनंद का साधनमात्र हो गया है—ऐसा कहते भी कुछ लोग मिल जाते हैं। यह ठीक है कि 'रस' का हमारे यहाँ दुरुपयोग भी हुआ है, कुछ काल तक काव्य राजदरबारों में संकुचित होकर आनंद और विलास की सामग्री भी बन गया था, पर अब तक के संपूर्ण काव्य साहित्य में श्रेणी विशेष की संकुचित मनोवृत्ति और अन्य वर्गों की उपेक्षा बतलाते फिरना घोर अज्ञान का परिचायक है।

हाँ यह अवश्य है कि जिस समाज में मनुष्य रहता है, उसका प्रभाव उस पर पड़ता है। उसके राजनीतिक विचार और संस्कारों के अनुकूल ही उसकी कृति पर भी कुछ बाहरी औपचारिक स्थूल प्रभाव पड़ते हैं पर उसकी कृति में व्यंजित मनोभावों में स्वार्थ की न तो कोई भावना ही रहती है और न उसके स्वरूप में ही किसी इस प्रकार की भावना से निर्दिष्ट कोई तात्विक अंतर पड़ता है। मार्क्सवादी आलोचक काडवेल जिसे 'सामूहिक भाव' (कलेक्टिव इमोशन) कहता है उसे साधारणीकरण-गुण संपन्न काव्य की सामान्य मनोभावना से भिन्न समझना चाहिए। 'सामूहिक भाव' का आशय यह है कि कवि (जिस वर्ग का वह अंग होता है) समुदाय-विशेष की मनोवृत्ति से परिचालित होकर अपने उन मनोभावों की व्यंजना करता है जो उसके समूह (वर्ग) के 'हितों' के अनुकूल होते हैं; और ये व्यंजित भाव उसके अंगी समुदाय के सामूहिक भाव होते हैं। तात्पर्य यह कि 'साधारणीकरण' में कवि कर्म होता है

हृदय की शाश्वत मनोवृत्ति का जागरण या उद्दीपन और सामूहिक भाव में कवि कर्म होता है समूह या समुदाय की देशकाल विशिष्ट भावनाओं का उद्‌बोधन। किसी युग का कोई एक 'सामूहिक भाव' काडवेल स्वीकार नहीं करता, उसके मतानुसार युग विशेष में भी अनेक वर्गों के अनेक 'सामूहिक भाव' होने चाहिए। ऐसी स्थिति में एक सामान्य भावना जो किसी प्रकार के 'स्वार्थ' से ऊपर उठी हुई हो और सबके मन को स्पर्श करनेवाली हो, उसे मान्य नहीं है। 'साधारणीकरण' का सिद्धांत ऐसे कृत्रिम विभाजन स्वीकार नहीं करता। वह साहित्य का नित्य स्वरूप लेकर चलता है और 'सामूहिक भाव' उसका विकारी स्वरूप। दूसरी बात यह कि पहले में हृदय ही प्रधान है; वही उसका लक्ष्य और वही उसका प्रवर्तक है। किंतु दूसरे में हृदय लक्ष्य तो हो सकता है, पर प्रवर्तक हृदय नहीं 'स्वार्थ-प्रेरित' बुद्धि है। अतः दोनों का तात्विक अंतर स्पष्ट है। 'सामूहिक भाव' में 'अधिक' का समाहार हो जाए पर 'सब' की समाई नहीं हो पाती। उसमें 'अर्थ' के संग्रहण का प्रयास भले ही हो, पर 'रस' से संपृक्त करने का विनियोग नहीं होता।

काव्य और वर्गभावना

पर क्या कवि की भावनाएँ सचमुच इस संकुचित मनोवृत्ति की परिचायिका होती हैं। अब तक के काव्य इस बात के प्रमाण हैं कि ऐसा कुछ भी नहीं है। शुद्ध काव्य में व्यंजित मनोभावनाएँ यदि किसी वर्ग विशेष की विशिष्ट अनुभूतियों की ही व्यंजना करतीं तो सभी पाठक उसका आनंद कैसे ले सकते? जब कवि की रचना में व्यंजित भावना निर्विशेषत्व का अनुभव कराकर पाठक को अपने में मग्न कर लेने की क्षमता रखती है, तब यहाँ वर्ग विशेष की स्वार्थ-परक मनोवृत्तियों की चर्चा से क्या लाभ।

जो नए लेखक यह कहते हैं कि कालिदास सामंत कालीन वैभव के प्रतीक हैं और इसलिए उनकी कविताएँ सामान्य अनुभूतियों के मेल में नहीं आतीं वे भ्रम में पड़े हैं। इतना कहा जा सकता है कि अपने समाज और उसकी भावनाओं का पूरा प्रतिबिंब उनकी रचनाओं में है। आज न वैसी सुख-समृद्धि का काल है और न वैसी व्यवस्थाएँ। हमारा वर्तमान समाज दैन्य-दुःख से ग्रस्त है। ऐसी दशा में केवल शृंगार और आनंद की उन भावनाओं से ही प्रेरित होकर काव्य रचनाएँ करना न तो लोक के हित में ही ठीक है और न वर्तमानकालीन लोक-हृदय के सामान्य भावों के साथ वे पूरा मेल ही खा सकती हैं। पर कालिदास ने जो कुछ किया उसके लिए उन्हें दोष नहीं दिया जा सकता और न तो उपर्युक्त धारणाओं से उनका महत्त्व ही कम होता है। 'शकुंतला' की रचना का काल तो विदेशियों के आक्रमण का काल है। पर इस अमर कृति की रचना करके क्या महाकवि ने कोई अनुचित कार्य किया? बात यह है कि कोई विशिष्ट कवि जहाँ अपने युग का होता है वहाँ युग-युग का भी होता है। उसकी अंतर्दृष्टि जहाँ वर्तमान को लक्ष्य में रखती है वहाँ वह समय की दूरी पार

करके अतीत तक भी पहुँचती है और भविष्य के उषःलोक में भी उसका प्रवेश होता है। यही कारण है कि किसी विशेष युग में लिखी गई साहित्य रचना मानव मन को न जाने कितने दिनों तक प्रभावित करती रहती है।

इतना हम मान सकते हैं कि वर्तमान समय में समाज की विशृंखलता और जटिलता बहुत बढ़ गई है और शोषण का चक्र तीव्र गति से चल रहा है, अतएव प्रत्येक लेखक और कवि को यह निश्चय कर लेना चाहिए कि मेरी कृति लोक पीड़कों की शोषण-क्रिया में योग न देकर लोक की मंगलकामना की ओर सबका ध्यान बनाए रखे। पर इससे भी अधिक यह भलीभाँति समझ लेना चाहिए कि काव्य न तो मोर्चा है न जंग; न हँसिया है न हथौड़ा। न इसमें (वर्ग विद्वेष-जन्य) द्वेष और घृणा का 'प्रचार' होता है और न नारों का संकलन। काव्य भावभूमि है, कर्मभूमि नहीं। इसकी एक अलग अपनी स्वतंत्र मर्यादित सत्ता है। इसलिए वर्ग संघर्ष को चरम उत्कर्ष तक पहुँचाने में इसे एक साधन मात्र मान लेना नितांत अनुचित है। इस विषय में कवि श्री सुमित्रानंदन पंत के वाक्य द्रष्टव्य हैं : "भारतीय दर्शन की, सामंतकालीन परिस्थितियों के कारण, जो एकांत परिणति व्यक्ति की प्राकृतिक मुक्ति में हुई है (दृश्य जगत् एवं ऐहिक जीवन के माया होने के कारण उसके प्रति विराग आदि की भावना जिसके उपसंहारमात्र हैं), और मार्क्स के दर्शन की, पूँजीवादी परिस्थितियों के कारण, जो वर्ग-युद्ध और रक्तक्रांति में परिणति हुई है—ये दोनों परिणाम मुझे सांस्कृतिक दृष्टि से उपयोगी नहीं जान पड़े।" ['आधुनिक कवि' की भूमिका से]

भाव क्षेत्र वर्ग-युद्ध की द्वंद्वभूमि नहीं बन सकता। यहाँ समानता, एकत्व और प्रेम का हार्दिक संबंध ही स्थापित करने का उपक्रम किया जा सकता है। यह सब हृदय के परिष्कार और प्रसार से ही संभव है। इसके लिए करुणा, उत्साह और प्रेम आदि भावों को विशेष रूप से जाग्रत करने की आवश्यकता होगी। काव्य के क्षेत्र में वर्ग-संघर्ष की पारस्परिक उत्तेजना और द्वेष का प्रसार करने से भाव की पवित्र भूमि कलुषित होगी, हृदय का परिष्कार न होगा और न तो लोकमंगल की भावना से युक्त अनुभूतियों के अनुभव और शेष सृष्टि के साथ हार्दिक तादात्म्य की प्रक्रिया ही पूर्ण होगी। 'करुणा' और 'दया' के भाव का इसलिए बहिष्कार करने की आवश्यकता नहीं है कि इससे क्रांति घटित होने में विलंब लगेगा। (देखिए प्रथम अध्याय में मार्क्सवाद का सिद्धांत)। करुणा एक ऐसा भाव है जिसका प्रसार बहुत व्यापक है और जो लोकमंगल की साधना में अत्यधिक योग देता है। इसी करुणा की प्रतीति से बुद्ध ने अपने समस्त आनंद वैभव को तिलांजलि दे दी। संसार के लिए करुणा से व्यथित होने में क्या उनका कोई व्यक्तिगत लाभ था। इसी करुणा और प्रेम की महत् भावना से भावित होने के कारण मार्क्स की प्रशंसा होती है। ऐसा तो नहीं हुआ है कि उसके सिद्धांतों के अनुसार सभी चल रहे हों पर उसकी महत्ता सभी स्वीकार करते हैं, केवल इसलिए कि करुणा और प्रेम के आदर्श से प्रेरित होकर ही संसार

के दुःख-दैन्य के निवारणार्थ वह अपने जीवन-भर सिद्धांतों की खोज में व्यस्त रहा। इसलिए यह स्पष्ट है कि प्रेम और भ्रातृ-भावना ही वह आदर्श हो सकता है जिसके द्वारा समस्त मानव-समाज एक-दूसरे से पूरी सहानुभूति रख सके और अपने पारस्परिक संबंधों को दृढ़ बना सके। काव्यसाहित्य द्वेष का प्रचारक नहीं, वरन् प्रेम-संबंध स्थापित और सुदृढ़ करने की वस्तु है। प्रेम और करुणा के इन बीजों को अंकुरित, पुष्पित और फलित करने के लिए सुखात्मक वृत्तियों तक रह जाने की आवश्यकता नहीं, दुःखात्मक वृत्तियों का समावेश भी बेखटके किया जा सकता है। घृणा, क्रोध, क्षोभ आदि का सम्यक् विधान हो सकता है, पर स्मरण रहे कि इनका मूल आधार प्रेम और करुणा ही हो, किसी मत का प्रचार या वर्ग संघर्ष की भावना नहीं।

आज तक का सारा काव्य धनिकों और पूँजीपतियों के समाज की वस्तु है। अतः ऐसा वर्गवादी साहित्य-सर्जन होना चाहिए जो श्रमिकों के हित की भावना से पूर्ण हो—यह कहना अपने समस्त पूर्ववर्ती साहित्य-भांडार को तुच्छ कर देना है। यदि श्रमिकों, किसानों और दलितों के जीवन से संबद्ध रचनाएँ कुछ लोगों को पसंद नहीं आतीं तो यह किसी समाज-संस्कृति का दोष नहीं वरन् संकुचित मनोवृत्ति वाले कतिपय व्यक्तियों का ही दोष है। कवि की अभिव्यंजना शक्ति का भी इसमें कम दोष नहीं जिसने रचना को उस तीव्र अनुभूति के माध्यम से उपस्थित नहीं किया जो सभी पाठकों को अपनी व्यक्तिगत संकुचित मनोवृत्ति से हटाकर अपने में तल्लीन कर सकने की क्षमता रखती। काव्य-क्षेत्र न तो केवल श्रमिकों का है, न केवल धनिकों का। वह तो सारे लोक के लिए है। सभी उससे आनंद उठा सकते हैं, सभी उससे शुभ प्रेरणा ग्रहण कर सकते हैं, सभी उससे उच्च अनुभूतियाँ प्राप्त कर सकते हैं। काव्य के संसार में कोई आर्थिक, सामाजिक या राजनीतिक वर्गीकरण नहीं है। वह तो भावों का साम्राज्य है जहाँ कोई भी हृदय आनन्दपूर्वक विचरण कर सकता है। वहाँ तो हृदय-हृदय का शाश्वत साम्यवाद है, उसके भीतर राजनीतिक 'साम्यवाद' के हेतु वर्ग-विद्वेष की भावना कैसी और विभिन्न वर्गों का विभाजन कैसा? काव्य में सामान्य हृदय को स्पंदित करने की क्षमता अवश्य चाहिए। हृदय के अनेक अनुकूल और प्रतिकूल वेदनीय भावों के स्फुरण और संचार के बिना न तो काव्य की सच्ची व्याप्ति ही मानी जा सकती है और न काव्य लोक-हृदय पर मार्मिक प्रभाव डाल कर एक-दूसरे के प्रति संवेदन उत्पन्न कर समाज का कल्याण ही कर सकता है। काव्य को किसी विशेष उद्देश्य की पूर्ति का अस्त्र मानना उचित नहीं। काव्य में कोई उद्देश्य रहता है, इसका तात्पर्य यह नहीं कि उससे भी वही काम लिया जा सकता है जो एक शस्त्र या सैनिक से। काव्य तो अपने भावों को पाठक के हृदय में ढालकर परोक्षरूप से अपना उद्देश्य पूर्ण करता है। और यह निश्चय है कि शुद्ध हृदय की प्रकृति समाज के बीच इस प्रकार के दो स्थूल विभाजन स्वीकार नहीं कर सकती। काव्य में तो सभी कठोर हृदय वाले व्यक्तियों, अत्याचारियों और दुराचारियों

का विरोध है—पाठकों की ऐसी कठोर मनोवृत्तियों पर आघात करके काव्य उनका अनजाने रूप में परिष्कार करता है जिसकी स्थिति का पता किसी नियम के बाहरी स्थूल पैमाने कभी नहीं पा सकते। जिस प्रकार काव्य का प्रेरणा केंद्र लोक जीवन है उसी प्रकार उसका प्रकृत प्रभाव क्षेत्र भी लोक हृदय ही है। समाज के सारे संप्रदाय काव्य या साहित्य की ही सामान्य भाव भूमि पर मिल सकते हैं। केवल रोष और द्वेष का प्रकाशन करने वाली रचनाओं में एक प्रकार का उन्माद होने के कारण थोड़ा आकर्षण भले ही प्रतीत होता हो, पर पाठक को तल्लीन कर लेने की क्षमता उनमें नहीं हो सकती, जो काव्य का नैसर्गिक गुण है।

मार्क्सवादी आलोचना-प्रणाली

काव्य की व्यावहारिक उपयोगिता की चर्चा के साथ मार्क्सवादी आलोचना की एक विशिष्ट प्रणाली भी हिंदी में प्रयुक्त होने लगी है जो प्रगतिवादी काव्यधारा के साथ ही चल रही है। अतः इस पर भी थोड़ा विचार कर लेना समीचीन होगा। मार्क्सवादी आलोचना साहित्य की कोई स्वतंत्र सत्ता नहीं स्वीकार करती और उसे समाज के विकास में एक अस्त्र के रूप में ग्रहण करती है। इस प्रकार के आलोचक प्रस्तुत काव्य का रचना-स्वरूप उसके निर्माणकालीन आर्थिक और सामाजिक अवस्था के अनुरूप सिद्ध करते हैं। ऐसी आलोचना के क्रमिक आधार ये हैं—

1. जिस युग में आलोच्य काव्य निर्मित हुआ उस युग की आर्थिक प्रणाली का विश्लेषण।
2. इस आर्थिक आधार पर सामाजिक दशा का विवेचन।
3. उपर्युक्त दो स्थितियों के अनुसार सामाजिक मनोविज्ञान तथा मानसिक और बौद्धिक अवस्था का निर्धारण।

इस सामाजिक मनोविज्ञान के अनुरूप ही उस युग की काव्य-निर्मिति होगी। यह तो हुई रचना को संभव बनाने वाली शक्तियों की बात। अब मार्क्सवादी आलोचना के अनुसार श्रेष्ठ काव्य क्या हो सकता है, इसे देखना चाहिए।

इसके अनुसार, जो काव्य समाज की तात्विक उन्नति करने वाली शक्तियों के विकास में योग दे वही उच्चकोटि की कृति है। अपने समय की (मार्क्सवादी दृष्टि से) प्रगतिशील विचारधारा के उन्नयन में सहायक होकर कर्म की प्रत्यक्ष प्रेरणा देनेवाला काव्य ही समाज के विकास में योग दे सकता है, अतएव ऐसे आलोचक की दृष्टि से वही उच्चकोटि की महत्त्वपूर्ण कृति है। बिना मार्क्सवादी विचारधारा अपनाए साहित्यकार को उस 'सत्य' की प्राप्ति नहीं हो सकती जो उसके लिए अत्यावश्यक है।*

इस आलोचना-प्रणाली के आविर्भाव के पहले यूरोप में मनोवैज्ञानिक आलोचना

---

* Without Marxism there is no approach to that essential truth which is the chief concern of the writer—*Novel and the People;* by Ralph Fox.

का विशेष प्रचलन था। कवि की अंतर्वृत्तियों का इसके द्वारा सूक्ष्म उद्घाटन हुआ, जिससे काव्य के सौंदर्य का स्वरूप-उद्घाटन करने में सहायता अवश्य मिली। पर जहाँ ये आलोचक मनोविज्ञान के सूत्रों के सहारे कवि की मानसिक प्रक्रिया के विश्लेषण में ही इतना अधिक उलझ जाते थे कि काव्य का वास्तविक विवेचन छूट ही जाता, वहाँ उसकी (काव्य की) साहित्यिक व्याख्या न होकर कवि की मनोदशाओं का उद्घाटन और काव्य-प्रतीकों का विश्लेषण मात्र ही प्रस्तुत हो पाता था। काव्य के संश्लिष्ट सौंदर्य का विवेचन, जो कि सत्समालोचना का असली उद्देश्य है, पड़ा ही रह जाता था। वास्तव में मनोवैज्ञानिक और आलोचक के कार्य अलग-अलग हैं।† शुद्ध मनोवैज्ञानिक आलोचना में साहित्य का सामाजिक पक्ष भी छूट जाता था।

इसके विरोध में अब मार्क्सवादी आलोचना की प्रणाली प्रारंभ हुई। इसके पहले के मनोवैज्ञानिक आलोचकों ने समाज का ध्यान न रखकर निरपेक्ष दृष्टि से काव्य का मूल्यांकन किया था, ये लोग समाज-सापेक्ष दृष्टि से उसकी आलोचना करते हैं। एक ओर तो सिद्धांतवादी मनोवैज्ञानिक आलोचक कवि की मानसिक प्रक्रिया के विश्लेषण में उलझ कर काव्य के संश्लिष्ट सौंदर्य के उद्घाटन पर पूरी दृष्टि न रख सके और दूसरी ओर मार्क्सवादी आलोचक आर्थिक परिस्थितियों और राजनीतिक वातावरण के विवेचन में ही इतना रम जाते हैं कि कविता बेचारी अलग दुबकी रह जाती है। उसकी अपनी भी कोई सत्ता है, उसका अपना भी कोई स्वतंत्र स्वरूप है, जिसका विवेचन आलोचक का मुख्य लक्ष्य है, यह मार्क्सवादी भूल ही जाते हैं।

मार्क्सवादी आलोचना की दो मुख्य प्रवृत्तियाँ निर्दिष्ट की जा सकती हैं—

1. पूर्ण बौद्धिक दृष्टि।
2. सामाजिक विकास के अस्त्र के रूप में साहित्य का ग्रहण।*

---

† The Psychology only analysis the product to arrive at the process : art is, from this point of view, as significant as any other expression of morality. But of no more significance. Its significance does not correspond to its value as literature. The Psychologist is indifferent to literary values (too often. alas, even in his own work) + + + analyisis involves the reduction of the symbol to its origin, and once the symbol is in this way dissolved, it is of no aesthetic significance : art is art as symbol, not as sign.

—*'Reason and Romanticism';* by Herbert Read, Page 85-86.

* ''हमको एक योजना के अनुसार इस प्रक्रिया (कला) को दिशा देनी होगी, और उसके परिणाम गढ़ने होंगे। पूँजीवादी देशों के कलाकारों के लिए, लूर्सा के इन शब्दों में परिस्थिति को व्यक्त किया जा सकता है—कला स्वान्तःसुखाय नहीं है, वह आक्रमण करने का एक तरीका है।''

—ऐन्थनी ब्लंट (हिंदी अनुवाद—'हंस' प्रगति अंक, भाग 1)

× × × ×

Literature and art, "Spiritual production", according to the expression of Marx, has always been regarded by Lenin and the Party as a powerful weapon in the class struggle...In Lenin's view it (art) is the most powerful weapon in the political education of the masses.

—*Lenin on Art and Literature,* (Appendix B); Page 80.

बात यह है कि मार्क्सवादी आलोचना शुद्ध साहित्य की दृष्टि से होती ही नहीं। जब काव्य समाज के विकास के अस्त्र के रूप में ग्रहण कर लिया गया, तब यह निश्चित है कि आलोचक की दृष्टि सबसे अधिक समाज पर ही रहे। काव्य की अपनी विशेषताओं का विस्तृत विवेचन अभी इस प्रणाली के भीतर देखने को नहीं मिला। मार्क्सवादी आलोचक काडवेल लिखता है–''कोई व्यक्ति कला के 'रचनाकार्य' या आनंद प्राप्ति से आगे बढ़कर जब कला की आलोचना करने चलता है, तब यह स्पष्ट है कि वह कला से अलग जा खड़ा होता है। कला का निरीक्षण वह 'बाहर' से करता है। और कला से बाहर या अलग स्थित होने का तात्पर्य है समाज के बीच आ जाना। कला की 'आलोचना' शुद्ध आनंद प्राप्ति या रचना कार्य से इस बात में भिन्न है कि इसमें समाजशास्त्र का अंश विद्यमान रहता है। आलोचना में कला की विशेषताएँ समाज की कला संबंधी सामान्य दृष्टि से परखी जाती हैं। आलोचना कला-विषयक शुष्क विचारधारा मात्र नहीं वरन् वह कला से सजीव कर्मशीलता का संबंध जोड़ने वाली व्यावहारिक दृष्टि है। **आलोचना कला को एक तड़पती हुई शक्तिशाली कामकाजी वस्तु के रूप में ग्रहण करती है।** यह समाजशास्त्र या बुद्धि-विज्ञान की नहीं वरन् कला की वास्तविक दृष्टि है।'' (इल्यूजन ऐण्ड रियलिटी)

किसी युग के काव्य का विवेचन करते हुए सामाजिक परिस्थितियों का थोड़ा वर्णन भी आवश्यक है पर 'प्रगतिशील' भावों की खोज और उनके स्वरूपोद्घाटन, आर्थिक परिस्थितियों के विवेचन और उनके प्रभाव आदि की व्याख्या में ही इतना व्यस्त हो जाना कि काव्य की अपनी विशेषताओं का सम्यक् उद्घाटन ही न हो सके, सत्समालोचना का लक्षण नहीं। आलोचना इसलिए पढ़ी जाती है कि काव्य का सौंदर्य अधिकाधिक प्रस्फुटित रूप में हमारे सामने आए, कुछ इसलिए नहीं कि उसके निर्माण काल की आर्थिक अवस्था और सामाजिक स्थिति से हम भलीभाँति परिचित हों अथवा उसमें निहित केवल 'प्रगतिमूलक' भावों का हमें आभास मिल जाय। बात यह है कि यह आलोचना-प्रणाली अपने पूर्व प्रचलित एकदम समाज-निरपेक्ष आलोचना-पद्धतियों के विरोध में मार्क्सवाद का सहारा लेकर खड़ी हुई है और इसे भी चरम उत्कर्ष पर पहुँचाकर ही छोड़ेगी।

मार्क्सवाद के अनुसार समाज की 'प्रगतिशील शक्तियों' पर सदा दृष्टि बनाये रखने के कारण कविता की आलोचना करते समय उसके साहित्यिक गुणों पर विशेष दृष्टि न रखकर हिंदी के ऐसे नये आलोचक गाँधीवाद और समाजवाद की व्याख्या करने लगते हैं। कविता की आलोचना तो एक किनारे रही, विस्तृत विवेचना हुई गाँधीवाद और मार्क्सवाद की। इनकी धारणा के अनुसार मार्क्सवाद ही वर्तमान समाज की उन्नति कर सकता है। अतएव काव्य में भी इसी के अनुकूल विचारों का प्रतिपादन होना चाहिए।

विचार करने की बात है कि क्या मार्क्सवाद या किसी वाद की विचारधारा का

प्रतिपादन ही काव्य है? उसका अपना कोई विशिष्ट स्वरूप है या नहीं। काव्य के क्या अपने भी कुछ सिद्धांत होते हैं? बाह्य परिस्थितियों के आलोक में काव्य की परीक्षा इसलिए की जाती है कि उसका लोकस्वीकृत स्वरूप पूर्ण स्पष्ट हो जाय, इसके पश्चात् काव्य-सिद्धांतों तथा कवि की अपनी विशेषताओं के आधार पर उसके साहित्यिक स्वरूप का सम्यक् उद्घाटन किया जाता है। यदि सामाजिक और आर्थिक तथा राजनीतिक परिस्थितियों का ही अधिक विवेचन हुआ और काव्य की साहित्यिक विशेषताओं का पर्याप्त विचार न हुआ तो वह आलोचना काव्य की आलोचना तो नहीं हुई और चाहे जो हो।

काडवेल के समीक्षा सिद्धांत

हिंदी के नवीनतम समीक्षात्मक निबंधों में मार्क्सवादी आलोचकों, विशेषतः काडवेल के मत का प्रतिपादन विशेष-रूप से दिखाई देता है, अतः उसके काव्य-समीक्षा-सिद्धांतों का संक्षेप में विचार कर लेना अच्छा होगा।

काडवेल का असली नाम था स्प्रिग (Sprigg)। यह एक अंग्रेज लेखक था जो स्पेन के गृह-युद्ध (1937 ई.) में युद्धक्षेत्र में मारा गया। इसने 'भ्रम और वास्तविकता' (Illusion and Reality) नाम की एक समीक्षा पुस्तक लिखी है जिसमें मार्क्सवादी विचारों के अनुसार काव्य के उद्भव और विकास का विस्तृत विवेचन किया गया है।

काडवेल समाज और साहित्य का घनिष्ठ सम्बन्ध मानता है। उसका कहना है कि समाज संघटन का आधार आर्थिक है अतएव काव्य का भी मूलाधार आर्थिक ही ठहरता है। पहले पहल काव्य का उपयोग समाज के लाभ के लिए होता था। समाज में सुख-शांति और आनंद का प्रादुर्भाव तथा प्रकृति से संघर्ष कर उस पर मानव समाज की विजय स्थापित करना—ये ही दो कार्य कविता के थे। वर्तमान समय में यह बात नहीं रह गई है। काव्य धनिकों और शोषकों के बीच पलकर समाज से विलग हो गया है। अतः आवश्यकता इस बात की है कि काव्य पहले की भाँति पुनः समाज के बीच खड़ा हो। समाज का सबसे दुःखी अंग श्रमिक वर्ग है। काव्य को उसके सुखसाधन में योग देना चाहिए। उसमें कर्म की प्रेरणा जगानी चाहिए। मार्क्सवाद की स्थापना से ही विश्व में वास्तविक सुख-शांति का आविर्भाव हो सकता है। इसलिए काव्य को मार्क्सवाद का पल्ला मजबूती से पकड़कर उसके प्रसार के लिए प्रयत्नशील होना चाहिए।

कला उस मोती के दाने के समान है जो समाज रूपी सीपी से उत्पन्न होता है। काव्यकला का जन्म समाज के साथ ही हुआ। प्रारंभिक अवस्था में मनुष्यों की सीधी-सादी भाषा तो उनके व्यक्तिगत दैनिक व्यवहारों के काम आती थी और अपेक्षाकृत परिष्कृत भाषा—हाइटेंड लैंग्वेज—सामूहिक अवसरों के काम। यह परिष्कृत भाषा लययुक्त होती थी। इसी में सामूहिक अवसरों पर सामूहिक गान आदि होते

थे। आदि-युग में इसी लययुक्त परिष्कृत भाषा में काव्य का अस्तित्व था। इस लययुक्त भाषा में प्रचुर संगीत की मात्रा इसलिए होती थी कि यह सामूहिक अवसरों पर गाई जा सके। ऐसी रचनाएँ 'सामूहिक भाव' (जिसका विचार पहले किया जा चुका है) से पूर्ण होती थीं।

'सामूहिक भाव' को जाग्रत करने की आवश्यकता दो अवसरों पर विशेष पड़ती थी। एक तो प्रकृति से संघर्ष के समय—क्योंकि प्रकृति पग-पग पर आदिम मनुष्य की सुख-शांति के मार्ग में रोड़े अटकाया करती थी। मनुष्य का जीवन-विकास प्रकृति से निरंतर संघर्ष की ही कहानी है, जिसमें सहायता देना काव्य का कर्तव्य है। दूसरा अवसर था कृषि-कार्य संपन्न करने का। फसल बोने, काटने आदि के अवसर पर लोगों को उसके लिए तैयार करने और 'कार्य' में प्रवृत्त करने में कविता सहायता देती थी।

यहाँ यह प्रश्न हो सकता है कि काव्य तो सामूहिक उत्सव आदि के अवसर पर गाया जाता था, इससे कौन-सा 'कार्य' संपन्न होता था? इसके अतिरिक्त, विपत्ति के समय—जैसे चीते को पास आते देखकर, अथवा शत्रु के आक्रमण, वर्षा, भूकंप आदि के समय—स्वभावतः, लोग 'सामूहिक भावों' (Collective Emotions) की अभिव्यक्ति करेंगे। 'सामूहिक भाव' जाग्रत करने के लिए काव्य अथवा किसी अन्य साधन की क्या आवश्यकता?

काडवेल इसका उत्तर इस प्रकार देता है—साधारण से साधारण मानव-समाज को बहुत से उद्योग-धन्धे करने होते हैं जो सहजवृत्ति-प्रेरित (Instinctive) तो नहीं होते पर अप्रत्यक्ष आर्थिक उद्देश्यों की पूर्ति के लिए आवश्यक हैं; जैसे, उपज। अब उपज की आवश्यकताओं की पूर्ति के लिए मनुष्य की चित्तवृत्तियों को सामाजिक संघटन के द्वारा तैयार करना चाहिए। इस संघटन का ध्यान देने योग्य एक साधन है 'सामूहिक भाव', जिससे काव्य का जन्म हुआ है। इस अवसर पर भाव की तरंगें उठती हैं और सभी व्यक्तियों के भाव समूह बद्ध होकर एकाकार हो जाते हैं। इस समय स्थूल उद्देश्य लोगों के सामने से हट जाता और एक छायात्मक या काल्पनिक उद्देश्य रह जाता है। इस अवसर पर उपस्थित व्यक्ति उल्लास की लहरों और संगीत के राग में डूबकर प्रत्यक्ष वास्तविकता से दूर हट जाते हैं और वे एक ऐसे काल्पनिक लोक में पहुँच जाते हैं जहाँ काल्पनिक उपज दिखाई देती है। जब संगीत का मधुर स्वर बंद हो जाता है और उल्लास की लहरें स्थिर हो जाती हैं, तब भी वह काल्पनिक उपज उन व्यक्तियों के लिए सत्य बनी रहती है और वास्तविक उपज के साधन जुटाने के आवश्यक श्रम के लिए उन्हें तैयार करती है।

इस प्रकार नृत्य, गान और उत्सव के आनंद—इन सबसे आवेष्ठित होकर काव्य आदिम जाति की सहजवृत्तिमूलक शक्ति की कुंजी बन जाता है। और इस प्रकार काव्य (उन आदिम) मनुष्यों को अनेकानेक सामूहिक कृत्यों में सम्मिलित होने

के लिए प्रेरित करता है, जिनका न तो कोई प्रत्यक्ष फल ही सामने रहता है और न जिन्हें करना सहजवृत्ति साध्य ही है। उपज तैयार करने के लिए, युद्ध में जाने के लिए अथवा अन्य कोई कार्य करने के लिए ऐसे वातावरण की आवश्यकता होती है जो 'सामूहिक भाव' (Collective Emotion) के द्वारा निर्मित होता है। कला के द्वारा प्रस्तुत की गई यह सामूहिक भ्रम (Collective Illusion) की सृष्टि लोगों में सामूहिक भ्रम उत्पन्न कर उन्हें श्रम के लिए तत्पर करती और श्रम को हल्का बनाती है। इस प्रकार 'सामूहिक भाव' की उत्पत्ति श्रम की आवश्यकताओं से हुई है।

उत्पादन प्रणाली की वृद्धि और श्रमविभाजन की परिपाटी बढ़ने के साथ ही आर्थिक आधारों पर मानव-समाज की संस्कृति का विकास हुआ। और तब सामान्य आर्थिक प्रणाली वाले आदिम मानव-समाज में सभी अवसरों पर प्रयुक्त होने वाली कविता अर्थात् 'लययुक्त परिष्कृत भाषा' साहित्य का एक विशिष्ट विकसित अंग बन गई। ज्यों-ज्यों मानव समाज की उन्नति हुई त्यों-त्यों उसके साहित्य का भी उन्नयन हुआ और काव्य को वह स्वरूप प्राप्त हुआ जिसे हम आज देखते हैं।

जिस प्रकार संस्कृति आर्थिक उत्पादन से अलग नहीं की जा सकती, उसी प्रकार काव्य सामाजिक संघटन से; और समाज का संघटन आर्थिक आधारों पर ही हुआ है इसलिए काव्य का मूल आधार आर्थिक ही है। कतिपय शृंखलाबद्ध सूक्ष्म विचारों की अभिव्यक्ति काव्य का वास्तविक लक्ष्य नहीं है। उसका वास्तविक लक्ष्य है सामूहिक भावों की व्यंजना द्वारा समाज को गत्वर बनाना।*

अब तक जो कुछ कहा गया उसका सारांश यह कि–

(1) काव्य का मूल आधार आर्थिक है।

(2) काव्य में 'सामूहिक भाव' की व्यंजना होती है। अर्थात् कवि अपनी रचना में अपने वर्ग या समाज के 'स्वार्थों' से परिचालित होकर तदनुरूप भावों की व्यंजना करता है।

(3) काव्य समाज के विकास में योग देने वाला एक अस्त्र है। वह 'श्रम' के लिए मनुष्य को प्रेरित भी करता है और 'श्रम' को हल्का भी बनाता है।

मनुष्य के क्रियाकलाप सहजवृत्ति की प्रेरणा पर आधारित हैं। पर मनुष्य के जो कार्य अत्यधिक परिवर्तनशील और कम से कम सहजवृत्ति प्रेरित होते हैं वे ही उच्चतम और पूर्ण मानवोचित हैं। ये कार्यकलाप, जो कि परंपरागत विकास के अनुरूप होते हैं और पूर्णतः भौतिक होते हैं, प्रत्येक युग को किसी न किसी नई दिशा की ओर मोड़ते हैं। पर ऐसा करने में आदिम मनोवृत्तियों और बाहरी परिस्थितियों के बीच द्वंद्व होता है, विरोध खड़ा होता है। मनुष्य की इस प्रकार की आदिम

* Its dynamic role in society—its content of collective emotion, is therefore poetry's truth.

—*Illusion and Reality.*

मनोवृत्तियों और समूहबद्ध सभ्य मानव के मनोभावों के बीच का विरोध ही काव्य रचना को संभव बनाता है। काव्य मनुष्य की उत्पादक या आर्थिक कार्यप्रणाली है। इस मूल आधार से काव्य को हटा देने पर उसका वास्तविक विकास समझना असंभव हो जाता है।*

कला और विज्ञान सामाजिक वस्तुएँ हैं और उनका एकमात्र लक्ष्य है स्वतंत्रता—वह स्वतंत्रता जिसे मनुष्य प्रकृति से संघर्ष करके प्राप्त करता है। वह स्वतंत्रता न तो केवल विचारों की स्वतंत्रता है और न तो केवल सोचते ही रहने से प्राप्त होती है। वह प्राप्त होती है कर्म करने से। अतः कला और विज्ञान कर्म के प्रेरक और उसका ठीक ढंग से संचालन करने वाली वस्तुएँ हैं।

काव्य की कला का क्षेत्र भावजगत् है जिसका संबंध अनुभूतियों से होता है। कला मनुष्य की सामाजिक चेतना को उद्‌बुद्ध कर उसे समाज के अनुकूल बनाती है। काव्य अंतर्वृत्तियों और हृदय को ऐसे मार्ग से संचालित करता है जहाँ विभिन्न प्रकार की अनुभूतियों को अपनाते हुए ये चले चलते हैं और साथ ही मनुष्य के चैतन्य भाव-जगत् को वह इस ढंग से परिवर्तित भी करता चलता है जिससे वह लोक के अधिकाधिक अनुकूल होता चले। आंतरिक वास्तविकता की यह पकड़ मनुष्य की सामूहिक चेतना के ही कारण संभव होती है और स्वयं, समाज के अन्य प्राणियों को एक नवीन सामूहिक चेतना की भूमि पर ले जाती है। कला मनुष्य के बीच सौहार्द, सजग समानुभूति (Concious Sympathy) और प्रेममय संबंध के नवीन आधार प्रस्तुत करती है, जो आर्थिक उत्पादन के अनुकूल बने हुए भौतिक संघटनों (Material Organisations) से भरपूर मेल खाने वाले होते हैं।

काव्य भावात्मक तो होता है पर केवल भावात्मकता किस काम की? उसमें सौंदर्य और सत्य की अभिव्यक्ति होती है। काडवेल कहता है कि उस सौंदर्य और सत्य के सच्चे स्वरूप का निर्णय सामाजिक चेतना से संपन्न मनुष्य ही करता है। कर्मशील मनुष्यों के पारस्परिक संबंधों में निहित रागात्मक सत्ता ही सौंदर्य भावना का उद्रेक करती है अतः सौंदर्य का स्वरूप लोकस्वीकृत होना चाहिए। व्यक्तिवैचित्र्यवाद से काव्य का सच्चा रूप सामने नहीं आ सकता। कवि जब रचना करता है तब वह वास्तव में आत्माभिव्यक्ति नहीं करता बल्कि अपने अनुभव को समाज के अनुभव में लीन कर देने का एक उपक्रम मात्र करता है। इसीलिए अहं का विसर्जन कवि के लिए आवश्यक है। उसके द्वारा व्यंजित भाव सदा सामान्य भूमि के (General) होने चाहिए। काव्य की सामाजिकता का ही ध्यान रखकर काडवेल उसमें लय और गेयता का होना आवश्यक मानता है।

---

* Poetry is a productive or economic activity of man. To separate it from this foundation makes its development impossible to understand.

—*Illusion and Reality.*

इतना सब कहने के पश्चात् उपसंहार करते हुए उसने स्पष्ट कहा है कि कला के क्षेत्र में कलाकार को मजदूर नेता का काम करना चाहिए।*

यहाँ तक तो सिद्धांतों की बात हुई। अब काडवेल द्वारा निरूपित काव्य के ऐतिहासिक विकासक्रम को एक बार फिर देख लेना चाहिए, क्योंकि इस प्रकार की ऐतिहासिक मार्क्सवादी व्याख्या पर ही उसके सिद्धांतों का ढाँचा खड़ा है। काडवेल के सिद्धांतों का परिचय देते हुए आरंभ ही में यह दिखाया जा चुका है कि काव्य की उत्पत्ति के संबंध में उसकी क्या धारणा है। काडवेल कहता है कि प्रारंभिक साम्यवाद (Primitive Communism) के समय में तो काव्य सामूहिक जीवन के संपूर्ण ज्ञान (इतिहास, धर्म, वैद्यक आदि) को अभिव्यक्त करने का साधन था पर वर्ग-समाज के विकास के साथ-साथ उसकी एक अलग स्वतंत्र सत्ता प्रतिष्ठित हुई। जिन वर्गों के हाथ में राजसत्ता थी उन्हीं पर प्रकृति से संघर्ष करने और सामाजिक जीवन संचालित करने का दायित्व पड़ा। काव्य, जो कि स्वतंत्रता-प्राप्ति का एक अस्त्र था, स्वभावतः सत्ताधारी वर्ग के कब्जे में आ गया और उसी वर्ग की भावनाओं की अभिव्यक्ति उसमें होने लगी। पहले तो उसमें उन सत्ताधारियों का प्रभुत्व समाज में बनाए रखने में सहायता देनेवाले 'भ्रम' की सृष्टि के साथ-साथ काव्य समाज के सामूहिक विकास में भी योग देता रहा पर धीरे-धीरे काव्य की सामाजिक भावना घटती गई और पूँजीवाद के आविर्भाव के बाद से तो वह असामाजिक ही हो गया, क्योंकि पूँजीवादी व्यवस्था में उत्पादन पर व्यक्ति का अधिकार होता है और शेष सारा समाज कष्ट में जीवन बिताता है। इसीलिए पूँजीवादी काल के काव्य में व्यक्तिवैचित्र्यवाद, क्लिष्ट कल्पना और दुरूह कलात्मकता—ये सब असामाजिक प्रवृत्तियाँ आविर्भूत होकर उसे समाज से दूर हटा देती हैं। यही विचार प्रतिपादित करते हुए काडवेल ने संपूर्ण अंग्रेजी काव्य-साहित्य का ऐतिहासिक विवेचन किया है। मूर्तिकल्पनावाद (Imagism) व्यक्तिवैचित्र्यवाद, 'कला कला के लिए', फ्रायड का स्वप्न सिद्धांत आदि अनेक यूरोपीय वादों और प्रवादों का खंडन करने के बाद काव्य के उपयोगितावाद को अंत में उसने चरम उत्कर्ष पर पहुँचा कर छोड़ा है।

इस प्रकार काडवेल की सैद्धांतिक व्याख्या को अत्यंत संक्षेप में और जहाँ तक हो सका है वहाँ तक स्पष्ट रूप में उपस्थित किया गया। उसकी कुछ बातों पर पहले विचार किया जा चुका है, जो बच रही हैं उन पर यथास्थान आगे विचार किया जाएगा। इसका इतना अधिक उल्लेख करना इसलिए आवश्यक हुआ कि आजकल के नए आलोचकों के लेखों में काडवेल के वाक्य प्रायः उद्धृत रहते हैं। ऐसी आलोचना का सबसे बुरा प्रभाव यह पड़ रहा है कि काव्य के विषय में कुछ लोगों की बड़ी सामान्य धारणाएँ बन गई हैं। मजदूरों के लिए लिखे गए कतिपय पद्यों को

* It is a demand that you, an artist, become a proletarian leader in the field of art.

—*Illusion and Reality.*

ही काव्य का सच्चा स्वरूप बतला कर उन रचनाओं की प्रशंसा के पुल बाँधे जाते हैं। युद्धकालीन प्रचार आदि के पद्य काव्य नहीं हैं, यह बात मानों लोग भूलते जा रहे हैं। इस प्रकार की भ्रमात्मक धारणा रूस के लेखकों में भी नहीं है, पर हमारे यहाँ आजकल ऐसी 'प्रगतिवादी भावनाओं' का खूब जोर है। गत महायुद्ध में रूस के लेखक यद्यपि घनघोर लड़ाइयों के बीच, मृत्यु की छाया में बस कर प्रचारात्मक रचनाएँ करते रहे पर उन रचनाओं को साहित्य की सम्पत्ति मानने की भूल उन्होंने नहीं की। रूस के इलिया एरनबर्ग नामक एक प्रसिद्ध नवीन लेखक ने युद्धकाल में एक लेख लिखा था—'मेरी रचना के विषय' (The Things I write about) किसी ने उससे पूछा या कि गत तीन वर्षों से आप एक ही विषय (युद्ध और शत्रुओं के संबंध में) पर कैसे लिखते आ रहे हैं? उसने उत्तर दिया, "मैं जानता हूँ कि 'शत्रु' साहित्य का विषय नहीं है पर देश के ऐसे विपत्तिकाल में उसकी दुर्दशा, और शत्रुओं के अत्याचार आदि पर लिखे बिना कैसे रहा जा सकता है। वह दिन मेरे लिए अत्यंत शुभ और परम आनंददायक होगा जब मैं अन्य विषयों पर और विशेष रूप से कला की वस्तुएँ लिख सकूँगा, जो मुझे अत्यंत प्रिय हैं।"* यहाँ मैं जिस बात पर जोर देना चाहता हूँ वह यह है कि प्रचारात्मक रचनाओं और स्थायी साहित्य की कृतियों के भेद से आज का रूसी लेखक भी अवगत है। आपद्धर्म के काल में प्रचारात्मक रचनाएँ हों, इसे कोई रोक नहीं सकता पर उन रचनाओं को साहित्य की सम्पत्ति मानकर उनके आधार पर ही स्थायी समीक्षा सिद्धांतों की स्थापना का प्रयत्न शुद्ध पाषंड है।

इसमें संदेह नहीं कि आजकल मार्क्सवाद के राजनीतिक विचारों से संपूर्ण साहित्य-प्रणालियों को ढँक देने का अवांछनीय उपक्रम कुछ लोग कर रहे हैं। व्यवहार में चाहे मार्क्सवाद के सिद्धांतों से कोसों दूर हों, पर वहीं से खड़े-खड़े मार्क्सवाद की जय मनाना आजकल का एक फैशन हो गया है। आजकल के नए कविगण प्रायः आलोचक भी होते हैं, या आलोचक कहलाने के लिए उत्सुक रहते हैं। अपने लेखों में तो ये पूँजीवाद के खिलाफ जिहाद बोलते हैं, उसकी कुटिल और क्रूर व्यवस्था का

---

* A certain writer asked me recently : "How can you go on for three years writing about one and the same thing?"—Yes, it is difficult. But it is more difficult to go on fighting for three years. History has not been gracious to us...the enemy is not a literary theme—he is a calamity...

For nearly three years they (Russians) have been eating with death, sleeping with death, arguing with death.

I will bless the day when we can forget about the Germans. That will indeed be a wonderful day. I would like to be thinking about other things and writing about other things...about that which is thrice precious to me,—art...

—*Peoples War* (Soviet number) 5th Nov. 1944.

परिचय देते हुए उनके नाश की कामना करते हैं और अपने संपूर्ण पूर्ववर्ती साहित्य को पूँजीवादी या सामंतवादी संस्कृति से आच्छन्न बतला कर उसकी भर पेट निंदा करने से नहीं चूकते, पर उनकी रचनाओं को देखिए तो परिमाण में अधिकांश ऐसी ही रचनाएँ मिलेंगी जिनमें नई रंगत के प्रेम की विवृत्ति, रोमांस की सुनहली दुनिया, वासना के कुत्सित चित्र और तज्जन्य आकुलता का प्रदर्शन आदि भरे मिलेंगे। सारे प्राचीन साहित्य की निंदा करने का चलन घोर असाहित्यिकता का द्योतक है। अब तक का साहित्य निकृष्ट है; हम अब उपयुक्त साहित्य-सर्जन के लिए प्रयासशील हैं–इस प्रकार की बातों से अनावश्यक दंभ प्रदर्शित होता है। इस प्रकार का अनावश्यक मंतव्य-प्रकाशन छोड़कर सत्साहित्य की सृष्टि में संलग्न होना ही कवियों का साध्य होना चाहिए। सभी कवियों के आलोचक बन जाने से बड़ी गड़बड़ी फैलने लगती है, क्योंकि अधिकांश के विचार अपने तो होते नहीं, वे अंग्रेजी के मार्क्सवादी आलोचकों की प्रतिध्वनि मात्र होते हैं। विचार उनके अपने नहीं होते, अतः उनकी रचनाओं और इन विचारों में कोई साम्य नहीं दिखाई देता। विदेशी लेखकों की उद्धरणी कर और चिल्ला-चिल्ला कर, आँख मूँदे हुए उनका समर्थन करते चलने से कोई लाभ न होगा।

प्रगतिवादी काव्य के विषय

प्रगतिवाद के दो अर्थ

'प्रगतिवाद' शब्द काव्य के क्षेत्र में सामान्य रूप से आजकल दो अर्थों में प्रयुक्त होता है। एक तो सामान्य राष्ट्रीय और सामाजिक कविताओं के लिए और दूसरे, मार्क्सवादी विचारधारा से अनुशासित रचनाओं के लिए। पहले ढंग की रचनाओं के अंतर्गत देशभक्ति के उद्गार, अतीत और वर्तमान देश-भक्तों एवं राष्ट्रनायकों की प्रशस्तियाँ, तथा देश की वर्तमान राजनीतिक और सामाजिक अवनति का दिग्दर्शन कराने वाली क्षुब्ध मनोदशा से भरी रचनाएँ आती हैं। दूसरे ढंग की रचनाओं की भी दो कोटियाँ दिखाई देती हैं। एक तो कम्युनिस्ट पार्टी का दल-गत साहित्य (पार्टी-लिटरेचर), जिसमें रूसी कम्युनिस्ट पार्टी की नीति को ही सर्वोपरि महत्त्व दिया जाता है। दूसरे वे कृतियाँ जिनमें मार्क्स के द्वंद्वात्मक भौतिकवाद की स्वीकृति तो अंतर्निहित रहती है पर कम्युनिस्ट पार्टी की नीति का बंधन जिन्हें स्वीकार नहीं है। इनमें से पहले प्रकार की रचनाओं के अंतर्गत अतीत की संपूर्ण व्यवस्थाओं के प्रति घोर असंतोष की व्यंजना करने वाली, मार्क्सवादी विचारों के पद्यानुवाद रखकर

बौद्धिक रूप में प्रभाव डालने का प्रयास करने वाली, तथा रूस और मार्क्स की प्रशंसा कर उनकी व्यवस्थाओं को अपने यहाँ प्रतिष्ठित करने के लिए आकुलता दिखाने वाली रचनाओं का आधिक्य है। ऐसी रचनाएँ लिखने वाले कवि पार्टी के मेंबर हों या न हों पर पार्टी के वफादार बराबर बने रहते हैं। दूसरे प्रकार की रचनाएँ मार्क्स के जीवन दर्शन से प्रभावित अवश्य होती हैं पर उनके लेखकों में सांप्रदायिकता अपेक्षाकृत कम होती है। वे रूस की ही ओर बराबर नहीं देखते रहते और अपेक्षाकृत स्वतंत्रचेता होते हैं, किसी राजनीतिक दल की विचार-परिधि में ही बंद नहीं रहा करते।

इस प्रकार कुल मिलाकर प्रगतिवादी काव्यधारा के अंतर्गत तीन प्रकार की रचनाएँ मिलती हैं—सामान्य रूप से राष्ट्रीयता या स्वतंत्रता की भावना से युक्त और सामाजिक असंगतियों की व्यंजना करने वाली; मार्क्सवादी विचारधारा से प्रभावित—आर्थिक संघटन के परिपार्श्व में वर्तमान समाज-व्यवस्था को रखकर प्रगति का पथ निर्धारित करने वाली और कम्युनिस्ट पार्टी की नीति का प्रचार करने वाली।

प्रगतिवाद की परंपरा

कुछ लोग हिंदी में प्रगतिवाद की परंपरा कबीर और तुलसी से दिखाने का प्रयत्न करते दिखाई दे जाते हैं। पर यह बात उचित नहीं जान पड़ती। यदि कहिए कि सामाजिक विशृंखलताओं की ओर दृष्टिपात कर सारे संपद्रायों को एकता के सूत्र में बाँधने का उपदेश देने के कारण कबीर, और अपनी तत्कालीन सामाजिक तथा धार्मिक दुरवस्था के बीच लोकमंगल की भावना का अवस्थान करने के लिए उत्सुक गोस्वामी तुलसीदास अपनी मानव-कल्याण की प्रवृत्ति के कारण, प्रगतिवादी कवियों की परंपरा में आते हैं तो यह नितांत भ्रम है; क्योंकि वर्तमान प्रगतिवाद की एक निश्चित दृष्टि है मार्क्सवाद की, जो समाज की संपूर्ण व्यवस्थाओं को अपने ही ढंग से देखती है, अतः काव्य की व्यापकत्व-विधायिनी मंगल भावना का विचार करने पर निश्चय ही संकीर्ण ठहरती है। इसीलिए यह भी कहा जा सकता है कि इस दूसरे ढंग को प्रगतिवादी काव्यधारा को भारतेंदु द्वारा प्रतिष्ठित देशभक्ति और सामाजिक रचनाओं की शुद्ध परंपरा में भी देखना ठीक नहीं, क्योंकि भारतेंदु युग के कवि राजनीतिक या अन्य किसी संप्रदाय के निश्चित निर्देश पर चलकर रचनाएँ नहीं करते थे। हाँ पहले ढंग की राष्ट्रीय और सामाजिक रचनाओं को भारतेंदु द्वारा प्रवर्तित काव्यधारा की परंपरा में अवश्य रखा जा सकता है, जिसका विकास सर्व श्री मैथिलीशरण गुप्त, माखनलाल चतुर्वेदी और बालकृष्ण शर्मा 'नवीन' के द्वारा होता हुआ वर्तमान समय तक पहुँचा है। इस परंपरा को अपनी प्रधान सांप्रदायिक प्रवृत्ति के भीतर ग्रहण न करने से उपरिलिखित दूसरे अर्थ में प्रयुक्त 'प्रगतिवाद' की सम्यक प्रतिष्ठा हिंदी-काव्य के क्षेत्र में होना अत्यंत कठिन है, इसलिए कई प्रगतिवादी लेखकों का

यह मत है कि अपनी निश्चित विचारधारा रखते हुए भी हम उन सभी रचनाओं को प्रगतिवादी मानते हैं जो देशभक्ति की भावना से भावित हैं और जो सामाजिक हैं।

रचना के विषय

यहीं अब प्रगतिवादी कविताओं का संक्षेप में सर्वेक्षण करा देना आवश्यक समझता हूँ। जैसा कि कहा जा चुका है, प्रगतिवाद की सर्वप्रथम दिखाई पड़ने वाली प्रवृत्ति थी (जो अब भी है) राजनीतिक सिद्धांत विशेष का पद्यानुवाद अथवा उसकी विचारधारा का ग्रहण। 'युगवाणी' के 'विज्ञापन' में लिखे गए ये वाक्य ध्यान देने योग्य हैं—'युगवाणी में मैंने युग के गद्य को वाणी देने का प्रयत्न किया है', इसमें कवि का लक्ष्य है युग-प्रवृत्ति का आभास मात्र देना—''यदि युग की मनोवृत्ति का किंचिन्मात्र आभास इसमें मिल सका तो मैं अपने प्रयास को विफल नहीं समझूँगा।''

'युगवाणी' का कवि ऐसी 'नव संस्कृति' के आविर्भाव का अभिलाषी है जिसमें—

रूढ़ि रीतियाँ जहाँ न हों आराधित,
श्रेणिवर्ग में मानव नहीं विभाजित।
धन-बल से हो जहाँ न जन-श्रम शोषण,
पूरित भव-जीवन के निखिल प्रयोजन।

× × × ×

संस्कृत वाणी, भाव, कर्म, संस्कृत मन,
सुंदर हो जन-वास, वसन, सुंदर तन।
—ऐसा स्वर्ग धरा में हो समुपस्थित,
नव मानव-संस्कृति-किरणों से ज्योतित।

उसका विचार है कि इसी नवसंस्कृति के लिए 'मानव-जग' में 'पतझर' आया है। आज युगों के बाद यह युगांतर हो रहा है। प्राचीन व्यवस्थाओं के नष्ट होने से डरना नहीं चाहिए, फिर शीघ्र ही 'नवल मुकुल मंजरियों' से विश्व शोभित होगा, जिसके 'नवमधु' का वैभव मानव शताब्दियों तक भोगेगा।

परिवर्तन तो जग-जीवन का चिरंतन नियम है। कितने ही 'मुखियों, कुलपतियों, सामन्तों और महंतों' के वैभव-क्षण सागर के बुल्ले की भाँति बिला गए। आज—

रजत स्वप्न साम्राज्यवाद का ले नयनों में शोभन,
पूँजीवाद निशा भी है होने को आज समापन।

'नृशंस, दर्पी, हठी; निरंकुश, निर्मम, कलुषित, कुत्सित' धनपति समाज को जोंक की भाँति चूसते हैं। दुनिया को उनकी जरूरत नहीं, उनके अंतिम क्षण अब

आए ही समझिए और मध्यमवर्ग के व्यक्ति की दशा यह है—

संस्कृति का वह दास : विविध विश्वास विधायक,
यशकामी, व्यक्तित्व प्रसारक, परहित निष्क्रिय।

उधर कृषक—

युग युग का वह भारवाह, आकटि नतमस्तक।
... ...
विश्व विवर्तनशील, अपरिवर्तित, वह निश्चल।
वही खेत, गृह, द्वार, वही वृष, हँसिया औ' हल।
... ...
वह संकीर्ण, समूह-कृपण, स्वाश्रित, पर-पीड़ित।

परंतु श्रमिक—

लोकक्रांति का अग्रदूत, वर-वीर, जनादृत,
नव्य सभ्यता का उन्नायक, शासक, शासित—
चिर पवित्र वह : भव अन्याय घृणा से पालित,
जीवन का शिल्पी,—पावन श्रम से प्रक्षालित।

कहने की आवश्यकता नहीं कि ये विचार कवि के अपने नहीं, 'युग' के हैं, मतलब मार्क्सवाद के हैं, जिसकी चर्चा पहले की गई है। अन्यथा देहातों में आँख खोलकर देखने से पता चलता कि 'कृषक' भी आज 'श्रमिक' की ही भाँति लोक क्रांति के अग्रदूत' बनने के लिए छटपटा रहे हैं।

ग्रामीणों की दुर्दशा का वर्णन करने वाली श्री भगवतीचरण वर्मा की 'भैंसागाड़ी' शीर्षक कविता ने पहले लोगों को अपनी ओर आकृष्ट किया था। उसकी कुछ पंक्तियाँ—

उस ओर क्षितिज के कुछ आगे, कुछ पाँच कोस की दूरी पर,
भू की छाती पर फोड़ों-से, हैं उठे हुए कुछ कच्चे घर।
मैं कहता हूँ खँडहर उसको पर वे कहते हैं उसे ग्राम।
जिसमें भर देती निज धुँधलापन, असफलता की सुबह शाम।
पशु बनकर नर पिस रहे जहाँ, नारियाँ जन रही हैं गुलाम।
पैदा होना फिर मर जाना, यह है लोगों का एक काम॥
... ...
वह राजकाज जो सधा हुआ है इन भूखे कंगालों पर,
इन साम्राज्यों की नींव पड़ी है तिल-तिल मिटने वालों पर।
वे व्यौपारी, वे जमींदार, जो हैं लक्ष्मी के परम भक्त,

वे निपट निरामिष सूदखोर पीते मनुष्य का उष्ण रक्त।
इस राजकाज के वही स्तंभ उनकी पृथ्वी उनका ही धन,
ये ऐश और आराम उन्हीं के, और उन्हीं के स्वर्ग-सदन।
उस बड़े नगर का राग-रंग हँस रहा निरंतर पागल-सा,
उस पागलपन से ही पीड़ित कर रहे ग्राम अविकल क्रन्दन।
... ...

दानवता का सामने नगर!
मानव का कृश-कंगाल लिए–
'चरमर चरमर-चूँ-चरर-मरर
जा रही चली भैंसागाड़ी!'

इस प्रकार शोषक वर्ग के अत्याचारों के विशद चित्र देकर, चूस लिए गए किसानों और श्रमिकों की मर्मांतक दशा का आभास देने का प्रयत्न प्रगतिवादी कवियों ने किया है। मार्मिकता की दृष्टि से चाहे दो चार ही ऐसी रचनाएँ अच्छी कही जा सकें पर सामान्य प्रवृत्ति इस प्रकार की अवश्य है। ऐसी रचनाओं में देखना यह चाहिए कि इनमें केवल रोष-प्रकाशन और इधर-उधर की सुनी-सुनाई बातें मात्र कहकर ही तो लेखक नहीं बैठ गया। यदि दलितवर्ग के लिए वास्तविक समानुभूति दिखानी है और स्वयं उनमें उत्साह का संचार करना है तो उनकी अवस्था के संश्लिष्ट चित्र रखने चाहिए। उस चित्र के दर्शन मात्र से भाव हृदय के भीतर जग सकते हैं। पर वह चित्र अवश्य विशद और ऐसा सजीव होना चाहिए जिसकी महीन से महीन रेखाएँ कौशलपूर्वक खींची गई हों और जिसे अनुभूतियों से अनुरंजित कर प्राणमयता प्रदान की गई हो।

दूसरी प्रणाली इसके लिए है मार्मिक कथा-प्रसंगों की उद्भावना। यह कहते हुए मैं यह नहीं भूल रहा हूँ कि इसमें वर्णनात्मकता अथवा शुष्क इतिवृत्तात्मकता की आशंका कुछ लोगों को हो सकती है। पर यदि कविगण अनुभूतियों से रंजित कथाओं की मार्मिक उद्भावनाएँ करें, उनकी दृष्टि किसी वाद पर न रहकर काव्य की प्रेषणीयता (Communicability) का ध्यान रखते हुए प्रभावोत्पादकता और स्वाभाविकता की ओर रहे तो मार्मिक और भावमग्न करने वाली रचनाएँ अवश्य हो सकती हैं। बात यह है कि कवि के केवल यह कह देने से कि मैं यह दुर्दशा देख रहा हूँ और इसे देखकर मेरी छाती फटी जा रही है, या खून उबल रहा है, या मारे क्रोध के देह काँप रही है, कुछ नहीं होता और यह काव्य की दृष्टि से देखने पर प्रलापमात्र ठहरता है। उसे यह भी ध्यान रखना होगा कि इन चित्रों को इतना सजीव और संश्लिष्ट बनाना है, अपने वर्णनों को इतना मार्मिक बनाना है, और अपने भावों को क्षणिक आवेश की उपज न समझकर काव्य के क्षेत्र में ऐसा

मर्म-पथ ग्रहण करना है जिससे पाठक के हृदय पर उसका कुछ प्रभाव पड़े। मेरी दृष्टि में श्री सियारामशरण गुप्त छोटे-छोटे सामाजिक कथा-प्रसंग की उद्भावना कर उनका मार्मिक काव्यात्मक वर्णन करने वाले निपुण कवि हैं, अतः सामाजिक कथात्मक प्रसंगों को लेकर लिखी गई उनकी ऐसी छोटी-छोटी कविताएँ रचना-प्रक्रिया और विषय की दृष्टि से महत्त्व की हैं। नवीन दिशा की ओर चलने वाले रचनाकारों को उनकी ओर ध्यान देना चाहिए।

मार्क्सवादी विचारधारा का भौतिकवाद प्रचारित करना नए कवियों की एक प्रवृत्ति है, यह ऊपर कहा जा चुका है। पंतजी एक ओर तो भौतिक दर्शन की विचार-शृंखला सामने रखते हैं और दूसरी ओर गाँधीवाद की। उनका विश्वास है कि गाँधीवाद 'मनुष्यत्व का तत्त्व' सिखाता है और साम्यवाद 'सामूहिक जीवन-विकास' का सबसे अच्छा साधन है। इस प्रकार गाँधीवाद का 'सत्य और अहिंसा' तो उन्हें व्यक्तिगत साधना के लिए उपयुक्त प्रतीत होता है और उधर भौतिकवाद भव-जीवन के दैन्य-दुःख से परित्राण दिलानेवाला और महान् सामूहिक जनतंत्र का अधिष्ठाता दिखाई देता है। उन्हें किसी 'वाद' की अति नहीं प्रिय है और दोनों की विशेषताएँ वे ग्रहण करना चाहते हैं। 'संकीर्ण भौतिकवादियों के प्रति' उनका कथन है–

हाड़ मांस का आज बनाओगे तुम मनुज समाज?
आत्मवाद पर हँसते हो भौतिकता का रट नाम?
मानवता की मूर्ति गढ़ोगे तुम सँवार कर चाम?

वे केवल बाहरी आर्थिक समता से ही संतुष्ट नहीं, बल्कि मानव-मानव के बीच आंतरिक साम्य के अभिलाषी हैं। पर यह समझ रखना चाहिए कि ये पंतजी के अपने स्वतंत्र विचार हैं। आजकल का प्रगतिवादी तो मार्क्सवाद का शब्दशः अनुवाद चाहता है काव्य में और उसका पूर्ण ग्रहण चाहता है जीवन के भीतर।

श्रमिकों और किसानों का नए काव्य-क्षेत्र में किस प्रकार ग्रहण होता है, इसका यहाँ थोड़ा और परिचय प्राप्त कर लेना चाहिए। वर्तमानकाल में श्रमिकों और किसानों के चित्रण तो खूब हुए हैं पर अधिकतर वे निर्जीव और बिल्कुल गद्यात्मक हुए हैं जिनमें भावसंचार की क्षमता नहीं है। इसीलिए कहना पड़ता है कि केवल फैशन के रूप में इस प्रवृत्ति का ग्रहण होने के कारण बहुत अधिक कूड़ा करकट जमा हो रहा है। जो भी हो, श्रमिकों आदि के करुण चित्रण दिखाने के बाद जन-जागरण गान की बारी आती है–

खोलो लाल निशान!
हो सब लाल जहान! खोलो लाल निशान!

× × × ×

क्योंकि–

> **लाल रूस है ढाल साथियो, सब मजदूर किसानों की।**
> **वहाँ राज है पंचायत का, वहाँ नहीं है बेकारी।**
> **लाल रूस का दुश्मन, साथी, दुश्मन सब इन्सानों का।**
> **दुश्मन है सब मजदूरों का, दुश्मन सभी किसानों का।**

–नरेन्द्र

रूस पर रचना करना प्रगतिवादी कहलाने की पहली शर्त सी हो गई है। आजकल समाजवादी विचारों का क्षेत्र कतिपय विशेषताओं के कारण अपनी ओर सभी सजग लेखकों को आकृष्ट करता है। यह अनुचित नहीं है। अनुचित है समाजवाद का चौखटा बनाकर उसके भीतर कल्पित भावों की धुँधली रेखाएँ खींचना। रूस की प्रत्येक गतिविधि को देखकर अपनी समस्याओं की ओर देखना तो ठीक है पर उसकी प्रशस्तियों से अपने काव्यक्षेत्र को एकदम पाट देना हम ठीक नहीं समझते। काव्य राजनीति का क्रीड़ा स्थल नहीं है, यह बात यदि हम ध्यान में रखें तो साहित्य का बड़ा उपकार हो।

समाज की विशृंखलताओं पर प्रगतिवादी कवियों की दृष्टि विशेष गई है इसमें संदेह नहीं। समाज की वर्तमान दयनीय दशा के मार्मिक वर्णन इनके द्वारा अवश्य हुए हैं किसानों तथा मजदूरों आदि की करुण दशा देखकर कवि को क्षोभ-मिश्रित आश्चर्य होता है कि ऐसी विपन्नावस्था में भी ये जीवित कैसे रहते हैं–

> **वह नस्ल जिसे कहते मानव, कीड़ों से आज गई बीती,**
> **बुझ जाती तो आश्चर्य न था, हैरत है पर कैसे जीती!**

–अंचल

ऐसे शोषक समाज की धज्जी उड़ जाय तभी ठीक–

> **हो यह समाज चिथड़े-चिथड़े,**
> **शोषण पर जिसकी नींव पड़ी।**

–अंचल

इतना ही नहीं, वह ईश्वर जिसने क्षुधातुरों की भूख नहीं मिटाई, दलितों की सहायता नहीं की, अत्याचारी शोषकों का दलन नहीं किया, वह महाउन्मत्त हड्डियों का शोषक है, नाश हो जाय उसका। यदि वह ईश्वर मंदिर में अधिष्ठित होकर समाज का खून चूसने वाले सेठजी का हलवा पूरी खानेवाला या बीस आने के लड्डू खाकर दीनजनों का शोषण करने वाले साहूकार पर वरदानों की वर्षा करने वाला है तब तो उसके प्रति रोष-प्रकाशन जितना हो ठीक ही है। पर लोक के बीच अधिष्ठित ईश्वर

की शिवमूर्ति का घृणा से सत्कार करने वाला रोष औचित्य की सीमा का अतिक्रमण करता दिखाई देता है–

आज भी जन-जन जिसे करबद्ध होकर याद करते।
नाम ले जिसका गुनाहों के लिए फरियाद करते।
किंतु मैं उसका घृणा की धूल से सत्कार करता।

–अंचल

फिर भी यह तो निश्चित ही है कि समाज के निम्नवर्ग की ओर नए कवि विशेष ध्यान दे रहे हैं। पासी के दो मटमैले साँवले लड़के, जो फुर्ती से सिगरेट के खाली डिब्बे, चमकीली पन्नी आदि बटोर कर ले जाते हैं और अपनी इस निधि पर प्रसन्न होते हैं–कवि को बड़े प्यारे लगते हैं। उनकी–

सुंदर लगती नग्न देह, मोहती नयन मन,
मानव के नाते उर में भरता अपनापन।

–पंत

इसके साथ ही दीनजनों के कुछ व्यंगात्मक चित्र भी नवीन कवियों ने दिए हैं। 'चंदू' का एक ऐसा चित्र देखिए–

चंदू चना चबैना खाता।
मुफ्त मिले अपने जीवन के
घंटों, मिनट, सेकंडों को गिन–
कभी नहीं वह दाम लगाता!
भीख माँगते पैसा पाता।
ईश्वर, धर्म, समाज, संपदा,
विद्या, बुद्धि, विवेक खोजता–
कभी नहीं वह समय गँवाता!
× × × ×
कहीं एक कोने में बैठा
हाथ चरस की चिलम दबाए,
गुपचुप-गुपचुप फूँक लगाता,
शेष आयु का धुआँ उड़ाता!
चंदू चना चबैना खाता!

–केदारनाथ अग्रवाल

प्रगतिवादी कवियों ने ग्रामों की ओर अपनी कल्पना का स्रोत एक नवीन

विचार-प्रणाली से प्रवाहित किया है। अपनी 'ग्राम्या' के निवेदन में पंत जी कहते हैं कि "ग्राम जीवन में मिलकर, उसके भीतर से, ये (कविताएँ) अवश्य नहीं लिखी गई हैं। ग्रामों की वर्तमान दशा में वैसा करना केवल प्रतिक्रियात्मक साहित्य को जन्म देना होता।" वर्तमान ग्राम ऐसे हैं—

जहाँ दैन्य जर्जर असंख्य जन, पशु जघन्य क्षण करते यापन।
. . . . .
सुलभ यहाँ रे कवि को जग में युग का नहीं सत्य शिव सुंदर।

'ग्राम्या' में पंत जी की मार्मिक कल्पना ने कुछ अत्यंत मर्मस्पशी चित्र उपस्थित किए हैं। इनमें हृदय को स्पर्श करने की पूर्ण क्षमता है। पर 'बौद्धिकता' कहीं-कहीं धोखा दे गई है। जैसे 'ग्रामवधू' की विदाई का वर्णन करने वाली कविता लीजिए।

नहीं आँसुओं से आँचल तर,
जन-विछोह से हृदय न कातर।
रोती वह रोने का अवसर,
जाती ग्रामवधू पति के घर।

पर इस पर इतना ही कहा जा सकता है कि ग्राम-जीवन से पूर्ण परिचित व्यक्ति ऐसा नहीं कह सकता।

नवीन दृष्टिकोण से लिखी गई 'भारतमाता' शीर्षक कविता बहुत सुंदर बन पड़ी है। यह पंत जी की बदली हुई दृष्टि की पूर्ण परिचायिका है। इसका यथार्थ दर्शन ऐसा है जो मर्म पर आघात करता है—

भारत माता
ग्रामवासिनी।
खेतों में फैला है श्यामल
धूल भरा मैला सा आँचल,
गङ्गा-यमुना में आँसू जल,
मिट्टी की प्रतिमा
उदासिनी
तीस कोटि संतान नग्न तन,
अर्ध क्षुधित, शोषित, निरस्त्र जन,
मूढ़, असभ्य, अशिक्षित, निर्धन
नत मस्तक

तरु तल निवासिनी
स्वर्ण शस्य पर-पद तल लुंठित,
धरती-सा सहिष्णु मन कुंठित,
क्रंदन कंपित अधर मौन स्मित,
राहु-ग्रसित
शरदेन्दु हासिनी

'ग्राम्या' के कवि ने देखा है कि ग्रामों में 'युगयुग से अभिशप्त', 'अन्न-वस्त्र पीड़ित', 'पारस्परिक कलह में रत' नर-नारी रहते हैं। ग्राम 'प्रकृतिधाम' हैं जहाँ तृण-तृण कण-कण प्रफुल्ल हैं पर अकेला मानव ही 'चिर विषण्ण' है। वहाँ कवि ने 'नव आषाढ़ की घटा सी सुंदर' युवतियों के दर्शन किए हैं, जो दो ही दिनों में दुःख से पिसकर जर्जर हो जाती हैं। उनका यौवन 'भूले हुए स्वप्न' की भाँति क्षण में ही विलीन हो जाता है।

'ग्राम्या' के प्रगतिवादी कवि ने कुछ मार्मिक कथा-प्रसंगों की भी उद्भावना की है। जैसे 'वे आँखें' में, जिसमें एक ऐसे किसान का वर्णन है जो जमींदार और उसके कारकुनों के नृशंस अत्याचार और सूदखोरों के शोषण से बिल्कुल उजड़ ही गया है। 'अंधकार की गुहा सरीखी' उसकी आँखों को देखकर डर लगता है। इससे मिलती-जुलती दूसरी रचना है 'वह बुड्ढा'—

उसका लंबा डील डौल है,
हट्टी कट्टी काठी चौड़ी।
इस खँडहर में बिजली सी,
उन्मत्त जवानी होगी दौड़ी।

पर अब उसकी हालत यह है कि छाती की हड्डी बैठ गई है, पेट पिचक गया है, कंधों पर गड्ढे हो गए हैं। अब वह हाथ जोड़ जोड़कर कातर वाणी से भीख माँगता फिरता है। इन सब विषमताओं का मूल कारण वर्तमान सामाजिक और राजनीतिक दुर्व्यवस्था है, जिसे उलटकर समाजवाद प्रतिष्ठित करने में ही कल्याण है। पंत जी ने इसमें रूढ़िवादी मान्यताओं से आच्छन्न 'ग्राम देवता', धोबियों, कहारों आदि के नाच, 'नहान'—इस प्रकार के अनेक विषयों पर रचनाएँ की हैं।

ग्रामों के दयनीय दृश्य का वर्णन करने के पश्चात् वहाँ की प्राकृतिक सुषमा पर भी कवियों की दृष्टि गई है। पंतजी के प्राकृतिक वर्णनों का क्या पूछना। यहाँ तो प्रकृति पर मुग्ध होकर उनकी कल्पना ऐसे रमणीय दृश्यों का विधान करती दिखाई पड़ती है जिनमें हृदय पूरा मग्न होता चलता है। प्रगतिवादी पंतजी की प्रकृति संबंधी कविताओं में दो महत्त्वपूर्ण परिवर्तन हुए हैं—भाषा में सरलता और यथार्थवादी

मनोदृष्टि संबंधी। उनके अनेक मनोमुग्धकारी चित्रों में से प्रातःकालीन ग्राम शोभा का एक वर्णन देखिए–

मरकत डिब्बे सा खुला ग्राम,
जिस पर नीलम नभ आच्छादन,
निरुपम हिमांत में स्निग्ध शांत,
निज शोभा से हरता जन मन।

खेत की मेंड़ पर बैठकर देखा हुआ एक 'स्वयंवर' भी देख लीजिए–

एक बीते के बराबर
यह हरा ठिंगना चना
बाँधे मुरैठा शीश पर–
छोटे गुलाबी फूल का,
सज कर खड़ा है।
पास ही मिलकर उगी है,
बीच में, अलसी हठीली–
देह की पतली, कमर की है लचीली;
नील फूले फूल को सिर पर चढ़ा कर
कह रही है,
जो छुए यह,
दूँ हृदय का दान उसको!
और,
सरसों की न पूछो!
हो गई सबसे सयानी!
हाथ पीले कर लिए हैं;
ब्याह मंडप में पधारी।
फाग गाता मास फागुन
आ गया हो पास जैसे!
देखता हूँ मैं, स्वयंवर हो रहा है!

–केदारनाथ अग्रवाल

कितना मोहक और सहज-ग्राह्य चित्र है!

पर इस प्रकार के स्वतंत्र प्रकृति-चित्रणों की अपेक्षा ऐसे वर्णन अधिक मिलते हैं जिनमें प्रकृति के माध्यम से सामाजिक असंगतियाँ व्यक्त की गई हैं, या उसे किसी भावना का प्रतीकत्व प्रदान किया गया है, जैसे यहाँ–

लाखों की अगणित संख्या में
ऊँचा गेहूँ डटा खड़ा है।
ताकत से मुट्ठी बाँधे है;
नोकीले भाले ताने है;
हिम्मत वाली लाल फौज-सा
मर मिटने को झूम रहा है।
× × × ×
...गेहूँ नहीं हारता,
... ...
हँसिया से आहत होता है,
तन की मन की बलि देता है;
पौरुष का परिचय देता है;
सतत घोर संकट सहता है;
अंतिम बलिदानों से अपने
सबल किसानों को करता है।

(गेहूँ–केदार)

छायावादी रचनाओं में प्रकृति कवि की स्वानुभूति से रंजित हो कर सामने आती है और प्रगतिवादी कविताओं में पूर्वनिश्चित बौद्धिक धारणा को व्यक्त करने के साधन रूप में। कहीं-कहीं तो काव्य पद्धति के भीतर बहुत पहले से चले आते हुए भाव-संबंध को एकदम छोड़ कर प्राकृतिक दृश्य चित्रित कर दिए जाते हैं–

यह चाँद चुरा कर लाया है,
सूरज से अपनी चाँदनी,
सूरज निकला, अब चाँद कहाँ?
छिप गई लाज से चाँदनी।
दुःख और कर्म का यह जीवन,
वह चार दिनों की चाँदनी।
यह कर्म-सूर्य की ज्योति अमर,
वह अंधकार की चाँदनी।

(चाँदनी–रामविलास शर्मा)

नारी को प्रायः सभी नवीन कवियों ने अपने काव्य का विषय बनाया है। नर-समाज ने वर्तमान काल में, अपनी वासना की पूर्ति का एक साधनमात्र बनाकर नारी को कृत्रिम आदर्शात्मक नियमों में बाँध बंदिनी बना रखा है; उसे मुक्ति मिलनी चाहिए–

क्षुधा काम वश गत युग ने
पशुबल से कर जन शासित
जीवन के उपकरण सदृश
नारी भी कर ली अधिकृत
अब–मुक्त करो जीवनसंगिनि को,
जननि देवि को आदृत,
जग-जीवन में मानव के सँग,
हो मानवी प्रतिष्ठित।

–पंत

इसमें संदेह नहीं कि वर्तमान समय में हमारे यहाँ नारी की बड़ी ही दयनीय स्थिति है। अपनी सुविधाओं के अनुसार पुरुषवर्ग ने उसके लिए कुछ स्थूल नियम बना दिए, जिनके भीतर रहकर ही वह अपने को गौरवान्वित समझती रही। पर वास्तविकता यह है कि वह दिन प्रतिदिन निष्प्राण और ज्ञान-मूढ़ होती गई। सच पूछिए तो बाहरी सौंदर्य-प्रसाधनों से सजाकर और उसके रूप की प्रशंसा कर पुरुष ने नारी को अपनी लालसा की प्रतिमूर्ति बना डाला। श्री लक्ष्मीनारायण मिश्र के 'सिंदूर की होली' की एक स्त्री पात्र ने ये उद्‌गार प्रकट किए हैं–"पुरुष ने स्त्री की कमजोरी को गुण बना दिया और वह उसी की प्रशंसा में सदैव के लिए आत्मसमर्पण कर बैठी।" यह स्वतंत्रता की भावना उच्छृंखलता की सीमा तक न पहुँच जाय, हमें इसका ध्यान रखना चाहिए। स्वच्छंद 'आधुनिका' के प्रति कवि कहता है–

तुम सब कुछ हो, फूल, लहर, तितली, विहगी, मार्जारी,
आधुनिके, तुम नहीं अगर कुछ, नहीं सिर्फ तुम नारी!

–पंत

उधर दीन-दुनिया से अपरिचित, केवल हास विलासमयी कुलवधुओं पर भी 'स्वीट पी के प्रति' शीर्षक कविता में अन्योक्ति के द्वारा कवि व्यंग करता है–

कुल वधुओं सी अयि सलज्ज सुकुमार!
शयन-कक्ष, दर्शनगृह की शृंगार!
उपवन के यत्नों से पोषित,
पुष्प-पात्र में शोभित रक्षित,
कुम्हलाती जाती हो तुम, निज शोभा ही के भार!

–पंत

यहाँ पर एक बात कह देनी आवश्यक है कि पंत जी की सी समन्वय बुद्धि अधिकांश नवयुवक कवियों में नहीं है। किसी बात के कहने में कवि का अभिप्राय क्या है, इससे भी अधिक इस बात पर ध्यान देने की आवश्यकता है कि उसका प्रभाव पाठकों पर क्या पड़ता है या पड़ सकता है। यदि नारी के ऐसे चित्र प्रदर्शित किए जायँ जिनमें उसके रूप की विकृति पर ही अधिक ध्यान दिया गया हो, उसका विवश, पर वासनामय रूप ही सामने आता हो, उसके नष्ट होते हुए रूपमाधुर्य का ही ब्योरे के साथ वर्णन हो, उसकी (परिस्थिति-जन्य ही सही) कुत्सित मनोवृत्तियाँ ही सामने आती हों, तो पाठक पर इसका बहुत अस्वस्थ प्रभाव पड़ेगा। जिन परिस्थितियों ने उनका यह रूप संभव बनाया है और जिन नवीन युग-प्रेरणाओं से उसकी स्थिति बदल सकती है उन्हीं पर कवि की दृष्टि अधिक टिके तभी उसकी रचना का मंगलकारी प्रभाव निष्पन्न हो सकता है। वासना और रूप-विकृति का लंबा-चौड़ा ब्योरा देना समाज के मानसिक स्वास्थ्य की दृष्टि से घातक है। वास्तविक सौंदर्य और शक्ति की मंगलमयी देवी का रूप प्रतिष्ठित करने वाली विचारधाराओं को हृदयस्पर्शी भावों के साँचे में ढालने से ही हमारे वास्तविक उद्देश्य की पूर्ति हो सकती है।

इसमें संदेह नहीं कि 'प्रेम' का स्वरूप आज बहुत विकृत हो गया है। 'प्रेम' जैसे वासना का पर्याय हो गया हो, यद्यपि कहा ऐसा नहीं जाता। प्रेम की पवित्र भावना, जो बहुत व्यापक है, लोगों में कम रह गई है। इसकी गोपनीयता को संयम और सदाचार का नियम न मानकर अबाध वासना-तृप्ति के कवच के रूप में ग्रहण होने लगा है। इस तथाकथित विकृत सदाचार से ऊबे हुए कवि की वाणी इन शब्दों में निकल पड़ी है—

धिक रे मनुष्य, तुम स्वच्छ, स्वस्थ, निश्छल चुंबन
अंकित कर सकते नहीं प्रिया के अधरों पर?
मन में लजिज्त, जन से शंकित, चुपके गोपन
तुम प्रेम प्रकट करते हो नारी से, कायर!
क्या क्षुद्र गुह्य ही बना रहेगा, बुद्धिमान!
नर नारी का स्वाभाविक, स्वर्गिक आकर्षण?

—पंत

पर इसका तात्पर्य यह भी नहीं है कि यूरोपीय देशों की भाँति चुंबन-आलिंगन का खुला व्यापार यहाँ भी होने लगे। उच्छृंखलता अथवा ऐसी स्वतंत्रता जो अपने सामाजिक आदर्शों का अतिक्रमण कर दूसरों की अनुकृति पर अपना प्रेम-व्यापार चलाने का मार्ग तैयार करती है, हमारी संस्कृति के लिए अत्यंत घातक है। स्वतंत्रता का तात्पर्य निर्बंध होकर संयम से हीन होना नहीं है।

सामयिक समस्याओं के प्रति जागरूक रहना प्रगतिवाद की सबसे बड़ी

विशेषता प्रतीत होती है। आजकल नवीन कवियों ने सामाजिक विषयों पर अनेक रचनाएँ की हैं। गत महायुद्ध, महँगी, बंगाल का अकाल, हिंदू-मुस्लिम समस्या, इन सभी विषयों पर प्रगतिवादी रचनाएँ हुई हैं, पर यह कहना ही पड़ता है कि इन सब का महत्त्व एकदम सामयिक है और काव्य-कोटि की कृतियाँ इनमें बहुत ही कम हैं। कुछ सामयिक रचनाओं का परिचय यहाँ दिया जाता है।

गत महायुद्ध की लपटों में जब सारा संसार जल रहा था, चारों ओर विशाल नरमेध का दृश्य उपस्थित था, हमारा देश पराधीनता, दीनता और क्षुधा से त्रस्त था तब नवीन कवियों ने इस भीषण परिस्थिति पर विचार किया और उन्हें प्रतीत हुआ कि ऐसे समय में वीणा की मधुर झंकार और कोमल भावों की रागिनी अनपेक्षित वस्तुएँ हैं–

गरज रही हुंकार, हो रहा घर घर हाहाकार,
कौन सुनेगा यहाँ हमारी वीणा की झंकार?
शतशः योजन शस्य-श्यामला पृथिवी के निरुपाय,
शतशः अब्द सभ्यता के पददलित आज असहाय,
यहाँ क्षुधा का देश; दासता, विग्रह का आगार;
कौन सुनेगा यहाँ हमारी वीणा की झंकार?

–नरेन्द्र

युद्ध के समय रूस पर प्रगतिवादियों की दृष्टि अधिक टिकती थी क्योंकि उसी की जय-पराजय पर इन्हें मानव समाज का भाग्य निर्भर दिखाई देता था। रूस पर अनेक रचनाएँ हुईं। यहाँ तक कि 'अजेय खँडहर' नाम का एक खंडकाव्य ही उस पर प्रकाशित हुआ। एक बार जब मास्को शत्रु से घिर गया था और उसकी स्थिति चिंतनीय हो गई थी तब रूस को संबोधित करके अनेक आशावादी गीत लिखे गए। 'मास्को अब भी दूर है' ऐसी रचना का अच्छा उदाहरण है–

ऐसा वैसा दुर्ग नहीं यह मजलूमों का प्यारा।
यह इस युग के संघर्षों का सबसे प्रबल प्रतीक है।
लाल फौज ने लाल खून से आज बनाई लीक है।
इस जागृति के स्वर में जन-जन कण-कण आज शरीक है।
दस हफ्ते दस साल बन गए, मास्को अब भी दूर है।

–शिवमंगल सिंह 'सुमन'

बंगाल के अकाल की स्थिति बड़ी करुणाजनक थी। इस विषय पर अनेक प्रकार की रचनाएँ हुईं। किसी में अकाल के कारणों की ओर संकेत किया गया, चोरबाजार और उसके संचालकों के प्रति रोष-प्रदर्शन हुआ; किसी में बंगाल की

शस्यश्यामला भूमि के गौरव का गान और किसी में वहाँ की दारुण दशा का चित्रण किया गया। तत्कालीन दशा का एक विवरण इस प्रकार है–

बाप बेटा बेचता है।
भूख से बेहाल होकर
धर्म धीरज, प्राण खोकर
हो रही अनरीति बर्बर
राष्ट्र सारा देखता है।
बाप बेटा बेचता है।
माँ अचेतन हो रही है
मूर्च्छना में रो रही है
दाम के निर्मम चरण पर
प्रेम माथा टेकता है।
बाप बेटा बेचता है।
शर्म से आँखें न उठतीं
रोष से छाती धधकती,
और अपनी दासता का
शूल उर को छेदता है।
बाप बेटा बेचता है।

–केदारनाथ अग्रवाल

इन विविध विषयों का प्रगतिवादी काव्य के भीतर किस प्रकार ग्रहण होता है और सामयिक परिस्थितियों पर बराबर सतर्क दृष्टि रखते हुए कवि किस प्रकार अपनी रचनाओं में बराबर सामाजिकता लाने का उद्योग करते हैं यह स्पष्ट हो गया होगा। सभी विषयों का समावेश इस अध्याय में किया भी नहीं जा सकता पर जिन प्रमुख विषयों के उदाहरण दिए गए हैं उनसे यह ज्ञात हो जाएगा कि विषयों के चुनने में और उनकी अभिव्यक्ति में प्रगतिवादी कवि किन भावनाओं से प्रेरित रहते हैं। वर्ग संघर्ष को उत्तेजना देने वाले विभिन्न वर्गों और उनकी मनोदशाओं का चित्रण करने वाली नए ढंग की रचनाओं के अतिरिक्त जिन पुराने विषयों–जैसे प्रेम, प्रकृति आदि–को इन्होंने लिया है उनकी अभिव्यक्ति भी नए जीवन दर्शन के अनुसार हुई।

प्रगतिवाद की प्रवृत्तियाँ

पिछले पृष्ठों में प्रगतिवादी काव्य की विषयवस्तु पर विचार किया गया है, अब यहाँ उसके भीतर लक्षित होने वाली प्रमुख प्रवृत्तियों पर भी विचार कर लेना चाहिए। सामयिक गतिविधि का निरीक्षण करने पर प्रगतिवादी काव्य की निम्नलिखित विशिष्ट प्रवृत्तियाँ निर्दिष्ट की जा सकती हैं–

(1) स्वतंत्रता की भावना और अंतर्राष्ट्रीयता
(2) परिवर्तन की पुकार
(3) समाजवादी यथार्थवाद
(4) सामयिक समस्याओं के प्रति जागरूकता
(5) काव्य के विषय में अति सामान्य धारणा
(6) बौद्धिकता और व्यंग का प्रसार

इन सब पर अलग-अलग विचार करने के पहले इस नवीन काव्यधारा की एक बहुत बड़ी विशेषता का उल्लेख कर देना आवश्यक प्रतीत होता है, जो पूर्ववर्ती 'छायावाद' के तो कुछ प्रतिकूल है, पर काव्य की यथोचित स्वरूप-प्रतिष्ठा के लिए बहुत ही उपयुक्त है। नवीन कवियों ने यह भली भाँति समझ लिया है कि व्यक्त जगत् के नाना रूपात्मक दृश्यों का चित्रोपम विधान भावाभिव्यंजन की पुष्टि के लिए आवश्यक है। 'रूप ही भाव का मूल है' उसी के प्रति सच्चा भावोद्रेक हो सकता है। 'सुमन के प्रति' में कवि कहता है–

भाव रूप पर निर्भर।
मैं अवाक हूँ तुम्हें देखकर
मौन रूप धार!
रूप नहीं है नश्वर–!
सत्ता का वह पूर्ण, प्रकृत स्वर,
सुंदर है वह...अमर!

–पंत

अब ऊपर निर्दिष्ट की गई एक-एक प्रवृत्ति को लेकर विचार करता हूँ।

स्वतंत्रता की भावना और अंतर्राष्ट्रीयता

हम प्रहले यह देख आए हैं कि स्वतंत्रता की भावना हिंदी काव्य में किस प्रकार भारतेंदु युग से पल्लवित होती हुई वर्तमान युग तक पहुँची है। विभिन्न कालों में यह भावना विभिन्न रूपों में प्रकट हुई। यदि वर्तमान समय तक की परिस्थितियों पर दृष्टि डालते हुए विचार किया जाय तो स्वतंत्रता के कई रूप दिखाई देंगे। सबसे

पहला रूप है राष्ट्रीय स्वतंत्रता। किसी विदेशी सत्ता से मुक्त करके देश को स्वाधीन बनाने की भावना हिंदी साहित्य के आदि काल में ही काव्य क्षेत्र के भीतर दिखलाई देती है। जब कोई विदेशी राज सत्ता भारत पर अपना प्रभुत्व स्थापित करने की चेष्टा करे तो यह स्वाभाविक ही है कि यहाँ के निवासियों के मन में देश की स्वतंत्रता बनाए रखनें की दुर्दमनीय इच्छा जगे। पर प्राचीन काल में देश अनेक खंड-राज्यों में विभक्त था और बृहत्तर भारतवर्ष की कल्पना उस समय नहीं थी। छोटे-छोटे राज्य अलग-अलग अपनी स्वतंत्रता अक्षुण्ण बनाए रखना चाहते थे। पर मूलतः उनकी स्वातंत्र्य भावना इसी कोटि की कही जाएगी। यही भावना क्रमशः विकसित होती हुई भारतेंदु युग और फिर उसके बाद अंग्रेजों के चले जाने के पूर्व तक चली आई। क्रमशः बृहत्तर भारतवर्ष की कल्पना लोगों के मन में आती गई और भारतेंदु युग तक आते-आते उसका बहुत अच्छा रूप काव्य क्षेत्र के भीतर प्रकट हुआ। भावोत्कर्ष और कल्पना सौष्ठव की दृष्टि से आधुनिक राष्ट्रीय आंदोलन काल में लिखी गई राष्ट्रीय कविताएँ बहुत मार्मिक हुई हैं। राष्ट्रीय भावना उद्‌बुद्ध करने के लिए कवियों ने विभिन्न प्रणालियाँ अपनाईं—अतीत की सुख समृद्धि, वर्तमान का दुःख-दारिद्र्य, अंग्रेज शासकों की निष्ठुर स्वार्थपरता आदि के वर्णन और मातृभूमि के प्रति अपने प्रेम और भक्ति के उद्‌गारों द्वारा उन्होंने राष्ट्रीय स्वतंत्रता की भावना व्यंजित की।

देश यदि स्वतंत्र हो, वह किसी विदेशी सत्ता के अधीन न हो तो भी स्वतंत्रता की भावना जनता में और साहित्य में प्रकट हो सकती है पर दूसरे रूप में। राजा की स्वेच्छाचारिता अथवा राजवर्ग के निर्बाध अधिकारों के विरुद्ध भी जनता अपने अधिकारों की माँग कर सकती है। इसे वैधानिक या राजनीतिक स्वतंत्रता की कामना कह सकते हैं। कभी-कभी विदेशी शासन के रहते भी, प्रतिकूल परिस्थितियों के कारण, उसे बनाए रखते हुए भी कुछ वैधानिक स्वतन्त्रता की माँग की जा सकती है, जैसे कांग्रेस आंदोलन के आरम्भ में। तत्कालीन साहित्य में इसका स्पष्ट प्रभाव दिखाई देता है।

यह सब तो सामूहिक स्वतंत्रता की भावना की बात हुई पर समाज में रहते हुए भी व्यक्ति की एक अपनी इकाई है। वह अपनी इच्छा के अनुसार सोचने, कहने और करने की स्वतंत्रता चाहता है। वह चाहता है कि अपनी रुचि के अनुसार वह किसी धर्म में रहे, ईश्वर के किसी विशेष रूप को माने या न माने, पूजा करे या न करे। अकारण किसी दूसरे व्यक्ति की इच्छा या अनिच्छा के फलस्वरूप उसे कोई बंदी न बनाए, उसे अपना मनोनुकूल कार्य व्यापार करने की सुविधा हो। अवश्य ही यह व्यक्तिगत स्वतंत्रता की भावना समाज के अन्य व्यक्तियों की स्वतंत्रता में बाधक नहीं होनी चाहिए। इस प्रकार की व्यक्तिगत स्वतंत्रता की भावना स्वभावतः हिंदी साहित्य में भी किसी न किसी रूप में बराबर मिलती है, यहाँ तक कि रीतिकाल में भी—रीतिमुक्त स्वच्छंद काव्यधारा के बीच।

आधुनिक काल में, इन तीन तरह की स्वातंत्र्य भावनाओं के साथ एक और जुट गई है—आर्थिक स्वतंत्रता की भावना। यह अर्थप्रधान आधुनिक युग की देन है। आज बहुसंख्यक लोग यातनापूर्ण दरिद्रता में पड़े हुए हैं। उन्हें बहुत अधिक श्रम करना पड़ता है, वे अत्यन्त हीन परिस्थितियों के बीच जीवन यापन कर रहे हैं। इस प्रकार के कष्ट सहने के लिए कोई कानून उन्हें बाध्य नहीं करता। वे ऐसी स्थिति में रहना भी नहीं चाहते, पर अपनी आर्थिक आवश्यकताओं की पूर्ति न होने से इस अवस्था में पड़े रहने को वे विवश हैं। वे दरिद्र हैं इसलिए सुखपूर्वक नहीं रह सकते। उन्हें आर्थिक स्वतंत्रता नहीं है। नियमानुसार उन्हें राष्ट्रीय स्वतंत्रता प्राप्त है, वैधानिक रूप से वे स्वतंत्र हैं और अपनी रुचि के अनुसार जीवन यापन करने के लिए उन्हें स्वतंत्रता है पर आर्थिक स्वतंत्रता उन्हें नहीं प्राप्त है। प्रगतिवादी कविता में इस प्रकार की स्वतंत्रता की कामना का स्वर सब से तीव्र है।

आर्थिक स्वतंत्रता समाज के सुख के लिए आवश्यक है, इस बात की चेतना पुराने कवियों में न हो, ऐसी बात नहीं। तुलसीदास यह अच्छी तरह जानते थे कि 'दारिद सम दुःख यहि जग नाहीं'। भारतेंदु को इस बात की भारी चिंता थी कि 'धन बिदेस चलि जात'। पर इन कवियों की यह भावना किसी सुनिश्चित विचार पद्धति पर नहीं खड़ी थी। मशीन युग ने आर्थिक वैषम्य को तीव्रतर बना दिया है और मार्क्स जैसे विचारक ने समाज के विकासक्रम में आर्थिक आधार को प्रमुखता दी है। बिना आर्थिक वैषम्य को दूर किए समाज का कल्याण नहीं। प्रगतिवादी कवि भी इस आर्थिक स्वतंत्रता को प्राप्त करने में ही पूर्ण सचेष्ट है। उसकी धारणा है कि 'इस दुनिया में दो दुनिया है'—एक गरीब की और दूसरी अमीर की, एक शोषित की और दूसरी शोषक की। इस वैषम्य को मिटाए बिना और वर्गहीन समाज स्थापित कर आर्थिक स्वतंत्रता प्राप्त किए बिना समाज का कल्याण नहीं हो सकता। इन्हीं भावनाओं से परिचालित होकर प्रगतिवादी कवि आर्थिक स्वतंत्रता की भावना की तीव्र व्यंजना अपनी रचनाओं द्वारा करते हैं। उनकी स्वातंत्र्य भावना मुख्यतः आर्थिक स्वतंत्रता की भावना है। बल्कि यह भी कहा जा सकता है कि इन कवियों की सभी सामाजिक रचनाओं की मूल प्रेरणा आर्थिक स्वतंत्रता प्राप्त करने की कामना ही है।

संपूर्ण विश्व को शोषक और शोषित वर्ग में बाँट देने से प्रगतिवादी कवि अंतर्राष्ट्रीयता की ओर अधिक उन्मुख है। यहाँ अंतर्राष्ट्रीयता का तात्पर्य विश्व के संपूर्ण दलित वर्ग के प्रति समानुभूति ही है।

निम्नवर्ग के जीवन में जो हाहाकार है, व्यथा है, वह सभी देशों में एक सी है। सभी देशों के श्रमिक प्रायः एक ही प्रकार के आर्थिक वैषम्य की ज्वाला में झुलस रहे हैं, और इतनी व्यापक पीड़ा का सृजन करने वाली व्यवस्था भी सभी स्थानों में प्रायः एक प्रकार की ही है। इस प्रकार प्रगतिवादी कवि के अनुसार सारे विश्व में पूँजीवादी अर्थनीति से प्रताड़ित निम्न वर्ग का एक विशाल समुदाय निर्मित हो गया

है। इन सब में एकता स्थापित करके वर्तमान आर्थिक प्रणाली के विरुद्ध संघटन करने में सहायता देना और नवीन साम्यवादी व्यवस्था स्थापित करने में सहायक होना प्रगतिवादी का प्रमुख उद्देश्य होना चाहिए। इन्हीं मजदूरों और दीनजनों की सार्वदेशिक प्रगति में योग देना प्रगतिवादी कवि का मुख्य लक्ष्य माना जाता है। जीवन की वर्तमान असंगतियों का उपचार रूस के आदर्शों पर ही ये लोग श्रेयस्कर समझते हैं; अतः रूस के प्रति अनेक रचनाएँ हुईं।

बहुत से साहित्यिक प्रगतिवादी कविताओं के भीतर रूस की पुनः पुनः चर्चा देखकर असंतोष प्रकट करते हैं। उनका यह आक्षेप तथ्यहीन नहीं है। आजकल की परिस्थिति में रूसी वीरों की दृढ़ता और देशभक्ति तथा कर्तव्यशीलता की ओर हम अवश्य आकृष्ट हो सकते हैं। उनके जीवन की कतिपय वे मंगलकारी व्यवस्थाएँ जो हमारे समाज के अनुकूल पड़ती हों, कुछ अंशों तक हमें ग्राह्य भी हो सकती हैं। पर आजकल की अनेक प्रगतिवादी रचनाओं में बात यहीं तक नहीं है। रूस का आधार लेकर, वहाँ की व्यवस्था, वहाँ के श्रमिकों आदि पर दो-चार रचनाएँ करके कुछ लोग कविता के अखाड़े में ताल ठोंककर उतरते दिखाई देने लगे हैं। जब कविता जीवन की वस्तु है तब भारत की कविता पहले भारत के लिए होकर तब दूसरों के लिए होगी। इसके अतिरिक्त यह भी तो विचार करना चाहिए कि जब रूस और अन्य देशों में वीर और महान् विचारक हो रहे हैं तब हमारे यहाँ भी अपनी परिस्थितियों का अध्ययन कर समाज की उन्नति का प्रयत्न अपने ढंग से क्यों न किया जाए। परमुखापेक्षिता आखिर कब तक भारत के भाग्य में लिखी रहेगी?

परिवर्तन की पुकार

वर्तमान काव्यक्षेत्र परिवर्तन की कामना से भरा दिखाई देता है। समाज की बहुत-सी बातों में परिवर्तन की आवश्यकता युग चेतना ने स्पष्ट ही प्रकट कर दी है, इसमें संदेह नहीं। पर सदा सभी स्थानों में, परिवर्तन की आकांक्षा प्रदर्शित करना केवल फैशन ही है। काव्य की दृष्टि से यह पुकार क्या महत्त्व रखती है, किस भाव का संचार करने में सहायक होती है, इसकी ओर भी ध्यान देने की आवश्यकता है।

अतीत की सभी कृतियों और व्यवस्थाओं को ध्वस्त कर देने की इच्छा बिल्कुल अस्वाभाविक और भावों के क्षेत्र साहित्य में व्यर्थ का प्रलाप ही समझी जाएगी। 'प्राचीन' के प्रति विद्रोह करने और 'नवीन' के प्रति सदा लालायित रहने वालों के लिए लेनिन के ये वाक्य द्रष्टव्य हैं—'जो कुछ सुंदर है उसे सुरक्षित रखकर आदर्श रूप में ग्रहण करना चाहिए, चाहे वह पुराना ही क्यों न हो। केवल इसलिए कि कोई वस्तु पुरानी है, हम क्यों उससे अलग हट जाएँ और आगे के विकास के लिए उससे सहायता न लें। ऐसे देवता के समान जिसके सामने आत्म-समर्पण करना ही होगा, हम नवीनता के सम्मुख क्यों घुटने टेकें; केवल इसलिए कि वह नवीन है। यह

निरर्थक है, बिल्कुल निरर्थक। कला के क्षेत्र में वस्तुतः यह पाखंड ही है और पश्चिम में फैले हुए कलागत फैशन को अनजान में माथा टेकना है।'

समाजवादी यथार्थवाद

समाजवादी यथार्थवाद साहित्य का आधार आर्थिक मानता है। जिस प्रकार समाज, संस्कृति तथा अन्य मानवीय कार्य या विचार-प्रणालियों का मूल आधार समाज का आर्थिक विकास क्रम है उसी प्रकार साहित्य का भी। समाजवादी यथार्थवाद का मुख्य उद्देश्य है पूँजीवाद का नाश और समाजवाद की विजय में योग देना। इसके लिए आवश्यक है कि लेखक 'यथार्थ के क्रांतिकारी पहलू' को पहचाने और यथार्थ की सतह के नीचे काम करने वाली समाज की 'क्रांतिकारी शक्तियों' को पहचान कर जीवन के उत्थान मूलक यथार्थ का चित्रण करे। यथार्थ का क्रांतिकारी पहलू समाज की वे शक्तियाँ हैं जो समाज को आमूल परिवर्तित कर आर्थिक समानता के लिए सभी को समान अवसर प्रदान करने और वर्गहीन समाज की स्थापना करने का उद्योग कर रही हैं। यदि कोई लेखक या कवि समाज के निम्नवर्ग की भयंकर यातनाओं से भरी स्थिति का चित्रण मात्र कर देता है—वह अपनी रचना में उनकी दयनीय बस्तियों, उनकी क्षुधातुरता, उनकी अनेकानेक कष्ट गाथाओं को अभिव्यक्त करता है, अथवा अल्पसंख्यक पूँजीपतियों की विलासिता और अकर्मण्यता आदि को ही दरसाता है तो वह सच्चा यथार्थवादी नहीं है क्योंकि इस प्रकार वह जीवन के एक पक्ष का ही उद्घाटन करता है जो निष्क्रिय और निराशापूर्ण है। परंतु जो कवि 'यथार्थ के क्रांतिकारी पहलू' को पहचान कर समाज के भीतर काम करने वाली उन समाजवादी शक्तियों के द्वारा बढ़ते हुए आंदोलनों का उल्लेख करके पूँजीवाद के नाश और निम्नवर्ग की विजय में पूरी आस्था व्यक्त करता है वह सच्चा समाजवादी यथार्थ चित्रित करता है। सोवियत संघ और अंतर्राष्ट्रीय मजदूर आंदोलन की बढ़ती हुई शक्ति से परिचित होने और उसमें पूरा विश्वास रखने से ही वह वर्तमान समाज की प्रगतिमूलक शक्ति का वास्तविक अनुमान कर सकता है। एडवर्ड अपवर्ड के शब्दों में "आर्थिक संकट, बेकारी, फासिज्म का विकास और दूसरे विश्वव्यापी युद्ध की आशंका—इन बातों को प्रायः सभी यथार्थ और महत्त्वपूर्ण मानते हैं...यद्यपि अंतर्राष्ट्रीय परिस्थिति के प्रबल पक्ष—सोवियत संघ और अंतर्राष्ट्रीय श्रमिक आंदोलन की प्रगति—की अक्सर अवमानना की जाती है, जिसके फलस्वरूप बुनियादी यथार्थ विकृत हो जाते हैं।"

इस प्रकार यह स्पष्ट है कि समाजवादी यथार्थवाद पहले समाजवादी है और तब यथार्थवादी। वह यथार्थ को समाजवादी दृष्टि से देखता है। वह प्रकृतिवादियों (नेचुरलिस्ट) की तरह संपूर्ण बाह्य जगत को ज्यों का त्यों स्वीकार करके जीवन की ऊपरी सतह पर दिखलाई देने वाली स्थूल व्यवस्थाओं को चित्रित मात्र नहीं करता

बल्कि द्वंद्वात्मक भौतिकवाद के आधार पर जीवन और जगत की परिस्थितियों का विश्लेषण करके समाज के भीतर छिपी भविष्य की नियामक शक्तियों की अभिव्यक्ति करने वाली सामाजिक परिस्थितियों का चित्रण करता है।

अब यह देखना चाहिए कि यथार्थवाद की साहित्यिक धारणा वास्तव में हो क्या सकती है। किसी वस्तु को ज्यों का त्यों ग्रहण कर लेना यथार्थ का चित्रण कहलाएगा पर कवि फोटोग्राफर नहीं होता, वह निर्माता है। वह वस्तुजगत के सत्य को ज्यों का त्यों नहीं चित्रित करता बल्कि अपनी व्यक्तिगत रुचि के अनुसार वस्तु जगत के दृश्यों को फिर से एक नए अनुक्रम में सजाता है। उसका यह संश्लेषण उसकी अपनी अनुभूतियों, रुचियों और मानसिक अवस्था के अनुसार होता है। यही कारण है कि एक ही वस्तु का चित्रण भिन्न-भिन्न कवि भिन्न-भिन्न ढंग से करते हैं। इस प्रकार वस्तु जगत के सत्य और भाव जगत के सत्य में अंतर दिखाई देता है। काव्य भाव जगत का ही सत्य चित्रित करता है। पर यदि वह किन्हीं बने बनाए नियमों के अनुसार जगत की बाह्य परिस्थितियों को नाप-तौल कर और ठोंक-पीट कर अपनी रचनाओं में प्रस्तुत करता है तो यह बहुत ही स्थूल, एकदम एकांगी और असंवेद्य होगा। उसके लिए बंधन इतना ही लगाया जा सकता है कि वह सामाजिक हो और सामान्य अनुभूतियों के मेल में यथार्थ का अंकन करे। यदि वह सामाजिक है तो निश्चय ही जीवन और जगत को वह विश्लेषणात्मक दृष्टि से देखेगा और समाज के हित को ध्यान में रखकर बाह्य परिस्थितियों का पर्य्यालोचन करेगा।

समाजवाद के अनुसार जीवन की विभिन्न कार्य और विचार-प्रणालियों का मूल आधार आर्थिक है। समाज का बहुसंख्यक भाग थोड़े से धनाढ्यों के द्वारा शोषित हो रहा है। अब तटस्थ पर्य्यवेक्षण करने वाले लेखकों में से भी अधिकांश लेखक वर्तमान स्थिति में इस बात को बहुत कुछ सही मानते हैं। व्यक्तिगत रूप से उनके राजनीतिक विचार चाहे जो भी हों पर वर्तमान समय में अर्थ की प्रधानता और शोषक वर्ग की स्वार्थलोलुपता के प्रश्न पर सभी में मतैक्य हो सकता है। बालजक, फ्लाबर्ट, इलियट और लारेंस में से कोई रायलिस्ट है, कोई पैसिफिस्ट है और कोई कैथोलिक, पर समाज का इन्होंने जैसा चित्रण किया है वह यथार्थ है। यही स्थिति हिंदी में अज्ञेय, दिनकर आदि की भी है जिनकी राजनीतिक विचारधारा साम्यवादी नहीं है पर इन्होंने अपनी अनेक रचनाओं में समाज की परिस्थितियों का जो चित्रण किया है वह यथार्थ है और इन परिस्थितियों का विश्लेषण भी सामाजिक दृष्टि से महत्त्वपूर्ण है। पर क्या इन लेखकों के साम्यवादी या समाजवादी न होने से इन्हें सच्चा यथार्थवादी साहित्यकार नहीं कहा जा सकता? मार्क्सवादी आलोचकों के अनुसार स्पष्ट है कि जो मार्क्सवाद को नहीं मानता वह सच्चा यथार्थवादी नहीं हो सकता। काडवेल का तो यहाँ तक कहना है कि लेखकों के लिए मार्क्सवादी ही होना जरूरी नहीं है बल्कि वर्ग-संघर्ष में उसे सक्रिय भाग भी लेना चाहिए। किसी न किसी रूप

में मार्क्सवादी प्रवृत्ति का दिग्दर्शन कराना लेखक के लिए आवश्यक है, तभी वह सच्चा यथार्थवादी हो सकता है। काडवेल, बुखारिन, राडेक, एलिक वेस्ट, राल्फफाक्स—सभी किसी न किसी रूप में इन बातों को स्पष्टतया स्वीकार करते हैं।

पर क्या पहले के किसी भी महान लेखक के विषय में यह कहा जा सकता है कि ऊपर निर्दिष्ट की हुई सीमा में न आने से वे उच्चकोटि के कवि और लेखक नहीं हैं? शेक्सपियर और बालजक क्यों रूस में आज इतने अधिक लोकप्रिय होते जा रहे हैं? क्या किसी राजनीतिक या अन्य संप्रदाय के होने या न होने से उनकी साहित्यिक महत्ता पर कोई प्रभाव पड़ा? मार्क्स स्वयं अपने साहित्यिक मूल्यांकनों में किसी प्रकार के राजनीतिक या सामाजिक पूर्वाग्रहों में मुक्त रहता था। शेक्सपियर उसका प्रिय नाटककार था। बालजक के राजनीतिक सिद्धांत प्रतिक्रियावादी थे—वह राजसत्ता और कैथोलिसिज्म को मानने वाला था फिर भी उसकी रचनाएँ सामाजिक दृष्टि से भी उच्चकोटि की हैं और तत्कालीन परिस्थितियों का उसने जो विश्लेषण किया, वे भी ठीक हैं और रूस के अनेक आलोचकों ने इस दृष्टि से उसकी बहुत प्रशंसा की है। उसका प्रचार रूस में बहुत अधिक है।

एंगेल्स की धारणा इस विषय में बहुत स्पष्ट है। उसने कहा है कि "लेखक के (राजनीतिक) विचार जितने ही छिपे हों, कलाकृति के लिए उतना ही अच्छा है।" फिर बालजक का उदाहरण देते हुए उसने यह बतलाया है कि लेखक के विचार चाहे जो हों फिर भी उसकी रचनाओं में यथार्थवाद की स्पष्ट अभिव्यक्ति हो सकती है। इतना ही नहीं उसने स्पष्टतया यह भी कहा है कि 'मेरे विचार से (किसी रचना में चित्रित) परिस्थिति और कार्य के द्वारा (लेखक का) उद्देश्य व्यक्त होना चाहिए—बिना विशेष रूप से जोर दिए। लेखक इस बात के लिए विवश नहीं है कि वह जिन सामाजिक संघर्षों का चित्रण कर रहा है उनका कोई बना बनाया भावी समाधान भी दे।' स्वयं मार्क्स ने भी यह कहा है कि रचना में लेखक के सिद्धांत प्रच्छन्न रूप से आने चाहिए।

पर आजकल के मार्क्सवादी व्याख्याकारों के अनुसार 'यथार्थ के क्रांतिकारी पहलू' का चित्रण हुए बिना समाजवादी यथार्थवाद की अभिव्यक्ति नहीं हो सकती। यही कारण है कि काडवेल, शा और गाल्सवर्दी आदि को सच्चा यथार्थवादी नहीं मानता क्योंकि उसके अनुसार यद्यपि अभिजात वर्ग की संस्कृति के मायाजाल और भ्रम को इन लेखकों ने समझ लिया था पर मार्क्सीय दृष्टि न होने से ये भविष्य की कोई अच्छी कल्पना न कर सके। वर्तमान असंगतियों को मार्क्सीय पद्धति पर ही दूर किया जा सकता है।

शा और गाल्सवर्दी जैसे लेखकों ने मध्यवर्ग की ढलती हुई अवस्था का बहुत ही मार्मिक और यथार्थ चित्रण किया है, इसे काडवेल भी मानता है पर उसके अनुसार इन लेखकों के मार्क्सवादी न होने से इनके सब किये कराये पर पानी फिर गया!

इसका अर्थ तो यह हुआ कि सबसे पहले मार्क्सवादी होना ही जरूरी है। अन्य विचारों वाले लेखकों की रचनाओं में मध्यवर्ग की वर्तमान पतनोन्मुख अवस्था का ठीक विश्लेषण देखते हुए भी मार्क्सवादी की दृष्टि में वे उच्चकोटि की नहीं हैं क्योंकि भविष्य का समाधान (मार्क्सीय ढंग से) उनमें नहीं है।

अब प्रश्न यह उपस्थित होता है कि किसी साहित्यिक कृति का महत्त्व लेखक के स्वानुभूत तथ्यों के मार्मिक उद्‌घाटन और सामाजिक अवनति के कारणों की संवेद्य विवेचना पर निर्भर करता है या उसके राजनीतिक कार्यों और विचारों पर। काडवेल तो लेखक के लिए राजनीतिक कार्यकर्ता होना भी आवश्यक मानता था और इसी दृष्टि से वह स्वयं स्पेन में युद्ध करने भी गया, जहाँ वह मारा गया। पर जैसा कि पहले कहा जा चुका है, स्वयं मार्क्स और एंगेल्स ने इस बात की स्पष्ट घोषणा की है कि लेखक के राजनीतिक विचार कभी खुले रूप में व्यक्त न होने चाहिए। वास्तव में लेखक संवेदनशील प्राणी है और स्व-अर्जित अनुभूतियों पर ही उसकी रचना का ढाँचा खड़ा होता है इसलिए किसी सैद्धांतिक मतवाद में बँधकर वह कभी नहीं रह सकता। उसका स्व या अहं सामाजिक होता है। वह पूर्णतः वैयक्तिक नहीं होता क्योंकि ऐसा होने पर वह पर-संवेद्य नहीं हो सकता था। कवि या लेखक का अहं बहुत कुछ अचेतन मन से बना है और जैसा प्रायः कहा जाता है, अचेतन मन पूर्णतः वैयक्तिक वस्तु नहीं है वरन् वह हमारे भावों और विचारों का सामूहिक आधार प्रस्तुत करने वाला है। अतः उसकी संवेदनाओं को किसी नियम में बाँध देना उसकी नैसर्गिकता नष्ट कर देना है। सत्य के बदलते हुए रूपों को ग्रहण करने के लिए प्रयत्नशील कवि किसी संप्रदाय के स्थिर नियम और नीति में बँध नहीं सकता।

कवि वर्तमान समस्याओं का ठोस समाधान नहीं दे सकता। यह उसका कार्य ही नहीं है। वर्तमान परिस्थिति का वास्तविक चित्रण और उसकी साहित्यिक व्याख्या या विश्लेषण ही वह कर सकता है, उसे बदलने का साधन काव्य के द्वारा प्रस्तुत नहीं किया जा सकता। कवि के व्यक्त विचार समाज के विषय में उसकी स्वतंत्र धारणा से ही उद्भूत हो सकते हैं। अवश्य ही उस धारणा का आधार उसका समाज-सापेक्ष उचित विश्लेषण होगा। स्टेफेन स्पेंडर के शब्दों में–''जब तक कम्यूनिस्ट यह स्वीकार नहीं करते कि एकदम दूसरे क्षेत्रों से आने वाले लेखक भी कभी-कभी सत्य के विषय में ठीक-ठीक बातें कहने की क्षमता रखते हैं तब तक मार्क्सवादी आलोचना अपने को केवल यह सिद्ध करने में सीमित कर लेती है कि जिन लेखकों ने कभी कम्यूनिस्ट होने का दम नहीं भरा वे कम्यूनिस्ट नहीं हैं!...वह सभी मार्क्सवादी आलोचना जो लेखकों को उनके घोषित राजनीतिक मतों के द्वारा परखती है या उनके घोषित राजनीतिक मत पर जोर देती है, अपने सबसे अच्छे रूप में अव्यवस्थित और अधकचरी होती है और अपने सबसे बुरे रूप में विध्वंसात्मक। भूतकाल के महान यथार्थवादियों की मार्मिक रचनाओं और यथार्थवादी परंपरा के

बाहर लिखने वाले समसामयिक लेखकों, जिन्होंने समाज के विषय में महत्त्वपूर्ण तथ्यों का उद्घाटन किया है, के अध्ययन से अधकचरी राजनीतिक आलोचना की अपेक्षा किसी अच्छी आलोचना पद्धति पर पहुँचना संभव होना चाहिए।''

यह तो कहा जा सकता है कि जीवन और जगत को देखने के लिए मार्क्सवादी दृष्टिकोण एक गंभीर दृष्टिकोण है पर यह एक दर्शन है; और भी दूसरे दर्शन हो सकते हैं। जिस प्रकार कोई समर्थ लेखक मार्क्सवादी हो कर अच्छा लिख सकता है, सच्चा यथार्थ अपनी रचनाओं द्वारा प्रस्तुत कर सकता है उसी प्रकार किसी दूसरे विचार का लेखक भी समाज का सच्चा और मार्मिक रूप प्रस्तुत कर सकता है। फिर किसी लेखक के लिए यह आवश्यक क्यों कि वह मार्क्सवादी या समाजवादी अवश्य ही हो। मार्क्सवादी भी यह स्वीकार करते हैं कि सत्य के विषय में अंतिम बात नहीं कही जा सकती। यथार्थ के आभासित रूप में परिस्थिति, व्यक्ति, नवअर्जित ज्ञान और काल के अनुसार वैभिन्न्य हुआ करता है तो फिर मार्क्सीय या किसी अन्य दृष्टिकोण को ही अंतिम वास्तविक दृष्टिकोण स्वीकार करने के लिए लेखक को क्यों विवश किया जाए।

मार्क्सीय दृष्टि अपना लेने पर लेखक के सामने और भी कई बातें आती हैं। अतीतकाल का साहित्य उच्च वर्ग के लोगों का था और उन्होंने इसके द्वारा अपनी स्वार्थसिद्धि की, अतः आज के यथार्थवादी लेखक को भी सर्वहारा वर्ग के अस्त्र के रूप में उसका प्रयोग करना चाहिए। यदि कोई थोड़ी देर के लिए यह मान भी ले कि अतीत में न्यस्त स्वार्थ वाले वर्गों ने साहित्य को अपनी प्रभुता कायम रखने का हथियार बनाया था तो देखना यह चाहिए कि क्या उन्होंने सचेत होकर ऐसा किया था या अनजान में ऐसा अपने आप हो गया। मुझे आशा है कि थोड़ा विचार करने वाले मार्क्सवादी यही कहेंगे कि ऐसा उनसे अनजान में (अनकांशसली) हुआ। पर आज जब साहित्य को सर्वहारा वर्ग की लड़ाई का हथियार बनाने की बात कही जाती है तब निश्चय ही ऐसा सचेत होकर (कांशसली) करने को कहा जाता है। यह बात बहुत ही स्पष्ट रूप में इतनी गलत है कि इस पर हमारा ध्यान तुरंत जाना चाहिए। ऐसा होने पर साहित्य साहित्य न रहकर अस्त्र मात्र रह जाता है यानी विशुद्ध प्रचार। और निश्चय ही काडवेल जैसे मार्क्सवादी लेखकों के निष्कर्ष इसी सर्वहारा वर्ग की नेतागिरी और शुद्ध प्रचारवादी मनोवृत्ति के स्पष्ट द्योतक हैं। कविता में भावसत्य व्यंजित होता है, वह भावमय वस्तु है—यह सब बातें (विस्तृत व्याख्या के समय) कहनी निरर्थक हो जाती हैं, जब वह व्याख्या हमें ऐसे निष्कर्षों पर पहुँचा कर छोड़ देती है।

वास्तव में यथार्थवाद के पहले 'समाजवादी' जोड़ना कुछ बहुत उचित नहीं प्रतीत होता क्योंकि इससे निश्चयपूर्वक एक राजनीतिक मत की प्रधानता व्यक्त होती है। इससे केवल सामान्य सामाजिक भावना नहीं वरन् एक राजनीतिक मत की

पूरी विचार परंपरा व्यक्त होती है। यद्यपि देशकाल के अनुसार हर चीज के बारे में हमारी धारणा में थोड़ा बहुत परिवर्तन होता है पर उसका नाम वही बना रहता है, इसी प्रकार यथार्थवाद केवल यथार्थवाद भी बना रह सकता है या यदि कुछ जोड़ना आवश्यक ही हो तो 'नया' शब्द जोड़ने से भी काम चल सकता है। ऐसा होने पर इस पद की साहित्यिकता शायद पूरी तरह बनी रहती। पर जो नाम चल पड़ा उसे बदलना कठिन होता है, इसलिए साहित्य की दृष्टि से मार्मिकता यदि बनाए रखना अभीष्ट हो तो समाजवादी यथार्थवाद की व्याख्या अधिक उदारता और व्यापक दृष्टिकोण से करने की आवश्यकता होगी। कोई भी उच्चकोटि की रचना सोलह आने बाह्यार्थ निरूपिणी नहीं हो सकती, लेखक की अंतर्वृत्ति का प्रभाव उस पर अनिवार्यतः पड़ेगा ही। कविता चाहे किसी 'वाद' की हो पर उसमें इंद्रियानुभूति और कल्पना दोनों का योग होगा। इंद्रियानुभूति ग्रहण करने और कल्पना करने में लेखक के अपने व्यक्तित्व का हाथ बराबर रहेगा। अतः किसी मतवाद से बाहर निकले बिना यथार्थ का वास्तविक और मार्मिक रूप साहित्य के भीतर प्रस्तुत करने में लेखक को बड़ी कठिनाई होगी।

सामयिक समस्याओं के प्रति जागरूकता

सामयिक जीवन की विभिन्न घटनाओं और परिस्थितियों का चित्रण करने में नवीन कवि विशेष प्रवृत्त हैं। काव्य में सामयिक जीवन की ओर यह झुकाव भी भारतेंदु और द्विवेदी युग की ही प्रवृत्ति है पर समकालीनता के प्रति इतनी व्यापक जागरूकता पहले नहीं थी। समाज के प्रति किसी विशेष दृष्टि से आकृष्ट होना और उसकी अवस्था का निरीक्षण करने का ऐसा उपक्रम पहले नहीं हुआ था। जीवन और काव्य को अधिकाधिक घनिष्ठ बनाने की जो चेष्टा हुई उसकी प्रशंसा होनी चाहिए। पर साथ ही इस बात पर ध्यान देना चाहिए कि सामयिक जीवन की व्यंजना, मनुष्य होने के नाते हमारे लिए जितनी उचित और आवश्यक है उतनी ही जीवन के नित्यस्वरूप की अभिव्यक्ति भी। इसके अतिरिक्त एक बात और है। किसी प्रकार के विशेष मत के अनुसार सामयिक परिस्थितियों को देखने से काव्य का रूप प्रकट नहीं हो सकता क्योंकि उन अवस्थाओं की वास्तविक अनुभूति के बिना सचाई आ ही नहीं सकती। साहित्य और राजनीति दोनों ही मनुष्य की उच्चकोटि की दो कार्यप्रणालियाँ हैं पर साहित्य के भीतर अनेकानेक नीतियों का समाहार हो जाता है क्योंकि जीवन के सभी अंगों पर उसकी समान ममता होती है। उसका हृदय विशाल होता है, अतः मनुष्य की सभी कार्यप्रणालियाँ और व्यवस्थाएँ उसके अंतर्गत प्रश्रय पाती हैं। एक ही परिस्थिति में पड़कर राजनीतिज्ञ अपनी नीति निर्धारित करता है और साहित्यकार उसका अनुभव प्राप्त करके रचना करता है। सामने जो परिस्थिति है उसपर ध्यान दोनों ही देते हैं पर दोनों दो प्रकार के प्रभाव ग्रहण करते और दो

प्रकार के कार्य करते हैं। साहित्यकार उसका अनुभव कराना चाहता है और राजनीतिज्ञ अपनी नीति के अनुसार विवेचन करके अपने निष्कर्ष उपस्थित करता है। यही अंतर है। अनुभूति का पथ ग्रहण करके सामयिक जीवन की विविध स्थितियों का चित्रण करना साहित्यकार के जीवित रहने का प्रमाण है। युग के प्रति अपने कर्तव्य का पालन है। यह दूसरी बात है कि सामयिकता के अतिरिक्त एक जीवन की अखंड परंपरा भी है जो अपेक्षाकृत सूक्ष्म, युग-युग तक बनी रहने वाली और विशेष महत्त्वपूर्ण है।

काव्य-विषयक धारणा

कुछ लोग काव्य को वैसा ही समझ लेते हैं जैसा दैनंदिन जीवन का अन्य उपयोगी कार्य। इसके फलस्वरूप काव्य के विषय में अति सामान्य धारणा बन जाती है और वह निश्चित रूप से कुछ विचारों के प्रचार का साधनमात्र बनकर रह जाता है। विभिन्न अवसरों पर कामचलाऊ गीत तैयार कर गाने की जो परंपरा असभ्य और अशिक्षित जातियों में अब तक चली आती है उससे काव्य का आदर्श नहीं प्रस्तुत किया जा सकता। शताब्दियों के जीवन-विकास के पश्चात् उस आदिम प्रवृत्ति को सामने लाने का उपदेश देना काव्य के परिष्कृत स्वरूप को मटियामेट करने का ही उपक्रम है। पर इस प्रकार की चर्चा कोई विशेष अर्थ नहीं रखती। जीवन का प्रवाह सहस्रों वर्ष पीछे की ओर मोड़कर नहीं ले जाया जा सकता। इतनी साधना के बाद काव्य को जो संस्कृत रूप मिला है उसकी रक्षा और परिष्कार का ही उद्योग हो सकता है। उसे नीचे की ओर नहीं ढकेला जा सकता।

बौद्धिकता और व्यंग

बौद्धिकता और व्यंग की प्रवृत्ति नवीन काव्यधारा में बढ़ रही है। हिंदी साहित्य में नाटककार श्री लक्ष्मीनारायण मिश्र ने बुद्धिवाद का सूत्रपात किया था पर उनकी और वर्तमान कवियों की विचार प्रणालियाँ भिन्न हैं। इस समय बौद्धिकता के तीन रूप काव्य के भीतर दिखाई देते हैं। कुछ रचनाओं में कतिपय विचार मात्र संकलित कर दिए जाते हैं। ये विचार भी एक विशेष राजनीतिक संप्रदाय के ही मतानुकूल होते हैं। कहीं-कहीं अन्य मतों और मतावलंबियों का खंडन और निषेध भी रहता है। खंडन, निषेध और सुधार की इच्छा बौद्धिक स्तर पर पहुँचकर व्यंग का बाना धारण कर लेती है। इस प्रकार के व्यंग का भी प्रवेश प्रगतिवादी काव्यधारा के भीतर हुआ है। प्रथम दो प्रकार की बौद्धिकता तो काव्य की भावात्मिका दृष्टि से फालतू ही ठहरती है क्योंकि अनुभूति पक्ष के अभाव में कविता अपना प्रभाव ही खो बैठती है और उसका वास्तविक लक्ष्य पूर्ण नहीं हो पाता।

बौद्धिक दृष्टि के फलस्वरूप जो व्यंग का आविर्भाव हमारे काव्यक्षेत्र में हुआ

है वह अवश्य ही एक नवीन रूप लेकर। पुरानी कविता में यत्रतत्र हास्य और व्यंग का विधान मिलता है, पर अधिकतर कहीं तो उसका उद्देश्य शुद्ध मनोरंजन है और कहीं व्यक्तिगत आक्षेप। पर नवीन काव्य में सामाजिक सुधार की ही भावना से व्यंग व्यंजित होता है; अंग्रेजी में तो व्यंग की परंपरा चासर से चली आती है और समय-समय पर उसका पूरा विस्तार हुआ है पर हिंदी-काव्य में इसकी कमी रही है। इस ढंग की कविताएँ मस्तिष्क से उद्भूत होकर मस्तिष्क ही पर प्रभाव डालती हैं। पंतजी की 'ग्राम्या' में व्यंगवृत्ति के नवीन उत्थान की पूरी सूचना मिलती है। अन्य कवियों ने भी व्यंगात्मक रचनाएँ की हैं। पर निराला जी के 'कुकुरमुत्ता' संग्रह में तो इस कला का विशद विस्तार दिखाई देता है। इस प्रकार की रचनाओं में कथात्मक प्रसंगों के रहने से अधिक रोचकता और मार्मिकता आती है। सच पूछिए तो यह व्यंग की विशेषता कहानी-उपन्यास के क्षेत्र के लिए अधिक उपयुक्त है। पुराने 'हास' से यह व्यंग पृथक् है। 'हास' का लक्ष्य होता है हृदय, उसके द्वारा उल्लास का संचार किया जाता है; पर व्यंग चुटकी लेता है। कभी-कभी हृदय को क्षुब्ध भी कर देता है। 'हास' के प्राचीन आलंबन अधिकतर 'मूर्ख' होते हैं पर व्यंग के विषय प्रायः बुद्धिविशिष्ट अहंवादी, रूढ़िवादी या समाज। इस बुद्धिप्रधान युग में व्यंग का प्रसार काव्य के भीतर भी हो यह स्वाभाविक ही है। इससे यद्यपि काव्य का वास्तविक लक्ष्य–हृदय को पूर्ण प्रभावित करना–तो नहीं पूर्ण होता पर मस्तिष्क चमत्कृत अवश्य होता है। क्षोभ और दुःख प्रकट करने के लिए भी ऐसी रचनाएँ बड़े काम की हैं। सुधार के लिए इनका अच्छा उपयोग हो सकता है। पर अक्षम व्यक्तियों के हाथ में पड़कर, सीमा का उल्लंघन कर, अच्छी वस्तु भी बुरी बन जाती है। अतः संयम और शिष्टता पर बराबर ध्यान रखकर चलने से ही उस उच्छृंखलता का पुनः आविर्भाव नहीं हो पाएगा जिससे थोड़े ही दिन पहले कुछ नवीन रचनाएँ ग्रस्त थीं। (व्यंग के रचनाप्रक्रिया संबंधी वैशिष्ट्य के लिए 'कलापक्ष' शीर्षक देखिए)।

. कलापक्ष

ज्योतित कर जन मन के जीवन का अंधकार,
तुम खोल सको मानव-उर के निःशब्द द्वार,
वाणी मेरी, चाहिए तुम्हें क्या अलंकार?

–पंत

कला और जन-समाज

प्रगतिवादी रचनाएँ सामान्य जनसमूह से संबद्ध हैं। वे 'उन्हीं पर' और 'उन्हीं के लिए' लिखी जाती हैं—कम से कम सिद्धांततः यह माना ही जाता है। जब सामान्य जन के लिए रचनाएँ होनी चाहिए तब यह आवश्यक है कि वे इतनी सरल हों कि सभी उन्हें समझ सकें। इसमें संदेह नहीं कि अभिव्यंजना पद्धति और भाषा की दृष्टि से कुछ नवीन रचनाओं में अपेक्षाकृत सरलता अवश्य दिखाई देती है। 'छायावाद' की 'दूरारूढ़ कल्पना' और 'दुरूह कलात्मकता' को छोड़कर वर्तमान रचनाकार सरलता के मार्ग पर अग्रसर हो रहे हैं। जो लोग अभिव्यंजना को ही सब कुछ नहीं मानते और चमत्कार के भी विशेष प्रेमी नहीं हैं वे इस नवीन प्रवृत्ति को अवश्य ही उपेक्षणीय नहीं मानते।

प्रगतिवादी कवियों का कहना है कि हम काव्य की आदर्शात्मक सौंदर्य सत्ता को दैनंदिन जीवन की यथार्थ भूमि पर प्रतिष्ठित कर रहे हैं। काव्य का लक्ष्य हमारी आवश्यकताओं की पूर्ति में सहायक होना भी है। और इस पर ध्यान देना वर्तमान कवि की ईमानदारी की पहली शर्त है। ऐसा करने से भाव-सौंदर्य चाहे कम प्रस्फुटित हो पर सामाजिक लाभ कई हैं। पहले की अपेक्षा आज के कवि बौद्धिक रूप से अधिक सजग और राजनीतिक चेतना से संपन्न होना अत्यावश्यक बतलाते हैं। इनके अनुसार काव्य भावात्मक वस्तु ही नहीं वरन् मस्तिष्क पर भी वैसा ही अधिकार रखने वाली वस्तु है जैसा कि हृदय पर।

जो हो, जहाँ तक काव्योचित सरलता लाने का प्रश्न है, कतिपय नवीन कवियों का प्रयत्न सराहनीय अवश्य कहा जाएगा। यदि अधिकांश लोग अब भी साहित्य-रचना समझ नहीं पाते हैं तो इसमें हमारे देश की अशिक्षा का भी थोड़ा बहुत हाथ है। शिक्षितों की बात तो जाने दीजिए, निरक्षरों के अनुपात में साक्षर ही कितने हैं। अतः कुछ प्रगतिवादियों ने रचना को सुबोध बनाने का जो उद्योग किया है उसकी प्रशंसा होनी चाहिए। पर 'सरलता' साध्य नहीं साधन है। 'सरलता' का अर्थ स्पष्टवाद या शुष्क इतिवृत्तात्मकता काव्य के क्षेत्र में न तो कभी समादृत हुई है और न होगी। सरलता लाने का तात्पर्य यह कदापि नहीं कि रचनाएँ बिल्कुल नीरस और गद्यात्मक हो जाएँ। ऐसी विकृत कृतियों का कोई भी मूल्य नहीं। पद्यात्मक होकर भी वे साहित्य की संपत्ति न मानी जा सकेंगी, उन्हें साहित्यिक गद्य भी तो न कह सकेंगे।

तीन प्रमुख शैलियाँ

शैली की दृष्टि से विचार करने पर वर्तमान काव्यधारा में तीन मुख्य प्रणालियाँ दिखाई देती हैं—वर्णनात्मक, उद्बोधनात्मक और विचारात्मक। वर्णनात्मक शैली से हमारा तात्पर्य है कथात्मक प्रसंगों और दृश्यों के वर्णन से। यद्यपि इस शैली का काव्यात्मक

प्रयोग पर्याप्त मात्रा में नहीं हुआ है पर मेरे विचार से प्रगतिवाद के लिए यह शैली बहुत काम की है। अभी इस शैली का प्रगतिवाद के भीतर विकास हो रहा है। पंतजी की 'वे आँखें' इसी प्रकार की रचना है। पर वास्तविक बात यह है कि उनकी वृत्ति इस प्रकार की रचनाओं में रमती नहीं। 'वे आँखें' नामक कविता में जिस किसान की करुण दशा का वर्णन है उसे यदि कुछ और ब्यौरे के साथ प्रस्तुत किया गया होता तो संभवतः अधिक मार्मिक प्रभाव निष्पन्न होता।

वर्णनात्मक रचनाओं में कहीं तो कोई कथा-प्रसंग रहता है और कहीं निम्नवर्ग के जीवन का कोई शब्दचित्र मात्र। 'निराला' जी यद्यपि किसी 'वाद' के घेरे में बँधकर रहने वाले नहीं हैं तथापि इधर उन्होंने अनेक नए ढंग के प्रयोग किए हैं। 'कुत्ता भौंकने लगा' 'डिप्टी साहब आये' 'वर्षा' आदि उनके अच्छे शब्दचित्र हैं। बहुत से प्रगतिवादी कवियों में इस प्रकार के शब्दचित्र लिखने की प्रवृत्ति दिखाई देती है। ऐसी रचनाओं में कहीं करुणा, कहीं क्षोभ, कहीं उत्साह और कहीं मार्मिक व्यंग्य सामूहिक रूप से व्यंजित होता है। इस तरह की रचनाओं में व्यंजना का अच्छा चमत्कार मिलता है। उच्चवर्ग की सुखसंपदा और दलित वर्ग की विपदा में वैषम्य निरूपित करके विचार की तीव्रता उत्पन्न करना भी नवीन कवियों की वर्णनात्मक रचनाओं का एक ढंग है। किसी रचना में यत्र-तत्र इस प्रकार की विषमता दिखाने की प्रवृत्ति तो पहले की ही है पर कुछ कविताएँ ऐसी दिखाई देती हैं जिनका प्रतिपाद्य यह विरोधनिरूपण ही होता है। इनमें सर्वत्र दीन-जनों का दुःख और विषाद ही नहीं चित्रित रहता है बल्कि उनका मनोबल और उनकी शक्ति भी प्रकाश में लाई जाती है, जैसे 'दो जीवन' में–

कली निगाह में पली,
हिली-डुली कपोल में;
हृदय प्रदेश में खुली,
तुली हँसी की तोल में॥1॥
गरम गरम हवा चली
अशांत रेत से भरी;
हरेक पाँखुरी जली;
कली न जी सकी-मरी॥2॥
बबूल आप ही पला,
हवा से वह न डर सका;
कठोर जिंदगी चला,
न जल सका-न मर सका॥3॥

–केदारनाथ अग्रवाल

उद्‌बोधनात्मक शैली के अंतर्गत भावावेश की आकुल व्यंजना और देश के तरुणों एवं श्रमजीवियों को संबोधित कर लिखी गई कविताएँ आती हैं। इसी के भीतर जन-गीतों को भी समझना चाहिए। जब तक कोई आंदोलन व्याप्त नहीं हो जाता, जब तक संघर्ष या संक्रांति का समय रहता है तब तक यह शैली चलती है और बाद में आप से आप लुप्त हो जाती है। जो हो, प्रगतिवादी काव्य के भीतर जनगीतों की परिपाटी विशेष रूप से उल्लेखनीय है। ये गीत ऐसे होते हैं जिन्हें सहज ही समझा और गाया जा सके। पंतजी का श्रमजीवियों का राष्ट्रगान अच्छा बन पड़ा है पर सरलता की दृष्टि से संभवतः वह प्रगतिवादियों के विशेष अनुकूल न जान पड़े। भाषा उसकी तत्सम प्रधान है और कलात्मकता ऊँची। इधर नवीन कवियों ने ऐसी अनेक प्रचारात्मक रचनाएँ की हैं, जिनमें नरेन्द्र शर्मा को विशेष सफलता मिली है। इनके जनगीतों में सरलता, प्रवाह और पूरी गेयता मिलती है। इन गीतों में जोशीली प्रचारात्मक वाक्यावलियाँ यहाँ से वहाँ तक गुंफित रहती हैं। एक नमूना देखिए–

हाथ हथौड़ा लिए हुए हैं,
सन्मुख आ सकता है कौन?
लोहे की दीवार हमारी,
हमें हिला सकता है कौन?

सुनो, साथियो! अमरीका के
शहर शिकागो की है बात,
ओलों-सी गोलियाँ चली थीं,
हुई खून की थी बरसात!

फिर आवाज बुलंद करो सब–
इंकलाब, फिर, जिंदाबाद!
हो बरबाद सरमायादारी,
इन्कलाआब, जिंदाबाद! इन्कलाआब जिंदाबाद!

पर जहाँ केवल शब्दों की पुनरावृत्ति से प्रवाह लाने और जोश उभाड़ने का प्रयत्न किया जाता है वहाँ वह हास्यास्पद हो जाता है–

(1) **काटो काटो काटो करबी**
मारो मारो मारो हँसिया
× × × ×
धीरज और अधीरज क्या है
कारज से बढ़ धीरज क्या है

पाटो पाटो पाटो धरती
काटो काटो काटो करबी

(कटुई का गीत–केदार)

(2) आगे, आगे, आगे, आगे सर्राता है!
खोये, सोये, मैदानों को थर्राता है!
आओ, आओ, आओ, अर्राता है!
जीतो, जीतो, जीतो, जीतो, नर्राता है!!

(गर्रा नाला–केदार)

कुछ जनगीतों में यत्रतत्र काव्योचित भावात्मकता भी अवश्य झलक जाती है। सामयिक दृष्टि से इनकी जो उपयोगिता है उससे भी इनकार नहीं किया जा सकता। पर इससे आगे बढ़कर जब इन्हें काव्य संपत्ति मानने का आग्रह होता है तभी कठिनाई उपस्थित होती है। इसमें संदेह नहीं कि कुछ जनगीतों में सामान्य पाठकों को प्रभावित करने की शक्ति होती है। नरेंद्र शर्मा के 'बुलावा' की कुछ पंक्तियाँ देखिए।

एक ओर जंजीर, दूसरी–
ओर पड़ी है तेग दुधारी!

जो चाहे ले, आगे आ तू!
जो चाहे ले, हाथ बढ़ा तू!
देखें किसे गुलामी भाती
और किसे आजादी प्यारी?
एक ओर जंजीर...
दायें-बायें रूस-चीन, दोनों
साथी लड़ते जमकर
तेरे बाजू में भी दम तो
आज न मर मिटने का गमकर!
आ, रे वीरन! साज किए आ,
तूने ही क्यों हिम्मत हारी!
एक ओर जंजीर...

विचारात्मक शैली उन रचनाओं की है जिनमें कुछ विचारों का प्रतिपादन ही कवि का मुख्य उद्देश्य होता है। नवीन काव्यधारा में ऐसी रचनाएँ पर्याप्त मात्रा में देखी जा सकती हैं।

भाषा की सरलता

जैसा कि ऊपर कहा जा चुका है, भाषा की दृष्टि से सिद्धांततः नवीन कवियों का

उद्देश्य सरलता और सुबोधता लाना है। इस दृष्टि से पंत, रामविलास शर्मा, केदार, सुमन और नरेंद्र की कई रचनाएँ उल्लेखनीय हैं। सरलता, अभिव्यंजना की सुबोध शैली और सरल भाषा के प्रयोग द्वारा लाई जाती है। सरल भाषा का प्रयोग भी दो तरह से हो सकता है—एक तो शिष्ट प्रयुक्त सरल शब्द योजना द्वारा और दूसरे व्यावहारिक भाषा के शब्दों के प्रयोग द्वारा। सुमन जैसे कवियों में पहले तरह की सरलता मिलती है और केदार जैसे कवियों में दूसरे तरह की भी। फलतः छिन, धनि, बिसरना, पगही, पागुर, छोपना-छापना, बिलमना, साइत-कुसाइत, गोरसी, सेवर, औंघाना, पोते पनेथी, चना-चबैना, भिंसार जैसे कितने ही ग्रामीण शब्द और राजनीतिक क्षेत्रों में प्रचलित यकुम मई, सरमायादारी जैसे उर्दू शब्द नई कविता में गृहीत हो गए हैं।

सीधापन

पर सीधेपन (Directness) का ध्यान रखकर बहुत-सी ऐसी रचनाएँ निर्मित होती हैं जिनमें काव्य का किंचित अंश विद्यमान नहीं रहता। असल में भाषा में सरलता लाने की बात छायावाद की दुरूहता को ही ध्यान में रखकर कही गई समझना चाहिए क्योंकि व्यवहार में थोड़ी ही रचनाएँ ऐसी मिलती हैं जिनमें यह विशेषता दिखाई देती है। यदि सर्वसामान्य के लिए रचना को सुबोध बनाना है तो जनता को भी शिक्षित करना आवश्यक है। कविता को ही सीधी (Direct) से सीधी बनाते जाना उसके स्वरूप को ही विकृत करना है। इसीलिए श्री रामविलास शर्मा को यह कहने के बाद कि ''प्रगतिशील कवि के लिए भाषा को सरल और सुबोध बनाना आवश्यक है।'' यह भी कहना पड़ा कि ''भाषा के किसी आदर्श को भी अमर नहीं कहा जा सकता। भावों और विचारों के अनुकूल ही भाषा का रूप होना चाहिए।'' पहली बात सिद्धांत की है और दूसरी बात अनुभव सम्मत। यह बात स्मरण रखने की है कि काव्य में सरलता और स्वच्छता लाना एक बात है और सीधापन (Directness) लाना दूसरी बात।

अप्रस्तुत विधान

प्रगतिवादी रचनाओं में उपमान रूप में जो वस्तुएँ लाई जाती हैं उनमें भी बहुत कुछ नवीनता दिखाई देती है। भाव की प्रेषणीयता की दृष्टि से काव्य में अप्रस्तुत विधान का बहुत महत्त्व है। साधारण बातचीत में भी लोग अप्रस्तुत का प्रयोग करते हैं। बात यह है कि मनुष्य कल्पनाशील प्राणी है, अतः भावों को तीव्र करने के लिए वह अपनी कल्पना शक्ति का सहारा प्रायः लिया करता है। सीधे-सीधे कोई बात कह देने से हमारा मन नहीं भरता और कभी-कभी उसका प्रभाव भी उतना गहरा नहीं पड़ता जितना कि हम चाहते हैं, इसलिए कुछ घुमा-फिराकर बहुत-सी बातें कही जाती हैं।

'आप देवता हैं', 'उसके नेत्र हरिण जैसे हैं' और 'वह उल्लू है'—इन सभी कथनों में कल्पना के योग से भाव कितने स्पष्ट और तीव्र हो गए हैं। आप बड़े सज्जन, सच्चरित्र और श्रद्धेय हैं—यह कहने से मन नहीं भरा तो कह दिया आप देवता हैं। उसकी आँखें बड़ी-बड़ी, चुलबुली और सुन्दर हैं—इस प्रकार सीधे कह देने में वह बात नहीं आती जो यह कहने में कि उसके नेत्र हरिण के समान हैं। वह बड़ा मूर्ख है, यह कहने से मन की खीझ पूरी नहीं हुई तो कह दिया—वह उल्लू है। स्पष्ट है कि इस प्रकार के कथन से मन के भाव बहुत ही स्पष्ट और तीव्र रूप में प्रकट होते हैं। इसमें हमारी सहायता करती है कल्पना। कवि-कर्म का संबंध मुख्यतः भावों से ही होता है अतः कल्पना उसकी एक विशेष शक्ति है। कल्पना द्वारा लाए गए अप्रस्तुतों से जहाँ भावों के उत्कर्ष में सहायता मिलती है वहाँ बात को थोड़े में कह देने में भी। कल्पना जिन अप्रस्तुत रूपों का विधान करती है उनमें और प्रस्तुत वर्ण्य वस्तु में रूप या धर्म की समानता रहती है। अप्रस्तुत रूप में जो वस्तुएँ लाई जाती हैं उनमें कुछ न कुछ प्रतीकत्व या भावना जगाने की शक्ति निहित रहती है। यह भावना जगाने की शक्ति किसी वस्तु में दीर्घकाल के साहचर्य के पश्चात् आती है। कमल, प्रभात, उषा, चंद्र, सूर्य, अग्नि विभिन्न प्रकार के भाव जाग्रत करते हैं। बहुत दिनों के साहचर्य के कारण मनुष्य जाति के भीतर इन वस्तुओं के प्रति कुछ विशेष प्रकार के संस्कार बन गए हैं। ज्यों-ज्यों सभ्यता का विकास होता जाता है, भावों और विचारों में परिवर्तन होता जाता है और नवीन वस्तुएँ हमारे सामने आती जाती हैं त्यों-त्यों काव्य के भीतर अप्रस्तुत रूप-योजना का क्षेत्र बढ़ता जाता है इसमें संदेह नहीं पर इसके साथ ही साथ 'संग्रह त्याग न बिनु पहिचाने' के विवेक की आवश्यकता भी बढ़ती जाती है। बात यह है कि कल्पना की सहायता से जो उपमान लाए जाते हैं उनका लक्ष्य होता है भाव प्रेषित करना। भाव प्रेषित करने की जितनी ही अधिक शक्ति उपमान में होगी वह उतना ही अधिक काव्योपयुक्त होगा। भाषा प्रतीकात्मक ढंग से ही भाव प्रेषित करती और पाठक के मन में अनुभूति जगाती है। मन पर प्रभाव डालने की प्रक्रिया में काव्य की भाषा शब्द की शक्तियों और ध्वनि (Sound) से काम लेकर या तो मूर्त्त भावनाएँ प्रेषित करती है या भावों का अनुभव कराती है। अतः उपमानों के द्वारा ये कार्य होने ही चाहिए। सादृश्य या साधर्म्य के आधार पर आए उपमानों में यदि प्रतीकत्व या भावना जगाने की शक्ति भी हो तभी वे पूर्ण काव्य-सम्मत माने जाते हैं। पुरानी कविता में आए कितने ही उपमान स्थूल साम्य पर आधारित होने से भावानुभूति में सहायक, या पूरी तरह सहायक नहीं हो पाते। सच्चे कवि इन सब बातों का ध्यान रखकर ही उपमानों की योजना करते हैं।

उपयुक्त अप्रस्तुत योजना से भाव-व्यंजना कैसे सशक्त हो जाती है इसका एक उदाहरण यहाँ दिया जाता है। एक ही भाव निम्नलिखित दोनों रचनाओं में व्यक्त किया गया है—

रहिमन निज मन की व्यथा, मन ही राखो गोय।
सुनि अठिलैहैं लोग सब, बाँटि न लैहैं कोय॥

–रहीम

निकल मत बाहर दुर्बल आह!
लगेगा तुझे हँसी का शीत।
... ...

–प्रसाद

पर सादृश्य, साधर्म्य और प्रतीकत्व के सहारे कल्पना ने जो मार्मिक मूर्तिविधान दूसरी रचना में किया है और इसके कारण भाव व्यंजना जैसी गंभीर हो गई है वह इतनी स्पष्ट है कि अधिक विवेचन की आवश्यकता नहीं रह जाती।

प्रतिक्रिया के जोश में और प्रयोगशीलता की उमंग में नई रचनाओं में अभी ऐसी अप्रस्तुत-योजना कम हो पा रही है जिससे भाव भली-भाँति प्रकाशित हो सकें। इस विषय में पहली उल्लेखनीय बात यह है कि प्रगतिवाद छायावाद के विरोध में उठा था अतः छायावादी अमूर्त्त, वायवी अप्रस्तुत विधान की जगह उसने स्थूल, मांसल उपमान भी लाए और सुंदर, विशेष और कोमल की जगह कुरूप, सामान्य और पुरुष रूपविधान भी किए। यद्यपि प्रगतिवादी ढंग की रचनाओं में भी यत्र तत्र अमूर्त उपमान मिल जाते हैं, जैसे इन पंक्तियों में–

सिनेमा के गीत सा यह
वर्गबद्ध समाज
गूँजते हैं शब्द, जिनका
अर्थ केवल शब्द।

(वर्ग विश्वासी से–रांगेय राघव)

पर आधिक्य मूर्त उपमानों का ही है। शायद मांसलता का आग्रह सब से पहले प्रचंड रूप में 'अंचल' की कविताओं में दिखाई पड़ा था, जिसमें कहीं-कहीं यौनप्रवृत्ति का प्रकांड प्रदर्शन देखकर सुरुचि भाग खड़ी होती थी। पर वह बात अब भी प्रगतिवादी रचनाओं के भीतर से एकदम चली गई हो, ऐसी बात नहीं। उपमान रूप में ऐसे अनेक स्थल भारतभूषण अग्रवाल और गजानन माधव मुक्तिबोध आदि की रचनाओं में बराबर दिखाई देते हैं। ऊपर सुरुचि की बात कही गई है, इससे बहुत से नई रुचि वाले लोग नाराज होते हैं और वर्तमान समाज की असंगत व्यवस्था में नए ढंग की असंगत रुचि का आविर्भाव अनिवार्य मानते हैं। इस तरह के कुछ उदाहरण यहाँ दिए जाते हैं–

(1) **कुत्ता मध्यवर्ग**
कि धर्म जोंकें,
छोड़ सबको,
पतित वे,
देंगे न तुझको कीर्त्ति भी निर्व्याज...

(2) **संस्कृति की अभिजात हँसी का**
धोखा नंगा,
अहं लीनता की खुल पड़ती
कामुक जंघा।

(3) **उल्लू हरामी के पिल्ले ये पूँजीपति।**

कमल, प्रभात, उषा, चंद्र, सूर्य, अग्नि विभिन्न प्रकार के भाव जाग्रत करते हैं। बहुत दिनों के साहचर्य के कारण मनुष्य जाति के भीतर इन वस्तुओं के प्रति कुछ विशेष प्रकार के संस्कार बन गए हैं। स्वभावतः दीर्घ साहचर्य के कारण भावना जगाने की शक्ति इनमें अधिक है। पर ज्यों-ज्यों नवीन वस्तुओं से हमारा परिचय होता जाता और सान्निध्य बढ़ता जाता है त्यों-त्यों उनके लिए भी उपमान रूप में गृहीत होने की संभावना बढ़ती जाती है। काव्य के भीतर अप्रस्तुत रूपयोजना का क्षेत्र क्रमशः विस्तृत होना चाहिए भी। रेलगाड़ी, हवाई जहाज, बिजली के लैंप, कारखाने की चिमनी जैसी न जाने कितनी वस्तुएँ हमारे सामने आई हैं। पर अप्रस्तुत रूप में नई वस्तुओं को सामने लाने के पहले इस बात की पूरी परख कर लेनी चाहिए कि ये वस्तुएँ हमारे भावों को कहाँ तक उद्‌बुद्ध करने में सहायक हो सकती हैं। प्रगतिवादियों की प्रवृत्ति मुख्यतः वस्तुगत और यथार्थवादी होने के कारण अनेक नए उपमानों का काव्य क्षेत्र में आगमन हुआ है। नए उपमान लाने में कहीं तो कविगण नवीनता लाने में ही अधिक दत्तचित्त दिखाई देते हैं और कहीं यथार्थ भावविन्यास पर भी उनकी दृष्टि रहती है। कुछ नए ढंग की अप्रस्तुत योजनाएँ देखिए–

(1) **कोयले की खान की**
मजदूरिनी सी रात
बोझ ढोती तिमिर का
विश्रांत सी अवदात...

(2) **अरे दर्जी हूँ,**
नहीं हूँ मैं रफूगर
यात्रा के छंद जब मैं जोड़ता हूँ
वे पथिक के गीत बनते जा रहे हैं...

(रांगेय राघव)

(3) चल रहे देवता थे
ढेला-सी बड़ी-बड़ी आँखें लिए...

(4) अधिकांश जनता का
रद्दी की टोकरी का जीवन है;
संज्ञाहीन, अर्थहीन,
बेकार, चिरे-फटे टुकड़ों-सा पड़ा है!

(केदार)

(5) लहू की बूँदों-से
जलते हैं बिजली के बल्ब सूनी सड़कों पर,–लाल लाल।

(रामविलास शर्मा)

(6) मटक मटक मुँह बिचकाती हैं पथ पर पागल
बूढ़े स्तन लटकाए नंगी भाग्य-देवता
फूटे बर्तन-सी तिरस्कृता जब मानवता

(7) दो लालटेन से नयन दीन;
× × × ×
लकड़ी का खोखा वक्ष रिक्त...

(मुक्तिबोध)

(8) लेखनी ही है हमारा फार
धरा है पट, सिंधु है मसिपात्र
तुच्छ से अति तुच्छ जन की जीवनी पर हम लिखा करते
–कहानी, काव्य, रूपक, गीत...(नागार्जुन)

इन उदाहरणों से कुछ बातें स्पष्ट हो जाती हैं। पहली बात तो यह है कि नई कविता के उपमान अधिकतर नरक्षेत्र के हैं। पहले के अधिकांश उपमान प्रकृति-क्षेत्र के होते थे, प्रगतिवादी कविता के उपमान अधिकतर नागरिक जीवन से संबद्ध या निम्नवर्गीय ग्रामीण जीवन के हैं। दूसरी बात यह है कि ये उपमान इस दृष्टि से लाए जाते हैं कि अपनी विशिष्ट संबंध भावना के द्वारा ये व्यंजित भाव को पूरी कटुता से सामने ला सकें। तीसरे, उपमान चुनने में उसकी नवीनता और परंपरागत संस्कारों को हिला देने की शक्ति का कविगण अधिक ध्यान रखते हैं। इसके अतिरिक्त प्रस्तुत का मार्मिक रूप विधान करने अथवा अनुरूप भावमयता लाने की चिंता उतनी नहीं की जाती जितनी कि जैसे तैसे मस्तिष्क को किसी विचार की ओर उन्मुख कर देने की कोशिश। कभी-कभी ऐसा देखने में आता है कि जो प्रचलित उपमान भी लाए जाते हैं वे नए विशेषण-पदों के साहचर्य अथवा छंद में आई अन्य वस्तुओं के संबंध के कारण अपना पूर्वरूप त्याग कर नए ढंग के अन्य भाव

प्रकट करने को विवश किए जाते हैं। अधिकतर अप्रस्तुतों के चुनाव में उनकी भावोद्बोधन की क्षमता न देखकर उनका अतिनूतनत्व और अति साधारणत्व या असाधारणत्व देखा जाता है।

प्रगतिवाद के साथ ही साथ, कुछ आगे पीछे, हिंदी काव्य में आधुनिक मनोविश्लेषण से परिचित प्रयोगवादी कवियों का भी एक दल चल पड़ा था जो पहले प्रगतिवादी आंदोलन के कारण प्रसिद्धि तो नहीं प्राप्त कर सका था पर चलता बराबर रहा और अब वह अच्छी तरह सामने आ भी गया है। इस दल के अगुआ अज्ञेय हैं। कई प्रगतिवादी कवि इनसे भी प्रभावित हैं। अर्थात् अवचेतन मन की अस्पष्ट भावनाओं को अस्पष्ट प्रतीकों द्वारा प्रकट करने और स्मृत्युद्बोधन प्रणाली (Association of ideas) द्वारा भाव-शृंखला को छितरा कर अस्तव्यस्त मानसिक स्थिति व्यक्त करने, और इसी तरह मनोविश्लेषणशास्त्र के अन्य अनेक सिद्धांतों की सहायता लेकर अर्ध चेतन और अचेतन मन के भाव व्यंजित करने का प्रयास कई प्रगतिवादी कवियों में भी दिखाई देता है पर ये सब विशेषताएँ सिद्धांततः इनकी नहीं कही जा सकतीं। ये विशेषताएँ वास्तव में मनोविश्लेषण पद्धति से परिचित और राजनीतिक संप्रदाय-निरपेक्ष उस दल की हैं जिसे प्रयोगवादी कहा जाता है।

नई रचनाओं में रचना प्रक्रिया संबंधी नवीनता के मूल में बदली हुई सौंदर्य चेतना का बहुत बड़ा हाथ है। प्रगतिवादी कवियों का कहना है कि सौंदर्य एक गत्यात्मक और परिवर्तनशील तत्त्व है। ऐतिहासिक परिस्थितियों के अनुसार सौंदर्य की धारणा भी बदलती रहती है। सौंदर्य का एक पक्ष कोमल और मधुर है तो दूसरा पक्ष कठोर और कर्कश है। आज की विशृंखल सामाजिक अवस्था में कठोर और कर्कश हमारे जीवन में अधिक घुला-मिला है अतः हमारी रचनाओं में उसका आविर्भाव अधिक स्वाभाविक है। ये कवि एक नवीन सौंदर्य चेतना उत्पन्न करने का प्रयास कर रहे हैं। अब उनके प्रतीकों और अप्रस्तुतों द्वारा वास्तव में यह सौंदर्य चेतना अथवा भावमयता कहाँ तक आ पाती है यह एक प्रश्न है क्योंकि उन अप्रस्तुतों द्वारा भाव पाठक के मन में प्रेषित भी तो होना चाहिए।

हाँ प्रगतिवादी कवियों के अप्रस्तुत विधान के विषय में यह कहा जा सकता है कि वह अधिकतर मूर्त्त होता है और इसलिए अपेक्षाकृत वह प्रायः अधिक स्पष्ट भी है। वस्तु जगत के प्रति एक निश्चित बौद्धिक धारणा द्वारा संघटित भाव-योजना के भीतर ऐसा होना स्वाभाविक ही है। पर अपने सिद्धांतों के प्रति अत्यधिक सचेत होने और केवल 'नवीन' ढंग का ही ध्यान रखने से दूसरे पक्ष अर्थात् पाठक का विचार नहीं रह जाता या बहुत कम रह जाता है।

अन्योक्ति

कुछ नवीन कवियों में अन्योक्ति विधान की प्रवृत्ति दिखाई देती है। इस प्रकार की

रचना में प्रस्तुत वर्णन के स्थान पर उससे मिलता-जुलता अप्रस्तुत विधान किया जाता है। यहाँ सारा प्रस्तुत अर्थ व्यंग्य रहता है। ऐसी रचनाओं का सामान्य कथनमात्र करने वाली रचनाओं से अधिक प्रभाव पड़ता है, इसमें संदेह नहीं। उदाहरण के लिए 'ग्राम्या' की 'स्वीट पी के प्रति' नामक कविता लीजिए जिसमें मध्यवर्गीय कुलवधू का वर्णन है पर उसका स्पष्ट वर्णन कहीं नहीं हुआ है।

स्वीट पी देखने में सुंदर होती है, बड़े यत्न से उसकी रक्षा की जाती है, संपन्न व्यक्तियों की फुलवारी में वह लगाई जाती है पर सामान्य रूप से खाने-पीने में उसका उपयोग नहीं किया जाता। अर्थात् उपयोगिता की दृष्टि से उसका मूल्य विशेष नहीं। ये सारी बातें कुलवधू के पक्ष में भी घट जाती हैं। इस प्रकार की रचनाओं में व्यंग की भी अच्छी योजना की जा सकती है।

अन्योक्ति पद्धति पर लिखी गई दूसरी रचना लीजिए—'कोयले'। इसमें अन्योक्ति पद्धति पर श्रमिकों की खिन्नता, दीनता और मलिनता के साथ ही यह दिखाने का प्रयत्न किया गया है कि अब उनमें चेतना आ गई है और वे अपनी दुर्दशा से परित्राण पाने के लिए कटिबद्ध हैं—

जल उठे हैं तन बदन से,
क्रोध में शिव के नयन से।
खा गए निशि का अँधेरा,
हो गया खूनी सवेरा।
जग उठे मुरदे बेचारे;
बन गए जीवित अंगारे।
रो रहे थे मुँह छिपाए;
आज खूनी रंग लाए।

—केदारनाथ अग्रवाल

इसमें कोयले से श्रमिक का सादृश्य है कुरूपता और मलिनता का। साधर्म्य इस बात का है कि जैसे कोयले आग से जल उठते हैं वैसे ही श्रमिक चेतना के उद्‌बुद्ध होने पर उत्साह और क्रोध से लाल हो गए हैं। पूरी रचना से यह भी व्यंग्य है कि जो वस्तु इतनी तुच्छ है वह भी कर्म की प्रेरणा और उत्साह का संचार होने पर शक्तिमती बन सकती है। इस पद में सामान्य कथन की अपेक्षा कुछ आकर्षण, कुछ चमत्कार अवश्य आ गया है। अप्रस्तुत के विषय में ध्यान रखने की बात केवल यही है कि जो वस्तुएँ उपमान रूप में लाई जाएँ उनमें सारूप्य या साधर्म्य-गुण के साथ ही मन को लीन कर लेने की शक्ति भी अवश्य हो। कहने का तात्पर्य यह कि प्रभाव साम्य पर भी वैसी ही दृष्टि रखने की अपेक्षा है जैसी छायावादी कवियों की, सौंदर्य-विधान में रहती आई।

व्यंग विधान

व्यंग का स्वभाव प्रतिक्रियात्मक होता है और प्रयोक्ता की थोड़ी असावधानी से भी वह विध्वंसात्मक बन बैठता है; या यह भी कहा जा सकता है कि वह अधिकतर विध्वंसात्मक होता ही है। एक लेखक का कहना है कि, 'व्यंग शालीन और सुखद नहीं हो सकता। यदि उसे अपना अस्तित्व बनाए रखना है तो उसे निष्ठुर, प्रचंड और तीक्ष्ण होना ही पड़ेगा, बल्कि संभवतः कभी-कभी औचित्य की सीमा का उल्लंघन भी करना होगा। व्यंग लिखने वाला कवि बहुत कुछ इजलास में विपक्षी पर आक्रमण करने वाले वकील की तरह होता है।' वास्तव में व्यंग आक्रमण करने का साधन ही है इसलिए इसकी प्रकृति आलोचनात्मक और विश्लेषणात्मक है, सहानुभूतिमूलक और रचनात्मक नहीं। इसका विकास बौद्धिक स्तर पर होता है, भावभूमि पर नहीं। व्यंग लेखक अपने समय की वस्तुस्थिति को अस्वीकार करके उस पर वाचिक प्रहार करता है। हास्य-लेखक की भाँति उसका संबंध मनुष्य की स्थायी और आधारभूत मनोवृत्तियों से नहीं होता बल्कि वह अपनी या अपने साथियों की दृष्टि से जो कुछ अनुचित है उसका उपहास करता है, खिल्ली उड़ाता है। जिस वस्तु या व्यक्ति पर व्यंग किया जाता है उसे पाठक की दृष्टि में हेय दिखलाना, और कभी-कभी उसे क्षति पहुँचाना भी लेखक का उद्देश्य होता है। हास्य तथा व्यंग में मूलभूत अंतर यही है कि प्रथम में लेखक का उद्देश्य शुद्ध मनोरंजन होता है और उसकी दृष्टि सहानुभूतिमूलक। इसके द्वारा लेखक पाठक का मन निर्विकार उल्लास से भर देता है और मानव-स्वभाव की कमजोरियों को विलक्षण ढंग से सामने लाकर चमत्कृत करता है पर व्यंगकार अपने विपक्षी पर इतने जोर से प्रहार करता है कि उसका खटका साफ सुनाई देता है। उसका लक्ष्य जब तक भली-भाँति बिद्ध नहीं होता तब तक व्यंगकार को चैन नहीं मिलती। इसलिए व्यंग अपने आप में कुछ बहुत उच्च कोटि की साहित्य-रचना नहीं मानी जाती है। काव्य की अपेक्षा वह गद्य के क्षेत्र के अधिक उपयुक्त है।

व्यंग की कसौटी काव्योपयुक्त भावमयता नहीं, बौद्धिक नीतिमत्ता और तीक्ष्णता है। हास्य की भाँति न तो उसमें स्थिरता होती है और न विशदता। व्यंग अधिकतर आकस्मिक और विशेष होता है, सर्वकालीन और सामान्य नहीं। इसलिए उसका प्रभाव समसामयिक पाठक पर ही पड़ता है। यह अवश्य है कि समर्थ कवियों के हाथ में पड़कर अपनी मार्मिकता और कलामयता के कारण वह कभी-कभी उपरिनिर्दिष्ट सीमाओं को तोड़कर बहुत कुछ स्थायित्व भी धारण कर लेता है।

भावमयता और कल्पना सौष्ठव से हीन और जीवन के आधारभूत तत्त्वों और मनोवेगों से संबंध न रखने के कारण यद्यपि काव्य के क्षेत्र में व्यंग को ऊँचा स्थान नहीं दिया जा सकता पर इसका एक स्थान अवश्य है। इसकी अपनी विशेषता,

इसकी बौद्धिक वेगमयता, तीक्ष्णता और यथार्थता में है जिसमें आघात और प्रत्याघात की मानसिक प्रक्रिया पूरी होती है।

हास्य के परिवार में पलकर व्यंग कुछ संस्कृत जरूर हुआ है, उसने थोड़ी सभ्यता सीख ली है पर जन्मगत संस्कार एकदम कैसे छूटते। परिवार की मर्यादा छोड़कर वह प्रायः अपना औद्धत्य प्रदर्शित किया करता है। जहाँ तक बनता है ऐसे मौके पर आकर हास्य परिस्थिति को सँभाल लिया करता है नहीं तो शायद व्यंग कभी का साहित्य-क्षेत्र से एकदम निकाल बाहर किया गया होता।

व्यंग की तीन बहिनें हैं—वाग्विदग्धता, वक्रोक्ति और कटूक्ति। वाग्विदग्धता बड़ी बहिन है, बुद्धिमती है और भाई की बड़ी सहायता करती है। अपनी प्रगल्भता, प्रत्युत्पन्नमति और प्रतिभा से वह व्यंग की उद्दंडता पर परदा डाल कर उसे निरादृत होने से ही नहीं बचाती बल्कि पाठक की दृष्टि में उसका सम्मान और आकर्षण भी बनाए रहती है। नारी-सुलभ कलाप्रियता और प्रगल्भता उसमें स्वभावतः विद्यमान है। इसके कारण शिष्ट समाज में व्यंग आदर का स्थान पाता है।

इसकी दूसरी बहिन वक्रोक्ति जरा तेज मिजाज की है। इसके साथ कोई न कोई भेद की बात, कुछ न कुछ रहस्यमयता बराबर लगी रहती है। सीधे मुँह बात करना इसे आता ही नहीं। इसके कथन में विरोधाभास झलकता रहता है। कहती है कुछ और उसका आशय होता है कुछ दूसरा ही। इसकी बातें चुभती हुई होती हैं।

कटूक्ति मुँहफट औरत है। जब व्यंग की हिंस्र प्रवृत्ति जोर से उभड़ जाती है, किसी के मनाये वह नहीं मानती तब भाई की सहायता के लिए कटूक्ति आती है। यह जबान के कोड़े चलाती है। वक्रोक्ति का स्वभाव इससे इस बात में मिलता है कि यह भी प्रायः द्व्यर्थक बात कहती है—जो कहती है उससे उल्टा उसका मतलब होता है। यह अन्य बहिनों की अपेक्षा कुछ गँवार है, सुरुचि का ज्ञान इसे नहीं। कटुता इसमें अधिक है।

यहाँ तक तो गनीमत समझिए, पर जब व्यंग विक्षिप्त हो जाता है, उसके होश हवास दुरुस्त नहीं रहते और वह समान शीलव्यसन वाले लेखक सखाजन के बहकाने से गाली-गुफ्ता देने और भँड़ौवा करने पर उतारू हो जाता है तब बेचारा हास्य तो हार मानकर एकदम अलग हो ही जाता है, उसकी तीनों बहिनें भी हाथ समेट किनारे हो जाती हैं।

आलंकारिकता छोड़कर यदि सीदे ढंग से कहें तो कह सकते हैं कि व्यंग कभी तो स्पष्ट होता है और कभी वाग्विदग्धता, वक्रोक्ति या कटूक्ति से युक्त। कला की परिष्कृति और सुरुचि का एकदम अभाव होने पर वह भँड़ौवा मात्र रह जाता है। कहने की आवश्यकता नहीं कि वाग्विदग्धता और वक्रोक्ति से पूर्ण व्यंग ही साहित्यिक कोटि में आ सकता है। हिंदी की प्रगतिवादी कविता में देखने को तो उपरिनिर्दिष्ट सभी प्रकार के व्यंग का विधान मिल जाता है पर आधिक्य किसका

है, यह वर्तमान हिंदी कविता की गतिविधि से परिचित पाठकों से छिपा नहीं है।

यह सच है कि थोड़ी बहुत व्यंगमयी काव्य-रचनाएँ हिंदी में पहले से भी होती आई हैं और छायावाद काल में निराला ने कहीं-कहीं सामाजिक व्यंग का बहुत मार्मिक विधान किया है, पर किसी संपूर्ण काव्यधारा की एक विशेषता के रूप में वह प्रगतिवाद के ही भीतर प्रस्फुट हुआ है। प्रगतिवाद की ओर आकृष्ट होने पर पंत में भी व्यंग की रुचि जगी। 'ग्राम्या' की कई व्यंगात्मक रचनाएँ बहुत अच्छी उतरी हैं। हमारी वर्तमान सामाजिक और राजनीतिक स्थिति में विचारकों को व्यंगोक्तियों के विधान का अच्छा अवकाश मिल जाता है। ग्रामीण-जीवन को बौद्धिक दृष्टि से देखने वाले पंत को भी वहाँ व्यंग की सामग्री मिले, यह स्वाभाविक ही है। दो एक उदाहरण लीजिए। कवि देवी-देवताओं के भरोसे भाग्य का नाम लेकर बैठे रहने वाले अकर्मण्य ग्रामीणों और अंधविश्वासों के आवरण में लिपटे हुए 'ग्रामदेवता' पर व्यंग करता हुआ कहता है–

रामराम
हे ग्राम्य देवता, यथा-नाम!
शिक्षक हो तुम, मैं शिष्य,
तुम्हें सविनय प्रणाम!
विजया, महुआ, ताड़ी,
गांजा पी सुबह-शाम
तुम समाधिस्थ नित रहो,
तुम्हें जगसे न काम!
पंडित पंडे, ओझा,
मुखिया औ' साधु-संत
दिखलाते रहते तुम्हें
स्वर्ग-अपवर्ग पंथ!
जो था, जो है, जो होगा,
सब लिख गये ग्रंथ,
विज्ञान-ज्ञान से बड़े
तुम्हारे मंत्र - तंत्र!

× × ×

रामराम
हे ग्राम-देव लो हृदय थाम,
अब जन-स्वातंत्र्य युद्धकी
जगमें धूम - धाम
उद्यत जनगण युग
क्रांति के लिए बाँध लाम,

तुम रूढ़ि-रीतिकी खा
अफीम, लो चिर विराम!

–पंत

संसार समय-चक्र के साथ कहाँ का कहाँ पहुँच गया और भारत के गाँव अभी 'अनिष्टदेवों' की पूजा में लीन साधारण कोटि के विश्वासों पर टिके जहाँ के तहाँ पड़े हुए हैं, रूढ़ियाँ किस प्रकार उन्हें पीछे खींचे हुई हैं इन सबका उल्लेख जिस व्यंगपूर्ण पद्धति पर हुआ है वह देखने योग्य है। इसी प्रकार 'संध्या के बाद' 'स्वीट पी के प्रति' आदि रचनाओं में भी कवि की व्यंग वृत्ति बहुत अच्छे ढंग से प्रस्फुट हुई है। अपनी सुरुचि-संपन्नता, कलामयता और परिष्कृति के कारण पंत का व्यंग-विधान मार्मिक, शिष्ट और परिमार्जित हुआ है।

व्यंग दो तरह का हो सकता है—व्यक्तिगत और किसी व्यवस्था या रीतिनीति के प्रति। व्यक्तिगत व्यंग निकृष्ट कोटि क़ा माना जाता है जो घृणा और ईर्ष्या द्वारा प्रेरित होता और व्यवहार में भी इन्हीं की अवतारणा करता है; पर किसी व्यवस्था के प्रति किए गए व्यंग का उद्देश्य, प्रायः सुधार होता है या कम से कम अपने विचार से समाज के प्रति कल्याण की भावना से युक्त रहता है। प्रगतिवादी कविता में दूसरे ही तरह का व्यंग अधिक मिलता है। इसके कई प्रकार हैं—सामाजिक, राजनीतिक, धार्मिक और साहित्यिक। जहाँ कहीं व्यक्तिगत व्यंग दिखाई देता है वहाँ भी उसका धरातल व्यवस्था-निष्ठ ही होता है।

रचना-प्रक्रिया की दृष्टि से, वाग्विदग्धता और वक्रोक्ति आदि के अतिरिक्त और भी अनेक प्रकार के कला-उपादानों की सहायता से व्यंग का विन्यास देखा जाता है। यहाँ कुछ प्रमुख प्रणालियों का निर्देश किया जाता है।

आज की प्रगतिवादी रचनाओं में अधिकतर सांकेतिक विरोध का आधार लेकर व्यंग खड़ा होता है, जैसे निम्नलिखित में—

जब बाप मरा तब यह पाया
भूखे किसान के बेटे ने;
घर का मलवा, टूटी खटिया,
कुछ हाथ भूमि—वह भी परती।
चमरौधे जूते का तल्ला,
छोटी टूटी बुढ़िया औगी;
दरकी गोरसी, बहता हुक्का,
लोहे की पत्ती का चिमटा।
कंचन सुमेरु का प्रतियोगी
द्वारेका पर्वत घूरे का,

बनिया के रुपयों का कर्जा
जो नहीं चुकाने पर चुकता।
दीमक, गोंजर, मच्छर, माटा–
ऐसे हजार सब सहवासी,
बस यही नहीं, जो भूख मिली
सौगुनी बाप से अधिक मिली।

(पैतृक संपत्ति–केदार)

यहाँ व्यंग का सारा रूप प्रच्छन्न या सांकेतिक विरोध पर आधारित है। 'पैतृक संपत्ति' देखते ही हमारे सामने संपत्तिशाली बाप के बेटों की पैतृक संपत्ति का दृश्य आ जाता है और दूसरी ओर दरिद्र किसान के बेटे की विरासत में मिली विपत्ति दिखाई देती है। इस विरोध भावना का निर्वाह पूरी रचना में अच्छे ढंग से हुआ है, पर जहाँ स्पष्ट उल्लेख द्वारा विरोध के आधार पर सपाट व्यंग किया जाता है वहाँ वह उतना अच्छा नहीं उतरता–

हो रही ईर्ष्या तुम्हारे भाग्य से
पर क्या करूँ,
अभिशप्त ठहरा
बंधु, मेरे पास भी यदि
बाप-दादों की उपार्जित भूमि होती
धान होता बखारों में
× × ×
फिर क्या न मैं भी
याद कर प्रथमा, द्वितीया
या तृतीया (प्रेयसी) को
सात छेदों की रुपहली
बाँसुरी में फूँक भरता
वैष्णवों की विरहिणी
वृषभानुजा के नाम पर ही सही,
फिर भी फूँक भरता...
निकलता चाँदी-मढ़ी
ससुराल की वह छड़ी लेकर...
बीच में मैं, हरित श्यामल
खेत चारों ओर...

श्लील या अश्लील कुछ भी
गुनगुनाता मदिर मुग्ध विभोर।

(एक मित्र को पत्र–नागार्जुन)

रूपक के सहारे कहीं-कहीं बहुत सुंदर व्यंग-विधान किया गया है। निराला की यह रचना देखिए–

तबला दोनों हाथ आया हथियार,
दरबारी वीर-राग छाया रहा।
सुब्होशाम किरन जैसे तारपर
जीवन - संग्राम हमारा छिड़ा।
सत्य सिनेमा की नटीसे नाचा,
पूरब का पाया हिला पश्चिम से,
दुश्मन की जान आई आफत में!
गली गली गले के गोले दगे।

(खुशखबरी–निराला)

सिनेमा के प्रचार का भारतीय युवक-समाज पर कैसा दुष्प्रभाव पड़ा, संगीत की कैसी दुर्गति हुई, संकटापन्न समाज और देश के अकर्मण्य युवक किस प्रकार बाजारू गानों में मस्त हो अपना कर्तव्य भूल बैठे–इन सब पर जैसा वक्रोक्तिपूर्ण व्यंग इस रचना में है और रूपक के निर्वाह के साथ ही अंतिम पंक्ति में वर्ण-मैत्री द्वारा जो चमत्कार लाया गया है वह दर्शनीय है। वास्तव में निराला वर्तमान हिंदी काव्य के सबसे अच्छे और बुरे व्यंगकार हैं। व्यंग की कला का उत्कर्ष, दोनों ही दिशाओं में इनकी रचनाओं में खूब हुआ है।

इसी से मिलता-जुलता, रूपकाभास पर आधारित, कांग्रेस सरकार के प्रति एक कम्युनिस्ट व्यंग इस प्रकार है–

अंग्रेज करा गये ब्याह,
अब 'आजादी' सिर्फ तुम्हारी है,
हम आजादी के आशिक हैं
गद्दार तुम्हारी आँखों में।

(नया साहित्य–मई 1949)

इसी ढंग से मिलता-जुलता व्यंग-विधान इन पंक्तियों में भी है जिसमें अपने प्रतिद्वंद्वी शासनारूढ़ राजनीतिक दल की आलोचना की गई है–

आजादी की कलियाँ फूटीं
पाँच साल में होंगे फूल।
पाँच साल में फल निकलेंगे,
रहे पंतजी झूला झूल।
पाँच साल कम खाओ भैया,
गम खाओ दस-पंद्रह साल–
अपने ही हाथों से झोंको
यों अपनी आँखों में धूल।
आजादी की कलियाँ फूटीं,
पाँच साल में होंगे फूल।
('जनवाणी' अगस्त 49 की एक टिप्पणी में उद्धृत)

प्रसंगगर्भत्व लाकर भी व्यंग की योजना करने का प्रयास कुछ रचनाओं में दिखाई देता है–

(1) जाने क्या क्या है छुपा हुआ
सरकार तुम्हारी आँखों में,
झलका करता है राम-राज्य का
प्यार तुम्हारी आँखों में।
मनचाही माँगी जमानतें
जब चाहा धावा बोल दिया,
'सी सम-सम' ताला बंद हुआ।
'सी सम-सम' ताला खोल दिया।
चालीस चोर का खेल प्रेस-
अखबार तुम्हारी आँखों में।

(2) आजादी की गंग समायी
अटली की उलझी लट में–
बंजर, ऊसर, परती धरती
पड़ी हुई है जसकी तस,
पीते हैं नेता निचिंत हो
घोल घोल पहले का जस।

कहीं-कहीं शब्द प्रयोग पर ही व्यंग का ढाँचा खड़ा दिखाई देता है जो कहीं दुहरे अर्थ और कहीं व्यंजना के द्वारा चमत्कृत करता है, जैसे–

(1) गोरा लगता है अब काला
बाजार तुम्हारी आँखों में,

तुम सेठ हो सत्य-अहिंसा के
अब किस की ठेकेदारी है।

(नया साहित्य–मई 1949)

(2) प्रश्न–परहित छँगुनीपर धरेनि,
गोबरधन गोपाल।
तुम दुःख माँ गिरिपर चढ्यो,
तजि धरती के लाल॥
उत्तर–यहि माँ कौन अनीति भै,
कहौ तनिकु समझाय।
अन्न कमी लखि घास माँ,
गयन हवा हम खाय॥

(3) नसा बंद कइ उइ अलँग,
किह्यो बड़ा उपकार।
ई लँग नसा पहार का,
तुम पर भवा सवार॥

(हंस–जून 1947)

(4) जमकर बदलू ने
बदमाश को देखा, फिर
उठा क्रोध से भरकर
और एक घूँसा तान
कर नाक पर दिया।
गोड़इत प्रेमीजन था,
जमीं चूमने लगा।

(निराला)

पहले उदाहरण में चमत्कार 'सेट' शब्द पर आधारित है जिसके व्यंजनापूर्ण अर्थ से व्यंग निष्पन्न होता है और दूसरे में 'हवा खाना' के श्लिष्टत्व पर, तीसरे में यमक और लाक्षणिकता के विधान तथा चौथे में श्लेषानुप्राणित मुद्रा की योजना से व्यंग ध्वनित किया गया है।

अन्योक्ति पद्धति पर भी धनिकवर्ग के प्रति किए गए व्यंग मिलते हैं। इस प्रकार की एक रचना यह है–

दीन मानव जाति का
यह स्वर्ण-दिन है!

जो हमारे पूज्य प्रभुजी,
आर्त्तनाद सुनार की सुन,
कोयलों की आग में आ
रोम से, तन से, हृदय से...
आज पहली बार पिघले!
दीन मानव जाति का यह स्वर्ण-दिन है!

(सोने के देवता–केदार)

'सोने के देवता' हैं पूँजीपति, जो सर्वहारा वर्ग की क्रांति की लपटों में आकर ही पिघलेंगे और तब समस्त मानव जाति के लिए शुभ समय आएगा।

पंत की 'स्वीट पी के प्रति' में भी अन्योक्ति के द्वारा ही अभिजात कुल की नारियों के प्रति व्यंग किया गया है।

बिना बाहरी आलंकारिकता के भी व्यंग विधान किया जाता है जिसमें पूरी रचना के सामूहिक प्रभाव पर व्यंग निर्भर रहता है। ऐसी रचनाओं में बौद्धिक संयम और सूक्ष्मग्राही चेतना आवश्यक होती है। ऐसा न होने पर व्यंग का स्तर बहुत ही छिछला और अपरिष्कृत हो जाता है। 'ग्राम्या' में पंत ने इस ढंग का व्यंग विधान 'संध्या के बाद' जैसी कई रचनाओं के भीतर किया है जिनमें व्यंग संतुलित बुद्धि का व्यापार है, अमर्यादित आक्रोशमयी भावुकता का प्रलाप नहीं।

निम्नलिखित उदाहरण में भी पंत की ग्राम देवता नामक रचना की भाँति पुरातन-प्रियता और रूढ़िवादिता की खिल्ली उड़ाई गई है जिसमें 'कछुआ' भारतीय संस्कृति के प्रतीक के रूप में चित्रित किया गया है–

'यदा संहरते चायं
कूर्मोऽङ्गानीव सर्वशः'–
गीता में यह स्थितप्रज्ञ का लक्षण।
तुम हो जीव विलक्षण।
बड़ी उम्र है कच्छपराज तुम्हारी।
कर्री पीठ,
सिंवार-सनी यह पृथुल देह, गति शिथिल,
× × ×
जो हो, मुझे दीखते हो तुम, कछुए,
मानो भारत-संस्कृति के प्रतीक,
जिसे जरा-सी छुए ना छुए
नये ज्ञान की सूक्ष्म सी लहर
कि वह सिहर कर

छुई-मुई सी
बन जावेगी सिमट-सुमुट कर
गुड़ी-मुड़ी-सी–
अविचल, सिर्फ गाँठ ही गाँठ
नकारात्मक दिखला देगी
कर्री, चिकनी, निपट पीठ ही पीठ!

(कछुआ–प्रभाकर माचवे)

नये ज्ञान विज्ञान की ओर से आँख मूँदकर 'आप्त वाक्यों' के निर्देश पर ही सदा चलने की प्रेरणा देने वाली पुराणपंथी संस्कृति के ऊपर इस रचना में व्यंग किया गया है और नवयुग में उसकी अनुपयुक्तता दिखलाने की चेष्टा की गई है। इसी रूढ़िवादिता पर चंद्रधर शर्मा गुलेरी के 'कछुआ धर्म' नामक निबंध में भी बहुत अच्छे ढंग से जोरदार व्यंग किया गया है।

अब दूसरा उदाहरण लीजिए। 'सत्यं शिवं सुंदरम्' की पुकार मचाने वाले कलावादियों पर व्यंग है, जो असीम की ललक में ससीम की बात तक नहीं करते, अथवा जो 'राधा कन्हाई सुमिरन को बहानो है' वाली भावना से भरी श्रृंगारी कविताओं पर मुग्ध होकर वाह-वाह किया करते हैं–

शुद्ध कला के पारखी,
कहते हैं उस पार की,
इस दुनिया की कौन कहे?
भवसागर में कौन बहे?
जै हो राधा रानी की
या जिसने मनमानी की
राधा या अनुराधा से
छिपकर अपने दादा से
कैसी बढ़िया चाल की
बलिहारी गोपाल की।
उनके भक्तों में से हम!
सत्यं शिवं सुंदरम्।

(सत्यं शिवं सुंदरम्–रामविलास शर्मा)

व्यंग जितना ही व्यंग्य हो उतना ही वह कलात्मक समझा जाता है। अभिधा द्वारा व्यंग-कथन में एक तो प्रभावोत्पादकता उतनी नहीं आती और दूसरे उसके सपाट और असंयत होने की भी आशंका बनी रहती है–ऐसा कुछ लोगों का मत है। पर

केवल व्यंग्य होने से ही वह मार्मिक हो जाए, ऐसी बात नहीं। जो हो, एक इस प्रकार का उदाहरण यहाँ दिया जाता है–

'खाना खाकर कमरे में बिस्तर पर लेटा
सोच रहा मैं मन ही मन हिटलर बेटा
बड़ा मूर्ख है जो लड़ता है
तुच्छ-क्षुद्र मिट्टी के कारण
क्षण भंगुर ही तो है रे!
यह सब वैभव-धन!
अंत लगेगा हाथ न कुछ,
दो दिन का मेला।
लिखूँ एक खत, हो जा गाँधीजी का चेला
वे तुझको बतलाएँगे आत्मा की सत्ता।
होगी प्रकट अहिंसा की तब पूर्ण महत्ता।
कुछ भी तो है नहीं धरा के अंदर।'
× × ×
छतपर से पत्नी चिल्लाई : 'दौड़ो बंदर!'

(अहिंसा–भारतभूषण अग्रवाल)

इसमें अंतिम पंक्ति की व्यंजना पर ही व्यंग का सारा ढाँचा खड़ा है।

अब अंत में इस प्रसंग में 'पैरोडी' का भी उल्लेख कर देना आवश्यक प्रतीत होता है। साधारणतया इसका अर्थ समझा जाता है किसी रचना, रचना-प्रकार या रचनाकार की कृति का अनुकरण कर उसका उपहास करना। इस तरह की अनेक रचनाएँ पत्र-पत्रिकाओं में बराबर दिखाई देती हैं, पर नए ढंग की पैरोडी में अनुकरण मात्र नहीं रहता बल्कि किसी बात के अतिशयोक्तिपूर्ण कथन द्वारा वर्तमान सामाजिक व्यवस्था की आलोचना की जाती है। इस प्रकार वह स्वतंत्र रचना हो जाती है, किसी दूसरी रचना पर पूरी तरह निर्भर रहने वाली कृति नहीं। किसी दूसरी रचना के आधार पर लेखक एक बिल्कुल नया निर्माण करता है। यह अवश्य है कि यदि अतिशयोक्ति संयत और मार्मिक न हो तो वह केवल मजाक हो जाती है, पैरोडी नहीं। प्रगतिवादी ढंग की पैरोडियों में अन्य पैरोडियों की भाँति केवल किसी का उपहास करना उद्देश्य नहीं रहता वरन् सजग बुद्धि द्वारा प्रेरित सामाजिक व्यवस्था की आलोचना रहती है और उसका क्षेत्र अनिवार्यतः सम-सामयिक होता है, पर ऐसी अधिकांश रचनाएँ बहुत तीक्ष्ण और स्पष्ट होती हैं, उनमें व्यंजना और संतुलन की कला कम दिखाई देती है।

छंद

अब थोड़ा छंद की योजना पर विचार कर लेना चाहिए। काव्य में छंदों का विधान नाद सौंदर्य की दृष्टि से किया जाता है। संगीत तत्त्व के योग से भावानुकूल नाद उत्पन्न होकर व्यंजित भावों को और तीव्र बना देता है, अतः छंदों का विधान इस दृष्टि से अत्यंत महत्त्वपूर्ण है। छंदोबद्ध रचना एक ओर तो श्रुतिमधुर होती है और दूसरी ओर भाव-संचार की मात्रा बढ़ाने में सहायक।

इस प्रकार सामाजिकता की दृष्टि से छंदों की योजना आवश्यक है। प्रगतिवादी कवि यदि सचमुच जन-मन का स्पर्श करना चाहते हैं तो उन्हें 'बँधी हुई लय के भिन्न-भिन्न ढाँचों' से युक्त निर्दिष्ट छंदों का ही व्यवहार करना होगा। छंदों के ये ढाँचे सदैव पुराने ही हों यह कोई आवश्यक नहीं। इसकी योजना में नवीन उद्‌भावनाओं का पूरा अवकाश बना हुआ है। पर यह आवश्यक है कि लय का उतार-चढ़ाव ऐसा हो जिसे पाठक तुरंत समझ ले, उसे इसके लिए कवि के पठन-कौशल से परिचित होने की आवश्यकता न बनी रहे। काव्य के भीतर संगीत का जो विधान हुआ है वह इस दृष्टि से भी कि अपने पूर्व-अर्जित संस्कारों के सहारे पाठक किसी कविता के लय का पता स्वयं ही लगाकर उसका आनंद उठावे।

छंद-विधान के विषय में एक बहुत ही महत्त्वपूर्ण बात, जिस पर प्रगतिवादियों का ध्यान सबसे पहले और सबसे अधिक जाना चाहिए था, यह है कि उन्हें यदि जनता के निकट पहुँचना है और उस पर प्रभाव डालना है तो लोकगीतों के लय को ग्रहण करने की ओर भी ध्यान देना होगा। संभवतः भारतेंदु युग के कवियों ने इस ओर सबसे अधिक ध्यान दिया था। प्रतापनारायण मिश्र से लेकर श्रीधर पाठक तक इस तरह का पूरा प्रयास मिलता है, पर आगे उस परंपरा का ठीक निर्वाह नहीं हुआ। लोकगीतों के आधार पर बहुत ही मार्मिक छंद-विधान हो सकता है। लोकगीत लयप्रधान होते हैं जिनमें स्वर की प्रमुखता होती है। अब लय के स्थान पर मात्राओं की योजना के द्वारा नए छंदों की भी सृष्टि हो सकती है और उस लय को ज्यों का त्यों भी लिया जा सकता है।

थोड़े से प्रगतिवादी कवियों की कुछ रचनाओं में इस तरह का प्रयास अवश्य दिखाई देता है और कजली और बिरहा के लय पर कुछ रचनाएँ हुई हैं। रामविलास शर्मा का 'हाथी घोड़ा पालकी जै कन्हैया लाल की' से प्रारंभ रचना लोक-प्रचलित लय के ही अनुसार है। पर इस विषय में इससे अधिक परिष्कार अपेक्षित है।

कुछ नए कवियों में आजकल अप्रचलित छंदों के व्यवहार का भी प्रयास दिखाई देता है, जैसे केदार के 'काटो काटो काटो करवी' में। मार्मिक छंद विधान की दृष्टि से नए कवियों में गिरिजा कुमार माथुर का प्रयत्न प्रशंसनीय है।

एक ओर तो जनता के निकट पहुँचने की बात कही जाती है और दूसरी

ओर मुक्त छंदों की बाढ़ आ रही है। प्रगतिवादी कवि मुक्त छंदों का धुआँधार प्रयोग कर रहे हैं। छायावाद युग के अनेक सफल-असफल प्रयोगों के बाद मुक्त छंदों पर बहुत से लोगों ने हाथ आजमाया पर सफलता इसमें कम ही मिली। वस्तुतः मुक्त छंद की स्वच्छंदता में भी गति और यति का पूरा ध्यान रखना होता है। उसकी भी एक कला होती है। नए प्रयोक्ता अधिकतर इसका ध्यान नहीं रखते और परिणाम इसका यह होता है कि गद्य और उनके मुक्त छंद में कोई अंतर प्रतीत ही नहीं होता। प्रगतिवाद की दृष्टि से तो मुक्त छंदों का एक तरह से बहिष्कार ही होना चाहिए क्योंकि सर्वसामान्य तक इनकी पहुँच भी कठिन है। इसमें संदेह नहीं कि मुक्त छंदों का अनपेक्षित रूप में अधिक प्रयोग काव्यात्मकता का ह्रास ही है। औरों की बात तो छोड़िए, प्रसिद्ध कविगण भी इसमें कम ही सफल हो पाते हैं। अधिकांश रचनाओं में न तो गतियति का ही कोई ध्यान रहता है और न ध्वनि या स्वर पात की कोई काव्यानुरूप योजना दिखाई देती है। अनेक रचनाओं को ज्यों का त्यों या थोड़े हेर-फेर के साथ गद्य में लिखा जा सकता है।

यह तो नहीं कहा जा सकता कि मुक्त छंदों का व्यवहार व्यर्थ है क्योंकि कुछ सुंदर रचनाएँ इसमें अवश्य हुई हैं, और भाव तथा अर्थ की गति का, पंक्तियों के आकार के साथ साम्य बैठाने के कई उत्तम प्रयोग निराला और पंत ने किए हैं। इधर नरेंद्र शर्मा और गिरिजा कुमार माथुर आदि नए कवियों ने भी कई अच्छी रचनाएँ मुक्त छंदों में की हैं। पर यह निश्चयपूर्वक कहा जा सकता है कि बहुत समझ-बूझकर ही नए कवियों को इसे अपनाना चाहिए। लय की कोई सुनिश्चित प्रणाली जब छंद का स्थान ग्रहण करती है तभी मुक्त छंद प्रभाव निष्पन्न कर सकते हैं, और ऐसा होता कम दिखाई देता है।

सिद्धांत रूप से कला के क्षेत्र में प्रगतिवादी कवियों का आदर्श यही है कि सरल अभिव्यक्ति-प्रणाली के द्वारा जनता के समीप पहुँचा जाए। इतना ही नहीं, वरन् उनका यह भी मंतव्य है कि जनता के लिए कला दैनिक जीवन में भी उपयोगी हो। इसमें संदेह नहीं कि इस प्रकार के नवयुवक कवि नवीन मार्ग खोज निकालने के लिए सदा उत्साह दिखाते हैं। बुद्धि और हृदय को साथ-साथ लेकर चलने वाले कई प्रतिभा संपन्न कवि अपने-अपने नवीन प्रयोग भी कर रहे हैं, यह प्रसन्नता की बात है। पर यह कहना कि सामाजिक परिवर्तन के साथ-साथ अभिव्यक्ति प्रणाली में आमूल परिवर्तन हो और भाव की जगह बुद्धि तत्त्व की प्रतिष्ठा हो, उचित नहीं कहा जा सकता। पहली धारणा भारतीय साहित्य की सुदीर्घ परंपरा से चली आई हुई उत्कृष्ट प्रणालियों के लाभ से हमें वंचित करने की घोषणा करती है और दूसरी काव्य के स्वरूप को ही विकृत करने का उपक्रम। जो हो, पर भाव और कला की रक्षा करते हुए सरलता लाने का जो उद्योग होगा वह अवश्य ही प्रशंसनीय होगा। नवीन कवियों से इसकी आशा की जा सकती है।

उपसंहार

''साहित्य किसी जाति की रक्षित वाणी की वह अखंड परंपरा है जो उसके जीवन के स्वतंत्र स्वरूप की रक्षा करती हुई जगत् की गति के अनुरूप उत्तरोत्तर उसका अंतर्विकास करती चलती है। उसके भीतर प्राचीन के साथ नवीन का इस मात्रा में और इस सफाई के साथ मेल होता चलता है कि उसके दीर्घ इतिहास में कालगत विभिन्नताओं के रहते हुए भी यहाँ से वहाँ तक एक ही वस्तु के प्रसार की प्रतीति होती है।''

–आचार्य रामचंद्र शुक्ल

उपक्रम

उपर्युक्त पंक्तियों में साहित्य के प्रकृत स्वरूप के संबंध में जो निर्मल विचार संपुटित हैं उन्हीं की व्यापक मान्यताओं के अनुसार अपने वर्तमान काव्य-साहित्य पर विचार करने का उपक्रम प्रस्तुत प्रबंध में है। आचार्य शुक्ल के इस कथन में तीन महत्त्वपूर्ण तात्त्विक बातों का सन्निवेश हुआ है–(1) साहित्य का जीवन से घनिष्ठ संबंध है (2) युग प्रवृत्ति के अनुसार इसके बाहरी आकार-प्रकार में परिवर्तन होता चलता है और नए युग के अनुरूप नए विचारों का ग्रहण भी (3) साहित्य के इतिहास में कालगत विभिन्नता होते हुए भी अपनी संस्कृति की अंतर्धारा आदि से अंत तक प्रवाहित होती रहती है, जिससे उसकी अपनी विशेषता का आभास बराबर मिलता रहता है।

प्रस्तुत प्रबंध में सबसे पहले यह दिखाने की चेष्टा की गई है कि हमारा आधुनिक काव्य-साहित्य विभिन्न समयों में किस प्रकार लोक मंगल की भावना से संलग्न होकर चलता रहा। जहाँ उसका साथ लोक से छूट गया है वहाँ उसमें कृत्रिमता और अवसाद का रंग चढ़ गया है। किन परिस्थितियों के कारण प्रगतिवाद की धारा चल निकली है और उस पर अनपेक्षित बाहरी प्रभाव पड़ने के कारण उसका क्या स्वरूप हो गया है। इसके पश्चात् प्रगतिवाद के आंदोलन के स्वरूप पर परिचय देने के साथ ही वर्तमान पश्चिमी काव्य-स्वरूप का संक्षेप में विवरण देकर उन कतिपय भ्रमों का निवारण करने का प्रयास किया गया है जो आज हमारे नवयुवक साहित्यिकों के बीच फैले दिखाई देते हैं। इसके पश्चात् भारतीय दृष्टि से काव्य का विवेचन करने के साथ ही प्रगतिवाद के मार्क्सवादी काव्य सिद्धांत की आंशिक सत्यता स्वीकार करते हुए भी उन प्रवादों की आलोचना की गई है जो काव्य की मंगलमयी शुद्ध भावात्मक सत्ता के प्रतिकूल पड़ते हैं। फिर प्रगतिवादी काव्य के वर्तमान स्वरूप का विस्तृत परिचय देते हुए उन मार्गों का निर्देश किया गया है जिन्हें कवि कर्म के सच्चे द्रष्टाओं ने निर्धारित किया है।

साहित्य का अनुशासन

इसमें संदेह नहीं कि प्रगतिवादी कवियों ने काव्य को समाज के बीच पूरी तरह अधिष्ठित करने का प्रयास किया है, पर वह प्रयास अधिकतर एक निश्चित राजनीतिक विचारधारा से आक्रांत होने के कारण अधिकतर सांप्रदायिक अतः संकुचित हो गया है। जहाँ तक उसमें राष्ट्रीयता और सामाजिक भावना के प्रसार की कामना लक्षित होती है वहाँ तक वह निश्चय ही प्रशंसनीय है। हमारा मतभेद वहाँ होता है जहाँ साहित्य या कला को राजनीतिक अनुशासन में चलने को बाध्य किया जाता है। कला का भी एक अनुशासन होता है जो हमारी संवेदनाओं को प्रभावशाली रूप में प्रस्तुत करने में सहायक होता है। पर कला का यह अनुशासन न तो सार्वभौम है जो एक समान सभी पर लागू किया जा सके और न तो यह जबर्दस्ती किसी पर लादा ही जा सकता है। इसमें लेखक की व्यक्तिगत प्रतिभा और रुचि तथा संस्कार का भी ध्यान रखना होता है और शैली और वस्तु की विविधता भी रखनी होती है क्योंकि यह वैविध्य भी कला का आकर्षण बनाए रखता है, उसे सौंदर्य प्रदान करता है। साहित्य या कला के इस विशेष प्रकार के अनुशासन के संबंध में यह भी ध्यान देने की बात है कि इसमें बराबर परिवर्तन होते रहते हैं—यह स्थिर नहीं है।

कवि की युगानुरूपता

यह बिल्कुल ठीक है कि महत् काव्य में उन शाश्वत मनोभावों की व्यंजना होती है जो सर्वदा मानव-हृदय में व्याप्त रहते हैं और उस अक्षय सौंदर्य का उद्घाटन होता है जिसके दर्शन से युग-युग तक मनुष्य के हृदय में आनंद का संचार होता चलता है, पर इसका तात्पर्य यह नहीं है कि विभिन्न युगों की उन विशिष्ट परिस्थितियों से आविर्भूत प्रेरणाओं का विचार ही छोड़ दिया जाए जो तात्कालिक समस्याओं का समाधान करने में सहायक होती हैं। प्रत्येक सच्चा कवि अपने युग का कवि होता है। अपने आसपास की परिस्थितियों से वह निरंतर प्रभावित होता रहता है। यदि ऐसा न हो तो अपने समसामयिक पाठकों पर उसकी रचनाओं का प्रभाव ही नहीं पड़ सकता। तुलसी, सूर और घन आनंद बहुत बड़े कवि हो गए हैं और उनकी रचनाओं का आस्वाद आज भी हम आनंदपूर्वक करते हैं। पर क्या हममें से कोई यह भी चाहेगा कि मैथिलीशरण गुप्त, प्रसाद, पंत और निराला भी तुलसी, सूर या घन आनंद की भाँति दोहा, चौपाई, पद और कवित्त सवैयों में अलंकारों की छटा दिखाते हुए रचना करें? यदि ऐसा हो तो कोई इन नवीन कवियों को पढ़ना भी पसंद न करे। इनकी विशेषता इसी में है कि ये अपने ढंग की रचना करते हैं, किसी की नकल नहीं। और इनका अपना ढंग क्या है? इनका अपना ढंग अपने युग के अनुकूल है, ठीक उसी प्रकार जिस प्रकार प्राचीन कवियों की पद्धति अपने युग के अनुरूप थी।

समाज का बाहरी रंगरूप, रहन-सहन, आचार व्यवहार बदलता रहता है। सोचने-विचारने, बोलने-चालने के ढंग में भी परिवर्तन होता रहता है। इन सबका ध्यान रखकर किसी युग का कवि रचना करता है। यदि वह अपने युग में 'सामयिक' नहीं हुआ तो किसी समय उसका 'समयानुकूल' होना कठिन है। समकालीन समाज की गतिविधि का पूरा प्रभाव कवि पर पड़ना अवश्यंभावी है।

समय की माँग

अपने युग के प्रति भी उसका उत्तरदायित्व होता है। हमारे देश का वर्तमान जीवन अनेकों खंडों में विभक्त होकर बिखर गया है, समाज अनेक अभावों और दारिद्र्य की चिता पर दग्ध हो रहा है—ऐसी विषम परिस्थिति में हमें ऐसे साहित्य की आवश्यकता है जो निराशा के अंधकार का नाश कर उत्साह और कर्तव्य भावना का प्रकाश हमारे हृदय में फैलाए, अनिष्टकारी शक्तियों को नाश करने का भाव जगाए और हममें नव आशा एवं प्रफुल्लता का संचार करे। यह समय एकांत में बैठ कर बाँसुरी बजाने का नहीं है। केवल प्रिया की मधुर स्मृति में आँसू की झड़ी लगाना अथवा प्रियतम की छवि पर मुग्ध होकर मादक भावों की लड़ी तैयार करना वर्तमान समय में देश और जाति के प्रति अकर्तव्य तो है ही, साहित्य के लिए भी अनिष्टकर है, क्योंकि काव्य या साहित्य किसी जाति की चेतना की उस उच्चतम अवस्था का प्रकाश है जिसमें उसके वास्तविक स्वरूप का प्रतिबिंब झलकता है।

गतिमती मांगलिकता

यह तो हुई समय की माँग। साहित्य के शाश्वत स्वरूप पर भी दृष्टि ले जाने से यही प्रमाणित होता है कि (केवल) 'प्रेम की पुकार' स्थिर मंगल होने के कारण सदैव या एकतान वांछनीय नहीं है। गतिमती मांगलिकता 'कर्म की पुकार' भी चाहती है अतः साहित्य में दोनों की आवश्यकता रहती है। हमारा साहित्य दूसरे अंग से कुछ हीन सा हो गया था। अर्द्धनारीश्वर 'शिव' केवल 'गौरी' रह गया था; पुरुष नहीं दिखाई देता था, प्रकृति नटी ही नाच रही थी। अतः साहित्य के नित्य स्वरूप की माँग भी यही थी।

साहित्य-क्षेत्र में 'श्रमविभाजन'

पर साथ ही हमें इस बात पर भी ध्यान रखना होगा कि सब कर्म सबके लिए नहीं हैं। समाज सबको अलग-अलग कार्य सौंपता है जिससे व्यवस्था का कार्य सुचारु रूप से चलता रहे। समाज का विकास ही श्रमविभाजन (Division of Labour) के आधार पर हुआ है। प्रकृति ने भी इस प्रकार का कार्य-विभाजन कर रखा है। आँख से सुना नहीं, देखा जाता है। कान से देखा नहीं, सुना जाता है। नाक सूँघती है, मुँह

बोलता है। इनके कार्यों में किसी प्रकार का विनिमय संभव नहीं। इसी प्रकार काव्य का काम है अनुभव कराना, हृदय को किसी भाव में लीन करना। वह जमीन नहीं खोदता, हथौड़े नहीं चलाता।

कवि और राजनीतिक

कवि भावों का व्यवसायी है, राजनीतिज्ञ अपनी नीति के प्रचार का कवि किसी भाव को जाग्रत् कर पाठक के रागात्मक तारों में झंकार उत्पन्न करता है और राजनीतिज्ञ लेक्चरबाजी कर अपना मत प्रचारित करता है। इसीलिए अंग्रेजी काव्य की नूतन (मार्क्सवादी) शाखा के एक प्रसिद्ध कवि सेसिल डे लेविस ने कहा है कि 'कवि संवेदनशील प्राणी है, नेता नहीं।'* कवि सत्य को उसके पूरे रूप में देखना चाहता है इसलिए राजनीतिज्ञ की भाँति कतिपय निश्चित नियमों की सीमाओं में वह बँधा नहीं रह सकता। वह उन्मुक्त होकर, बदलती रहने वाली परिस्थितियों के बीच से नए-नए रूप में प्रकट होने वाले सत्य का ग्रहण करता रहता है। जीवन को वह खुली आँखों से देखता है और उसका अनुभव करता है। सत्य को परखने वाली किसी स्थिर नीति की कसौटी से उसका काम नहीं चल सकता। कवि और राजनीतिज्ञ में यह एक बड़ा भारी अंतर है।

संप्रदाय विशेष की अन्य बातों पर ही अधिक ध्यान देने से काव्य का लक्ष्य पूर्ण नहीं होता। इससे जीवन का विस्तृत क्षेत्र भी आँखों के सामने आने से रह जाता है, हृदय का पूर्ण प्रसार जगत् के बीच नहीं हो पाता और शुद्ध भाव की वह उच्च भूमि भी नहीं प्राप्त होती जो जन मन को अपने में रमा ले। इसलिए आवश्यकता इस बात की है कि कविगण किसी राजनीतिक विचारधारा से परिचालित न होकर जीवन की मार्मिक दशाओं का स्वतः साक्षात्कार करें और पाठकों के सम्मुख उन्हें प्रत्यक्ष करें। जीवन बहुत व्यापक वस्तु है। किसी संप्रदाय की संकुचित भूमि पर पूरा-पूरा वह आ ही नहीं सकता। बिना सामंजस्य बुद्धि के जीवन विकलांग रहता है यह निश्चयपूर्वक समझ रखना चाहिए।

साहित्य की सार्थकता

साहित्य की सार्थकता संपूर्ण जीवन को साथ लेकर चलने में है। वह हृदय का संतुलित व्यापार है, तर्काश्रयी बुद्धि का विलास मात्र नहीं। प्रगतिवादी काव्यधारा का विवेचन करते हुए इसी वास्तविकता की ओर ध्यान दिलाने का प्रयास किया गया है। जीवित और जाग्रत् जाति के इतिहास में साहित्य की अविच्छिन्न धारा मिलती

---

* Poet is a sensitive instrument, not leader.

—*A Hope for Poetry*, P. 136

है। प्रभविष्णुता का गुण उसमें सभी कालों में बना रहता है। अतः यदि विचारपूर्वक ऐतिहासिक दृष्टि से यह देखने का प्रयत्न किया जाए कि साहित्य में वह कौन-सी वस्तु है जो सभी कालों में बनी रहती है और वह क्या वस्तु है जिसका महत्त्व केवल सामयिक रहा है तो ऐसा करने से साहित्य के विषय में एक ऐसी निर्मल विचारधारा प्राप्त होगी जो वास्तविक पथ का निर्देश करेगी।

किसी नवीन वस्तु को ज्यों का त्यों ग्रहण कर लेना ही पर्याप्त नहीं है, बल्कि हमें इस बात का भी ध्यान रखना होगा कि वह वस्तु हमारी प्रकृति के अनुकूल कितनी पड़ती है। नवीन वस्तु को अपने अनुकूल बनाकर पचा लेने की क्षमता भी हमें अपने में लानी होगी। जिन विदेशी प्रवृत्तियों का ग्रहण किया जाए उन्हें सच्ची अनुभूति के माध्यम से ही। " 'प्रगतिशील' साहित्य के लिए आवश्यकता यही नहीं है कि वह नई विचारणा को लेकर साहित्य के बगीचे में इस प्रकार लगा दे कि वह चार दिन में ही सूख जाए। आवश्यकता यह भी है कि वह अपनी विचारलता को कला के संजीवन-रस से सिंचित करे और उसे उपवन के अन्य सुंदर वृक्षों और बेलियों के साथ लहलहाने योग्य बनावे।"†

अपनी धारणा को उचित-अनुचित सभी प्रकार से हठपूर्वक मनवाने का आग्रह लेखक को साहित्य के क्षेत्र से बाहर ला पटकता है। कोई सज्जन यह घोषणा करते हैं कि काव्य की भावुकता का समय गया, अब बौद्धिकता का जमाना आया है। किसी महाशय की पुकार है कि 'युगवाणी' और 'ग्राम्या' के पंतजी में कोई परिवर्तन नहीं हुआ था। यह तब होता जब वे कवि न रहकर मार्क्सवादी कामरेड बन जाते। कोई महापुरुष लेक्चर दे रहे हैं कि मैं जो कहता हूँ वही ठीक है, दूसरों की बातें 'अविकसित मस्तिष्क' 'रुग्ण हृदय' और 'साहित्यिक विचारहीनता' का द्योतन करती हैं। प्रलाप यहीं नहीं बंद होता। उसी जोश में आगे कह जाते हैं कि 'फाँसी का झूला झूल गया सरदार भगतसिंह' अथवा 'विजयी विश्व तिरंगा प्यारा' वाले गीत साहित्य की निधियाँ हैं और नरेंद्र शर्मा के 'लाल निशान' के गीतों में खूब रसपरिपाक हुआ है।

ऐसे निरर्थक वाक्यों पर टीका टिप्पणी करना व्यर्थ है। पर इतना निवेदन अवश्य किया जा सकता है कि इस प्रकार की हलकी भावना साहित्य का स्वरूप समझने में किसी प्रकार की सहायता नहीं कर सकती। साहित्य के लिए आवेशमयी भावुकता ही पर्याप्त नहीं है उसमें जीवन के और गंभीर तत्त्वों का सन्निवेश होता है। सामयिक रचनाओं का अपना महत्त्व है, इससे कोई इनकार नहीं करता पर उनमें से बहुत थोड़ी ही साहित्य की संज्ञा पाती हैं। सामयिक रचनाओं में से अधिकांश का वही स्थान है जो समाचार पत्रों के विशिष्ट समाचारों या प्रभावोत्पादक टिप्पणियों का।

† पूर्ण साहित्य सम्मेलन के साहित्य परिषद के सभापति-पद से श्री नंददुलारे वाजपेयी द्वारा दिए गए भाषणा से।

सभी को साहित्य क्षेत्र में घसीटने का उद्योग कोई अर्थ नहीं रखता। साहित्य का उद्देश्य, विचारणा और विधान गंभीर होते हैं।

साहित्य में अवसरवादिता

अवसरवादिता का खेल साहित्य के भीतर नहीं चल सकता। कुछ दिन पहले तक जो कवि और लेखक नए प्रगतिवादियों के निकट पलायनवादी थे वे अब 'अपने समय के प्रगतिवादी' घोषित किए जाने लगे हैं। उनकी महत्ता को स्वीकार करना तो अच्छी बात है, कम से कम इससे यह पता तो चलता ही है कि साहित्य का स्वरूप समझ में आने लगा है। पर उन लेखकों और कवियों की रचनाओं से अपने मतलब के उद्धरण देकर, बिना पूर्वापर विचार किए, यह कहना कि इससे रचयिता की प्रगतिवादी मनोवृत्ति दृष्टिगोचर होती है, साहित्यिक अपराध है। अवसरवादिता के खेल का एक तमाशा देखिए! एक सज्जन कह रहे हैं कि 'कामायनी' से हमारे राष्ट्रीय आंदोलन को स्फूर्ति मिली। कैसी स्फूर्ति मिली? किस प्रकार मिली? प्रत्यक्ष या परोक्ष? यह भी तो बताएँ।

इस प्रकार की अनर्गल धारणाओं का कारण क्या है, इसका पता लगाना कुछ कठिन नहीं। मार्क्सवादी संप्रदाय की बातों को ज्यों का त्यों साहित्य पर घटा देने से ही इस प्रकार का भ्रम उत्पन्न होता है। अच्छा अब कामायनी को आंदोलन के लिए स्फूर्तिदायक कैसे कहा गया यह देखिए। मार्क्सवादियों की धारणा है कि प्रत्येक श्रेष्ठ रचना अनिवार्यतः कर्म की प्रत्यक्ष प्रेरणा देने वाली होती है। इधर, साहित्य में कामायनी का महत्त्व निश्चित हो गया है। मार्क्सवादी देखता है कि साहित्यिकों की दृष्टि में यह रचना जब उच्चकोटि की है तब अपने संप्रदाय की कसौटी पर भी इसे खरी उतरना चाहिए। बस बोल उठा 'कामायनी से हमारे राष्ट्रीय आंदोलन को स्फूर्ति नहीं मिली यह कहने का साहस कौन कर सकता है?' सचमुच ऐसी बातें बनाने के लिए बड़े साहस (?) की आवश्यकता है।

समकालीन परिस्थितियाँ और साहित्य

समकालीन परिस्थितियों के साथ साहित्य की प्रत्येक रचना जकड़ी हुई है—इस प्रकार के मत के कारण भी उसकी परीक्षा करने में भ्रम उत्पन्न होता है। पहले कहीं कहा जा चुका है कि साहित्य प्रातिबिंबिक सत्ता है। और प्रतिबिंब होता है बाह्य और आंतरिक जगत् का। आंतरिक जगत् अर्थात् मनोजगत्। मनोजगत् की मंगलमयी भूमिका में नैतिक सौंदर्य की जब प्रतिष्ठा होती है तब उसी का प्रतिबिंब किसी रचना को श्रेष्ठ बनाता है। उच्चकोटि की रचना में, स्थूल और बहिरंग परिस्थितियों के प्रभाव के साथ, इसी सार्वकालिक तत्त्व का विनियोग होता है। इसलिए केवल

युग के बाहरी स्थूल प्रभावों से ही काव्य की परख नहीं होती। ऐसा कहने से वही तमाशा खड़ा होगा जिसे कामायनी के प्रसंग में ऊपर देख आए हैं।

वर्तमान समय में चारों ओर दुःख-दर्द, स्वार्थपरता, विषमता और निराशा ही दृष्टिगोचर हो रही है। इन सबका आभास इस युग की रचना में अवश्य मिलेगा। पर श्रेष्ठ रचनाओं में हर्ष, प्रफुल्लता, आशामयता, आत्म विस्तार आदि का भी संदेश मिलता है। यह कवि के मनोजगत् की उस उच्च अवस्था का प्रतिबिंब ही है जिसका उल्लेख ऊपर किया गया है। अंधकारमय परिस्थितियों के बीच भी मंगल-ज्योति की जो किरण महत् साहित्यिक कृति में चमक उठती है वही इस बात का प्रमाण है कि काव्य सदा, सभी अवस्थाओं में, केवल समयुगीन परिस्थितियों से ही नहीं घिरा रहता, ऊपर भी उठता है। और यह समझ लेने पर सभी कृतियों को आंदोलन की प्रेरणा देने वाली सिद्ध करके सब धान बाइस पसेरी तौलने की किसी की हिम्मत न होगी।

राजनीतिक कसौटी और साहित्य

यहीं पर यह भी निवेदन कर देना चाहता हूँ कि मार्क्स या लेनिन राजनीतिक पुरुष हैं। उन्होंने महत् कार्य किए हैं, इसमें संदेह नहीं। परंतु इसमें भी संदेह नहीं है कि उसका क्षेत्र राजनीति ही है, साहित्य नहीं। उन्होंने यदाकदा बातचीत, पत्र या अन्य विषय की रचनाओं के बीच में यहाँ-वहाँ साहित्य पर अपने कुछ उद्गार प्रकट कर दिए हैं। उन कतिपय साहित्य विषयक उद्गारों को सदा सूत्र मानकर चलना कुछ बुद्धिमानी की बात नहीं है। साहित्य की स्वतंत्र सत्ता है। वह किसी राजनीतिक सिद्धांत की पूर्ति का साधन मात्र कदापि नहीं। इस प्रकार के प्रभावों से सतर्क रहने की बड़ी आवश्यकता है। हमारी संपूर्ण सांस्कृतिक मर्यादा को पराभूत करके इस प्रकार के मतमतांतरों का प्रभाव कहीं हमारे नवीन साहित्यकारों की स्वाभाविक उद्भावना शक्ति को पंगु न बना दे, इसका विचार होना चाहिए।

यह सब कहने का तात्पर्य इतना ही है कि राजनीतिक विचारों की कसौटी पर काव्य की परीक्षा करना अथवा उसके आदर्शों पर रचना करने का उपदेश देना साहित्यिक विकास का पथ अवरुद्ध करना है। जीवन और जगत् को खुली आँख से देखकर उसके पूरे स्वरूप से प्रेरणा ग्रहण करना ही साहित्यिक का धर्म है। जीवन की जो कठोर परिस्थितियाँ हमारे सामने आ रही हैं उनका व्यापक प्रभाव वर्तमान हिंदी साहित्य पर पड़ रहा है, यह बड़े संतोष की बात है। हमारे सभी विशिष्ट कवि इससे प्रभावित होते दिखाई दे रहे हैं। महादेवी जी ऐसी एकांतप्रिय और रहस्यवादी कवयित्री भी मनोरम कल्पनाओं से रंजित और मधुर भावनाओं के कलरव से मुखरित एकांत से निकलकर यथार्थ जीवन की विकृतियों पर बड़ी सहृदयता के साथ दृष्टि डाल रही हैं। 'अतीत के चलचित्र' और 'स्मृति की रेखाएँ' नामक गद्य पुस्तकों में उन्होंने निम्नवर्ग के कुछ अत्यंत मार्मिक चित्र प्रस्तुत किए हैं। बंगाल के अकाल का उन

पर कितना गहरा प्रभाव पड़ा था यह उनके तद्विषयक उद्योगों से स्पष्ट है। इतना ही नहीं, उन्होंने अकालग्रस्त बंगाल की करुण दशा का वर्णन करते समय हिंदी के लेखकों को संबोधित कर लिखा था—"इस दुर्भिक्ष की ज्वाला का स्पर्श करके हमारे कलाकारों की लेखनी तूली यदि स्वर्ण न बन सकी तो उसे राख हो जाना पड़ेगा।"* दूसरी ओर देखिए तो निराला जी आजकल दीन-जनों के नपे-तुले छोटे-छोटे पद्यात्मक रेखाचित्र प्रस्तुत करने में लगे हुए हैं। इन छोटे-छोटे पदों में व्यंगात्मकता की प्रवृत्ति भी अनेक स्थलों पर पूरी मात्रा में विद्यमान है। श्री सियारामशरण गुप्त की 'दैनिकी' में संकलित रचनाओं में युद्धकालीन दशा पर अनेक रचनाएँ सुंदर ढंग से प्रस्तुत की गई हैं। दिनकर जी के कुरुक्षेत्र, गुप्त जी की इधर की कुछ रचनाओं में, और अन्य अधिकांश उच्चकोटि के कवियों की कृतियों में भी युग की पूरी छाप दिखाई पड़ रही है।

पर प्रगतिवाद के लिए इतना पर्याप्त नहीं है, पिछले पृष्ठों से इसका पूरा पता चल गया होगा। मार्क्सवादी दृष्टि इसके लिए आवश्यक है। संक्षेप में, इसी स्थूल भेद के अनुसार प्रगतिवादी कवि अन्य कवियों से अलग हो जाते हैं। इसी प्रसंग में इस प्रकार के कतिपय कवियों की कुछ मोटी विशेषताओं का संक्षिप्त विवरण दे देना आवश्यक प्रतीत होता है।

श्री सुमित्रानंदन पंत हिंदी-काव्य में प्रगतिवाद के सूत्रपातकर्ताओं में से हैं। छायावाद की ओर से प्रगतिवादी आंदोलन की ओर इनके मुड़ जाने से नवयुवक कवियों पर बहुत प्रभाव पड़ा और वे भी उस ओर प्रवृत्त हुए। मार्क्सवाद की ओर पंतजी का झुकाव सामूहिक हित की दृष्टि से है। व्यक्तिगत रूप से गाँधीवाद से भी ये प्रभावित प्रतीत होते हैं और भारतीय आत्मवाद का भी इन पर गहरा रंग है। मार्क्सवादी आत्मा की सत्ता नहीं मानते। 'पदार्थ' को ही सब कुछ समझते हैं। पर पंतजी 'पदार्थ' को ही सब कुछ नहीं स्वीकार करते और संकीर्ण भौतिकवादियों से असहमति प्रकट करते हैं। 'जहाँ आत्मदर्शन अनादि से समासीन' है उस स्वर्ग की प्राप्ति के लिए ये भौतिकवाद को साधन मात्र मानते हैं। स्पष्ट है कि मार्क्स के भौतिकवाद की ओर इनका झुकाव वर्तमान विषमता के उन्मूलन की आशा से ही है। इस प्रकार ये आत्मा और जगत् का सामंजस्य ही घटित करना चाहते हैं। भौतिकता की जो उपेक्षा हुई है उसका परिहार मात्र इनका आशय प्रतीत होता है, कुछ उसकी प्रभुता स्थापित करना नहीं। पंत जी प्रगतिवाद के भीतर भी आकर अपना सौंदर्यवादी रूप बनाए हुए हैं। युगवाणी और ग्राम्या में जो सबसे बड़ा परिवर्तन उनमें हुआ है वह है यथार्थोन्मुखता। कल्पना के लोक से उतर कर यथार्थ जगत् के वैषम्य और उसकी पीड़ा का अनुभव करने के साथ ही निम्नवर्गीय जन-जीवन के नानाविध चित्र आँकने का प्रयास इन्होंने किया है। यद्यपि 'युगवाणी' की अधिक रचनाएँ

* बंगदर्शन—अपनी बात; पृष्ठ 7

सिद्धान्त-प्रतिपादक ही हैं पर 'ग्राम्या' की रचनाओं में जन-जीवन के हर्ष-विषाद और सुख-दुःख के मार्मिक रूप कवि ने उपस्थित किए हैं। जो वास्तविकता है उसको उसी रूप में देखने का प्रयत्न किया है। अब तक प्रायः कवियों ने 'भारतमाता' को भावुकतामयी दृष्टि से ही देखा था, अधिकतर उसके प्राकृतिक सौंदर्य पर ही जाकर उनकी दृष्टि टिक रहती थी पर पंत जी ने उसका दुःख-दर्द और अज्ञान से भरा ग्रामीण रूप भी दिखाया।

भौतिकता की उपेक्षा न होनी चाहिए; वास्तविक जगत् के कठोर सत्यों से पलायन अनिष्टकर है; यह सब तो कहा पर साम्यवाद की स्थापना के लिए कोई निश्चित योजना प्रस्तुत करने का प्रयास इन्होंने नहीं किया और न वर्ग-संघर्ष आदि उपायावलंबों का ही उपदेश दिया। यह सब उनके कवि रूप के सर्वथा अनुकूल हुआ है। 'ग्राम्या' में यद्यपि इनकी बौद्धिक दृष्टि भी है पर विषाद की कंटकाकीर्ण भूमि से भी इन्होंने बड़े कौशल से सौंदर्य-पुष्पों का चयन करके सामने रखा है। इससे इनका कवि रूप भी बना रह गया है और भावी की सुखाशयता भी झलक जाती है।

'युगवाणी' की रचनाओं में जो गद्यात्मक शुष्कता आ गई है उसका कारण विचार-प्रतिपादन की प्रधानता ही है। इसीलिए इन रचनाओं को 'गीत-गद्य' कहा गया है। पर ग्राम्या की कृतियों में मूर्ति-विधायिनी कल्पना के प्रसाद से भाव संपदा की न्यूनता पर सहसा दृष्टि नहीं जा पाती। विभावपक्ष का सजीव चित्रण मात्र भी काव्यानंद प्रदान करता ही है। प्रगतिवादी रास्ता पकड़ने के बाद पंतजी ने निम्नवर्गीय जीवन को ही अपना क्षेत्र चुना पर प्रकृति प्रेम इनका बराबर बना रहा। शैली की दृष्टि से पहले की अपेक्षा कोई विशेष परिवर्तन इनमें नहीं लक्षित होता। सिद्धांत रूप से सरलता और सीधापन लाने की आकांक्षा प्रकट करने पर भी स्वयं अपनी रचनाओं में ये इस दृष्टि से कोई मूलभूत परिवर्तन नहीं ला सके। इनकी कुछ विचार प्रधान प्रगतिवादी रचनाओं पर विचार करने से ऐसा लगता है कि कवि के मन में किसी विशेष राजनीतिक मत और काव्यानुरूप भावमयता का द्वंद्व चल रहा है और उसका कवि रूप अपने प्रकाशन के लिए बार-बार जोर मार रहा है।

'पल्लव' के कवि के रूप में पंत जी छायावाद के प्रथम उन्नायकों में दिखाई देते हैं और 'युगवाणी' के कवि के रूप में प्रगतिवाद के प्रथम पुरस्कर्ताओं में। 'स्वर्ण किरण' और उसके बाद की रचनाओं में उन्होंने एक आध्यात्मिक संस्कृति की चेतना जगाने का प्रयास किया है। इन रचनाओं में मनुष्य के आत्मिक विकास पर अधिक जोर दिया गया है। कवि के विचार से जग में बहिर्चेतना जाग्रत है पर अंतर्मानव निद्रित है; बाह्य परिस्थितियाँ जीवित हैं पर अंतर्मानव मृत है। संसार की अशांति का कारण है दर्शन और विज्ञान का समन्वय न होना। चारों ओर फैली हुई ग्लानि और पराभव की भावना तथा अमंगल पर चेतन मानव मनःशक्ति एकत्र कर विजय प्राप्त कर सकते हैं।

समाज के भीतर व्यक्ति का बहुत महत्त्वपूर्ण स्थान है इसलिए कमनीय संसार वही है जिसमें आत्मोन्नति का पूरा अवसर हो और 'भू जन' श्रमप्रिय हों। कवि ने व्यक्ति का महत्त्व तो प्रतिपादित किया है पर उसका समाज-निरपेक्ष निर्बाध विकास नहीं दिखाया है। उसकी भावना व्यक्ति और समाज में समन्वय स्थापित करना चाहती है।

कवि का यह दृढ़ विश्वास है कि 'भावसत्य' और 'वस्तुसत्य' में सामंजस्य किए बिना संसार में आनंद की प्रतिष्ठा नहीं हो सकती। पर समन्वय की कामना करते हुए वह भौतिकता को भूलता नहीं—

संस्कृति रे परिहास, क्षुधा से यदि जन कवलित।
कला कल्पना, जो कुटुंब तन नग्न, गृहरहित॥

—स्वर्णकिरण, पृ. 111

पंतजी की इधर की रचनाओं में चाहे आध्यात्मिकता का रंग अधिक हो और कवि की सौंदर्य चेतना का उनमें पुनरुत्थान दिखाई दे पर सामाजिक संबंध भावना उनकी बराबर बनी हुई है। यह कह कर कि पंतजी मार्क्सवादी नहीं हैं, उनकी निंदापूर्ण आलोचना करना निरर्थक है क्योंकि उन्होंने मार्क्सवादी होने का दावा कभी किया ही नहीं। उनकी प्रतिभा किसी स्थूल अनुशासन की चारदीवारी में यदि बंदी नहीं होना चाहती तो इसके लिए उन्हें दोष नहीं दिया जा सकता। चाहे इस समय आध्यात्मिकता की ओर उनका अधिक झुकाव हो गया हो पर प्रगतिवाद के प्रादुर्भावकाल में प्रगतिवादी काव्यधारा को उनसे जो बल मिला उसे किसी प्रकार इतिहास भुला नहीं सकता।

दिनकर को पढ़ना यौवन के उल्लास, आवेश, पौरुष और प्राणमयता का अनुभव करना है। उनकी राष्ट्रीयता, उनकी पहले की अल्हड़ क्रांतिवादिता और बाद की विवेकपूर्ण परिवर्तनकामना, उनकी युवकोचित हुंकार—सब में एक ऐसी जीवनमयता है जो बराबर आकृष्ट करती है। दिनकर हिंदी के सजग राष्ट्रीय कवि हैं। समाज के अभाव-जर्जर दरिद्र निम्नवर्ग का हाहाकार, उसकी निराशा और आशा, उसका रुदन और आक्रोश इनकी कविताओं में भली-भाँति व्यंजित हुआ है। साम्राज्यवाद और शोषक-वर्ग की तीव्र आलोचना दिनकर की रचनाओं में बराबर दिखाई देती है। किसानों और श्रमिकों की दीनहीन दशा का प्रभावकारी चित्रण और उनकी मनोव्यथा की मार्मिक व्यंजना दिनकर की विशेषता है।

दिनकर की राष्ट्रीयता कई तरह से व्यक्त हुई है। अतीत के गौरवपूर्ण इतिहास का स्मरण दिलाकर और तत्कालीन वैभव के संकेत देकर विदेशी शासन में सभी तरह से दबी हुई जनता के मन की हीनभावना दूर कर आत्मविश्वास जगाने का प्रयास इन्होंने बहुत अच्छी तरह किया है। पराधीनता की शृंखला को तोड़ने के लिए इनके

उद्‌बोधन बहुत ही फड़कते हुए और मर्मस्पर्शी हुए हैं। अपने चारों ओर फैली दरिद्रता, पीड़ा और असहायता को दूर करने के लिए आकुल होकर दिनकर ने अपनी पूरी शक्ति लगाकर क्रांति का आह्वान किया था। चूँकि वह आह्वान क्षुब्ध हृदय की व्याकुल पुकार थी इसलिए उसमें संयम का न होना कुछ बहुत अस्वाभाविक नहीं जान पड़ता। दिनकर की क्रांति विपथगा है और उसका जो रौद्र रूप उन्होंने खींचा है वह बहुत ही आतंककारी है और उसमें ध्वंसात्मक प्रवृत्ति इतनी प्रखर हो उठी है कि अनेक आलोचकों को उसमें भारी अराजकता और अधिनायक शाही के तत्त्वों का आभास मिलने लगा। पर वास्तव में है वह व्यथित और क्षुब्ध युवक हृदय का विस्फोटक उद्‌गार ही। अब क्रांति का ऐसा विनाशकारी स्वर दिनकर की कविताओं में नहीं है।

यद्यपि ये विश्व बंधुत्व की भावना के विरोधी नहीं हैं पर राष्ट्रीयता को अंतर्राष्ट्रीयता की अपेक्षा अधिक महत्त्व देते हैं। इनके विचार से 'अंतर्राष्ट्रीयता की अनुचित उपासना से हमारी राष्ट्रीय शक्ति का ह्रास होगा।'

दिनकर 'जीवन का सबसे बड़ा सत्य वर्तमान' को मानते हैं अतः स्वाभाविक ही है कि इनकी रचनाओं में सामयिक परिस्थितियों का पूरा-पूरा प्रभाव दिखाई दे। निम्नवर्ग की विपन्नता का इनकी रचनाओं में बहुत ही प्रभावमय वर्णन हुआ है। कृषकों पर जमींदारों और महाजनों तथा श्रमिकों पर पूँजीपति मिलमालिकों के अत्याचार और उसके प्रभाव की मार्मिक व्यंजना कर पाठक के मन में इन सबकी तीव्र प्रतिक्रिया उत्पन्न करना दिनकर के काव्य की एक विशेषता है। सांप्रदायिकता, अकाल, स्वाधीनता प्राप्ति के बाद देश के सामने आई हुई अनेक समस्याओं आदि पर इन्होंने बड़ी सतर्कता से दृष्टि रखी है। पर इतना होने पर भी ये साहित्य को 'राजनीति का अनुचर' नहीं मानते बल्कि 'उससे भिन्न एक स्वतंत्र देवता' के रूप में स्वीकार करते हैं जिसे यह 'पूरा अधिकार है कि जीवन के विशाल क्षेत्र में से वह अपने काम के योग्य वे सभी द्रव्य उठा लें जिन्हें राजनीति अपने काम में लाती है।'

'कुरुक्षेत्र' नामक विचारात्मक काव्य में युद्ध की समस्या को केंद्र में रखकर दिनकर ने समकालीन समस्याओं पर विचार किया है। महाभारत संग्राम के पश्चात् 'कुरुक्षेत्र' में असंख्य मनुष्यों का संहार देखकर युधिष्ठिर को पश्चात्ताप होता है और वे शरशैयाशायी भीष्मपितामह के यहाँ जाकर अपनी मनोव्यथा और विराग भावना प्रकट करते हैं। भीष्म युद्ध के कारण और स्वरूप का विवेचन करके उन्हें विराग की निस्सारता बतलाते और प्रवृत्ति मार्ग या कर्म मार्ग ग्रहण करने का उपदेश देते हैं। प्रश्न है कि पापी कौन है? मनुष्य के अधिकारों का अपहरण करने वाला या अन्याय करने वाले का सीस उड़ाने वाला। कवि के विचार से हिंसा का पथ उचित नहीं, पर जब अत्याचारी के नृशंस कर्मों से लोक पीड़ित हो उठे तो उस अन्यायी का वध करने में ही सच्ची वीरता है। ऐसा प्रतीत होता है कि गाँधी जी की अहिंसा व्यक्तिगत

जीवन में सामान्यतः कवि को अस्वीकार नहीं है पर वर्तमान परिस्थिति में जब कि चारों ओर साम्राज्यवादी शोषकों का भयंकर कुचक्र चल रहा है, हिंसा के द्वारा ही आततायियों का दमन उसे व्यावहारिक प्रतीत हो रहा है। पराजित जाति के लिए वह असहिष्णुता और क्षमाशीलता को अभिशाप समझता है। युद्ध कुछ व्यक्तियों की स्वार्थपरता का परिणाम है पर जब तक मनुष्य मनुष्य के बीच की भेदभावना समाप्त नहीं होती तब तक संसार में युद्ध चलते ही रहेंगे। सारी अशांति और अत्याचार के मूल में है मानव हृदय की उदात्त वृत्तियों का दब जाना और स्वार्थबुद्धि का अतिविस्तार। अतः 'समताविधायक ज्ञान' और 'स्नेह-सिंचित न्याय' के आधार पर ही विश्व का नवनिर्माण कल्याणप्रद होगा।

भारत की समाजवादी विचारधारा को दिनकर की पूरी सहानुभूति प्राप्त है पर उसका बंधन उनकी रचनाओं ने स्वीकार नहीं किया है। उन्होंने स्पष्टतः साहित्य पर किसी भी राजनीतिक दल के शासन का कड़ा विरोध किया है। आर्थिक वैषम्य और शोषण की प्रक्रिया तथा उसके प्रभाव पर कवि की सजग दृष्टि अवश्य है पर किसी राजनीतिक दल की बौद्धिक धारणाओं को चित्रित करने का बीड़ा उसने नहीं उठाया है। कोई राजनीतिक धारणा बनाए रखना या किसी राजनीतिक मत के साथ सहानुभूति रखना एक बात है और किसी दल की दासता स्वीकार कर लेना दूसरी बात।

दिनकर ने जन-मन के हृदय को स्पर्श करने और जनता को जगाने की सदा चेष्टा की है। मानव की महत्ता और अप्रतिहत शक्ति में उनकी अटल आस्था है। उनके काव्य में एक ओर यदि दुःखी मानवता और निम्नवर्ग का चीत्कार है तो दूसरी ओर अपराजेय मनोबलशाली मानव की हुंकार और भावी का आशापूर्ण संकेत भी।

जिस प्रकार इनकी रचनाओं का भावपक्ष काव्योचित है उसी प्रकार कलापक्ष भी समृद्ध है। हिंदी के प्रगतिवादी कवियों में, प्रगतिवादी (मार्क्सीय) सिद्धांतों के अनेक व्यावहारिक पहलुओं से तीव्र विरोध रखने वाले इस कवि का महत्त्वपूर्ण स्थान है।

नरेंद्र शर्मा पहले पहल रोमांटिक कवि के रूप में ही सामने आए थे। इधर नए रास्ते पर चलकर इन्होंने सामयिक समस्याओं पर रचनाएँ कीं। मजदूरों के लिए इन्होंने मार्क्सवादी दृष्टिकोण से कई 'जनगीत' लिखे हैं। जिनमें शैली की दृष्टि से गेयता, प्रवाह और सरलता पर्याप्त मात्रा में मिलती है। पंतजी का इन पर पूरा प्रभाव है। इनके विकास की गति भी पंतजी के ही समान है। सामाजिक रचनाओं के साथ अन्य प्रकार की रचनाएँ भी इनकी निकलती रहती हैं। इनकी प्रगतिवादी रचनाओं में सामयिक परिस्थितियों के प्रति इनकी जागरूकता का पूरा-पूरा परिचय मिलता है। ऐसी रचनाओं में जहाँ नीतिप्रतिपादन का अवसर आता है वहाँ अपनी बातें खूब समझा-बुझाकर कहने में ये कुशल हैं। जीवन के मधुर पक्ष पर जब इनकी दृष्टि जाती

है तब वह अनेक ऐसे कोमल स्थल खोज निकालती है जो अत्यंत रमणीय प्रतीत होते हैं। नए कवियों में इनका ऊँचा स्थान है।

शिवमंगलसिंह 'सुमन' की एक बड़ी भारी विशेषता यह है कि इनकी रचनाएँ कहीं भी दुरूह नहीं होतीं। सरलता इनमें सर्वत्र मिलेगी—भाव में, शब्द-चयन में, अभिव्यक्ति-प्रणाली में—कहीं भी उलझन नहीं दिखाई देती। मुहावरों का इन्होंने अच्छा प्रयोग किया है। जिन शब्दों का सामान्यतः बातचीत में प्रयोग होता है उन्हें ये बेखटके अपनी रचना में ला बैठाते हैं। कभी-कभी व्यक्तिगत जीवन से संबद्ध विषय लेने पर भी लोकहित पर इनका बराबर ध्यान रहता है। कुछ लोगों का कहना है कि शैली की दृष्टि से इनकी कविताएँ बहुत लंबी हो जाती हैं और उनमें कभी-कभी वह कसावट नहीं मिलती जो भावाभिव्यंजन-प्रणाली में होनी चाहिए। पर जब कभी ऐसा होता है तब केवल इसीलिए कि कवि अपनी बात को बहुत ही स्पष्ट करके समझाना चाहता है। युद्धकांड में लिखे गए इनके कुछ सामयिक गीत और इधर की कुछ उत्साहप्रवर्द्धक लंबी रचनाएँ विशेष प्रशंसित हुई हैं। सुमन जी की सबसे बड़ी विशेषता यह है कि शक्ति, उत्साह और आशा का संदेश ये बराबर देते रहते हैं और किसी प्रकार की परिस्थिति के सम्मुख हार मानना नहीं जानते। जीवन के उत्थान में इनकी अटल आस्था है। देश-विदेश के राजनीतिक और सामाजिक घटनाचक्र पर ये बराबर सतर्क दृष्टि रखते हैं।

रामेश्वर शुक्ल 'अंचल' ने छायावाद की सूक्ष्मता के विरोध में शरीरी प्रेम और यौवन का संदेश लेकर काव्यक्षेत्र में प्रवेश किया था। इनका वह रूप अब भी वैसा ही बना हुआ है। ये मूलतः आवेशमयी भावुकता के कवि हैं। इनकी रचनाओं में सर्वत्र आवेश की वेगमयता दिखाई देती है। जीवन की किसी भी दशा को ये आवेगभरी जवानी की आँखों से ही देखते हैं। यह इनकी बड़ी विशेषता है। अंचल जी की अधिकांश रचनाओं में उर्दू की पूरी रवानी है, जो पढ़ने में बड़ी अच्छी लगती है। दलित-पीड़ित वर्ग का दुःख-दर्द, रोष और उत्साह इनके द्वारा बड़ी ओजपूर्ण शब्दावली में व्यक्त हुआ है। इनकी प्रगतिवादी रचनाओं में दीनजनों की अवस्था व्यक्त होती रहती है और वर्तमान असंगतियों के नाश के लिए आकुलता। अंचल जी की प्रतिभा यदि कुछ और संयत हो जाए तो और भी उच्चकोटि की कृतियाँ सामने आएँ। इन्होंने समर्थ काव्य-प्रतिभा पाई है।

केदारनाथ अग्रवाल अपने ढंग के अकेले ही कवि हैं। इन्होंने अपनी नवीन शैली स्वयं निर्मित की है। ऐसा मालूम होता है कि ये 'भाव चाहिए साँच' को ही मानने वाले हैं, अभिव्यक्ति का ढंग चाहे अटपटा भी क्यों न हो जाए। इन्होंने अधिकतर मुक्त छंद में छोटी-छोटी रचनाएँ लिखी हैं। कोई एक भाव, एक विचार, एक चित्र या एक कथा का आभास देने वाला प्रसंग ये ले लेते हैं। और व्यंजनापूर्ण ढंग से उसे व्यक्त करते हैं। निम्नवर्ग के दैनिक जीवन के बड़े ही व्यंजक छोटे-छोटे

रेखाचित्र इन्होंने प्रस्तुत किए हैं। अधिकतर इनकी रचना के विषय किसान-मजदूरों का ही जीवन होता है। कभी-कभी उच्च या शासक वर्ग के मनोभावों और कार्यकलापों को भी, थोड़े में, व्यंगात्मक ढंग से सामने लाने का प्रयास करते हैं। प्रतीकात्मकता भी इनकी रचनाओं में कहीं-कहीं मिलती है। ऐसा प्रतीत होता है कि केदारनाथ जी किसी भाव, विचार या चित्र को ज्यों का त्यों बिना किसी परिष्कार के रख देना ही अलम् मानते हैं। उसको मार्मिक ढंग से, सुंदर रूप में व्यक्त करने का प्रयास नहीं करते। इसीलिए बहुत से कविता-पाठक इनकी कुछ रचनाओं के विषय में शंका करते हैं—'यह कविता है?' जो हो पर इसमें संदेह नहीं कि इन्होंने कुछ व्यंजनापूर्ण लघु रचनाएँ प्रदान की हैं। इनमें एक ऐसी प्रतिभा है जिसका स्वतंत्र विकास हो रहा है।

इन सबके अतिरिक्त और भी अनेक नवयुवक कवि हैं जिनका अच्छा विकास हो रहा है? ऐसे कवियों में भारतभूषण अग्रवाल, नेमिचंद्र, मुक्तिबोध, रांगेय राघव और नागार्जुन आदि आते हैं। कुछ कवि ऐसे हैं जो पूरे प्रगतिवादी तो नहीं हैं पर जिन्होंने नए ढंग की अनेक मार्मिक रचनाएँ की हैं। इस प्रकार के कवियों में प्रभाकर माचवे, गिरिजा कुमार माथुर, शंभूनाथ सिंह आदि कवि प्रसिद्ध हैं। कुछ अन्य पूर्ववर्ती प्रतिभा संपन्न कवियों की प्रगतिवाद के भीतर भी बहुत अच्छी गति दिखाई दे रही है। प्रसिद्ध कवि 'दिनकर' इनमें मुख्य हैं। प्रसिद्ध प्रयोगवादी कवि अज्ञेय की भी बहुत-सी रचनाएँ प्रगतिवाद के अंतर्गत आ सकती हैं यद्यपि सैद्धांतिक रूप से इनका प्रगतिवादियों से पूरा मतभेद है। इन सबसे आधुनिक हिंदी काव्य समृद्ध है और हो रहा है, पर सबका विवरण यहाँ देना हमारा उद्देश्य नहीं है। प्रगतिवाद की प्रारंभिक अवस्था से ही जो कवि उसकी ओर प्रवृत्त हुए हैं और मार्क्सवाद की ओर विशेष रूप से आकृष्ट हैं उनमें से कुछ का परिचय यहाँ इसलिए दे दिया गया कि व्यक्तिगत रूप से भी इन नवीन धारा के कतिपय विशिष्ट कवियों की विशेषताओं का कुछ आभास पाठकों को मिल जाए। इस प्रसंग को पूरा विस्तार देने का अवसर अभी नहीं आया है। उसकी विस्तृत समीक्षा तो तब हो सकती है जब उसका स्वरूप पूरा निखर कर सामने आए। उसका वास्तविक मूल्यांकन 'वाद' का जोश कम होने ही पर संभव है। पर इस थोड़े काल में प्रगतिवाद ने अपना काफी विस्तार कर लिया है। नवयुवकों के बीच उसका प्रभाव बढ़ रहा है, अतः उसकी वर्तमान गतिविधि का निरीक्षण करने पर जिन व्यापक प्रवृत्तियों का परिचय मिला उन्हीं सबका प्रस्तुत पुस्तक में विचार किया गया है।

प्रगतिवाद की कतिपय प्रवृत्तियाँ प्रशंसनीय हैं। छायावाद काल के अंतिम दिनों में हमारे काव्यक्षेत्र में एक ओर व्यक्तिगत निराशा और संकुचित प्रेम का जो वातावरण तैयार हो रहा था उससे निकलकर और सामाजिकता के अनुकूल विशेष वातावरण बनाकर प्रगतिवाद की कई रचनाओं ने काव्य में नई आशा का संचार किया

है और सामाजिक जीवन की विशृंखलताओं की ओर विशेष ध्यान दिया है। इस समय हमें सामाजिक भावों से पूर्ण स्पंदित साहित्य की आवश्यकता है। प्रगतिवाद उस ओर बढ़ रहा है। आशा है कि राजनीतिक विचारधारा की संकुचित मनोवृत्ति का त्याग करके हमारे कवि सहृदय-हृदय-संवेद्य मर्मानुभूति का ऐसा पथ ग्रहण करेंगे जिससे उनकी रचनाएँ हमें वस्तुतः करुणा से द्रवित करने और हमारे हृदय में आशा का संचार करने में और भी अधिक सफल होंगी। आशा है उनकी वाणी जीवन के अभिनंदन गान से झंकृत होगी, कर्माभिमुख करने वाला उत्साह प्रदान करेगी और जीवन की संपूर्ण परिधि तक अपना विस्तार करेगी जिससे राष्ट्र और जाति का मंगल और साथ ही साहित्य की संवर्द्धना हो सके। इस आशा के पल्लवित होने के संकेत इस नवीन काव्यधारा में मिलते हैं। इसी दृष्टि से मैं इसका प्रशंसक हूँ।

2

जैनेंद्र के औपन्यासिक नायक

आज से प्रायः तीन दशक पूर्व जैनेंद्र ने हिंदी के औपन्यासिक रंगमंच पर ऐसे पात्रों की अवतारणा की जो आश्चर्यजनक रूप से साधारण और आश्चर्यजनक रूप से असाधारण थे। उनके बाह्य रूपावरण को भेद कर उनके मनोलोक की कुछ थोड़ी-सी सार्थक गति भंगिमाओं को देखने का अवसर हिंदी पाठकों को मिला और इसलिए अपने जीवन के कुछ क्षणों में वे पात्र उन्हें समीपी और आत्मीय से मालूम हुए। प्रबुद्ध पाठकों को, विश्लेषण करने पर, वे अंतर्द्वंद्व-पीड़ित, मामूली परेशानियों से घिरे, कुंठाग्रस्त, अच्छाई और बुराई से युक्त साधारण व्यक्ति ही दिखाई पड़े। असाधारण यों लगे कि उनमें एक अधखुलापन, एक तरह की रहस्यमयता थी और अपने जीवन के विशिष्ट क्षणों में वे भावना के सामान्य स्तर को छोड़ कर उच्चतर स्तर पर विचरण करते थे। मनोविज्ञान और अध्यात्म के शिखर या गर्त की ओर उन्मुख ये पात्र सजग द्रष्टा की चेतना को प्रबुद्ध करके, विचारमंथन शुरू करके, अपनी शब्दातीत मर्मव्यथा की अस्पष्ट पर तीखी अनुगूँज से प्रतिध्वनित मानसिक वातावरण तैयार करके मानों हाथ से निकल जाते थे।

अपने नए ढंग के पात्रों की अवतारणा के द्वारा जैनेंद्र ने चेतना के नए क्षितिज का उद्‌घाटन किया। हिंदी उपन्यास के अब तक के चेतना-वृत्त से बाहर रह जाने वाले जीवन के कुछ पहलुओं की भावात्मक प्रतीति इनके द्वारा संभव हुई। इस प्रकार जटिलतर मानव प्रतिमा संघटित हुई और जीवन-बोध के नए मानसिक आयाम सामने आए।

इन पात्रों को लेखक ने सुस्पष्ट व्यक्तित्व नहीं दिया है। कह सकते हैं कि ये सूक्ष्म शरीरी हैं, ठोस नहीं तरल हैं। इनके बाह्य रूपावरण और कर्मठता को ज्यादा महत्त्व न देकर लेखक ने इनके भीतरी स्पंदन, आलोड़न और अन्य सूक्ष्म प्रतिक्रियाओं को तरल रेखाओं में निबद्ध किया है। जीवन के विशिष्ट क्षणों में उनकी यह जीवंतता अपनी बाह्य रूपाभिव्यक्ति को तुच्छ करके अपने जटिल संवेगों में अधिक हृद्य होकर

प्रकाशित हो उठती है। प्रेमचंद या उनके समकालीन लेखकों के पात्र बाह्य जगत के अनुषंगों में जीवित रहते थे इसलिए वे स्पष्ट होते थे और अनबूझ उनमें शायद कुछ नहीं बच पाता था। जैनेंद्र के पात्र सामयिक-सामाजिक अनुषंगों से बहुत कुछ असंपृक्त रहकर चिरंतन नैतिक मूल्यों की खोज में भटकने वाले प्राणी हैं जिनका संपूर्ण व्यक्तित्व तो इन्द्रियबोध और बुद्धिग्राह्य नहीं होता पर जिन्दगी के कुछ खास और निर्णायक क्षणों में वे या तो सहज आत्मीय प्रतीत होते हैं या हमारे विश्वासों को धक्का दे कर हमारी अनुसंधानात्मक वृत्ति को सजग कर देते हैं। अन्य औपन्यासिक पात्रों की तरह जैनेंद्र के पात्र इसलिए नहीं हैं कि वे विश्वसनीय हों, वास्तविकता या ऐंद्रिय तथ्यों की भूमि पर जमे हुए हों। वे इसलिए हैं कि अपने कार्य और चिंतन के द्वारा एक प्रभाव, एक बेचैनी पैदा कर दें। जैनेंद्र के शब्दों में 'उपन्यास स्वाभाविक बनने के लिए नहीं है, वह तो एक प्रभाव पैदा करने के लिए होता है, जिसकी रचना इसलिए स्वाभाविक बनाई जाती है कि वह आप के मन पर थोड़ी देर के लिए उतर जाए।'

जैनेंद्र के अधिकांश उपन्यास नायिका-प्रधान हैं। नायक मानों सिर्फ उन परिस्थितियों का निर्माण करने वाले हैं जिनके बीच में नायिकाओं की जीवन-साधना प्रकाशित होती है। नायिकाओं के आगे वे छोटे और कमजोर लगते हैं। वे सभी किसी न किसी रूप में कुंठा, मनोविकृति, दमन के शिकार और अपनी मध्यवर्गीय स्वाभाविक दुर्बलताओं से ग्रस्त हैं। सुविधाप्राप्त वर्ग की सुखेच्छा, उत्तरदायित्व से कतराने की प्रवृत्ति और आत्मप्रवंचना प्रच्छन्न या प्रकट रूप में उनमें बराबर दिखाई देती है।

इनके नायकों का व्यक्तित्व अधिकतर दो स्तरों—मनोवैज्ञानिक और आध्यात्मिक—पर प्रकट हुआ है। अज्ञेय और इलाचंद्र जोशी के औपन्यासिक नायकों में जीवनदृष्टि का अभाव नहीं है पर किसी जीवनादर्श के प्रति उनमें ऐसी ऐकांतिक निष्ठा और आग्रह या पूर्वग्रह नहीं। जैनेंद्र के चरित्र-विश्लेषण की अंतिम परिणति पूर्वनिश्चित आदर्श में होती है जब कि अज्ञेय के विश्लेषण की विशेषता प्रायः नए ढंग की अनुभूतियों के संयोजक तत्त्वों को सूक्ष्मता के साथ अंकित करने में है। ये विश्लिष्ट अनुभूति-खंड अपने आप में भी महत्त्व के होते हैं। जैनेंद्र का विश्लेषण ज्ञात और अल्पज्ञात अनुभूतियों को सीधे या कभी-कभी रहस्यवर्द्धक कलात्मक संकेतों के द्वारा अपने पूर्वापरबद्ध रूप में प्रकट करता है। कभी-कभी उनके चरित्रों की असामान्य अनुभूतियाँ आध्यात्मिकता के पर्दे में और गूढ़ बन कर पाठक के लिए गरिष्ठ हो जाती हैं। जैनेंद्र के नायक शेखर से तत्त्वतः भिन्न हैं। शेखर के व्यक्तित्व की प्रखरता और प्रचंडता जैनेंद्र के किसी पात्र में नहीं मिलती। प्रमोद, श्रीकांत, सत्यधन, डॉ. असरानी, जितेन, जयंत, जयवर्द्धन—इन सभी नायकों में असंतोष,

दमित वासनाओं की घुटन और आत्मपीड़ा भावना के मृदु संवेगों के द्वारा व्यक्त हुई है और खतरे से बचाने वाला जीवन-दर्शन इन सबका बहुत बड़ा सहारा है। इसीलिए ये कम से कम व्यवहारतः न तो उठ पाए हैं और न इनकी चारित्रिक दृढ़ता का सक्रिय रूप ही प्रकाश में आ सका है। इलाचंद्र जोशी के पात्र घोषित रूप से मानसिक व्याधिग्रस्त कमजोर आदमी होते हैं और उनकी मनोविकृतियों को अनावृत करके सामने रख देना ही लेखक का उद्देश्य होता है। जैनेंद्र के चरित्र इस हद तक मनोवैज्ञानिक नहीं होते। वे किसी बड़े आदर्श, चाहे वह अव्यावहारिक ही क्यों न हो, की ओर इंगित करते हैं। उनकी मानसिक गतिविधि का चित्रण केवल इस इंगित को सबल या ग्राह्य बनाने के ही लिए होता है।

यदि जैनेंद्र के नायकों को एक सीमा तक रोमांटिक कहा जाए तो अनुचित न होगा। वे स्वप्नशील होते हैं, भावुक होते हैं, प्रेमोन्मुख होते हैं और किसी न किसी रूप में असंतोष भी उनमें होता है। उनकी बुद्धि के ऊपर भावना का अंकुश रहता है, पर खतरे को पूर्णतः स्वीकार करने, विद्रोह करने और स्वीकृत मर्यादाओं को भंग करने का साहस उनमें नहीं मिलता। लेकिन रोमांटिक नायक के लिए ये अंतिम बातें भी जरूरी होती हैं। इसलिए उन्हें एक सीमित अर्थ में ही रोमांटिक कहा जा सकता है।

जैनेंद्र के नायकों की कुछ विशेषताएँ सामान्य रूप से सर्वत्र दिखाई पड़ती हैं। ये निम्न या उच्च मध्यवर्ग के कुंठाग्रस्त, भावुक व्यक्ति होते हैं। थोड़ी-थोड़ी रहस्यमयता इनको कभी आकर्षक बनाती है और अधिक रहस्यमयता वायवी। बुद्धि की दुश्मनी में नायिकाओं ने लेखक का अधिक साथ दिया है फिर भी बुद्धि के सामने भावना को जैनेंद्र के नायकों ने अक्सर अधिक गौरव दिया है। यों कई मौकों पर उन्होंने अपने को बुद्धिमान ही साबित किया है! 'परख' का सत्यधन आत्मप्रवंचना की कई सीढ़ियों को पार कर कट्टो से दूर होता है और गरिमा से विवाह करता है। यह एक उदाहरण है। इन नायकों के आदर्श ऊँचे होते हैं, या कम से कम छोटे नहीं होते, पर वहाँ तक पहुँचना इनके लिए दुस्साध्य ही होता है। आरंभ में गाँधी जी का आदर्श ओढ़े हुए प्रकट होने वाला सत्यधन किस प्रकार घोर व्यवहारवादी दुनियादार बन जाता है, यह जैनेंद्र के पाठकों को मालूम ही है। 'सुनीता' का श्रीकांत अपने मित्र हरिप्रसन्न के असंयमित जीवन को बाँधने के लिए अपनी पत्नी को सामने करता है और इस प्रकार उसे एक सद्गृहस्थ बनने के लिए प्रेरित करना चाहता है। चाहता है कि हरिप्रसन्न इस प्रकार समाज के लिए और अपने लिए उपयोगी बने। इस नितांत काल्पनिक लोक के श्रीकांत और सुनीता का आदर्श ऊँचा हो सकता है पर उसका व्यावहारिक रूप विलक्षण है। 'त्यागपत्र' का प्रमोद भी अत्यंत संवेदनशील पर कमजोर पात्र है। मृणाल का उद्धार वह नहीं कर पाता।

मृणाल एक अद्‌भुत दृढ़ चरित्र की नारी है जो शरीर से स्खलित होते हुए भी मन और आत्मा से पूर्ण पवित्र है, और आत्मिक सदाचार की एक नई धारणा प्रस्तुत करती है। फिर भी प्रमोद आदर्श साधन के लिए उसे अधिक अच्छे मार्ग पर नहीं ले आ पाता। मृणाल के सामने जाने पर उसके मन में यह शंका उठती है कि 'सुधार की जरूरत उनमें है या मुझमें'—यह शंका उठ कर जहाँ मृणाल को महिमान्वित करती है वहाँ प्रमोद को कमजोर भी प्रमाणित करती है।

'कल्याणी' के डॉक्टर असरानी पुराने संस्कारों के कठोर घेरे में रहने वाले व्यक्ति हैं और सामान्यतः भले आदमी होते हुए भी अपनी आंतरिक क्षुद्र अहंता के कारण कल्याणी जैसी नारी के लिए घातक होते हैं। 'विवर्त' का नायक जितेन अपनी अभुक्त वासना के कारण भीषण मनोविकृति का शिकार होता है और अपनी प्रेमिका भुवनमोहिनी के प्रेम के प्रभाव से उसकी कुंठा दूर होती है। यहाँ कमजोर नायक, नायिका के प्रभाव से टूटते-टूटते बच जाता है। 'जयवर्द्धन' उपन्यास का जयवर्द्धन भी एक संघर्षभीरु पात्र है जो मंत्रिपद से त्यागपत्र देकर सामाजिक-राजनीतिक जीवन से ही पलायन नहीं करता बल्कि प्रेयसी इला को छोड़कर एक तरह से जीवन से ही पलायन कर जाता है। 'व्यतीत' के जयंत की हालत भी तत्त्वतः बहुत कुछ ऐसी ही है।

जैनेंद्र के नायक नैतिक मूल्यों की परंपरागत धारणाओं पर गहरी चोट करते हैं पर जिंदगी में स्वयं वे भटक भी जाते हैं। शारीरिक पवित्रता की जगह वे आत्मिक पवित्रता को मान्यता देते हैं और प्रेम के क्षेत्र में इस आदर्श को सक्रिय रूप में अपनाते भी हैं, पर अपने अहिंसा, आत्मदान, आत्मशुद्धि वाले आदर्शों को चिंतन के ही क्षेत्र में प्रायः सीमित रखते हैं। (इन आदर्शों की चरितार्थता नायिकाओं के ही जीवन में अधिकतर व्यक्त हुई है।) समाज की मान्यताओं को तोड़-फोड़ कर सक्रिय क्रांति वे नहीं चाहते। वे भावुक हैं, संवेदनशील हैं पर दुर्बल भी कम नहीं। भावना और चिंतन के क्षेत्र में वे जितने सजग हैं उतने कर्म-क्षेत्र में नहीं। भावना के माध्यम से व्यक्ति का परिष्कार करने की व्यक्तिवादी विचारधारा के वे सच्चे पोषक हैं। उनकी आध्यात्मिकता उन्हें भावना के उच्च स्तर पर ले जाती है तो आत्मप्रवंचना भी थोड़ी नहीं सिखलाती।

मनोवैज्ञानिक स्तर पर उनकी अभिव्यक्ति सबल रूप में हुई है। उनके छोटे से छोटे भावस्पंदन को जैनेंद्र ने ऐसी योग्यता से शब्दों में ग्रथित किया है कि जीवन की स्थितिविशेष अपनी समग्रता में आलोकित हो उठी है। प्रायः सभी नायक किसी न किसी रूप में कुंठाग्रस्त हैं और आत्मपीड़न या परपीड़न की दुर्दमनीय आकांक्षा से त्रस्त भी।

उनकी विशेषता यह है कि वे अपने उत्थान और पतन में, सुख और दुख

के क्षणों में, आत्मचिंतन की स्थितियों में हमारे मर्म को स्पर्श करते हैं। स्वीकृत नैतिक मूल्यों पर वे बराबर गहरी शंकाएँ उठा कर हमारे विवेक को जाग्रत कर देते हैं, मानव व्यक्तित्व के जटिल और तर्कातीत रूप की झलक देकर लघुता को गौरवान्वित करते हैं। वे सभी 'त्यागपत्र' के प्रमोद के शब्दों में यही कहते प्रतीत होते हैं–"किनारे पर ही रहें, जहाँ पैर धरती से छू जाते हैं। वहीं तक रहें जहाँ हमारा लंगर धरती को पकड़ ले और हम ठहर सकें। बस, बस। उसके आगे जब तब समंदर के अगाध फैलाव की ओर देख लिया करें, यही क्या कम है। इतना भी बहुत है, बहुत है। .... जितनी झेल सकें उतनी ही उस विराट की झाँकी ले लें और फिर अपनी धरती के आसपास किनारे-किनारे सबसे उलझते-सुलझते जिये चलें। यही उपाय है। यही मानव जीवन है।"[1]

---

1. इलाहाबाद रेडियो के सौजन्य से।

3

आचार्य शुक्लजी की गद्य-शैली

आधुनिक हिंदी की गद्य-शैली के एक प्रमुख प्रतिष्ठापक के रूप में जब पंडित रामचंद्र शुक्लजी साहित्य-क्षेत्र में आए, तब तक शैली-निर्माण के दो महत्त्वपूर्ण युग बीत चुके थे। भारतेंदु हरिश्चंद्र तथा उनके समकालीन लेखकों ने विभिन्न प्रकार की शैलियों का सूत्रपात किया, जिनमें भावों और विचारों का अच्छा निर्वाह मिलता है। पंडित प्रतापनारायण मिश्र और श्री बालकृष्ण भट्ट की जिंदादिल और चटपटी भाषा-शैली तो उनके बाद बंद ही हो गई, जिसके लिए आज के पाठक भी लालायित होंगे। आधुनिक गद्य-साहित्य-परंपरा के प्रवर्त्तन में भारतेंदु-काल का अत्यंत महत्त्वपूर्ण स्थान अवश्य है पर उक्त-काल की दो बातें बहुत खटकती हैं। भाषा की अनस्थिरता और व्याकरण की उपेक्षा।

इन दोषों का निराकरण तब हुआ जब पंडित महावीरप्रसाद द्विवेदी ने सरस्वती-संपादक के रूप में साहित्य-क्षेत्र में पदार्पण किया। भाषा की अनस्थिरता, व्याकरण की अशुद्धियों और वाक्य विन्यास की सफाई आदि का पूरा-पूरा ध्यान रखते हुए द्विवेदीजी ने अपने समय के लेखकों पर पूरा नियंत्रण रखा। इसका फल यह हुआ कि हमारी-भाषा में काफी शक्ति आ गई। अर्थोद्घाटिनी शक्ति और समर्थ अभिव्यंजना प्रणाली के लिए रास्ता साफ हो गया। द्विवेदी-काल में दूसरी उल्लेखनीय बात यह हुई कि भाषा में चलताऊपन और व्यावहारिकता का पूरा सन्निवेश हो गया। इस काल में हिंदी में कई समाचार-पत्र और पत्रिकाएँ भी निकलने लगीं जिससे लोक-सामान्य (जर्नलिस्टिक) भाषा खूब मँजकर सामने आ गई।

भारतेंदु-काल और द्विवेदी-काल हिंदी साहित्य के विभिन्न स्वरूपों का साँचा बनाने और उनकी प्रतिष्ठा के लिए उपयुक्त पृष्ठभूमि और वातावरण का सृजन करने में ही मुख्यतः लगे रहे। आगे आकर जब साहित्य की विभिन्न शाखाओं का स्वरूप स्थिर हो गया और उनका निर्माण एक सुनिश्चित पद्धति पर होना आरंभ हुआ तब संयत, सशक्त और समर्थ भाषा की अनिवार्य आवश्यकता हुई। साहित्य के विभिन्न अंगों की विशद शास्त्रीय व्याख्या, जिसमें काव्य की अंतःप्रवृत्ति की

छानबीन के साथ मार्मिक पद्धति पर व्याख्या की गई हो, अभी हिंदी में नहीं आई थी। इसी समय पंडित रामचंद्र शुक्ल अपने वाग्वैदग्ध्य की अनेक विशेषताओं के साथ, एक गंभीर, परिष्कृत और प्रभावशाली शैली के प्रतिष्ठापक के रूप में उपस्थित हुए।

मिर्जापुर की 'आनंद कादंबिनी' में शुक्लजी की प्रारंभिक रचनाएँ देखने को मिलती हैं। इनकी सबसे पहली उल्लेखनीय रचना संभवतः 'ग्यारह वर्ष का समय' नामक कहानी है जो सन् 1903 ई. की सरस्वती में प्रकाशित हुई है। उस समय इनकी अवस्था 19-20 वर्ष की रही होगी। इस उम्र में ही ऐसी सुंदर, प्रांजल और शिष्ट भाषा का प्रयोग इन्होंने आरंभ कर दिया था जिसमें उनकी परिमार्जित गद्य-शैली का अच्छा आभास मिल जाता है। इस कहानी की भाषा संस्कृत-गर्भित पर सरल और प्रवाह युक्त है।

शुक्लजी ने उत्कृष्ट निबंध और आलोचना साहित्य की उद्भावना की है। इनके साहित्य को यदि हम विषय की दृष्टि से देखें तो पाएँगे कि प्रकट किए जाने वाले विचारों या भावों की शृंखला बनाकर उनमें पूर्णतया तारतम्य स्थापित कर क्रमबद्ध रूप में उनका उद्घाटन किया गया है। कोई ऐसा स्थल शायद ही मिले जहाँ पाठक कहे कि यहाँ अमुक बात छूट गई है। शैली की दृष्टि से इनकी रचनाओं में इनका व्यक्तित्व यहाँ से वहाँ तक साफ झलकता मिलेगा। जिन लोगों ने शुक्ल जी को निकट से देखा है वे इस तथ्य को और ठीक तरह समझ सकते हैं।

जैसा कहा जा चुका है, शुक्लजी ने शास्त्रीय और मार्मिक आलोचना पद्धति का हिंदी में उन्नयन किया। इनके पहले साधारण विषयों पर साधारण रूप में लिखी गई रचनाओं की ही भरमार थी। भाषा अभी इतनी उन्नत न हो सकी थी कि सभी भावों और विचारों की ठीक व्यंजना उसमें हो सके। दूसरे शब्दों की, विशेषतया पारिभाषिक शब्दों की बहुत कमी थी। यह काम भी शुक्लजी को करना पड़ा, जिससे उन्होंने बड़ी योग्यता से पूरा किया। इस कार्य में उन्हें अंग्रेजी से भी सहायता लेनी पड़ी, पर उन्होंने अंग्रेजी के पारिभाषिक शब्दों आदि को पूरी तरह पचा कर तब हिंदी को दिया। अंतस्सत्ता, तादात्म्य, रागात्मक, सामान्योन्मुख, मनस्तत्त्व, प्रयत्नोत्पादिनी, सामंजस्यबुद्धि, आदि नए और संस्कृत तत्सम शब्द तथा इतिवृत्तात्मक (मैटर आव फैक्ट), प्रसंग गर्भत्व (अल्यूजिवनेस), तटस्थ (ट्रैंसेंडेंट), व्यापक (इमानेंट), अहं का विसर्जन और निःसंगता (इम्पर्सिबिलिटी एण्ड डिटैचमेंट) आदि अंग्रेजी के हिंदी प्रति-शब्द बताने में उन्होंने अपने व्यापक पांडित्य और रचना-शक्ति का परिचय दिया।

प्रसंगानुसार शुक्लजी ने उर्दू और बोल-चाल के कुछ प्रसिद्ध शब्द भी प्रयुक्त किए हैं। भाषा की दुरूहता और कठिनता पार करके सरलता लाने के ही विचार

से उन्होंने ऐसा किया है। 'कद्र, फरमाइश, गनीमत, फेहरिस्त, यार, गौर, गुनाह, चीज, जरूरी', आदि उर्दू के तत्सम शब्द और 'ठीकरा, परच, सेंत, लत' जैसे ग्रामीण शब्दों के प्रयोग इनकी रचनाओं में प्रायः मिलते हैं।

मुहाविरे शुक्लजी की रचनाओं में अधिक परिमाण में नहीं मिलते हैं सही, पर यह कहना कि मुहाविरों का प्रयोग उन्होंने नहीं किया है, ठीक नहीं है। खोजने पर उनकी रचनाओं में बहुत-से मुहाविरे मिलेंगे, जिनके कारण अर्थोद्घाटन में बोधगम्यता और चमत्कार आ गया है।

शुक्लजी ने प्रसंगानुसार समास और व्यास शैली का प्रयोग किया है। इनकी रचनाओं की एक-एक पंक्ति में अर्थपरंपरा कसी मिलती है। भाषा में चुस्ती और गंभीरता लक्षित होती है। कहीं-कहीं तो इनके वाक्य सूत्रवत हो जाते हैं जिनमें विचारों की वृहत् मालिका सिमटी रहती है। उदाहरणार्थ—'धर्म की रसात्मक अनुभूति का नाम भक्ति है', 'बैर क्रोध का अचार या मुरब्बा है', 'श्रद्धा धर्म की पहली सीढ़ी है,' 'साहस-पूर्ण आनंद की उमंग का नाम उत्साह है,' आदि।

भाषा इनकी सुगठित और अधिक से अधिक भावों या विचारों का संचरण करती चलती है। यदि हम कहें कि विचारों की ऐसी कसावट हिंदी के और किसी लेखक की रचना में नहीं मिलती तो अत्युक्ति न होगी। अनुपयुक्त या अनावश्यक एक भी शब्द, यहाँ तक कि बेकार पूरक 'है' भी शुक्लजी लेखों में नहीं मिलता।

जो लोग यह कहते हैं कि शुक्लजी की भाषा बड़ी दुर्बोध और शुष्क होती है, उनसे हम यही कहेंगे कि उनके सारे ग्रंथों का परिशीलन आप करें। पारस का इतिहास, शुक्लजी के अनुवाद और तुलसी तथा सूर आदि की आलोचनाएँ आदि ठीक से देखने पर स्पष्ट हो जाएगा कि वहाँ भाषा सरल, बोधगम्य, चलती और वाक्य प्रायः छोटे हुए हैं। यह अवश्य है कि शुक्लजी के अधिकांश निबंधों और आलोचनात्मक प्रबंधों की भाषा क्लिष्ट हो गई है। यह बात कम से कम साधारण पाठकों को तो जरूर खटकेगी, पर यह भी ध्यान रखना चाहिए कि जहाँ उन्होंने दुर्बोध शैली का नियमन किया है वहाँ वैसे ही जटिल विचारों का विवेचन भी है। ऐसे अधिकांश स्थलों पर शास्त्रीय विवेचना की यही पद्धति अनुकूल पड़ती है। फिर भी उपर्युक्त शिकायत निर्मूल नहीं है। कहीं-कहीं आवश्यकता से अधिक जटिल शुक्लजी जरूर हो गए हैं, पर यह उनकी असमर्थता नहीं कही जा सकती।

शुक्लजी की रचनाओं में बुद्धि पक्ष का प्राधान्य तो है ही, पर जहाँ भी आवश्यकता हुई है, उनका हृदय पक्ष भी खुल कर सामने आया है। 'तुलसी की भावुकता,' 'सूर की आलोचना' 'लोभ और प्रीति' आदि अनेक निबंधों और प्रबंधों की अधिकांश पंक्तियों में शुक्लजी का हृदय लिपटा हुआ है। हृदय की नाना कोमल भावनाएँ और उद्गार ऐसे स्थलों पर, प्रातःकालीन शस्यश्यामल प्रदेश पर ओस की बूँदों के समान बिखरे पड़े हैं। ऐसे स्थलों पर शुक्लजी ने प्रसंगानुसारी ध्वनि-योजना उत्पन्न

करते हुए आलंकारिक शैली का प्रयोग किया है, जहाँ वाक्य भी प्रायः खूब लंबे हो गए हैं और कहीं अत्यंत सरल भाषा और छोटे-छोटे वाक्यों का प्रयोग है।

अर्थ-गर्भित उक्ति-वक्रता, जो अंग्रेजी के उस प्रकार के लाक्षणिक वाक्यों में विशेष रूप से पाई जाती है, जिसका अर्थ शब्दों के प्रयोग या उनके वाच्यार्थ पर निर्भर न रहकर पूरे वाक्य-विन्यास से ही व्यंजित होता है, शुक्लजी की शैली में विशेष रूप से मिलती है। इधर-उधर बिखरे हुए विचारों को समेट कर एक सुश्रृंखल रूप में रख देने में शुक्लजी विशेष पटु हैं।

वाग्वैदग्ध्य (विट), विनोद (ह्यूमर) और व्यंग्य (सटायर) शुक्लजी की आलोचनाओं और निबंधों में प्रायः मिलते हैं। इनका व्यंग्य बिल्कुल साहित्यिक है, पर अपने लक्ष्य पर बड़े तीखेपन के साथ प्रहार करता है। शुक्लजी का वाग्वैदग्ध्य और विनोद अत्यंत शिष्ट होता है जो विद्वन्मंडली के उपयुक्त तो है ही, साहित्य के साधारण पाठकों का भी उनसे काफी मनोरंजन होता है। खेद है कि हम यहाँ स्थल-संकोच के कारण उद्धरण देने में असमर्थ हैं। 'साहित्य संदेश' के संपादक महोदय ने बहुत पहले ही यह घोषणा करके लेखकों को सावधान भी कर दिया है कि कागज रबड़ के नहीं बनते, यानी वे बढ़ नहीं सकते। पर रबड़ का दूसरा गुण कागजों में शायद आ गया है—उनका सिकुड़ना।

किसी विषय में विभिन्न पक्षों की श्रेणियाँ बना उनका एक मार्मिक ढंग पर, मनोविज्ञान की सहायता से साहित्यिक विवेचना करने का एक सुंदर रास्ता शुक्लजी ने निकाला है। इनकी शैली मुख्यतः विचारात्मक या विवेचनात्मक है। इनकी रचनाओं में प्रत्येक शब्द प्रवृत्ति-निमित्त को लेकर प्रयुक्त हुए हैं, और वाक्य अधिक से अधिक विचारों से आवेष्ठित तथा संतुलित और सौष्ठवयुक्त।

इसमें संदेह नहीं कि पंडित रामचन्द्र शुक्लजी की शैली ने हमारी भाषा को बहुत बड़ी शक्ति दी है।

4

प्रगतिवादी साहित्य की परख

बंबई में 'मुंबई मराठी-ग्रंथ-संग्रहालय' नाम की एक प्रसिद्ध साहित्यिक संस्था है। यहाँ मराठी के ग्रंथों का बृहत् संग्रहालय तो है ही, वहाँ के बड़े-बड़े साहित्यिकों को भी इस संस्था का पूर्ण सहयोग मिला है। इसकी एक शाखा दादर में खुली है। वहाँ वार्षिकोत्सव के अवसर पर उपस्थित मराठी-साहित्यिकों ने 'प्रगतिवादी साहित्य की परख' पर अपने-अपने विचार प्रकट किए। इनमें से ध्यान देने योग्य विचार नीचे लिखे जाते हैं।

1. वह सारा साहित्य, जो समस्त मानवता के सांसारिक लाभ की प्रेरणा करे और जो स्वतंत्रता का उचित रूप से ध्यान तथा मनुष्य के प्रत्येक कार्यक्षेत्र में संयम और विवेक का आग्रह करता हो, प्रगतिवादी साहित्य है। **(प्रो. डी. के. केलकर)**

2. प्रकृति की कार्यप्रणाली में न्याय का भाव नहीं है। अनादि काल से मनुष्य की चेष्टा प्रकृति पर विजय पाने की रही है। आदर्श के रूप में सामाजिक न्याय की भावना मनुष्य की इसी चेष्टा से उत्पन्न हुई है। वह सभी साहित्य, जिसमें उपर्युक्त तत्त्वों को मान्यता दी गई हो और जो अधिक-से-अधिक मानव समता की ओर अग्रसर करे, प्रगतिवादी साहित्य है। **(प्रो. आर. डी. कर्वे)**

3. **प्रो. गैडगिल** ने उपर्युक्त व्याख्याताओं का मत स्वीकार करते हुए उसके पूर्त्यर्थ यह निरूपण किया कि जो साहित्य समस्त संसार में समाजवाद की स्थापना में सहायक हो, वही प्रगतिवादी साहित्य है।

4. 'चित्रा' के संपादक **चिटनिस** के मत से शत-प्रतिशत बुद्धिवाद प्रगतिवाद की सच्ची कसौटी है।

5. **श्री कुलकर्णी** ने कहा कि वास्तविक प्रगतिशील साहित्य, किस प्रकार संसार भर में निर्मित होने वाले सामान्य साहित्य-राशि से छाँटकर अलग किया जाए, यह कठिन है। स्थूल रूप से जो साहित्य वर्तमान स्थिति का पृष्ठपोषक (Status quo) है, वह उनके मत से प्रगतिवादी नहीं है।

6. **श्री पिंडसे** ने कहा कि वह सारा साहित्य, जो आत्मविश्वास उत्पन्न करने में तथा सामाजिक समस्याओं का समाधान करने में सहायक हो, प्रगतिवादी है। जहाँ तक हम देख पाते हैं, प्रगति एक सतत विकासशील वस्तु है।

उपुर्यक्त मंतव्यों को हमने इसलिए उद्धृत किया है कि उन पर ध्यान देकर उनकी उचित आलोचना की जाए।

1. श्री केलकर का पहला मंतव्य तो बहुत व्यापक है। यद्यपि इसमें जीवन के आत्मपक्ष को एकदम छोड़ देना उचित प्रतीत नहीं होता, फिर भी स्थूल दृष्टि से, हमें आशा है, कोई भी इससे मतभेद न रखेगा।

2. प्रकृति की कार्य-प्रणाली में न्याय का जो अभाव श्री कर्वे ने लक्षित किया है, वह वैज्ञानिक दृष्टि से। कुछ लोग यह प्रतिवाद उपस्थित कर सकते हैं कि यदि मनुष्य प्रकृति के अनुसार चले तो उसका स्वास्थ्य ठीक रहता है। इसी प्रकार पशुओं में भी प्रकृतिजन्य आचारों ही के कारण शांति और आनंद रहता है। परंतु ये सब तर्क की बातें हैं। प्रकृति में न्याय का भाव बहुत ही कम होता है। आजकल विज्ञान की विविध क्षेत्रों में जो उन्नति हुई है, वह प्रकृति पर विजय पाने की चेष्टा ही से उत्पन्न हुई है। इन तत्त्वों को मान्यता देने के अतिरिक्त जो साहित्य अधिक-से-अधिक मानव-समता की ओर अग्रसर करे, वह उनके मत से प्रगतिवादी है। मानव-समता से वक्ता का तात्पर्य क्या है, यह यहाँ स्पष्ट नहीं। यदि मानव-समता से उनका तात्पर्य मनुष्य की भीतरी रागात्मिका वृत्ति के मैत्रीपूर्ण संबंध और बाहरी साम्य से है, तब तो हमें कुछ नहीं कहना; क्योंकि वह ठीक ही है। इस प्रकार श्री कर्वे ने प्रगतिवादी साहित्य को परखने के लिए तीन कसौटियाँ स्थिर कीं–

(1) वैज्ञानिक दृष्टि, (2) लोकसंघर्ष से उत्पन्न अन्यायों और विषमताओं के प्रति विद्रोहात्मक भाव, (3) साम्यभाव-गर्भित सहृदय दृष्टि। इस प्रकार श्री कर्वे द्वारा निर्दिष्ट लक्ष्य या साध्य तो ठीक है, पर साधन में मतभेद हो सकता है। पर उस पर आगे विचार किया जाएगा।

3. श्री गैडगिल ने उपर्युक्त व्याख्याताओं का मत तो स्वीकार कर लिया है, पर उसके पूर्त्यर्थ उन्होंने जो कुछ कहा है, वह प्रगतिवादी साहित्य को एक संकुचित सीमा में आबद्ध कर देता है। आपका कहना है कि जो साहित्य समस्त संसार में समाजवाद की स्थापना में सहायक हो, वही प्रगतिवादी है। इस प्रसंग पर हम जून, 1942 की 'माधुरी' में लिख चुके हैं; अतएव यहाँ इतना ही कहना पर्याप्त होगा कि साहित्य किसी भी 'वाद' का आदी होकर नहीं रह सकता और यह समाजवाद भी हमारी संस्कृति और उसकी अखंड परंपरा के स्वतंत्र रूप का ध्यान रखते हुए यदि भारतीय जीवन का बाह्य और अंतर्विकास करता चले, तब तो ठीक है; पर तथ्य कुछ दूसरा ही दिखाई दे रहा है। इसे अभी योरप के एक प्रभावशाली तूफ़ान के ही रूप में लिया जाता है। यह जान लेना चाहिए कि साम्यवाद या मार्क्सवाद

से तात्पर्य केवल आर्थिक साम्य ही से नहीं, वरन् अन्य बहुत बातों से भी है, जिनमें कई भारतीय जीवन से बिलकुल मेल नहीं खातीं। बात यह है कि काल और देशगत विभिन्नताओं को संसार की कोई शक्ति मिटा नहीं सकती। दूसरे की अच्छी बातों को अपने अनुरूप काट-छाँटकर बनाकर ही लेना उचित होगा, अन्यथा वह ऊपर से चिपकाई हुई वस्तु होगी। उससे हमारी उन्नति में तो कोई प्रगति होगी नहीं; हाँ, स्वतंत्र जीवन का विकास कुछ दिनों के लिए रुक अवश्य जाएगा।

यह आशंका भी सामने आती है कि साम्य या समाजवाद का प्रचार (Propaganda) करना ही साहित्य के इस नए संप्रदायवालों का उद्देश्य है क्या? इस प्रश्न पर भी जून की ही 'माधुरी' में विचार किया जा चुका हैं। एक बात कहना हम तब भी भूल गए थे। 'प्रचार' और 'प्रयोजन' को लेकर आशंकाएँ खड़ी की जाती हैं। मोटे तौर पर हमारा मत यह है कि चित्तवृत्तियों का परिष्कार करते समय कविता स्वयं साध्य भी हो जाती है। पर यह काम उच्च कोटि के कवियों का ही है, साहित्य से खिलवाड़ करने वालों का नहीं। प्रयोजनयुक्त साहित्य उच्च कोटि का होता है; पर रचना में निहित यह 'प्रयोजन' जब छिपा न रहकर खुलकर आगे आ जाया करता है, मार्मिक भावों की उद्भावना नहीं कर पाता, शब्दशक्ति के योग से शैली में आकर्षण नहीं ला सकता, और शेष प्रकृति सृष्टि के भीतर प्रतिष्ठित रागात्मिका वृत्ति का ठीक संबंध निर्वाह नहीं कर पाता, तब वह किसी एक सिद्धांत या विचार की पुष्टि के लिए प्रयत्नदत्त कुछ उपकरणों का जमघट या 'नारों' का संकलन-मात्र हो जाता है। इसे ही हम प्रचार (Propaganda) कहते हैं। प्रगतिवादी पंतजी ने भी कहा है–

'कवि, नवयुग की चुन भावराशि,
नव छन्द, आभरण, रस-विधान,
तुम बन न सकोगे जनमन के
जाग्रत भावों के गीतयान?'

युग की आवश्यकताओं को देखकर कवि की दृष्टि आँखों के सामने होने वाली घटनाओं पर अधिक थमती है, किंतु ध्यान देने की बात यह है कि इस प्रयोजन से भी निर्मित होने वाले साहित्य को वह केवल प्रचार का रूप नहीं देना चाहता।

यदि प्रगतिवादी लेखक अपना एक अलग संप्रदाय खड़ा करके समाजवाद से संबद्ध भावों की ही व्यंजना करना चाहे, तब तो हमें कुछ नहीं कहना है; क्योंकि जिस प्रकार राजनीति की कई गुटबंदियों में एक समाजवाद भी है, उसी प्रकार साहित्य-जगत् में 'प्रगतिवाद' को भी अलग एक छोटा-सा संप्रदाय मान लिया जाएगा। किंतु यदि वे इसी को साहित्य का सामान्य और संपूर्ण स्वरूप समझ बैठे हों तो हम यह कहना चाहेंगे कि आप अपनी दृष्टि और व्यापक बनावें। जीवन के अंतःस्वरूप

को भी पहचानें और मनुष्य की अनेकानेक चित्तवृत्तियों, विविध सामाजिक स्थिति के लोगों और जीवन के सभी क्षेत्रों में पड़ी समस्याओं पर सहानुभूतिपूर्ण दृष्टि डालें। एक मध्यवर्गीय छोटे ज़मींदार को भी आप अभिजात (बुर्जुआ) कहकर न टाल दें। सच्ची बात यह है कि उसका जीवनपथ इतना दुरूह और अंधकारमय है कि आप सहानुभूतिपूर्ण दृष्टि से उसे देखकर अत्यंत दुःखित होंगे। दूसरी बात यह कि आभिजात्य मनोवृत्ति या चरित्र के सुंदर चित्रण को ही देखकर आप नाक-भौं न सिकोड़ लें, और उस रचना में निहित मनोवैज्ञानिक विश्लेषण, रससंचरण कराने वाले विभिन्न स्थलों और मार्मिक भावों की उपेक्षा न करें। मैंने अपने एक बहुत प्रसिद्ध प्रगतिवादी लेखक मित्र से पूछा कि गुरुभक्तसिंह की 'नूरजहाँ' आपको कैसी लगी? वे लापरवाही दिखाते हुए बोले कि "बुर्जुआ टाइप की वह चीज है और उसमें इसी वर्ग के भाव हैं। कुछ अच्छी चीज तो हमें नहीं लगी।" फिर कुछ देर बाद बोले, "हाँ, प्रकृति-चित्रण उसमें कुछ अच्छा हुआ है।" कहने की आवश्यकता नहीं कि उक्त मित्र की ये बातें उपरिनिर्दिष्ट विद्रोहात्मक भावों का ही परिणाम थीं।

4. श्री चिटनिस का यह कहना कि शत-प्रतिशत बुद्धिवाद ही प्रगतिवाद की कसौटी है, औचित्य की सीमा को लाँघ गया है। शत-प्रतिशत बुद्धिवाद का परिणाम होगा संशय और तर्क की उत्पत्ति।

संशय और तर्क ही के तत्त्वों से शरत् बाबू ने अपने 'शेष प्रश्न' में कमल का चरित्र खड़ा किया है। उसके तर्क के सामने परंपरागत रूढ़ियाँ तो ढह ही जाती हैं, पर सारे उपन्यास में वे किसी भी विश्वास को ठहरने देते ही नहीं। चाहे बांग्ला के आलोचक इस चरित्र की विशेषताओं की प्रशस्तियाँ लिखा करें, पर हम तो साहित्य और समाज के बीच इस प्रकार तर्क और बुद्धि का विधान कल्याणकर नहीं मानते। बिना भावात्मिका प्रकृति और मूर्तिविधायिनी कल्पना के योग के सत्साहित्य का निर्माण होना अत्यंत कठिन है।

चरम सीमा तक पहुँचा हुआ बुद्धिवाद मानव-हृदय में प्रतिष्ठित भावुकता का समूल नाश कर देगा। इसका परिणाम होगा शेष सृष्टि के साथ रागात्मक संबंध का विच्छेद, कवि के हृदय की व्यापकता का नाश। कोरा बुद्धिवाद पीयूषवर्षी चंद्रमा को एक अँधेरा ग्रह मानेगा,....प्रकाश से प्रकाशित होता है...झाग से भरे निर्झरों में उसे पानी के बुलबुले दिखाई देंगे। खिले हुए पुष्पों को देखकर वह खिल नहीं उठेगा। अधिक-से-अधिक मानव समाज की ही समस्याओं तक अपनी दृष्टि का प्रसार कर सकेगा और इसका आधार होगा तर्क। विवेक, राग और भावुकता के समन्वित रूप की उपलब्धि के द्वारा ही पूर्ण साहित्यिक व्याप्ति की प्रतीति हो सकती है।

5. पाँचवें मतदाता का कहना है कि जो साहित्य वर्तमान स्थिति का पृष्ठपोषक (Status quo) हो, वह अप्रगतिवादी है। अर्थात् यह भी विद्रोहात्मक साहित्य का सर्जन चाहते हैं। किंतु एक बात विचारणीय है कि वर्तमान समय की सारी व्यवस्था

इतनी शिथिल और पंगु हो गई है कि उसको बदल देने की आवश्यकता आ पड़ी है? हमारे विचार से यह मत अतिशयोक्तिपूर्ण है। हाँ, समय-धर्म-च्युत व्यवस्थाओं का पुनः संस्कार अवश्य होना चाहिए, जिससे कालानुसरण की क्षमता से पूर्ण होकर जीवन और जगत् का वे विकास कर सकें। इसलिए साहित्य और जीवन के संपूर्ण स्वरूपों की उन्नति की दृष्टि से श्री कुलकर्णी के मत में दो शब्द जोड़कर उसे हम इस प्रकार कहना चाहते हैं—"जो साहित्य वर्तमान स्थिति की असंगतियों का पृष्ठपोषक हो, वह प्रगतिवादी नहीं है।"

6. इनका मत बहुत कुछ ठीक ढर्रे पर चला है। इस मत के विविध अंगों पर उपर्युक्त पंक्तियों में विचार किया जा चुका है।

अब साहित्य और जीवन पर थोड़ा विचार कर लेना चाहिए। साहित्य और जीवन के अन्योन्याश्रित संबंध ये हैं—

(क) साहित्य अपनी निर्माण-सामग्री जीवन से लेता है, अर्थात् साहित्य का उद्गम-स्थल जीवन है।

(ख) साहित्य-जीवन के नाना स्वरूपों की व्यंजना और उनका प्रत्यक्षीकरण कराता है।

(ग) साहित्य की उच्चता की कसौटी जीवन के शरीर और आत्मपक्ष हैं। साहित्य जीवन से ही अपने उपकरण संचित करता है, अतएव एक दूसरे के रागात्मक संबंध के निर्वाह की क्षमता पर ही उसकी पहचान निर्भर है।

(घ) साहित्य जीवन को उन्नतिशील बनाने के लिए उस पर प्रभाव डालता है, और जीवन के बाहरी स्वरूपों के परिवर्तन के साथ उसकी शैली और वस्तु में भी परिवर्तन होता रहता है।

इस प्रकार जीवन और साहित्य एक-दूसरे से जुड़े हुए हैं। जीवन से हमारा तात्पर्य उसके अन्तः और बाह्य दोनों रूपों से है। अब देखना यह चाहिए कि सामान्य साहित्य और प्रगतिवादी साहित्य में वस्तुगत और शैलीगत भेद क्या हैं। नवीन संप्रदायवालों का मत है कि समाज के पीड़ित वर्ग और सामाजिक असंगतियों का हम चित्रण करें। एक प्रेमी अपनी प्रेमिका के प्रेमसूत्र में बँध नहीं पाता। क्यों? कारण उसका वैषम्य और सामाजिक बंधन। परिणाम यह होगा कि प्रेमिका उसके वियोग में घुल-घुलकर तपेदिक का शिकार हो जाएगी। परिणाम से चाहे सभी सहमत न हों, पर कारण से अधिकांश लोक सहमत हो जाएँगे। इस प्रकार के चित्रण से लेखक का उद्देश्य यह होगा कि आर्थिक समस्या और सामाजिक बंधनों के विषय में नए हल पेश किए जाएँ। यह एक पक्ष है; पर दूसरा पक्ष, जो 90 प्रतिशत भारतीय घरों में पूर्वप्रेमी के प्रति तीखा व्यंग्य करके सत्य हो उठता है, यह है कि विवाह होने के बाद पूर्व-प्रेमिका अपने पति की तन-मन से प्यारी हो जाती है, और वह भी अपना सारा प्रेमरस पति के लिए दान कर देती है। और, पूर्वप्रेमी महोदय अब

भी यह समझकर कि वह हमारी याद में बिना जल की मछली हुई होगी, संताप का रोग पाले रहते हैं। इस कठोर सत्य को क्यों नहीं आँखों के सामने खोलकर कहानीकार रखता? क्या इसलिए कि इसमें समाजवाद की प्रतिष्ठा के लिए कोई बात नहीं है? मज़दूरवर्ग की पीड़ाओं की व्यंजना तो कहानी में रहेगी; पर मध्यवर्गीय समाज के दैन्य और दुःख का चित्रण क्यों नहीं मिलता? इसलिए कि वे अभिजात हैं। ऐसी और भी कितनी ही बातें हैं, जो प्रगतिवादी कहानी को एकांगी बना देती हैं। इन नवीन कहानियों की कई कमियों को प्रगतिवादी आलोचकों ने भी विस्तार से लिखा है।

अब थोड़ा शैली पर भी विचार कर लें। शैली से तात्पर्य अभिव्यंजना-पद्धति के मार्मिक होने में सहायक शब्दशक्ति, लय, वाक्यविन्यास और भावसंचरण के अनुकूल अभिव्यक्ति आदि से है। यह आवश्यक नहीं कि शैली पुरानी ही हो। शैली कोई भी हो, पर वह प्रभावकारी और अंतःसंज्ञा में कुछ देर टिकने वाला वातावरण उत्पन्न करने में समर्थ अवश्य हो। नवीन विषय-वस्तु के साथ टेकनिक या रचना-प्रक्रिया बदल सकती है; पर हम इसे अनिवार्य नहीं मानते और उसे एकदम उखाड़ फेंक देना तो अनुचित ही है। नई टेकनिक का निर्माण करने ही की धुन में अधिकांश प्रगतिवादी कहानीकार और कवि अपनी रचना की प्रभविष्णुता खो देते हैं; यह साहित्य के साधारण विद्यार्थियों को भी मालूम होगा। नवीन शैली का निर्माण भी, यदि वह आवश्यक हो तो, स्वाभाविक पद्धति पर क्रमशः होना चाहिए।

प्रगतिवादी कविताओं में प्रायः तीन भाव लक्षित होते हैं—'उत्साह', 'रति' और 'शोक'। अर्थात् जीवन की जिन वस्तुओं को एक विशेष दृष्टि रखकर प्रगतिवादी लेखक साहित्य के भीतर ग्रहण करते हैं, उनमें वीर, शृंगार और करुण-रस की व्यंजना होती है। शृंगार की व्यंजना से हमारा तात्पर्य रीतिकालीन काव्य-पद्धति से नहीं है। निम्न वर्ग की प्रेमगाथा को तो महत्त्व कुछ कवि देने ही लगे हैं, उनके आलंकारिक रूप का वर्णन भी हुआ है। इसके अतिरिक्त प्रेम के 'पिछले', 'अभिजात-वर्गीय' और 'संकुचित' तथा 'छिपे हुए' रूप का बहिष्कार करके उसके 'स्वस्थ' और मनोवैज्ञानिक रूप को साहित्य में व्यंजित करने की जो चेष्टा की जा रही है, वह भी तो शृंगाररस (या रसाभास?) के ही अंतर्गत है। क्रांति का उत्साह और जागरण के गान या जोशीले नारे आदि का प्रदर्शन और काव्य में उनकी योजना का उपक्रम तो वीररस के ही अंतर्गत है। दीन-दुखियों या मज़दूर वर्ग के दुःख-दारिद्र्य तथा पीड़ा आदि का उचित वर्णन करुण-रस के ही अंतर्गत होगा, चाहे उसे कर्म के प्रगतिशील क्षेत्र में ही प्रतिष्ठित किया जाए।

तो देखना यह चाहिए कि उक्त भावों का वर्णन काव्य में किया गया है, उसमें हृदय को तल्लीन कर लेने की शक्ति कितनी है। कवि एक ओर तो ऐसी वस्तुओं या घटनाओं का वर्णन करता है, जो हृदय में पड़े हुए भाव को जाग्रत् करें

या उठे हुए भाव में तीव्रता ला दें और दूसरी ओर शब्दों द्वारा अपनी वर्णित घटना या वस्तु के अनुकूल भावों की नाना दशाओं की व्यंजना करता है। इन दोनों बातों का पूर्ण रूप में वर्तमान रहना काव्य के लिए आवश्यक है। स्थूल दृष्टि से देखने पर इन दोनों तत्त्वों के दर्शन प्रगतिवाद की अधिकांश कविताओं में हो जाते हैं; पर यह कहना जरा भी अत्युक्ति न होगी कि ये तत्त्व सिर्फ गिनाने के लिए आते हैं, ठीक उसी प्रकार, जैसे केशवदास जी के काव्य में लक्षण-ग्रंथों की सभी बातों का जमघट है। हमारे इस मत का बहुत-कुछ अपवाद दो-चार कविताएँ हो भी सकती हैं। पर व्यापक रूप से सत्य यह है कि सुषुप्त भाव को जाग्रत् करने या उठे हुए भाव को तीव्र करने वाली वस्तुओं का वर्णन, सहृदयता और काव्योचित ग्राहिका शक्ति के अभाव के कारण, बहुत ही परिमित हो गया है। परिमित का तात्पर्य यह नहीं है कि कवि का हृदय उपरिवर्णित तीन भावों के क्षेत्र में ही आबद्ध हो जाने के कारण संकीर्ण हो गया है। इससे हमारा यह भी तात्पर्य है कि अपनी मर्मानुभूति के प्रकाशन के लिए जो क्षेत्र उन्होंने चुना है, उसके ऊपर उनकी एक सरसरी निगाह ही गई है, और बहुधा वे उसे या तो कल्पना की दृष्टि से देखते हैं, या दूसरे की दृष्टि से। यही कारण है कि इन क्षेत्रों के भीतर भी ये सफल रचना नहीं कर पाते। सभी की कविताओं में एक ही बात, एक ही वस्तु, थोड़े से बाहरी हेर-फेर के साथ बार-बार दिखाई देती है। उन भावों को और मार्मिकता से व्यंजित करने के जिन विभिन्न प्रसंगों, परिस्थितियों व समस्याओं को बारीकी से देखने की आवश्यकता है, यह सूक्ष्म दृष्टि-संपन्नता हमें इनमें नहीं दिखाई देती। महाकवि सूरदास ने तो एक ही क्षेत्र अपने लिए चुना था। प्रेम, या स्पष्ट करने के लिए कहें कि श्रृंगार के ही क्षेत्र में उनकी दृष्टि, उस क्षेत्र के अणु-परमाणु में प्रविष्ट हो गई है, जिसकी सहायता से उन्होंने उसकी अनेक अंतर्दशाओं की व्यंजना कितनी मार्मिकता से की है। तो, एक ढंग यह है। दूसरा ढंग देखना हो तो एक भाव को जगत् के विस्तृत क्षेत्र के बीच रखकर अत्यंत निपुणता से प्रसारित करने वाले महाकवि तुलसीदास को देखिए। यह प्रगतिवादियों पर निर्भर करता है कि वे कौन-सा मार्ग चुनें, या दोनों मार्गों का अनुसरण करें।

5

निरालाजी की स्वर्णजयंती

सार्थक जीवन ले आये
श्रम-कण में बंधु, सफल-श्रम।

सिरपर कितना गरजे वज्र-बादल,
उपल-वृष्टि, फिर शीत घोर, फिर ग्रीष्म प्रबल।

साधक, मन के निश्चल, पथ के सचल।
प्रतिज्ञा के हे अचल-अटल!

पथ पूरा करके आये तुम,
स्वागत हे प्रिय दर्शन,
आये, नव-जीवन भर लाये।

अमृत पुत्र कवि निराला की पच्चीस साल पहले लिखी गई इन पंक्तियों के द्वारा आज उनकी स्वर्णजयंती के अवसर पर मैं उन्हीं का अभिनंदन करता हूँ।

वसंत पंचमी 27 जनवरी सन् 1947 से 29 जनवरी तक काशी में 'निराला' जी के अभिनंदन का जो साहित्यिक समारोह हुआ वह अपने ढंग का एक ही रहा। इस क्रांतदर्शी कवि के प्रति हिंदी प्रेमियों ने अपनी श्रद्धांजलि अर्पित करके अपने कर्तव्य की ही पूर्ति की। हिंदी के नवयुवक और वयोवृद्ध साहित्यिकों ने मिलकर, समान उत्साह से, हिन्दी के इस युग-प्रवर्तक कवि के प्रति जो सम्मान प्रदर्शित किया तथा जयंती समारोह में हार्दिक योग दिया वह भी अपूर्व ही रहा। इस तरह इन तीन दिनों तक काशी में निराला जयंती, एक साहित्यिक पर्व की भाँति मनाई गई!

जयंती-समारोह का उद्‌घाटन आचार्य नरेंद्रदेव के द्वारा हुआ। राजनीति ने साहित्य का अभिनंदन किया।

आचार्य नरेंद्रदेव ने भाषण को आरंभ करते हुए कहा कि देश की परतंत्रता के कारण वर्तमान समय में राजनीति को अधिक महत्त्व दिया जा रहा है पर वह अवस्था अब क्रमशः कम होती जा रही है। हमारा राष्ट्र आगे बढ़ रहा है और उसकी प्रगति में राजनीति ही नहीं, वरन् साहित्य भी महत्त्वपूर्ण योग प्रदान कर रहा है। साहित्य का स्थान बहुत ऊँचा है। साहित्य केवल समाज को ही नहीं वरन् अपने समय की राजनीति को भी पुष्ट करता चलता है। राजनीतिक उथल-पुथल समाप्त हो जाने पर भी कवि की अमर वाणी जीवित रहेगी और आगे की पीढ़ियों को प्रेरणा देती रहेगी।

इस प्रकार आचार्य नरेंद्रदेव ने साहित्य का महत्त्व प्रतिपादित करते हुए कवि का अभिनंदन किया। आचार्यजी ने यह भी कहा कि—साहित्य का उद्देश्य यदि नवीन समाज की स्थापना है, जिसमें शांति हो, सबकी तुष्टि हो, पुष्टि हो, तो ऐसा साहित्य सर्वकल्याणकारी होता है।

यह एक ऐसी बात है जिसे राजनीतिज्ञ ही कह सकता है। आज के प्रगतिवादी भी यही कहते हैं। इस मंतव्य को सर्वांश में स्वीकार करने का मतलब है साहित्य को उपयोगिता की तुला पर तौलना। कदाचित् साहित्यकार इसमें से इतना ही ग्रहण कर सकता है कि लोक में मंगल की प्रतिष्ठा करने में भी साहित्य प्रेरणा देता है। नवीन समाज की स्थापना में भी साहित्य योग देता है पर केवल मनोभावों के परिष्कार द्वारा ही। साहित्य की कार्यप्रणाली राजनीति से बिलकुल भिन्न है, इस पर ध्यान देने की आवश्यकता है। उपयोगिता की ओर अधिक आकृष्ट होने से साहित्य के प्रति न्याय की कम संभावना बच रहती है। औरों की बात जाने दीजिए, प्रगतिशील लेखकसंघ के लखनऊ अधिवेशन में बैठकर प्रेमचंदजी कह गए कि 'फूल को देखकर हमें आनंद इसीलिए होता है कि उससे फल की आशा होती है।'

उपयोगिता की कसौटी पर ऐसे ही वाक्य खरे उतरेंगे। यही राजनीति और साहित्य का शाश्वत दृष्टिभेद है। आचार्यजी का भाषण अवसर के अनुकूल और साहित्य की स्वरूप-व्याख्या के विचार से भी सार्थक रहा।

श्री बाबूराव विष्णु पराड़कर ने काशीवासियों की ओर से कवि का गौरवपूर्ण शब्दों में स्वागत किया। विभिन्न नवयुवक साहित्यिकों ने निरालाजी का प्रशस्तिगान और विभिन्न प्रांतों के प्रतिनिधियों द्वारा अभिनंदन किए जाने के पश्चात् काशी विश्वविद्यालय के हिंदी विभाग के वयोवृद्ध आचार्य पंडित केशव प्रसाद मिश्र ने अभिनंदन ग्रंथ की पांडुलिपि, श्री बच्चनसिंह लिखित निरालाजी की पुस्तकाकार आलोचना तथा ग्यारह हजार रुपए की सम्माननिधि अर्पित की।

हिंदी के साहित्यकार के प्रति सम्मान-प्रदर्शन की यह योजना अभूतपूर्व थी।

कवि ने यह सारा धन विभिन्न सार्वजनिक संस्थाओं और कार्यों में व्यय करने की घोषणा करके एक बार फिर अपनी वदान्यता घोषित की।

कवि सम्मेलन का सभापतित्व कवयित्री सुभद्राकुमारी जी चौहान ने किया। लोगों का कहना है कि ऐसा कवि-सम्मेलन काशी में बहुत दिनों बाद हुआ। निरालाजी पर लिखी गई श्री शिवमंगलसिंह सुमन की विस्तृत कविता अपने ढंग की अनूठी रचना है।

सर्वश्री बच्चनसिंह, दिनकर, सुभद्राकुमारी, जानकीवल्लभ शास्त्री, शंभूनाथ सिंह, चन्द्रमुखी ओझा, सुमित्राकुमारी सिन्हा, गुलाब, वंशीधर शुक्ल आदि प्रसिद्ध कवियों और कवयित्रियों के मधुर काव्य-स्रोत में श्रोतागण बहुत देर तक डुबकी लगाते रहे। निरालाजी ने 'शिवाजी का पत्र' और एक गीत सुनाया। जानकीवल्लभजी की 'बाँसुरी' कविता पर प्रसन्न होकर कविवर निराला ने 'मनोहरा स्वर्णपदक' प्रदान करने की घोषणा की।

28 जनवरी को ना. प्र. सभाभवन में 9॥ बजे प्रातःकाल श्री श्रीनारायण चतुर्वेदी के सभापतित्व में साहित्य-परिषद् आरंभ हुई। श्री नंददुलारेजी वाजपेयी ने इस अवसर पर एक महत्त्वपूर्ण योजना उपस्थित की। आपने हिंदी-साहित्य के संवर्धन और प्रचार के लिए हिंदी के लेखकों, अध्यापकों, संपादकों तथा हिंदी-प्रेमियों के संघटन के निमित्त एक समिति की स्थापना का प्रस्ताव किया। इस समिति का कार्य समय-समय पर अधिवेशन करके साहित्य की सृष्टि और उसके प्रसार की योजना बनाना और उसे कार्यान्वित करना होगा जिससे हिंदी-साहित्य में अलग-अलग असंबद्ध रूप से होने वाले कार्यों में एक संबंधसूत्र स्थापित हो और प्रगतिमूलक सामंजस्य आविर्भाव हो।

इस समिति में कार्य करने वाले साहित्यिकों की प्रस्तावित सूची में निम्नलिखित नाम रखे गए—सर्वश्री बालकृष्ण शर्मा 'नवीन', डॉक्टर बाबूराम सक्सेना, रामकुमार वर्मा, शिवपूजन सहाय, विश्वनाथप्रसाद मिश्र, वी.पी. सिन्हा, डॉक्टर रामविलास शर्मा, हजारीप्रसाद द्विवेदी तथा नन्ददुलारे वाजपेयी [संयोजक]।

प्रस्ताव का कई व्यक्तियों ने समर्थन किया और वह पास हो गया। इसमें संदेह नहीं कि यदि यह समिति सुचारु रूप से कार्य कर सके तो हमारे साहित्य का बहुत उपकार हो? श्री सीताराम चतुर्वेदी ने दबी जबान से प्रस्ताव का विरोध करते हुए कहा, इस प्रकार की समिति की योजना अव्यावहारिक है। साहित्यकार स्वभाव से स्वच्छंद होता है, वह किसी का नियंत्रण नहीं स्वीकार कर सकता। वह अपने को एक नियामक और निर्माता समझता है और उस पर कोई नियंत्रण करे, उसे निर्देश दे, यह उसे सह्य नहीं हो सकता। चतुर्वेदी जी ने इस पर ध्यान नहीं दिया कि यदि ऐसे ही विचार सबके हो जाएँ तो समाज का संघटन ही नहीं हो सकता। समाज के विकास के लिए संघबद्ध प्रयत्न होता है और उसमें अहं का विसर्जन आवश्यक है। अहं के विसर्जन में आत्म-सम्मान को ठेस नहीं लगती, वरन् उसका विस्तार होता है। इसके अतिरिक्त प्रस्तावित सदस्य डिक्टेटर तो बनने

नहीं जा रहे हैं। वे साहित्य और समाज के लिए जो कुछ आवश्यक समझेंगे उसे युक्ति संगत ढंग से हिंदी संसार के सम्मुख रखेंगे और कोई कारण नहीं कि यदि उनकी सलाह उचित और सुविचारित हो तो उन्हें स्वीकार न किया जाए। भाषा के संबंध में जो अनियमितता और विशृंखलता फैल रही है, संपादन कार्य में जो ढिलाई और अव्यवस्था दिखाई दे रही है, साहित्य के पठन-पाठन में जो व्यापक कठिनाइयाँ हमारे सामने बनी हुई हैं उनके परिहार का तो कोई उपाय होना चाहिए। हम समझते हैं कि इसके लिए प्रस्तावित योजना यदि कार्य रूप में परिणत हो सके तो बड़ा लाभ होगा। किसी भी सीमित या संघटन के कार्य का केंद्रीय स्थल होना ही चाहिए और केंद्र में सदस्यों की संख्या की भी एक सीमा अनिवार्य ही है पर इसका तात्पर्य यह थोड़े ही है कि इससे किसी का बहिष्कार घोषित होता है। इसमें सबकी सलाहों का उचित मान होगा और उपयोगी विचारों का स्वागत। सब लोग इसे अपनी संस्था समझेंगे, अपने विचार उसके सामने रखेंगे और उसकी सलाहों को मानेंगे। इस समिति का संबंध साहित्य-निर्माण से ही नहीं, उसके प्रचार और साहित्यिक सुरुचि के प्रसार से भी है। यह ठीक है कि निर्माता कवि और साहित्यकार अपना पथ स्वयं निर्मित करते हैं पर ऐसे कृती किसी युग में दो-एक ही होते हैं और वे नियमों से ऊपर होते हैं। इन्हीं दो एक को नियम मानकर चलना क्या उचित होगा? और फिर साहित्य क्षेत्र में प्रवेश करने वाले नए रचनाकारों की भी समस्या तो आपके सामने है।

बाबू शिवपूजन सहाय ने वाजपेयी जी के प्रस्ताव का समर्थन करते हुए विचारपूर्ण बातें कहीं। आपने बतलाया कि इस समिति को अपना एक मुखपत्र निकालना चाहिए, अन्यथा इसके विचारों का प्रचार कम संभव होगा। यह समिति हिंदी भाषा और साहित्य की गतिविधि पर दृष्टि रखे और उस पर कोमल, मधुर, संयत नियंत्रण रखे और सुझाव दे। समिति के कार्य संचालन के लिए कम-से-कम एक व्यक्ति ऐसा होना चाहिए जो इसके कार्य के लिए अपना जीवन दे सके।

आपने आजकल होने वाली साहित्य परिषदों के रूप-परिवर्तन की भी आवश्यकता बतलाई। आपने कहा कि साहित्य-परिषदों को केवल भाषणों से ही संतोष न कर लेना चाहिए वरन् साहित्य के अध्ययन में भी सहायता देनी चाहिए। वर्तमान समय में एक भी ऐसी संस्था नहीं है जिससे किसी जिज्ञासु को किसी पद का अर्थ समझने में सहायता मिल सके। श्री शिवपूजन जी की यह बात अत्यंत महत्त्वपूर्ण है। वर्तमान समय में अनेक स्कूलों और कॉलेजों में हिंदी के कवियों, विशेषतः नवीनों की रचनाओं के अध्यापन के संबंध में जो अव्यवस्था और व्यापक कठिनाइयाँ हैं उनसे थोड़ा भी परिचय रखने वाला व्यक्ति इस प्रस्ताव के महत्त्व को भली-भाँति समझ सकता है।

इसी दिन संध्या समय 4 बजे से सभा भवन में समीक्षा परिषद् हुई। सभापति

श्री शिवपूजन सहाय थे। परिषद् के संयोजक श्री विश्वनाथप्रसाद मिश्र के प्रारंभिक वक्तव्य के पश्चात् कार्यारंभ हुआ।

डॉक्टर देवराज ने कहा कि 'रस' सिद्धांत के द्वारा समाज का विकास नहीं ज्ञात हो सकता पर साहित्य के सम्यक् अध्ययन के लिए समाज की परिस्थिति भी जानना आवश्यक है। नवीन युग में हमें अपनी दृष्टि बदलनी होगी। आज हमारा साहित्य वादों में घिर गया है। हमारे समीक्षक वाद के आदी हो गए हैं। फलतः धीरे-धीरे पाठकों और रचनाकारों का उन पर से विश्वास उठता जा रहा है। उन्हें आशंका है कि हमारी कृति का ठीक मूल्यांकन नहीं होगा। इसलिए अपना दृष्टिकोण समझाने के लिए वे लंबी-लंबी भूमिकाएँ लिखने लगे हैं। अतः हिंदी के साहित्यिकों को शुद्ध साहित्यिक दृष्टि से सोचने-विचारने की आवश्यकता है, तभी हमारे साहित्य और समाज का कल्याण होगा।

डॉक्टर रामविलास शर्मा ने अपने संक्षिप्त भाषण में सूत्र रूप से अपनी बात कही। आपने कहा कि अपने पूर्व वक्ताओं की साहित्य-संबंधी अधिकांश बातों से मैं सहमत हूँ पर एक बात सबसे छूट गई है, उसे कह देना आवश्यक है। वह यह है कि हमें पाठक का भी विचार करना चाहिए। हम जिसके लिए लिखते हैं उस पर भी हमारी दृष्टि रहनी चाहिए। हमारे प्राचीन आचार्यों ने इस ओर दृष्टि नहीं डाली।

डॉ. शर्मा की अंतिम बात उनके मंतव्य को स्पष्ट करने के लिए पर्याप्त है। संस्कृत के आचार्यों ने 'सहृदय' और 'सामाजिक' पर जो विचार किया है वह पाठक की ही दृष्टि से। पर शर्मा जी के कथन का तात्पर्य यह है कि निम्नवर्ग की उपयोगिता की दृष्टि से उन्होंने विचार नहीं किया। अर्थात् साहित्य को निम्न वर्ग के सामाजिक विकास का अस्त्र नहीं घोषित किया। और स्पष्ट कीजिए तो मतलब यह कि साहित्य को मार्क्सवादी दृष्टि से देखकर उसी के आदेशानुसार उसका नियम न होना चाहिए।

पर इस बात को व्यंजनापूर्ण ढंग से कहा गया। प्राचीन आचार्यों ने पाठक की दृष्टि से साहित्य पर विचार नहीं किया यह बात प्रगतिवादी समीक्षक ही कह सकता है।

रात में 10 बजे से अस्सी के विश्वनाथ टाकीज में प्रसादजी के 'कामना' नाटक का अभिनय हुआ। विश्वविद्यालय के आयुर्वेदिक कालेज के अध्यापक प्रो. बलवंत सिंह ने सात ही आठ दिन की तैयारी में इस नाटक के अभिनय की व्यवस्था की थी फिर भी वह सफल रहा।

'कामना' की क्लिष्टता को देखते हुए अभिनय भी अच्छा ही रहा। स्त्री-पात्र भी कालेज के लड़के ही बने थे। इसलिए स्वभावतः स्त्री सुलभ माधुर्य और कोमलता प्रदर्शित करने में उन्हें कठिनाई हुई। पर हमारी समझ से तो 'कामना' का अभिनय

जो हुआ, यही बहुत बड़ी बात है। और प्रो. बलवंत सिंह और उनकी 'भारतीय नाट्य समिति' के सभी सदस्य हिंदी जगत के धन्यवाद के पात्र हैं जिन्होंने बड़े उत्साह, परिश्रम और लगन के साथ छायावाद युग को एक बार रंगमंच पर सजीव रूप में उपस्थित करने का प्रयास किया।

नाट्य अभिनय के बीच-बीच में 'राष्ट्रीय नाट्यकला परिषद्' (नेशनल आर्ट थियेटर मूवमेंट) की ओर से नृत्यों का अत्यंत सुंदर आयोजन हुआ था। यह परिषद् स्थानीय स्टूडेंट्स कांग्रेस के तत्वावधान में कार्य कर रही है और दृश्यकाव्य के प्रदर्शन द्वारा जनता तक भारतीय संस्कृति का संदेश पहुँचाना इनका लक्ष्य है।

30 जनवरी को प्रातःकाल राष्ट्रभाषा विद्यालय में, पंजाब के डॉ. हरदेव बाहरी के सभापतित्व में भाषा-परिषद् हुई। सभापति ने अपने भाषण में कई सारपूर्ण बातें कहीं। सबसे पहले उन्होंने पंजाब में हिंदी की जो दुर्दशा हो रही है उसका विस्तृत विवरण दिया। आपने इसके लिए एक सामूहिक आंदोलन की आवश्यकता बतलाई। सबसे अधिक जोर आपने दिया अच्छे कोश-निर्माण पर। हिंदी में अंग्रेजी की न्यू आक्सफोर्ड डिक्शनरी की भाँति अच्छे कोश की आवश्यकता है जिसमें प्रत्येक शब्द का विस्तृत अर्थ और उसका पूरा इतिहास दिया हो। पारिभाषिक शब्दों के लिए हमें सदा अंग्रेजी के अनुवाद अथवा संस्कृत के शब्द-भंडार की ही ओर नहीं जाना चाहिए वरन् जनता की बोली से भी ऐसे शब्द ढूँढ़ने चाहिए। कृषकों, चर्मकारों, जुलाहों, सोनारों आदि के पास हमें न जाने कितने उपयोगी पारिभाषिक शब्द मिल सकते हैं।

हिंदी में एक ही शब्द के दो रूप चलते हैं, यह बड़ी अव्यवस्था की स्थिति है। हमारे पास लोकोक्तियों का भी कोई अच्छा संग्रह नहीं। व्याकरण बहुत कुछ अंग्रेजी के ही ढंग पर लिखा गया है। हमको इन सब कमियों पर ध्यान देना चाहिए। इससे हिंदी का विकास अवरुद्ध हो रहा है, अन्य भाषा-भाषियों के हिंदी प्रेम को उचित रूप से प्रोत्साहन नहीं मिल पाता और बड़ी अव्यवस्था फैल रही है। साहित्य पर तो बहुत-सी पुस्तकें लिखी जा चुकीं, अब भाषा की ओर ध्यान देने की आवश्यकता है।

इस प्रकार निराला-जयंती का अंतिम उत्सव समाप्त हुआ।

श्री नंददुलारे वाजपेयी और राष्ट्रभाषा विद्यालय के उद्योग से काशी में यह जो साहित्यिक समारोह हुआ वह कई दृष्टियों से महत्त्वपूर्ण है। काशी के साहित्यिकों और साहित्यिक संस्थाओं ने इसमें पूरे मन से योग दिया। युवक साहित्यिक संघ के प्रत्येक सदस्य तथा प्रसाद-परिषद् आदि के अनेक सदस्यों ने इस योजना को सफल बनाने में दिन-रात परिश्रम किया।

'द्विवेदी-अभिनंदन समारोह' जिस युग का प्रतीक था उसे बीते एक जमाना हुआ किंतु उसके द्वारा तथा उसकी कार्यवाहियों के ढंग में उस युग का स्वरूप

स्पष्ट किया जा सकता है। 'निराला अभिनंदन समारोह' भी पिछले 'छाया-रहस्य युग' का प्रतीक है जैसा स्वयं संयोजक श्री नंददुलारे वाजपेयी ने कहा है। द्विवेदी अभिनंदन के साथ उस युग की नई धारा ने ही पूरा भार सँभाला था ठीक उसी तरह निराला अभिनंदन के मेले में नई दुनिया की चहल-पहल स्पष्ट थी और जितने भी महत्त्वपूर्ण प्रश्न सम्मुख आए इनका मुख आगे की ओर था—अतीत की ओर नहीं। इसी नाते यह निःसंकोच कहा जा सकता है कि इस समारोह ने हमें अपनी शक्ति समझने तथा अगला कदम उठाने में अपूर्व सहायता पहुँचाई है।

6

'हिंदी नये चाल में ढली' : हँसमुख गद्य का विकास

भारतेंदु हरिश्चंद्र ने अपने 'कालचक्र' में लिखा है—'हिंदी नये चाल में ढली सन् 1873 ई.।' इसी वर्ष 'हरिश्चंद्र मैगजीन' (आगे चलकर 'हरिश्चंद्र चंद्रिका') का प्रकाशन प्रारंभ हुआ। यों तो इसके पहले ही 'कविवचन सुधा' में हरिश्चंद्री हिंदी के विविध रूप प्रकट हो चुके थे पर 'हरिश्चंद्र मैगजीन' (तथा 'हरिश्चंद्र चंद्रिका') के द्वारा उनका अधिक व्यवस्थित रूप सामने आया। 'हरिश्चंद्र मैगजीन' ने क्या कोई नई भाषा ढाली? किसी नई भाषा का आविष्कार किया? भारतेंदु से पूर्व इंशा अल्लाखाँ, लल्लूजी लाल, राजा लक्ष्मणसिंह, राजा शिवप्रसाद सितारे हिंद, आदि के गद्य की एक लंबी परंपरा रही है। इनमें सबसे महत्त्वपूर्ण राजा शिवप्रसाद हैं जिन्होंने गद्य की तीन प्रौढ़ शैलियाँ प्रस्तुत कीं—1. संस्कृतनिष्ठ शैली (मानवधर्म सार, योगवाशिष्ठ, उपनिषद सार आदि), 2. मुहावरेदार सरल हिंदी, जिसमें संस्कृत और अरबी-फारसी के लोक प्रचलित शब्द रूपों का व्यवहार है (भूगोल हस्तामलक, छोटा भूगोल हस्तामलक, वामामनरंजन, राजा भोज का सपना आदि)। 'राजा भोज का सपना' के द्वारा तो तद्भव प्रधान, मिश्रित, ठेठ हिंदी का बहुत कुछ आदर्श रूप प्रस्तुत हुआ है। 3. उर्दू के शब्द रूपों और वाक्य-रचना से आक्रान्त शैली (इतिहास तिमिर नाशक, सिक्खों का उदय और अस्त-जैसी रचनाएँ) जिसकी सबने कड़ी आलोचना की।

राजा शिवप्रसाद के पहले और दूसरे, विशेषतः दूसरे दौर के गद्य ने हिंदी लेखकों पर व्यापक प्रभाव डाला। भारतेंदु के सखा चौधरी बदरीनारायण उपाध्याय प्रेमघन के एक दिन उनसे कहा कि, "मैंने सबकी लिखी हिंदी पढ़ी पर जो स्वाद मुझे राजा साहिब (राजा शिवप्रसाद) की लिखावट में मिलता है, दूसरों की में नहीं।" भारतेंदु ने जवाब दिया—"क्या कहें वैसी लच्छेदार इबारत कोई लिख नहीं सकता, पसंद कैसे आवै। सचमुच उनके कलम में जादू का असर है।" प्रेमघन ने लिखा है—"बाबू हरिश्चंद्र आरंभ में उन्हीं के अनुकरणकर्त्ता हुए। वे राजा साहिब को अपना

गुरु मानते थे। कुछ दिनों दोनों की भाषाएँ एक-सी थीं, परन्तु पीछे दोनों की शैलियाँ भिन्न-भिन्न हो गयीं। वे विदेशी शब्दों पर झुके और ये देशी शब्दों पर।"[1]... "जो हो ये दोनों काशीवासी गुरु और चेले...हमारी वर्तमान भाषा के...दो प्रधान संस्कारक वा परिपोषक हैं।...(राजा शिवप्रसाद ने) इस भाषा को ऐसा रूप दिया कि जिससे वह उर्दू से टक्कर लेने में समर्थ हुई, जिसे पढ़कर लोग लेख का आनंद पाने लगे और यह समझ सके कि...हिंदी में भी लेख-लालित्य दिखलाई जा सकती है...।"[2]

इसमें संदेह नहीं कि राजा शिवप्रसाद ने हिंदी गद्य का एक परिमार्जित नागरिक रूप प्रस्तुत किया। राजा शिवप्रसाद के गद्य का विवेचन करते हुए डॉ. रामविलास शर्मा इस निष्कर्ष पर पहुँचे हैं कि '1873 ई. में हिंदी नई चाल में नहीं ढली। यह कार्य इससे बहुत पहले संपन्न हो चुका था। 1857 के आस-पास राजा शिवप्रसाद जैसी हिंदी लिख रहे थे, उसी को भारतेंदु ने अपनाया था।'[3]

तो क्या भारतेंदु ने हिंदी को नई चाल में नहीं ढाला? अवश्य ढाला। यहाँ नई चाल का मतलब नए ढंग या शैली से है। इस शैली का ढाँचा देसी है, इसका झुकाव भाषागत मेल-जोल की ओर है और इसमें एक ऐसी सजीवता है जो लेखक और पाठक के बीच जीवित संबंध स्थापित होने से आती है।

पर इस शैली की वह कौन-सी प्रधान विशेषता है जो केंद्र में स्थित होकर तत्कालीन हिंदी के गद्य-संसार को एक नई रोशनी से जगमग कर देती है? वह कौन-सी विशेषता है जिसके सामने शिवप्रसाद 'सितारेहिंद' का अपने समय का सबसे साफ-सुथरा नागरिक गद्य मंदप्रभ हो जाता है? वह कौन-सी विशेषता है जो राजा लक्ष्मणसिंह की 'बहुत ही सरस', 'विशुद्ध', 'ठेठ' और 'सरल' हिंदी में अनुपस्थित है?

वह विशेषता है गद्य की हँसमुख प्रवृत्ति। भारतेंदु हँसमुख गद्य के प्रवर्तक हैं। गद्य की इस हँसमुख प्रवृत्ति से भारतेंदु के सभी प्रतिनिधि लेखकों का गद्य अनुप्राणित हुआ।

आचार्य शुक्ल ने अपने हिंदी साहित्य के इतिहास में लिखा है कि 'राजा शिवप्रसाद और राजा लक्ष्मणसिंह भाषा पर अधिकार रखने वाले, पर झंझटों से दबे हुए स्थिर प्रकृति के लेखक थे। उनमें वह स्वच्छंदता, चपलता और उमंग नहीं पाई जाती जो हरिश्चंद्र मंडल के लेखकों में दिखाई पड़ती है। शिक्षित समाज में संचारित भावों को भारतेंदु के सहयोगियों ने बड़े अनुरंजनकारी रूप में ग्रहण किया।'

राजा शिवप्रसाद और राजा लक्ष्मणसिंह सरकारी नौकर थे। जहाँ तक भाषा का सवाल है, राजा लक्ष्मणसिंह की चाल सरकारी नीति से अलग है। पर राजा

1. प्रेमघन सर्वस्व (द्वितीय भाग), पृ 408-10
2. वही, पृ. 411
3. भारतीय साहित्य, आगरा, जनवरी-अप्रैल 1970, पृ. 215

शिवप्रसाद के लिए, सरकारी शिक्षा विभाग में रहते हुए, इस संबंध में स्वतंत्र होना उतना आसान न था। ये दोनों ही लेखक प्राचीन नैतिक संस्कारों की सीमा में रहने वाले थे। पर भारतेंदु और उनके सहयोगी राजनीतिक चेतना के धनी और पुराने आदर्शों की सीमा का अतिक्रमण भी करने वाले हैं। वह राजनीतिक चेतना ही है जिसने भारतेंदु और उनके सहयोगियों की भारतीयता (राष्ट्रीय भावना) पर सान चढ़ाई। इन लेखकों की आवाज़ सुविधाभोगी वर्ग की सहमी और नपी-तुली आवाज़ नहीं है। इन्होंने जिंदगी को भरपूर जिया तथा शासकीय और सामाजिक अत्याचार के खिलाफ हिंदी भाषा में रचनात्मक लेखन की शुरुआत की। इन लेखकों का व्यक्तित्व राजा शिवप्रसाद और राजा लक्ष्मणसिंह से भिन्न था। समकालिक यथार्थ को देखने का इनका नजरिया दूसरा था। इन लेखकों में एक ओर नवजागरण काल की आशा और उमंग है तो दूसरी ओर सामाजिक प्रगति के अवरोधक विदेशी और देशी तत्त्वों के प्रति क्षोभ और आक्रोश भी। ये संक्रांति काल की भावनाओं से स्पंदित रचनाकार थे जिन्होंने अपने हँसमुख गद्य में उमंग के साथ ही आक्रोश को भी वाणी दी। भारतेंदु और उनके सहयोगियों की 'स्वच्छंदता, चपलता और उमंग' का कारण उनकी युगचेतना तथा उनका स्पंदनशील गत्यात्मक व्यक्तित्व है। ये 'झंझटों' से दबने वाले नहीं, उभड़ने वाले लेखक थे।

हँसमुख गद्य शिल्पकौशल मात्र नहीं है। इसका प्रमुख कारण गैरभाषिक है। नवजागरण काल में एक ओर अंग्रेज़ी शासन के दुश्चक्र से प्रबुद्ध वर्ग क्रमशः अवगत होने लगा था, दूसरी ओर सामाजिक-धार्मिक क्षेत्रों में संशोधन या परिवर्तन के लिए जबरदस्त हलचल शुरू हो गई थी। ऐसी स्थिति में कट्टर रूढ़िवादियों, अंग्रेजी संस्कृति में रँगे गुमराह नवशिक्षितों और विदेशी शासन की तीखी आलोचना के लिए भारतेंदु और उनके साथियों ने हास-परिहास का औजार इस्तेमाल किया। इसलिए इस समय के हँसमुख गद्य को, रचनात्मक स्तर पर राष्ट्रीयता का अर्थविस्तार कहा जा सकता है। राष्ट्रीयता का अर्थ केवल राजनीतिक समझ या नागरिक अधिकारों की चेतना और शासन में हिस्सेदारी की आकांक्षा ही नहीं, बल्कि सामाजिक और सांस्कृतिक चेतना भी है। हँसमुख गद्य ने तत्कालीन राष्ट्रीय भावना को जाग्रत किया, इतिहासबोध को उकसाया रूढ़ियों की निस्सारता झलकायी, युगसंघर्ष से परिचित कराया। वह समकालिक यथार्थ से स्पंदित लेखकों के व्यक्तित्व का प्रतिबिंब है।

हँसमुख प्रवृत्ति का संबंध सामाजिकता से है। यह एक ओर पाठकों से सुखद संबंध स्थापित करती है, हँसते को देख हँसी आती है, दूसरी ओर प्रयोक्ता को तनाव से छुटकारा दिलाती है। विदेशी शासन के शोषण और अत्याचार से पीड़ित जनता का हौसला ऊँचा रखने में यह हँसमुख गद्य मदद देता है। प्रबल अँग्रेजी शासन और अँग्रेज-भक्तों की खिल्ली उड़ाकर संकट के समय कुछ राहत मिलती है। हँसमुख गद्य एक प्रकार का सुरक्षा-कवच है। बहुत-से मौकों पर यह विक्षुब्ध

आलोचक को तत्कालीन सरकार के कोप से ही नहीं बचाता बल्कि प्रयोक्ता के मानसिक तूफान के लिए बहुत कुछ संयत और सुरक्षित निकास का भी काम करता है।

कहने की आवश्यकता नहीं कि उन्नीसवीं सदी संक्रांति का युग है। इस प्रसंग में मैंने अन्यत्र लिखा है—इस युग का लेखक जहाँ एक ओर विदेशी संस्कृति के आक्रमण से अपनी सांस्कृतिक सुरक्षा तथा अपनी विशिष्टता की खोज के लिए अतीत की ओर देखता था और उसे पुनः प्रतिष्ठित करना चाहता था, वहीं नए युग की समस्याओं से जूझता हुआ परिवर्तन की माँग भी करता था। इसलिए भारतेंदु और उनके समकालीन लेखकों में कभी-कभी परस्पर-विरोधी प्रतीत होने वाले विचार भी मिल जाते हैं। बालकृष्ण भट्ट अपने 'परंपरा' शीर्षक निबंध में परंपरा का समर्थन करते हैं पर 'संसार कभी एक-सा न रहा' में भारतीयों की परिवर्तन-विमुखता को समाज की अवनति का मुख्य कारण बतलाते हैं। नई शिक्षा ने लेखकों के मन में राजनीतिक और सामाजिक स्वतंत्रता की चेतना उद्‌बुद्ध कर दी थी। देशभक्ति इस युग के लेखकों का धर्म और समाज-सुधार प्रमुख कर्तव्य था। डॉ. भगवानदास ने एक जगह भारतेंदु के संबंध में लिखा है कि 'जो विचार स्वतंत्रता-युद्ध के लिए बहुत पीछे कांग्रेस के नेताओं को हुए, वे विचार उन्होंने पहले ही हिंदी-भाषी जनता के सामने रखे।' (नागरी प्रचारिणी पत्रिका—भारतेंदु जन्मशती अंक)। वास्तव में भारतेंदु और उनके सहयोगी लेखकों की रचनाओं में देशप्रेम की चेतना शरीर में रक्त की धमनियों की तरह सर्वत्र व्याप्त है। लेखकों की दृष्टि अपने परिवेश की हर छोटी-बड़ी चीज पर गई। विदेशी शासन का शोषण, अत्याचार, अँग्रेजी संस्कृति का दुष्प्रभाव, राष्ट्रीयता, एकता, वाणिज्य-व्यवसाय, कारीगरी, खेती, शिक्षा, पर्व-त्योहार, भाषा, समाज, धर्म, साहित्य, नैतिकता, चरित्र आदि सबने उन्हें आकृष्ट किया। उनके लिए पूरी जिंदगी अपनी साधारणता में आकर्षण की वस्तु थी। जीवन का कोई भी परिचित तथ्य उनकी रचनाओं का विषय हो सकता था। इतने विषयों के सभी आयाम सीधी-सादी भाषा में अँट नहीं पाते थे। इनकी अभिव्यक्ति के लिए हँसमुख गद्य की आवश्यकता हुई।

भारतेंदु ऐसे जीवंत लेखक का, जिनका देश की मिट्टी और हवा से इतना गहरा लगाव था, अपने पाठकों से भी मैत्रीपूर्ण संबंध हो जाना स्वाभाविक ही है। वे दूर खड़े होकर शिक्षक की आवाज़ में औपचारिक ढंग से पाठकों को शिक्षा या जानकारी नहीं देते बल्कि दोस्ताना लहजे में खुली आत्मीयता के साथ अपने और अपने परिवेश के बारे में बातचीत करते हैं। इसका एक अच्छा उदाहरण उनकी अधूरी आत्मकथा का आरंभिक अंश है। शिवप्रसाद सितारेहिंद ने भी फारसी में अपनी आत्मकथा लिखी है (जिसका अनुवाद लखनऊ की 'त्रिपथगा' में छपा था)। पर दोनों के उद्देश्य भिन्न हैं। शिवप्रसाद सितारेहिंद का उद्देय गंभीरतापूर्वक अपने

पूर्व पुरुषों और व्यक्तिगत जीवन का तरतीबवार इतिवृत्त प्रस्तुत करना है तो भारतेंदु का अभिप्रेत है अपने-आपको, पूरे वातावरण के साथ उद्घाटित करना। एक का गद्य नीरस है तो दूसरे का हँसमुख। एक का गद्य शुष्क है तो दूसरे के गद्य में चापलूसों से घिरे युवा लेखक की फड़कती शैली में जिंदगी की छाप। देखिए शैली कितनी सजीव और चुलबुली है : '....संवत् 1930 में मैं जब तेईस बरस का था। एक दिन खिड़की पर बैठा था, वसंत ऋतु हवा ठंडी चलती थी! साँझ फूली हुई, आकाश में एक ओर चंद्रमा दूसरी ओर सूर्य, पर दोनों लाल-लाल, अजब समा बँधा हुआ, कसेरू, गंडेरी और फूल बेचने वाले सड़क पर पुकार रहे थे। मैं भी जवानी की उमंगों में चूर जमाने के ऊँच-नीच से बेखबर अपनी रसकाई के नशे में मस्त दुनिया के मुफ्तखोरे सिफारिशियों से घिरा हुआ अपनी तारीफ सुन रहा था...

कोई कहता था आपसे सुंदर संसार में नहीं, कोई कसमें खाता था आप-सा पंडित मैंने नहीं देखा, कोई पैगाम देता था चमेली जान आप पर मरती है, आपके देखे बिना तड़प रही है, कोई बोला हाय! आपका फलाना कवित्त पढ़कर रात-भर रोते रहे, ...चौथा बोला आपकी अँगूठी का पन्ना क्या है काँच का टुकड़ा है या कोई ताजी तोड़ी हुई पत्ती है। एक मीर साहब चिड़िया वाले ने चोंच खोली, बेपर की उड़ाई बोले कि आपके कबूतर किससे कम हैं वल्लाह कबूतर नहीं परीज़ाद हैं, खिलौने हैं, तस्वीर हैं... ।...सिद्धांत यह कि मैं बिचारा अकेला और वाहवाहें इतनी कि चारों ओर से मुझे दबाए लेती थीं और मेरे ऊपर गिरी क्या फिसली पड़ती थीं।' (एक कहानी कुछ आप बीती कुछ जग बीती)।

एक दूसरे लेख में एक दरबार के आयोजन पर तीखा व्यंग : 'श्रीयुत लार्ड म्यौ साहिब बहादुर गवर्नर जेनरल हिंद ने काशी में 1 नवंबर को एक 'लेवी' दर्बार किया था। यद्यपि 'दर्बार' और 'लेवी' में बहुत भेद है पर यह 'लेवी' और 'दर्बार' दोनों के बीच की अपूर्व वस्तु थी। श्री मन्महाराजाधिराज काशिराज की कोठी में इस 'लेवी' के हेतु एक डेरा दल बादल खड़ा किया गया था जो सूर्यनारायण और श्रीयुत लार्ड साहिब के तेज और प्रताप परम सुशीतल खसखाने की भाँति हो गया था और गरमी भी मारे गरमी के इसी खसखाने में आ छिपी थी, डेरे के बीच में चँदवा के नीचे एक सोने की कुर्सी धरी थी। नाम लिखने वाले मुंशी बद्रीनाथ फूले-फाले अबा पहिने पगड़ी सजे पुराने दादुर की भाँति इधर-उधर उछलते और शब्द करते-फिरते थे और बाबू भी वैसे ही छोटे तेंदुए बने गरज रहे थे।...इतने में बंगाली बाबू सबका नंबर लगाने लगे और पंडितों को दक्षिणा बँटने वाली सभा की भाँति एक-एक का नाम लेकर पुकार के बल्लमटेर की पल्टन की चाल से सबको खड़ा कर दिया। बनारस के रईस भी कठपुतली बने हुए उसी गत नाचते रहे। जब खड़े-खड़े बड़ी देर हुई और पैर टूटने लगे और इस तपस्या पर भी श्रीयुत लार्ड साहिब के दर्शन न हुए तब राय नारायण दास आनरेरी मजिस्ट्रेट हौलदार की भाँति बोल उठे "सिट

डौन" (बैठ जाओ)। सब लोग खड़े-खड़े थक तो गए ही थे मुँह के बल बैठ गए परंतु राय साहब को यह 'कवायद' कराना तभी अच्छा लगता जब उनके हाथ में एक लकड़ी भी होती। लार्ड साहिब की 'लेवी' समझकर कपड़े भी सब लोग अच्छे-अच्छे पहिन कर आए थे पर वे सब उस गरमी में बड़े दुखदाई हो गए। जामेवाले गरमी के मारे जामे के बाहर हुए जाते थे, पगड़ीवालों को पगड़ी सिर का बोझ-सी हो रही थी और दुशाले और कमखाब की चपकनवालों को गरमी ने अच्छी भाँति जीत रक्खा था। सबके अंगों से पसीने की नदी बहती थी मानों श्रीयुत को सब लोग आदर से 'अर्घ्यं पाद्यं' देते थे। ...वाह-वाह दरबार क्या था 'कठपुतली का तमाशा' था या बल्लमटेरों की 'कवायद' थी या बंदरों का नाच था या किसी पाप का फल भुगतना था या 'फौजदारी की सज़ा थी।" **(लेवी प्राण लेवी)**

गवर्नर के दरबार में काशी के रईसों की जो दुर्दशा हुई उसका यहाँ जीता-जागता चित्र प्रस्तुत कर दिया गया है। व्यवस्थापकों के लिए जो उपमान लाए गए हैं, वे भी हास्य का कम उद्रेक नहीं करते। इस संपूर्ण हँसमुख गद्य के भीतर अँग्रेजी शासन के प्रति लेखक का जो क्षोभ छिपा है वह अंत तक पहुँचते-पहुँचते अधिक तीखा हो गया है। इसी लेख से नाराज़ होकर सरकार ने 'कविवचन सुधा' की खरीद बंद कर उसे अर्थ संकट में डाल दिया था।

हँसमुख गद्य में केवल खुला हास्य-विनोद ही नहीं होता। जो कुछ भी जीवंत है, जिसमें कोरा विचार, शिक्षा या उद्‌बोधन नहीं बल्कि जिंदगी की धड़कन है उसे भी हँसमुख गद्य का एक प्रकार समझना चाहिए। 'वैद्यनाथ की यात्रा' में प्रकृति के दृश्य-खंड देखिए :

'दो बजे दिन के पैसेंजर ट्रेन में सवार हुए। चारों ओर हरी-हरी घास का फर्श। ऊपर रंग-रंग के बादल। गड़हों में पानी भरा हुआ।...बकसर के आगे भारी मैदान पर सब्ज काशानी मखमल से मढ़ा हुआ। साँझ होने से बादल के छोटे-छोटे टुकड़े लाल, पीले, नीले बड़े सुहाने मालूम पड़ते थे। बनारस कालिज की रंगीन शीशे की खिड़कियों का-सा सामान था।'

छोटे-छोटे क्रियाहीन वाक्य मानों चित्रकार के तेजी से चलते हुए ब्रश के रंगीन स्पर्श हैं जो दृश्य को उभाड़ते चलते हैं।

कहीं-कहीं मन की मौज के अनुसार रसात्मक वाक्य-रचना का पुराना चमत्कार—

'झपकी का आना था कि बौछारों ने छेड़छाड़ करनी शुरू की। पटने पहुँचते-पहुँचते तो घेर-घारकर चारों ओर से पानी बरसने ही लगा। बस पृथ्वी आकाश सब नीर ब्रह्ममय हो गया। इस धूमधाम में भी रेल कृष्णाभिसारिका-सी अपनी धुन में चली ही जाती थी। सच है सावन की नदी और दृढ़ प्रतिज्ञ उद्योगी और जिनके मन पीतम के पास हैं वे कहीं रुकते हैं। राह में बाज पेड़ों में इतने जुगनू लिपटे हुए थे कि पेड़ सचमुच 'सर्वेचिराँगा' बन रहे थे।...

बादल के परदों को फाड़-फाड़कर उषा देवी ने ताक-झाँक आरंभ कर दी।...प्रकृति का नाम काली से सरस्वती हुआ। ठंडी-ठंडी हवा मन की कली खिलाती हुई बहने लगी। दूर से धानी और काही रंग के पर्वतों पर सुनहरापन आ चला। कहीं आधे पर्वत बादलों से घिरे हुए, कहीं एक साथ वाष्प निकलने से उनकी चोटियाँ छिपी हुई और कहीं चारों ओर से उन पर जलधारा पात से बुक्के की होली खेलते हुए बड़े ही सुहाने मालूम पड़ते थे।...'

और इस रमणीय यात्रा-वर्णन के बीच-बीच में जड़ी ये टिप्पणियाँ : '...गाड़ी भी ऐसी टूटी-फूटी जैसे हिंदुओं की किस्मत और हिम्मत।'

रेल में देशी यात्रियों की दुर्दशा से प्रेरित यह उक्ति : 'सचमुच अब तो तपस्या करके गोरी-गोरी कोख से जन्म ले तब संसार में सुख मिलै।'

हँसमुख गद्य का एक उत्फुल्ल रूप निम्नांकित यात्रा-वर्णन में प्रकट हुआ है जहाँ रेलवे कंपनी की दुर्व्यवस्था के वर्णन के साथ ही भारतेंदु की मस्ती और जिंदादिली द्रष्टव्य है :

'कल साँझ को चिराग जले रेल पर सवार हुए। यह गए वह गए। राह में स्टेशनों पर बड़ी भीड़। न जाने क्यों? और मज़ा यह कि पानी कहीं नहीं मिलता था। यह कंपनी यज़ीद के खानदान की मालूम होती है कि ईमानदारों को पानी तक नहीं देती। या सिप्रस का टापू सरकार के हाथ आने से और शाम में सर्कार का बंदोबस्त होने से यह भी शामत का मारा शामी तरीका अख्तियार किया गया है कि शाम तक किसी को पानी न मिलै। स्टेशन के नौकरों से फरयाद करो तो कहते हैं कि डाक पहुँचावै रोशनी दिखलावै कि पानी दें। खैर ज्यों-त्योंकर अयोध्या पहुँचे।...

...मिठाई हरैया की तारीफ के लायक है। बालूशाही सचमुच बालूशाही भीतर काठ के टुकड़े भरे हुए। लड्डू भूर के, रफी अहा हा हा! गुड़ से भी बुरी। खैर लाचार होकर चने पर गुजर की। गुजर गई गुजरान क्या झोंपड़ी क्या मैदान।...

...वाह रे बस्ती। झख मारने को बसती है अगर बस्ती इसी को कहते हैं तो उजाड़ किसको कहेंगे। सारी बस्ती में कोई भी पंडित बस्तीराम जी ऐसा पंडित नहीं। खैर अब तो एक दिन यहीं बस्ती होगी। राह में मेला खूब था। जगह-जगह पर सहाब का शहाबा। चूल्हे जल रहे हैं। सैकड़ों अहरे लगे हुए हैं कोई गाता है कोई बजाता है कोई गप हाँकता है। ...बैसवारे के पुरुष अभिमानी रूखे और रसिकमन्य होते हैं रसिकमन्य ही नहीं वीरमन्य भी पुरुष सब पुरुष और सभी भीम सभी अर्जुन सभी सूत पौराणिक और सभी वाजिदअली शाह।...' **(सरयू पार की यात्रा)**

भारतेंदु के हँसमुख गद्य में उल्लास, मस्ती, विनोद, परिहास आदि का रासायनिक मिश्रण है। चलती भाषा के प्रवाह के साथ शब्दों के साथ खिलवाड़ की प्रवृत्ति जगह-जगह चमत्कृत करती है। नवजागरण के वातावरण से स्फूर्त लेखक को समाज

में चारों ओर दिलचस्पी के नए विषय और पुरानी वस्तुओं में नई दिलचस्पी का संधान मिल जाता है।

'पाँचवें पैगंबर' में अँग्रेजी संस्कृति पर गहरा व्यंग है। कहा जाता है कि चूसा पैगंबर का पार्ट एक बार स्वयं भारतेंदु ने अदा किया था। इस रचना का गद्य बहुत चुलबुला है। इसमें अँग्रेजी सभ्यता के बढ़ते प्रभाव, अँग्रेज-भक्तों की खुशामदी प्रवृत्ति, रूढ़िवादिता आदि का उपहास किया गया है। इसमें बाल-विवाह, विधवा-विवाह, बाल-पाठशाला स्थापित करने तथा विवाहोत्सव की फजूलखर्ची आदि के संबंध में जो बात कही गई है उसका मतलब यह नहीं कि लेखक इन सबका विरोध या समर्थन कर रहा है बल्कि इसका तात्पर्य यह है कि इन सबका समर्थन या विरोध इनके गुणदोष विवेक पर नहीं बल्कि अँग्रेजी सभ्यता की प्रेरणा से आँख मूँदकर हो रहा है। व्यंग्य का लक्ष्य विवेकहीन अंधानुकरण मात्र है। भारत-प्रवासी मदिराप्रिय अँग्रेज स्वयं रहने के लिए तो खपरैल की छतवाले अधपक्के मकान बनवाते थे पर कब्र पक्की। जनता के शोषण में भी उनकी निर्बाध गति थी। इस पर हँसमुख गद्य की एक नाटकीय मुद्रा :

'शराब पियो, कुछ शंका मत करो, देखो मैं पीता हूँ क्योंकि यह खुदा का खून है जो उसने मुझे पिलाया और मैंने दुनिया को और यह उसके दोनों बादशाहत की निशानी है जो बाद मेरे बहुत दिन तक कायम रहैगी क्यौंकि उसने हुक्म दिया है कि औरों की तरह तू मकान बहुत पक्का न बनवा क्यौंकि दुनिया खुद नापायदार है मगर मेरे खून के बोतलों के टुकड़े जो कि (खुदा कहता है) मेरी हड्डियाँ हैं बहुत दिनों तक न गलैंगी और मेरे सच्चे राज की निशानी क़ायम रहेगी।

देखो मेरा नमा चूसा है क्योंकि मैं सबका पाप रूपी पैसा चूस लेता हूँ क्योंकि खुदा ने फरमाया है कि मेरे बंदे पैसा के बहकाने से गुनाह करते हैं अगर उनके पास पैसा न रहे तो खुद गुनाह न करैं इसमें तू सबसे पहिले इनका पैसा चूस ले।' **(पाँचवें पैगंबर)**

एक पुरोहित का यह तर्काभास भी कम मजेदार नहीं : 'पुरोहित—महाराज,...वह (स्वामी दयानंद) तो देवी की मूर्ति भी तोड़ने को कहते हैं। यह नहीं हो सकता क्योंकि फिर बलिदान किसके सामने होगा?' **(वैदिकी हिंसा, हिंसा न भवति)**

पाखंडी पंडित की यह दुरंगी नीति, जिसके द्वारा वह उभय पक्ष को संतुष्ट रखना चाहता है, द्रष्टव्य :

'पुरोहित—कितने साधारण धर्म ऐसे हैं कि जिनके न करने से कुछ पाप नहीं होता, जैसा—'मध्याह्ने भोजनं कुर्यात' तो इसमें न करने से कुछ पाप नहीं है, वरन् व्रत करने से पुण्य होता है। इसी तरह पुनर्विवाह भी है इसके करने से कुछ पाप नहीं होता और जो न करै तो पुण्य होता है।...और भी बहुत जगह शास्त्र

में आज्ञा है, सो जो विधवा विवाह करती हैं उनसे पाप तो नहीं होता पर जो नहीं करतीं उनको पुण्य अवश्य होता है।' **(वैदिकी हिंसा, हिंसा न भवति)**

निम्नांकित उद्धरण में भारतीयों के मिथ्या अहंकार और निष्क्रियता पर विनोदशील मनोदशा से प्रेरित यह कथन जिसमें विविध लय-गतिवाले वाक्य अंतिम क्रिया तक पहुँचते-पहुँचते एक रूपक खड़ा कर देते हैं :

'सत्यानाश फौजदार—महाराज, वेदांत ने बड़ा ही उपकार किया। सब हिंदू ब्रह्म हो गए। किसी को इतिकर्त्तव्यता बाकी ही न रही। ज्ञानी बनकर ईश्वर से विमुख हुए, रुक्ष हुए, अभिमानी हुए और इसी से स्नेहशून्य हो गए। जब स्नेह ही नहीं तब देशोद्धार का प्रयत्न कहाँ? बस, जयशंकर की।...महाराज, फिर संतोष ने भी बड़ा काम किया। राजा प्रजा सबको अपना चेला बना लिया। अब हिंदुओं को खाने मात्र से काम, देश से कुछ काम नहीं। राज न रहा, पेनसन ही सही। रोजगार न रहा, सूद ही सही। वह भी नहीं तो घर ही का सही, 'संतोषं परमं सुखं' रोटी ही को सराह सराह के खाते हैं। उद्यम की ओर देखते ही नहीं। निरुद्यमता ने भी संतोष को बड़ी सहायता दी। इन दोनों को बहादुरी का मेडल जरूर मिले। व्यापार को इन्हीं ने मार गिराया।' **(भारत दुर्दशा)**

भारतेंदु के बलिया वाले भाषण का गद्य भी अत्यंत सजीव, चपल और प्रवाह पूर्ण है। विदेशी वस्तु-प्रेमी निरुद्यमी भारतीयों पर उस भाषण का एक क्रीड़ाशील लतीफा :

'एक बेफिकरे मँगनी का कपड़ा पहिनकर किसी महफिल में गए। कपड़े को पहिचानकर एक ने कहा अजी अंगा तो फलाने का है दूसरा बोला अजी टोपी भी फलाने की है तो उसने हँसकर जवाब दिया कि घर की तो मूछें-ही-मूछें हैं हाय अफसोस तुम ऐसे हो गए कि अपने निज की काम की वस्तु भी नहीं बना सकते।...' **(भारतवर्षोन्नति कैसे हो सकती है।)**

ऐसा अर्थवान है भारतेंदु का हँसमुख गद्य। सच कहा है : लाख मजमूँ और उसका एक ठठोल!

7

काव्य का प्रभाव-क्षेत्र

विश्वात्मा लोक में जिस मंगल की प्रतिष्ठा के लिए प्रवृत्त होती है उस मंगल के स्वरूप तथा उसकी प्राप्ति के साधनों की व्यंजना साहित्य में होती है। जीवन के वातावरण की भूमिका पर ही साहित्य क्षेत्र में लोकमंगल को प्रतिष्ठा होती है और जीवन के वातावरण का ही दूसरा नाम है समाज। इसीलिए साहित्य और समाज का घनिष्ठ संबंध सभी स्वीकार करते हैं।

काव्य का प्रेरणा-केंद्र भी जीवन ही होता है। जगत् के भीतर से काव्य अपनी उपकरण सामग्री संचित करता और बदले में उसे प्रभावित करके कल्याण-मार्ग की ओर अग्रसर करता है। किंतु यह सब निष्कर्ष हमारे सामाजिक चेतनायुक्त मस्तिष्क का है। काव्य की प्रक्रिया मूलतः हमारे भावों से संबद्ध होने के कारण भावात्मक है और उसका पहला प्रभाव हृदय ही पर पड़ता है। दूसरे शब्दों में कह सकते हैं कि काव्य का प्रकृत प्रभावक्षेत्र लोकहृदय है। लोकहृदय को प्रभावित करने के लिए ऐसा सामान्य भाव चाहिए जो सबको स्पर्श कर सके।

काव्य में जीवन का जो स्वरूप अभिव्यक्त होता है वह बिलकुल वही नहीं होता जिसे हम वास्तविक जगत् में देखते रहते हैं। काव्यगत जीवन-खंड में कवि की कल्पना, अनुभूति और जीवन को अपनी दृष्टि से ऐसे मार्मिक रूप में ग्रहण करने की शक्ति भी सम्मिलित होती है जो दूसरों के हृदय पर प्रभाव डाल सके। यही कारण है कि वास्तविक जगत् में जिन व्यापारों और दृश्यों को देखकर हम तनिक भी प्रभावित नहीं होते वही क्रिया-कलाप और दृश्य जब काव्य के माध्यम से हमारे सम्मुख आते हैं तो हमारे मनोलोक में उथल-पुथल मचा देते हैं। हमारा हृदय इस काव्यात्मक सृष्टि के नाना दृश्यों और जीवों के साथ राग-विराग का घनिष्ठ संबंध स्थापित करता है। यहाँ हृदय की अनेक वृत्तियों के स्फुरण, पोषण और प्रसार का पूरा-पूरा अवकाश मिलता है।

जिस प्रकार कर्म तक पहुँचने के लिए ज्ञान की तीन मुख्य प्रक्रियाएँ—ज्ञान, इच्छा और कर्म—होती हैं उसी प्रकार हृदय की वृत्ति को कर्मक्षेत्र तक पहुँचने में

तीन मुख्य अवस्थाएँ—अनुभव, इच्छा और कर्म लक्षित होती हैं। हम पहले किसी भाव का अनुभव करते हैं और भविष्य के किसी सुखात्मक भाव की प्राप्ति के लिए कोई योजना बनाते हैं। इस योजना के मूल में सुखप्राप्ति की इच्छा का निर्देश रहता है। और तब आती है कर्म की प्रकृत भूमि।

पर इसका आशय यह नहीं है कि स्थूल रूप से इस भावात्मक प्रक्रिया को स्पष्ट देखा जा सकता है। यदि ऐसा होता तो कविताएँ पढ़कर उनके भावात्मक निर्देश पर हम कर्म करने लगते। पर ऐसा होता नहीं। बात यह है कि कविता का कर्म जगत से कोई सीधा लगाव नहीं होता। उसका सीधा और सरलता से लक्षित होने वाला संबंध है हृदय से। कोई कविता हम पढ़ते हैं तो उसमें व्यंजित मार्मिक भाव हमारे हृदय पर प्रभाव डालते, हमारे मनोलोक में एक नवीन सजीव सृष्टि खड़ी करते हैं। इससे इन्हीं भावों का हम अनुभव करते हैं और हमारे हृदय तथा अंतस्संज्ञा के क्षेत्र में ये भाव संचित होकर काव्यात्मक भाव के अनुकूल ही हमारी वृत्तियों का परिष्कार करते हैं। हमारे कर्म में मूलतः हमारे मस्तिष्क और हृदय का निर्देश होता है। कविता हृदय की प्रभावशालिता बहुत बढ़ा देती है। सबसे पहले हृदय किसी भाव का अनुभव करता है। उसी के अनुसार मस्तिष्क को ज्ञान होता है और इच्छा जगती है। तथा अंत में पुनः हृदय ही आवेश उत्पन्न करके मनुष्य को कर्म-भूमि पर पहुँचाता है।

इस प्रकार स्पष्ट है कि कविता का स्पष्टतया लक्षित होने वाला गुण है किसी भाव-विशेष का अनुभव कराना, हमारे हृदय में संवेदन उत्पन्न करना।

मनुष्य की सबसे प्रथम और प्रबलतम इच्छा होती है सुख या आनंद की प्राप्ति। और इसी के लिए उसे जगत के नाना जटिल व्यापारों में उलझना पड़ता है। पर सभी उलझनों, सभी प्रस्तुत कष्टों के सामना करने में अंततः आनंद प्राप्ति की ही भावना छिपी रहती है।

वैयक्तिक आनंद का प्रसार करने में अपने से संबद्ध सभी व्यक्तियों को सुखी देखने की इच्छा में ही, मनुष्य जीवन की पूर्णता है। 'एकोऽहं बहुस्यामि'—ब्रह्म की यह इच्छा, सभी मनुष्य कहलाने के अधिकारी व्यक्तियों के आत्मा की इच्छा है। सच्चे कवि की कविता में समष्टि के हृदय को स्पर्श करने वाले भाव और सामूहिक आनंद की प्राप्ति के उपकरण स्वतः सन्निविष्ट हो जाते हैं।

'सहितस्य भावं साहित्यम्' में यही भाव है। 'स + हित' मंगलभावना से पूर्ण तथा 'सहित' अर्थात् लोक के सहित—ये दोनों ही बातें साहित्य में होती हैं।

अतएव यह स्पष्ट है कि काव्य का प्रकृत प्रभाव क्षेत्र लोक-हृदय है।

''वर्तमान समय में आर्थिक दृष्टि से शोषक और शोषित; पूँजीपति और श्रमजीवी ये ही दो विभाग किए जाते हैं।''

साहित्य इन दो वर्गों में से किसका पक्ष ले? जो साहित्य पूँजीवादी वर्ग के

सुख-साधन में संलग्न होगा वह वर्तमान दशा को अवनति की ओर ले जाने वाला होगा। श्रमिक वर्ग का पक्ष लेकर ही साहित्य समाज की मंगल-साधना में योग दे सकता है। जो लोग इस श्रेणी-संघर्ष से अलग हटकर रहना चाहते हैं, उनकी स्थिति और उनके कार्य-कलाप समाज को अवनति की ओर ही ले जाने वाले होंगे। वस्तुतः उपर्युक्त दो वर्गों में से एक का निश्चयात्मक रूप से पक्ष लेना ही होगा। अलग रहने वाले—above the battle—व्यक्ति अधिक से अधिक यह कर सकते हैं कि वे प्रत्यक्ष रूप से पूँजीवादी शक्तियों का सहयोग न करें, पर इससे उनकी स्थिति में विशेष अंतर नहीं आता। क्योंकि यदि वे वर्तमान समाज व्यवस्था को (जिसका उन्मूलन आवश्यक है) दृढ़ बनाने में प्रत्यक्ष योग नहीं भी देते तो परोक्ष रूप से वे उसे बने रहने देना चाहते हैं और इस प्रकार वे एक ढंग से पूँजीवादी वर्ग की स्थिति पुष्ट ही करते हैं। इसलिए आजकल के श्रेणी संघर्ष के बीच साहित्यकार को स्पष्ट रूप से केवल एक पक्ष चुनना आवश्यक है, निर्लिप्त रहने से काम नहीं चल सकता।

तो फिर कवि की कविता स्पष्ट रूप से श्रमिक वर्ग का पक्ष ले। आज की कविता सामान्य मानवता (General Humanity) के लिए नहीं हो सकती, क्योंकि सारे समाज में व्याप्त सामान्य मानवता नाम की वस्तु इस समय वर्तमान नहीं है।

उपर्युक्त पंक्तियों में मैंने 'कविता किसके लिए?' प्रश्न पर उपस्थित कुछ मित्रों के विचार संक्षेप में लिपिबद्ध किए हैं।

पर यह सब राजनीति की भाषा है, साहित्य की नहीं। राजनीति की ही शब्दावली (terms) में विचारने से इस प्रकार की गड़बड़ी होती है। राजनीति की मूल प्रेरक शक्ति है बुद्धि और काव्य का हृदय। यद्यपि काव्य में बुद्धि और हृदय का संबंध-विच्छेद नहीं होता पर दूसरा तत्त्व-प्रधान होता है। काव्य में सामान्य हृदय अथवा लोक-हृदय को स्पन्दित करने का गुण अवश्य चाहिए। हृदय के अनेक अनुकूल और प्रतिकूल वेदनीय भावों के स्फुरण और परिष्कार के बिना न तो काव्य की सच्ची व्याप्ति मानी जा सकती है न लोक-हृदय पर मार्मिक प्रभाव डालकर कविता एक दूसरे के प्रति संवेदन उत्पन्न कर समाज का कल्याण ही कर सकती है।

कविता को किसी विशेष उद्देश्य का शस्त्र मानना ठीक नहीं। कविता में कोई उद्देश्य है, इसका तात्पर्य यह नहीं कि उससे वही काम लिया जाए जो एक शस्त्र से या सिपाही से लिया जाता है। कविता तो अपने भावों को पाठक के हृदय में ढाल कर परोक्ष रूप से अपना उद्देश्य पूर्ण करती है। और यह स्पष्ट है कि शुद्ध हृदय की प्रकृति, मानवता के बीच इस प्रकार के दो स्थूल विभाजन स्वीकार नहीं कर सकती। यह कैसे हो सकता है कि वह एक हाते में रहकर दूसरे हाते में रहने वालों का केवल विरोध ही विरोध करती रहे। वह तो उन्मुक्त होकर सभी जगह से प्रेरणा ग्रहण करेगी और एक सामान्य सहृदय मानव की भाव-भूमि पर विचरण

करेगी। सहृदयता, मानवता, संवेदना और परदुःखकातरता—ये सभी एक-दूसरे से संबद्ध और एक-दूसरे के पूरक हैं। कवि में इनका सबका समन्वय मिलता है। तो फिर राजनीतिक-शब्दावली में काव्य-क्षेत्र में भी दो अहाते बनाने की आवश्यकता?

इससे काव्य में संकीर्णता तो आ ही जाएगी, एक दल को काव्य-क्षेत्र से बाहर निकालने का हास्यास्पद आशय भी प्रगट होगा। लोक के लिए जो कुछ मंगलकारी है वह सभी सहृदय जनों के हृदय को स्पर्श करेगा। यह कहना कि अमुक वर्ग के लोग काव्य-क्षेत्र से बहिष्कृत हैं, उनमें सभी बुरे ही हैं जो समाज का अहित करते रहते हैं; उन्हें हम तभी अपने गिरोह में शामिल करेंगे जब वे भी अमुक ढंग से रहें और अमुक ढंग के नपे-तुले राजनीतिक विचारों के साँचे में अपना मस्तिष्क पूरी तरह फिट कर लें—कम से कम काव्य की दृष्टि से महत्त्व नहीं रखता।

जब इस प्रकार की विभाजन-प्रणाली का आविर्भाव समाज या राजनीतिक जगत् में नहीं हुआ था उस समय का निर्मित काव्य-साहित्य ऐसी दशा में बेकार हो जाएगा। यह कहा जा सकता है कि जिस युग में अमुक काव्य की रचना हुई उस युग के अनुकूल होने के कारण वह ठीक है। पर आज के युग में उसका महत्त्व क्या है? यदि वह रचना किसी विशेष युग की ही संपत्ति है तो सैकड़ों वर्षों बाद भी वह हमारे हृदय को क्यों स्पंदित करती है। आज भी लोक में उसका प्रचार क्यों है? इसका कारण है मानव-हृदय की चिरकाल-व्यापी भाव-भूमि। भावों के प्रकृत स्वरूप में वस्तुतः कोई अंतर नहीं आता, किसी काल के सामाजिक, राजनीतिक अथवा धार्मिक अवस्था का आवरण चाहे अपना रंग बदलता रहे। इसलिए केवल वर्तमान पर दृष्टि गढ़ाए रखकर किसी कार्य विशेष की सिद्धि के लिए काव्य को एक घेरे में बंद रखने का ऐलान करना ठीक नहीं। काव्य-क्षेत्र में तो सभी कठोर-हृदय वाले व्यक्तियों, अत्याचारियों और दुराचारियों का विरोध है—लोगों की ऐसी दुष्ट मनोवृत्तियों पर आघात करके कविता उनका अनजाने रूप में (unconciously) परिष्कार करती है जिसकी स्थिति का पता किसी भी नियम के बाहरी स्थूल पैमाने कभी नहीं पा सकते। और उनकी कुंठित अथवा पतनोन्मुख प्रवृत्तियों का सुधार करने की अपेक्षा उनका एकदम बहिष्कार कर देने की बात काव्य-क्षेत्र में तो स्वीकार नहीं की जा सकती।

काव्य का प्रकृत प्रभाव-क्षेत्र लोकहृदय है। समाज के सारे संप्रदाय काव्य की ही एक सामान्य भाव-भूमि पर मिल सकते हैं।

जबकि काव्य समाज की वस्तु है तब उसमें मजदूर और किसान आदि निम्न वर्गों की करुण दशा की व्यंजना भी अवश्य हो सकती है। कुछ लोग काव्य-क्षेत्र से इन्हें डंडा लेकर खदेड़ना चाहते हैं और इनका प्रसंग आने पर नाक-भौं सिकोड़ने लगते हैं। यह ठीक नहीं, क्योंकि वे भी समाज के ही अंग हैं।

वर्तमान समय में हमारे समाज का सबसे करुण और हीन अंग श्रमिक और

किसान वर्ग ही है। इस बात का अनुभव भारतेंदु युग के प्रताप नारायण मिश्र आदि कवियों तथा द्विवेदी युग के श्री मैथिलीशरण गुप्त जैसे कवियों ने आज से बहुत पहले ही किया है। आज इस निम्नवर्ग के प्रति कवियों की चेतना अधिक सजग हो गई है। कारण आज का सामाजिक और राजनीतिक वातावरण है। इस समय राजनीतिक और सामाजिक वातावरण में भारी उलट फेर करने की योजनाएँ हो रही हैं। ऐसी दशा में बहुत-सी सामयिक कविताएँ सामने आ सकती हैं। साहित्य-क्षेत्र में नए ढंग के विचार, नई शैलियाँ और उद्‌भावनाएँ दिखाई देंगी, जिनमें कुछ अपेक्षित होंगी कुछ अनपेक्षित; कुछ का मूल्य केवल सामयिक होगा। पर इन सब बातों को सहानुभूति की दृष्टि से देखने की आवश्यकता है। यह संक्रांतिकाल है और नई मान्यताओं की स्वीकृति इसका धर्म। इस समय नाना प्रकार के वदतोव्याघात और विशृंखलाएँ दृष्टिगोचर होंगी।* किंतु इनमें जो विशिष्टताएँ हों उन्हें अवश्य ही स्वीकार करना चाहिए।

जो लोग दलित वर्ग से काव्य को अलग रखना चाहते हैं वे भी काव्य-भूमि को उसी प्रकार संकीर्ण बनाने का उपक्रम करते हैं जिस प्रकार वे, जो केवल श्रमिक-वर्ग तक ही कविता के क्षेत्र को संकुचित करने का कठोर आग्रह करते हैं।

काव्य का क्षेत्र लोक की विस्तृत भाव-भूमि है। उसे संकीर्ण बनाने से उसकी व्यापकता और उसमें निहित सर्वांगीण कल्याण का भाव न रहेगा।

जिस प्रकार कविता का प्रेरणा केंद्र लोक-जीवन है उसी प्रकार उसका प्रभाव-क्षेत्र सामान्य लोक-हृदय।

---

* A period of revolution is not favourable to art, since it puts pressure upon the poet, both direct and indirect, to make him overconcious of his beliefs as 'Held.'—T. S. Elliot—'The use of poetry and the use of criticism', P. 136.

8

साहित्यिक दृष्टि

एक बार बातचीत के सिलसिले में मेरे परिचित एक विचारशील अध्यापक ने कहा कि कुछ लेखक विषय की पूरी जानकारी प्राप्त किए बिना ही उस पर लेख लिख मारते हैं। एक ही लेखक राजनीति पर लिखता है, समाजशास्त्र पर कलम चलाता है, आर्थिक समस्याओं पर प्रकाश डालता है और आवश्यकता हुई तो नारी समस्या पर भी लेख तैयार कर देता है। अर्थात् किसी भी विषय पर, बिना तैयारी किए ही, लेख लिख देने में उसे हिचक नहीं होती। फल यह होता है कि ऐसे व्यक्ति के लेख न तो ज्ञानवर्धक ही होते हैं और न प्रस्तुत विषय का उनमें अधिकारपूर्ण विवेचन ही होता है। हमारे हिंदी के बहुत से लेखक सभी विषयों पर साहित्यिक 'दृष्टि' (लिटरेरी एप्रोच) से लेख लिखते हैं।

यह बात यद्यपि एक विशेष प्रसंग के कारण शिष्ट और नम्र रूप में कही गई थी, पर उसके भीतर जो अस्वीकृति का भाव और व्यंग छिपा हुआ था उस पर मेरा ध्यान तुरंत गया और विचार करने पर उसमें तथ्य दिखाई पड़ा।

मान लीजिए एक लेख वर्तमान देशी राज्यों पर लिखना है। अब यदि पूरे लेख में केवल यह बताया जाए कि देशी राज्यों में प्रजा का निरंकुश शासन है, वहाँ की जनता त्रस्त है, भूखों मर रही है, तो यह हुआ 'साहित्यिक दृष्टि' से लिखा हुआ लेख। पर इन राज्यों के भूमिकर संबंधी कानून, उनकी व्याप्ति, जनता के नागरिक अधिकारों का अपहरण आदि विषयों का पूरे ब्योरे के साथ, अर्थशास्त्र और राजनीति के पहलुओं पर पूरा विचार करते हुए, विवेचन हो तो ऐसा लेख राजनीतिक कहा जाएगा।

इन दोनों में क्या अंतर है? मेरे विचार से मूलभूत अंतर उद्देश्य का है। पहले प्रकार के लेख का उद्देश्य है देशी राज्यों की जनता की करुण कथा से पाठक को प्रभावित करना। उसके प्रति संवेदना जगाना। पर दूसरे प्रकार के लेख का उद्देश्य भिन्न है। उसका उद्देश्य है वहाँ की शोषण-प्रतिक्रिया और उसके प्रभाव का बौद्धिक ढंग से तर्कपूर्ण और वैज्ञानिक विवेचन। उसमें वहाँ की प्रस्तुत व्यवस्था को समाप्त करने के लिए व्यावहारिक उपायों का निर्देश भी हो सकता है।

स्पष्ट है कि पहले प्रकार के लेख में लेखक का उद्देश्य हृदय को प्रभावित करना मात्र होगा और दूसरे में समस्या का तथ्यों और आँकड़ों के सहारे विवेचन तथा उसके समाधान के व्यावहारिक पक्ष पर युक्तिसंगत विचार होगा। अर्थात् साहित्यिक लेख मुख्य रूप से संवेदनात्मक होगा और दूसरे प्रकार का लेख प्रधानतः सूचनात्मक।

राजनीतिज्ञ, अर्थशास्त्री या व्यावहारिक बुद्धिसंपन्न प्रोफेसर उल्लिखित दूसरे प्रकार का विवेचन पसंद करता है। पहला प्रकार (उसके शब्दों में 'साहित्यिक'—'लिटरेरी') उसे अनावश्यक प्रतीत होता है, उसके व्यंग का लक्ष्य बनता है। इस पर ध्यान देने और यह विचार करने की आवश्यकता है कि साहित्यिक का क्षेत्र है, उसकी सीमा क्या है (क्योंकि संसार में कुछ भी असीम नहीं है) और उस सीमा के भीतर हमारा विस्तार किस प्रकार हो।

यहाँ जो सीमा की चर्चा की गई उसका तात्पर्य यह नहीं कि साहित्य को संकुचित बना देना चाहिए, या जगत की विविध कार्य-प्रणालियों की गतिविधि से साहित्यकार को कोई संपर्क नहीं रखना चाहिए। ऐसा करना तो उसके जीवन स्रोत को ही बंद कर देना होगा। उसे प्राणहीन बना देना होगा। साहित्य की सीमा से हमारा तात्पर्य है उसके प्रभाव क्षेत्र की सीमा से। प्रेरणा तो वह जीवन के विविध क्षेत्रों से ग्रहण करता ही है।

साहित्य और राजनीति के ही संबंध को लीजिए। कुछ लोग साहित्य और राजनीति को एक-दूसरे से बिल्कुल अलग रखना चाहते हैं तो कुछ लोग राजनीति को साहित्य पर भली-भाँति लाद कर ले चलना चाहते हैं। इन दोनों पक्षों के तर्क-वितर्क इतनी बार दुहराए जा चुके हैं कि उन्हें यहाँ पुनः प्रस्तुत करना अनावश्यक है। पर इस समस्या पर रूढ़ि मुक्त हो कर वास्तविकता के आलोक में एक बार पुनः विचार करना अनिवार्य हो गया है। वर्तमान काल में जीवन की संकुलता इतनी बढ़ गई है कि किसी भी समस्या को, निरपेक्ष मान कर, उसकी निकटवर्ती अन्य सामाजिक शक्तियों से अलग रख कर, उसके वास्तविक रूप में नहीं समझा जा सकता है। उसके संपूर्ण पार्श्ववर्ती वातावरण के बीच से ही उस पर दृष्टि डालने से उसकी वर्तमान स्थिति का ठीक ज्ञान हो सकता है और उसकी विकास दिशा निर्धारित की जा सकती है। यह युग ऐसा है जिसमें राजनीति की प्रमुखता दिखाई पड़ रही है। किसी युग में धार्मिक परिस्थिति की प्रधानता थी और धार्मिक आंदोलन युग की गति निर्धारित करते थे। आज वही स्थान राजनीति को प्राप्त है। इधर स्वार्थों के विस्तार के लिए विज्ञान ने लंबा-चौड़ा मैदान तैयार कर दिया है। दुनिया छोटी हो गई है। एक स्थान से दूसरे स्थान पर पहुँचना और एक देश की जानकारी दूसरे देशवासियों के लिए सहज हो गई है। इन परिचय और मिलन के कारण नई समस्याएँ, नई आशाएँ, नई आशंकाएँ, विकास के नए रास्ते, अवनति की ओर

ले जाने वाली नई शक्तियाँ प्रादुर्भूत हो गई हैं। बिना सतर्क राजनीतिक ज्ञान के किसी देश का जीवन सुरक्षित नहीं रह गया है अतः इस युग में यदि कोई बुद्धिसंपन्न प्राणी राजनीति से एकदम अलग रहना चाहे तो युगचेतना का प्रकाश पूरी तरह उसके पास नहीं पहुँच सकता। बुद्धिजीवी वर्ग में होने के कारण साहित्यकार को भी राजनीतिक गतिवधि का परिचय होना ही चाहिए। यदि वह किसी दल में सम्मिलित नहीं है तो भी राजनीति के विषय में उसे कोई धारणा बनानी ही होगी।

साहित्य यदि नीति से संयुक्त होकर चलता है तो वर्तमान समय में राजनीति से अलग होकर वह नहीं रह सकता। पर इसे स्वीकार कर लेने के बाद ही प्रश्न उठता है कि कौन-सी नीति साहित्यिक के लिए अपेक्षित है और कौन-सी नीति अनपेक्षित है। इसके साथ ही एक बात और है—किसी साहित्यकार के राजनीतिक होने का तात्पर्य यह भी हो सकता है कि उसका संबंध किसी दल विशेष से न हो, परिस्थिति के अनुरूप ही वह अपनी नीति निर्धारित करता हो, और यह भी हो सकता है कि किसी दल का अंग बन कर सदा उस दल विशेष के ही अनुसार वह चलता हो। स्वतंत्र राजनीतिक चेतना साहित्यकार के लिए विशेष रूप से वांछनीय है, किसी दल के घेरे में वह जितना ही न बँधे उतना ही अच्छा। यह तो सामान्यतः स्वीकृत मत है। पर यदि वह साम्यवादी (कम्यूनिस्ट) या समाजवादी या गाँधीवादी या साम्राज्यवादी हो तब? ऐसी स्थिति में देखना यही होगा कि उसकी रचना सामाजिक हित की दृष्टि से कैसी है और मर्म को स्पर्श करने की क्षमता उसमें कितनी है। यह विचार थोड़ी देर के लिए हमें छोड़ देना होगा कि वह किस दल का है। उसकी रचना कैसी है, इस पर सामान्य मानवता के हित की दृष्टि से ही विचार करना होगा। ऐसा करने पर साहित्य का वह उदार रूप सामने आएगा जिसके भीतर अनेक वादों का समाहार हो जाता है। यह सचमुच ही खेद की बात है कि बहुत से नए आलोचक प्रगतिशील साहित्य उसी को समझते हैं जिसमें एक राजनीतिक दल विशेष की विचार परंपरा नियोजित कर दी गई हो अथवा उसकी किसी नीति का विज्ञापन हो। मैं यहाँ सिद्धांत की बात नहीं व्यवहार की बात कह रहा हूँ।

पर हर्बट रीड ने कहीं—शायद 'पोएट्री ऐंड एनार्की' में—जो यह कहा है कि कम्यूनिस्ट और फासिस्ट दोनों ही उच्चकोटि के कलाकार हो सकते हैं उसे इसी रूप में स्वीकार किया जा सकता है कि फासिस्ट लेखक भी कभी कोई ऐसी रचना कर सकता है जो सामान्य मानवता की दृष्टि से भी सुंदर हो। यह बात नहीं कही जा सकती कि अमुक वाद का अनुगामी होने से अमुक लेखक की, सभी रचनाएँ अनिवार्यतः अच्छी ही होंगी या बुरी ही होंगी। इसीलिए पुरातनतावादी टी.एस. इलियट के वेस्टलैंड को भी प्रगतिशील रचना कहा गया।

वर्तमान साहित्यकार यदि राजनीति से एकदम अलग रहे तो सामयिक जीवन के विकास सूत्रों का पता उसे नहीं चल सकता—जीवन के सर्वांगीण चित्रण का

उसका लक्ष्य पूरा नहीं हो सकता। साहित्यकार में राजनीतिक चेतना का होना युग की अनिवार्य माँग है। अपने जीवन में वह किसी दल विशेष का क्रियात्मक रूप से अनुयायी भी हो सकता है पर उसकी रचनाएँ सामान्य मानवता के हित की दृष्टि और मार्मिकता के विचार से ही परखी जाएँगी, किसी राजनीतिक विचारधारा की कसौटी पर उनकी परख नहीं होगी। आलोचक में इतनी उदारता होनी चाहिए कि वह सभी रचनाकारों—चाहे वे किसी दल के हों—की कृतियों की सहृदयतापूर्ण समीक्षा करे और लेखक में इतनी उदारता होनी चाहिए कि उसकी रचना में दलगत विचार नीति के ही प्रतिपादन की संकीर्णता न हो।

इतना स्वीकार कर लेने पर यह प्रश्न सामने आता है कि साहित्य की वह कौन-सी सीमा है जो उसके राजनीति या विज्ञान या अर्थशास्त्र से अलग करती है। यह सीमा प्रभाव क्षेत्र की ही हो सकती है क्योंकि साहित्य का प्रेरणा क्षेत्र तो समस्त गोचर जगत ही है। और साहित्य का प्रभाव क्षेत्र है हृदय। इस पर प्रभाव डालना ही उसका मुख्य लक्ष्य है। इसी को ध्यान में रखकर अंग्रेजी काव्य की नूतन शाखा के एक प्रसिद्ध कवि सेसिल डे लेविस ने कहा है कि कवि संवेदनशील प्राणी है—नेता नहीं। भाव और रूप की मार्मिक योजना साहित्य के लिए अनिवार्य है। विचारों के प्रचार के लिए कविता आदि का माध्यम विशेष उपयुक्त नहीं हो सकता क्योंकि उसकी भी अपनी सीमाएँ हैं जिसके बाहर उसे घसीटना उसकी केवल दुर्गति है। ऐसी साहित्यिक रचनाएँ जिनमें राजनीतिक सिद्धांतों का प्रतिपादन मात्र रहता है, न तो ठीक ठिकाने की साहित्यिक रचना ही कही जा सकती हैं और न राजनीतिक ही क्योंकि न तो उनसे विषय की पूरी जानकारी ही हो पाती है और न उनमें गंभीर भावव्यंजना ही होती है। इसलिए 'संवेदनात्मक' साहित्य और 'सूचनात्मक' राजनीति आदि विषयों की रचनाओं की रचना प्रक्रिया की अलग-अलग विशेषताओं पर ध्यान देने से दोनों का ही लाभ होगा। 'साहित्यिक दृष्टि' से राजनीतिक लेख लिखना उतना ही उचित या अनुचित है जितना कि 'राजनीतिक दृष्टि' से (केवल नीति-प्रतिपादन के लिए) कविता लिखना। 'दृष्टि' से यहाँ तात्पर्य रचना की पूरी प्रक्रिया से है।

9

आलोचना का मार्क्सवादी आधार

कवि सर्वसामान्य विषयों और अनुभूतियों को लेकर उच्च कोटि की साहित्यसृष्टि करता है। आलोचक उसकी रचना में सन्निहित सौन्दर्य-सत्ता का विवेचन कर उसे पाठकों के लिए अधिक सुलभ बनाता और साहित्य में उस कृति की महत्ता या न्यूनता प्रतिपादित करता है। इस प्रकार आलोचक का महत्त्व सिद्ध है। पारस लोहे को सोना बनाता है पर उस सोने की परख के लिए कसौटी की आवश्यकता होती है। आलोचना साहित्य के क्षेत्र में कसौटी से भी अधिक कार्य करती है। वह किसी साहित्यिक कृति का मूल्यांकन ही नहीं करती, बल्कि उसके गुण-दोषों का विस्तृत विवेचन भी करती है। आलोचना का सम्बन्ध साहित्य, उसके कर्त्ता और पाठक सबसे होता है। साहित्य के गुण-दोष के विवेचन के अतिरिक्त एक ओर तो आलोचना प्रतिभासम्पन्न रचनाकारों को अपनी शक्ति का ठीक ढंग से अधिकाधिक सदुपयोग करने में सहायता देती है और दूसरी ओर जिन लोगों में साहित्य से आनन्द प्राप्त करने की थोड़ी भी क्षमता है, उनके लिए साहित्य के आनन्द को और सुगम तथा भावगम्य बनाने में योग देती है।

सम्पूर्ण साहित्य की संचित राशि पर ध्यान देने पर आलोचना की दृष्टि से दो प्रधान समस्याएँ सामने आती हैं—पहली साहित्य की समस्या अर्थात् साहित्य की आवश्यकता और उपयोगिता; और दूसरी साहित्यशास्त्र की समस्या। इसके अन्तर्गत काव्य-वस्तु और कवि (कर्त्ता का पक्ष), पाठक (सामाजिक पक्ष) तथा वह प्रक्रिया है जिसके द्वारा कवि और पाठक में सम्बन्ध स्थापित होता है; अर्थात् प्रेषणीयता का विचार।

मार्क्सवादी आधार लेकर चलने वाली आलोचना का मुख्य संबंध सामाजिक पक्ष से है, क्योंकि वह साहित्य को समाज के विकास के अस्त्र के रूप में ग्रहण करती है। इस प्रत्यक्ष उपयोगितावाद को मानकर आलोचना के संबंध में काडवेल कहता है—कोई व्यक्ति कला के 'रचनाकार्य' या आनंदप्राप्ति से आगे बढ़कर जब कला की आलोचना करने चलता है, तब यह स्पष्ट है कि वह कला से अलग जा खड़ा होता

है। कला का निरीक्षण वह 'बाहर' से करता है। ××× और कला से बाहर या अलग स्थित होने का तात्पर्य है समाज के बीच आ जाना। कला की 'आलोचना' शुद्ध आनंद-प्राप्ति या रचनाकार्य से इस बात में भिन्न है कि इसमें समाजशास्त्र का अंश विद्यमान रहता है। आलोचना में कला की विशेषताएँ समाज की कला-संबंधी सामान्य दृष्टि से परखी जाती हैं। आलोचना कला-विषयक शुष्क विचारधारा मात्र नहीं वरन् वह कला से सजीव कर्मशीलता का संबंध जोड़ने वाली व्यावहारिक दृष्टि है। आलोचना कला को एक तड़पती हुई शक्तिशाली कामकाजी वस्तु के रूप में ग्रहण करती है। यह समाजशास्त्र या बुद्धि-विज्ञान की नहीं वरन् कला की वास्तविक दृष्टि है। और मार्क्सवादी आलोचक के लिए ऐतिहासिक भौतिकवाद (Historical Materialism) और द्वंद्वात्मक भौतिकवाद (Dialectical Materialism) के सिद्धांत ही वे आधार हैं जिनसे 'समाज' का अध्ययन और काव्य या साहित्य की परीक्षा की जा सकती है।

मार्क्स के अनुसार समाज का आर्थिक ढाँचा ही वह आधार है जिस पर मनुष्य की सभी कार्य प्रणालियाँ—राजनीति, समाजनीति, साहित्य और अन्य बौद्धिक कार्य निर्भर हैं। 'उत्पादक शक्तियों को एकत्र कर समाज का आर्थिक ढाँचा बनता है और संस्कृति की दीवार खड़ी होती है।' इसी सिद्धांत के अनुसार मार्क्सवादी आलोचना यह मानती है कि काव्य या साहित्य का आधार मूलतः आर्थिक है और आर्थिक दृष्टि से संघटित समाज के स्वरूप के अनुसार ही उसका स्वरूप भी निर्मित होता है।

मार्क्सवाद के अनुसार, समाज में अपने-अपने आर्थिक हित की दृष्टि से जो अलग-अलग संघटन हैं वे एक-एक वर्ग (class) हैं। सारे समाज में प्रधानतः दो वर्ग हैं एक शोषक और दूसरा शोषित। पूँजीपति, व्यापारी तथा ज़मींदार और मध्यमवर्ग आदि के लोग शोषकों की श्रेणी में हैं और श्रमिक एवं किसान आदि शोषित वर्ग के अंतर्गत।

मार्क्सवादी आलोचक कहते हैं कि अब तक साहित्य शोषकवर्ग के द्वारा निर्मित हुआ है अतएव उस साहित्य में दीन-हीन जनता का ध्यान बहुत कम रखा गया है। जान या अनजान में इस साहित्य में उनके अपने वर्ग के हित की बातें सन्निविष्ट हो गई हैं।

ये आलोचक यह तो मानते हैं कि काव्य में सामूहिक भाव (collective emotion) की व्यंजना होनी चाहिए पर यह भी कहते हैं कि कवि या लेखक समाज के जिस वर्ग का होगा अथवा जिस वर्ग से सहानुभूति रखने वाला होगा, उस वर्ग के 'स्वार्थों' की गंध उसकी रचना में आ ही जाएगी। पूँजीपति कवि या लेखक पूँजीपति वर्ग के सामूहिक भावों की अभिव्यक्ति करेगा अतएव श्रमिकों और दीनजनों के हित की दृष्टि से वह उपयोगी नहीं। सच्चा साहित्य वह है जो मार्क्सवाद के अनुकूल विचारों का प्रतिपादन करे अर्थात् दीन-हीन जनता के विचारों का समर्थन करे और समाज को उन्नति की ओर ले जाए।

काडवेल के अनुसार काव्य में निहित सामूहिक भाव (collective emotion) का तात्पर्य हमारे यहाँ के साहित्य-शास्त्रीय 'साधारणीकरण' से बिलकुल भिन्न है। साधारणीकरण से तात्पर्य यह है कि भावों और चित्रों की लोक-स्वीकृत मान्यताओं के अनुकूल ऐसी मार्मिक व्यंजना जिसका अनुभव और प्रत्यक्षीकरण पाठक कर सकें। काव्य का कर्त्ता व्यक्ति चाहे जिस समुदाय या सामाजिक स्थिति का हो पर काव्य में व्यंजित उसके मनोभाव सामान्य होते हैं, सबके अनुभव करने योग्य होते हैं, सबके हृदय को तल्लीन कर लेने में समर्थ होते हैं और सभी को आनंद देते हैं। हम बराबर देखते हैं कि काव्य का कर्त्ता व्यक्ति चाहे जिस श्रेणी और स्थिति का हो, पर उसकी रचनाओं का आनंद सभी प्राप्त करते हैं। इस प्रकार काव्य-गत भावों का लोक स्वीकृति अनुभूतियों के मेल में आकर सामान्य सहृदय पाठकों में तद्रूप अनुभूति या भाव उत्पन्न कर देना साधारणीकरण हुआ। सामूहिक भाव (collective emotion) का तात्पर्य है कि कवि, समुदाय (जिसका वह अंग होता है) की मनोवृत्ति-विशेष से परिचालित होकर अपने उन मनोभावों की व्यंजना करता है जो समूह (उसके वर्ग) के हितों के अनुकूल होते हैं; और ये व्यंजित भाव उसके अंगीसमुदाय के सामूहिक भाव होते हैं। तात्पर्य यह कि 'साधारणीकरण' में कवि-कर्म होता है हृदय की शाश्वत मनोवृत्ति का जागरण या उद्दीपन और सामूहिक भाव (collective emotion) में कविकर्म होता है समूह या समुदाय की देशकाल-विशिष्ट भावनाओं का उद्‌बोधन। पहला साहित्य का नित्य स्वरूप लेकर चलता है और दूसरा उसका विकारी स्वरूप। दूसरी बात यह है कि पहले में हृदय ही प्रधान है; वही उसका लक्ष्य और वही उसका प्रवर्तक है। किंतु दूसरे में हृदय लक्ष्य तो हो सकता है, पर प्रवर्त्तक हृदय नहीं बुद्धि है। अतः दोनों का तात्विक अंतर स्पष्ट है। 'सामूहिक भाव' की सीमा में अधिक का समाहार चाहे हो जाए, पर सब की समाई नहीं हो पाती। उसमें 'अर्थ' के संग्रहण का प्रयास भले ही हो, पर 'रस' से संपृक्त करने का विनियोग नहीं होता।

मार्क्सवाद के अनुसार वर्तमान समय में सामान्य मानवता (General Humanity) नाम की कोई वस्तु नहीं है, अतएव इस समय के साहित्य को स्पष्टतः श्रमिक-वर्ग के हित का पूर्ण ध्यान रखते हुए चलना चाहिए। काडवेल ने स्पष्ट लिखा है कि कला के क्षेत्र में कलाकार को मज़दूर नेता का काम करना चाहिए।* मार्क्सवाद के अतिरिक्त लेखक को और किसी भाँति उस सत्य की प्राप्ति नहीं हो सकती जिससे कि उसका घनिष्ठ संबंध है।† 'वर्ग-विहीन' साहित्य की स्थापना

* It is a demand that you, an artist, become a proletarian leader in the field or art. —*Illusion & Reality*, P. 325.

† Without Marxism there is no approach to that essential truth which is the chief concern of the writer—*'Novel and the People'* by Ralph Fox.

में ही मानवता का कल्याण है। यह वर्ग-विहीन साहित्य साम्यवादी साहित्य ही हो सकता है, पर अभी उसका जन्म नहीं हुआ है! और वर्तमान समय का वर्गवादी साहित्य यदि वह श्रमिक साहित्य नहीं है तो, केवल एक मृतप्राय वर्ग का साहित्य है। (There is no art except communist art, and that is not yet born; and class art today, unless it is proletarian, can only be art of a dying class : Illusion and Reality, p. 32.)

परंतु इस प्रकार साहित्य में वर्गवाद के बँटवारे का निश्चित अर्थ होगा अपनी प्राचीन साहित्य-राशि को तुच्छ कर देना। पर इसे भी मार्क्सवादी आलोचक स्वीकार नहीं करते और शेक्सपियर तक को अपनी परंपरा का लेखक बतलाते हैं। डोनैल्ड मारो नामक एक लेखक ने शेक्सपियर पर एक पुस्तक लिखकर यह प्रतिपादित किया है कि उसकी सहानुभूति उच्चवर्ग के सामन्त-समाज के विरुद्ध मध्यम-वर्गीय लोगों से थी। उस लेखक ने शेक्सपियर की पुस्तकों से अनेक उद्धरण एकत्र कर यह दिखाने का प्रयत्न किया है कि उसके काल में रोमन कैथोलिक संप्रदाय के अंतर्गत उच्चवर्ग के धनाढ्य लोग थे अतएव शेक्सपियर ने उनके विरुद्ध प्रोटेस्टेन्ट मतावलंबियों का साथ दिया। तात्पर्य यह कि उसने इस प्रकार अपने समय की 'प्रगतिशील' शक्तियों का साथ दिया।

पर सोचने की बात है कि क्या शेक्सपियर की महत्ता केवल इसी में है। कुछ लोगों ने तो उसकी रचनाओं से ऐसे भी उदाहरण ढूँढ़ निकाले हैं जो उसे पूरा 'बुर्जुआ' सिद्ध कर देते हैं। हम समझते हैं कि किसी भी महान् साहित्यकार की वास्तविक महत्ता उसके द्वारा व्यंजित मानव-हृदय की श्रेष्ठ अनुभूतियों की गहराई में निहित है।

जो भी हो, मार्क्सवाद का आधार लेकर चलनेवाली आलोचना साहित्य की कोई स्वतंत्र सत्ता नहीं स्वीकार करती और उसे समाज के विकास में एक अस्त्र के रूप में ग्रहण करती है। मार्क्सवादी आलोचक प्रस्तुत काव्य का रचना-स्वरूप उसके निर्माण कालीन आर्थिक और सामाजिक अवस्था के अनुरूप सिद्ध करते हैं। इस प्रकार की आलोचना के तीन क्रमिक आधार ये हैं–

1. जिस युग में कविता निर्मित हुई उसकी आर्थिक प्रणाली का विश्लेषण।
2. इस आर्थिक आधार पर सामाजिक दशा का विवेचन।
3. उपर्युक्त दो स्थितियों के अनुसार सामाजिक मनोविज्ञान तथा मानसिक और बौद्धिक दशा का निर्धारण।

इस सामाजिक मनोविज्ञान के ही अनुरूप उस युग की काव्यनिर्मिति होगी। यह तो हुई रचना को संभव बनाने वाली शक्तियों की बात। अब मार्क्सवादी आलोचना के अनुसार श्रेष्ठ काव्य क्या हो सकता है, इसे देखना चाहिए।

जो काव्य समाज की तात्त्विक उन्नति करने वाली शक्तियों के विकास में

योग दे, वही उच्चकोटि की कृति है। अपने समय की (मार्क्सवादी दृष्टि से) प्रगतिशील विचारधारा के उन्नयन में सहायक होकर कर्म की प्रत्यक्ष प्रेरणा देने वाला काव्य ही समाज के विकास में योग दे सकता है, अतएव ऐसे आलोचक की दृष्टि से वही उच्चकोटि की महत्त्वपूर्ण कृति है।

कर्म की प्रत्यक्ष प्रेरणा देने वाला काव्य ही श्रेष्ठ है। इनका कहना है कि आदिम काल में कविता श्रम को हल्का बनाने और मनुष्यों को इकट्ठा कर उसमें सामूहिक भाव (collective emotion) जाग्रत् कर कर्म के लिए तत्पर करने के काम आती थी। अब वह उच्चवर्ग के व्यक्तियों के हाथ में पड़कर अपने कर्तव्य से च्युत हो गई है। इनके बीच से निकलकर कविता को अब अपने पुराने कर्तव्य के अनुसार कार्य करना चाहिए। इसी दृष्टि से एक मार्क्सवादी आलोचक नरेन्द्र शर्मा की 'लाल-निशान' में संगृहीत 'स्पीचनुमा' रचनाओं को काव्य की महान् कृति मानते और मनवाना चाहते हैं।

मार्क्सवादी आलोचना की दो मूल प्रवृत्तियाँ निर्दिष्ट की जा सकती हैं—

1. पूर्ण बौद्धिक दृष्टि।
2. सामाजिक विकास के अस्त्र के रूप में साहित्य का ग्रहण।

साहित्य की आलोचना करते हुए भी ऐसे आलोचक की दृष्टि मुख्य रूप से समाज पर ही रहती है, साहित्य या प्रस्तुत रचना का स्थान गौण हो जाता है। किसी युग या काल के काव्य का विवेचन करते हुए सामाजिक परिस्थितियों का थोड़ा वर्णन भी आवश्यक है पर काव्य के 'प्रगतिशील' भावों की खोज और उनके स्वरूप-उद्घाटन में तथा आर्थिक परिस्थितियों के विवेचन और उसके प्रभाव आदि का उल्लेख करने में ही इतना व्यस्त हो जाना कि काव्य की अपनी विशेषताओं का कोई विवेचन ही न हो सके, ठीक नहीं। आलोचना इसलिए पढ़ी जाती है कि काव्य का सौंदर्य अधिक-से-अधिक प्रस्फुटित रूप में हमारे सामने आए। कुछ इसलिए नहीं कि उसके निर्माणकाल की आर्थिक व्यवस्था से हम परिचित हों, अथवा उसमें निहित केवल 'प्रगतिमूलक' भावों का हमें आभास मिल जाए। बाह्य परिस्थितियों के आलोक में काव्य की परीक्षा इसलिए की जाती है कि उसका लोक-स्वीकृत स्वरूप पूर्ण स्पष्ट हो जाए, इसके पश्चात् काव्य-सिद्धांतों के अनुकूल रचना की साहित्यिक विशेषताओं का सम्यक् उद्घाटन किया जाता है। यदि सामाजिक और आर्थिक परिस्थितियों का ही विस्तृत विवेचन हुआ और काव्य की अपनी वास्तविक विशेषताओं का पर्याप्त विचार न हुआ तो यह आलोचना काव्य की पूर्ण आलोचना तो नहीं हुई। इस समस्या पर विचार करने की आवश्यकता है।

यह सब तो हुआ मार्क्सवाद के आधार पर चलने वाली आलोचना का स्वरूप-निर्धारण। हिंदी में इसके प्रचलन का अब श्रीगणेश हो गया है। इससे कुछ लाभ भी हुआ है या नहीं, यह देख लेना चाहिए। मेरी दृष्टि में और चाहे जो कुछ

हुआ हो, इससे थोड़ा लाभ भी अवश्य हुआ है। कवियों और लेखकों में सामाजिक चेतना पहले से अधिक आ गई है। छायावादी काव्य के साथ ही छायावादी आलोचना करने वाले भावुक आलोचकों का जो कुछ थोड़ा बहुत प्रभाव था, वह समाप्त होता जा रहा है। कवियों की पलायनवादी या शृंगारी मनोवृत्ति में भी परिवर्तन प्रारंभ हो गया है। अमूर्त्त भावों के अत्यधिक विधान से हमारे काव्य में जो दुरूहता और अस्पष्टता बढ़ती जा रही थी, उसकी बहुत कुछ रोक-थाम हो चली है। लोक साहित्य (Popular Literature) की ओर भी कवियों और लेखकों की दृष्टि गई है, पर उसे भी सीमा का अतिक्रमण न करना चाहिए।

अत्यंत संक्षेप में यही मार्क्सवादी आलोचना का स्वरूप और उसकी कतिपय विशेषताएँ हैं। पर मेरी यह दृढ़ धारणा है कि उसमें कुल मिलाकर साहित्यिकता की मात्रा कम और मार्क्सवादी मान्यताओं के विश्लेषण की प्रवृत्ति अत्यधिक है।

10

कवि निराला की व्यंग-वृत्ति

छायावाद के प्रतिनिधि कवियों में श्री सूर्यकांत त्रिपाठी 'निराला' ऐसे कवि हैं जिनकी दृष्टि प्रारंभ से ही सामाजिक जीवन की ओर रही, अब की तो बात ही क्या। समाज के भीतर वैषम्य उत्पीड़न और जर्जर रूढ़ियों का कठोर बंधन देखकर इनका मन क्षुब्ध होता रहा और अपना असंतोष या विरोध इन्होंने अनेक रूपों में प्रकट किया। सुधार की भावना से प्रेरित विरोध प्रकट करने का एक बड़ा अच्छा साधन है व्यंग। निरालाजी ने अपनी इधर की रचनाओं में इसका विशद रूप उपस्थित किया है। आधुनिक हिंदी काव्य में अपनी कलात्मकता के कारण इन रचनाओं का अपना विशेष स्थान तो है ही, वर्तमानकालीन साहित्य की यथार्थप्रियता की भी इनसे पूरी सूचना मिलती है।

आज का युग प्राचीन और नवीन का संधिकाल है। हर दिशा से परिवर्तन की पुकार सुनाई पड़ रही है। परिवर्तन हो भी रहे हैं। कहीं पुरातन के प्रेमी लकीर के फकीर बने बैठे हैं और कहीं परिवर्तन के प्रेमी नवीनता की आँधी में आँख-कान मूँदे बहते चले जा रहे हैं। दोनों ही ओर अतिवाद का आग्रह है। अतः सामंजस्यमूलक विवेक की अपेक्षा है। ऐसी स्थिति में आज के साहित्यकार की दृष्टि में अनेक ऐसे रूप आते हैं जो व्यंग के लक्ष्य बन सकते हैं। प्रारंभ से ही सामाजिक परिस्थितियों के प्रति सजग रहने के कारण निराला जी के सम्मुख अनेक ऐसे अवसर आए और उन्होंने अपनी नवोन्मेषशालिनी प्रतिभा के सहयोग से उसका पूरा-पूरा उपयोग भी किया। व्यक्तिगत जीवन की क्लेशमयी कठोर परिस्थितियों और मन के सुकोमल आदर्शों के बीच खड़े वैषम्य ने कवि की वाग्धारा में व्यंग का रंग बहुत पहले डाल दिया था जो अब यथार्थ की सपाट भूमि पर आकर अनोखी छटा छिटका रहा है। व्यंग का मार्मिक विधान पहले निरालाजी ने गद्य-क्षेत्र के भीतर किया; उसका सम्यक विस्तार वहीं अच्छी तरह हो भी सकता है। पर इसका तात्पर्य यह नहीं कि इस प्रवृत्ति से उनका पूर्ववर्ती काव्य अछूता रहा। देखिए, यह उदाहरण 'अनामिका' का है—

मेरे पड़ोस के वे सज्जन,
करते प्रतिदिन सरिता-मंजन;
झोली से पुए निकाल लिए,
बढ़ते कपियों के हाथ दिए;
देखा भी नहीं उधर फिरकर,
जिस ओर रहा वह भिक्षु इतर;
चिल्लाया किया दूर दानव,
बोला मैं–'धन्य, श्रेष्ठ मानव!'

'सरोज स्मृति' नामक प्रसिद्ध कविता में तो मर्मबेधी प्रसंग के भीतर भी हास्य और व्यंग की यह योजना अनुपम है–

ये काव्य-कुब्ज-कुल-कुलांगार;
खाकर पत्तल में करें छेद,
इनके कर कन्या, अर्थ खेद,
पद फटे बिवाई के, उधार
खाये के मुख ज्यों, पिये तेल
चमरौधे जूते से सकेल
निकले, जी लेते, घोर गन्ध,
उन चरणों को मैं यथा अन्ध,
कल घ्राण-प्राण से रहित व्यक्ति
हो पूजूँ, ऐसी नहीं शक्ति।
ऐसे शिव से गिरिजा-विवाह
करने की मुझको नहीं चाह।

कवि की व्यंगात्मक प्रतिभा का पूरा विकास 'कुकुरमुत्ता' में दिखाई पड़ा, जिसे सन् '42 में देखकर बहुत से लोग चौंक उठे थे। हिंदी काव्य में यह एक नवीन वस्तु थी, यह सच है। साम्यवाद का बिगुल सुनकर यहाँ का युवक समुदाय जब नया-नया चैतन्य हुआ और अनेक पूँजीपति भी शौकिया इस संप्रदाय में सम्मिलित होने के लिए लालायित हो उठे थे तभी 'कुकुरमुत्ता' प्रकाशित हुआ। अपने ढंग की यह अद्वितीय कृति है। इसमें उन धनीमानी व्यक्तियों के प्रति बड़ा गहरा व्यंग है जो शौकिया साम्यवादी बनने के लिए उत्सुक थे। पर साम्य-भाव भीतर से जगना चाहिए, बाहर की नकल से सच्चा साम्यवादी नहीं बना जा सकता। 'कुकुरमुत्ता' के ही शब्दों में–

कलम मेरा नहीं लगता,
मेरा जीवन आप जगता।

कुकुरमुत्ता, सर्वहारावर्ग या 'साम्यवादी' संप्रदाय का प्रतिनिधि रूप है। अस्तु, नवाब साहब ने अपनी पुत्री से कुकुरमुत्ते की तारीफ सुनकर माली को बुला भेजा और–

बोले, 'चल, गुलाब जहाँ थे, उगा,
हम भी सबके साथ चाहते हैं अब कुकुरमुत्ता।'
बोला माली; 'फर्मायें मआफ खता,
कुकुरमुत्ता उगाये नहीं उगता।'

'कुकुरमुत्ता' वह दुधारी तलवार है जिससे कवि दोनों ओर वार करता है। इसका व्यंग दोतरफा है। दूसरी ओर, साम्यवादी युवकों के अहंकार और 'शिष्ट स्वभाव' पर व्यंग किया गया है। इसका पूरा पता तो रचना पढ़ने पर ही लगेगा। अनुमान के लिए ये पंक्तियाँ पर्याप्त होंगी–

कुकुरमुत्ता–

पहाड़ी से उठा सर ऐंठकर बोला
'अबे, सुन बे, गुलाब,
भूल मत गर पायी खुशबू, रँगोआब,
खून चूसा खाद का तूने अशिष्ट
डाल पर इतरा रहा कैपिटलिस्ट।

× × ×

तू नहीं मैं ही बड़ा।'

व्यंग दो प्रकार का हो सकता है, व्यक्तिगत और किसी व्यवस्था या रीति-नीति के प्रति। व्यक्तिगत व्यंग तो व्यवहार में प्रायः ईर्ष्या को घृणा में परिणत करने में ही सहायक होता है और सत्साहित्य में इसका प्रयोग नहीं होता। पर किसी व्यवस्था के प्रति किए गए व्यंग का उद्देश्य होता है सुधार। इस प्रकार के व्यंग का प्रेरक वस्तुतः मानव-प्रेम ही होता है। मानव-समाज के कल्याण का कवि को जितना ही ध्यान होगा, जीवन की असंगतियाँ कवि की व्यंग-वृत्ति को उतनी ही तीव्र और मार्मिक बनाने में सहायक होंगी। निरालाजी का व्यंग इसीलिए अनेक स्थलों पर मर्मबेधी हो उठा है। समाज के खोखलेपन, कृत्रिमता और स्वार्थमयता के प्रति उनका आघात निर्मम होता है। पर इस ताड़ना के भीतर सुधार। स्वतंत्रता और विकास की आकांक्षा सदा मिलती है। ड्रायडन ने कहा है कि ईमानदार लेखक का तीखा व्यंग वैद्य की कड़वी दवा के समान होता है। उद्देश्य उसका सुधार ही होता है।

निरालाजी के व्यंग्य के क्षेत्र अनेक हैं, क्योंकि उनकी दृष्टि समाज के भीतर

घूमती रहती है, एक ही जगह गड़ी नहीं रहती। 'मास्कोडायलाग्ज' में रँगे समाजवादियों का खाका उतार कर रख दिया गया है। इनके प्रतिनिधि रूप गिडवानी जी की स्वार्थपरता और अक्षमता को कवि ने बड़े अच्छे ढंग से प्रस्तुत किया है। प्रेम-संगीत में ब्राह्मन का काली कहारिन पर मरना दिखाकर समाज की कृत्रिम रूढ़ियों पर आघात करने की चेष्टा की गई है। बाहर से तो लोग कितने आत्म-निग्रही और सच्चरित्र बनने का ढोंग रचते हैं पर उनका प्रकृत रूप कुछ दूसरा ही होता है।

सिनेमा के प्रचार से भारतीय युवक समाज पर क्या प्रभाव पड़ा और संगीत की कैसी दुर्गति हुई, इन सबका बड़ा ही सुंदर व्यंगात्मक विधान 'खुशखबरी' में हुआ है। संग्राम के रूपक का निर्वाह भी देखने योग्य है–

तबला दोनों हाथ आया हथियार,
दरबारी वीर-राग छाया रहा।
सुब्होशाम किरन जैसे तार पर
जीवन-संग्राम हमारा छिड़ा।
सत्य सिनेमा की नटी से नाचा,
पूरब का पाया हिला परिश्रम से,
दुश्मन की जान आई आफत में।
गली-गली गले के गोले दगे।

'कुत्ता भौंकने लगा' में दरिद्र किसानों और उनकी विवशताओं का चित्र तो खींचा ही गया है, अन्त में, मानों करुणा से अपने बंधु खेतिहर को देख-देखकर कुत्ते भौंकने में छिपा हुआ व्यंग भी है। पर 'रानी और कानी' में तो विधि की विडंबना का मर्मस्पर्शी व्यंगात्मक विधान अपने ढंग का अकेला ही है। एक लड़की है, कानी, कुरूप माँ ने प्यार से नाम रखा–'रानी।'

पर ऐसी कानी 'रानी' का विवाह किससे हो। औरत की जात ठहरी! (मर्द काना हो तो कोई ऐसी बात नहीं।) माँ की दुःखद चिंता देखकर रानी बेचारी रोने लगती है।

इन दोनों ही रचनाओं का पर्यवसान दुःख में होने के कारण व्यंग की व्यंजना विशेष प्रभावोत्पादक हो गई है।

हाईकोर्ट के वकील भी कवि के व्यंग के लक्ष्य बने हैं–

दौड़ते हैं बादल काले-काले
हाईकोर्ट के वकले मतवाले।
चाहिए जहाँ वहाँ नहीं बरसे,
देख धान सूखते नहीं तरसे।

जहाँ भरा पानी वहाँ छूट पड़े,
कहकहे लगाते हुए टूट पड़े।

आधुनिक कविसमाज भी कवि के व्यंग से न छूटा। टी.एस. इलियट के नवीन प्रयोगों पर लक्ष्य करके कहा गया व्यंग यह है–

कहीं का रोड़ा, कहीं का पत्थर,
टी. यस. इलियट ने जैसे दे मारा।
पढ़ने वालों ने जिगर पर रखकर
हाय कहा, 'लिख दिया जहाँ सारा।'

इस प्रकार यह स्पष्ट है कि निरालाजी की व्यंगात्मक कविताओं का विषय-विस्तार अनेकमुखी है। व्यंग करने की शैली भी इनकी अपनी है। निराला जी विद्रोही प्रकृति के कवि हैं। जहाँ कहीं भी इन्हें अत्याचार, बंधन या उत्पीड़न दिखाई पड़ा, इन्होंने मुक्त स्वर से उनका विरोध किया। यही कारण है कि पुरातन के प्रेमी इनके विचारों और रचना प्रक्रिया के नवीन प्रयोगों से पहले पहल बहुत घबड़ाते हैं। पर ये कभी किसी की परवाह किए बिना जो कुछ उचित जँचता है, करते चले जाते हैं। और हमारी आधुनिक काव्य-संपत्ति इस बात का प्रमाण है कि इनकी नव-नव मार्ग गामिनी प्रतिभा ने अनेक अमूल्य रत्न प्रदान किए हैं। आधुनिक व्यंग-काव्य के उद्भव और विकास में इनका योग विशेष महत्त्वपूर्ण है।

व्यंग या हास्य में प्रभाव उत्पन्न करने में शैली-चमत्कार का बड़ा हाथ रहता है। 'कुकुरमुत्ता' के प्रकाशन के बाद से निरालाजी ने पूर्णरूप से यथार्थ की भूमि पर ही अपने काव्य की प्रतिष्ठा की अतः देशकाल के अंतर से उनकी कला ने नया वेश धारण किया। इस नए वेश में, परिस्थितिवश, व्यंग चमक उठा। पर इसकी चमक विद्युत् की है, जो चकाचौंध उत्पन्न करती है। इनकी ऐसी नवीन कविताओं में न तो मधुर शब्द विन्यास है और न तो पूर्ववर्ती कला की चरित्रवृत्ति। हाँ, मुक्त-वृत्त की कला व्यंगात्मक कविताओं में अवश्य दर्शनीय है, देखिए–

जमकर बदलू ने बदमाश को देखा, फिर
उठा क्रोध से भरकर
और एक घूँसा तान कर नाक पर दिया।
गोड़इत प्रेमीजन था,
जमीं चूमने लगा।

यह संक्रांति और संघर्ष का युग है। सामयिक जीवन की कठोर परिस्थितियों के बीच कल्पना और भावुकता के प्रसार की आज अपेक्षाकृत कम गुंजाइश है।

इसीलिए कुछ लोग इसे गद्य का युग कहते हैं और संभवतः यही सब सोच-विचार कर एक अंग्रेज कवि ने विगत महायुद्ध के पश्चात् कहा था कि आज कविता दयनीय स्थिति में पड़ी हुई है [पोएट्री इज इन द पिटी—विल्फ्रेड ओवेन।] जो हो, वर्तमान काव्य में गद्यात्मक रुक्षता की निरंतर वृद्धि हो रही है और साथ ही व्यंगोक्तियों का प्रचलन। इस नवीन प्रवृत्ति के द्वारा काव्य का कौन-सा नवीन रूप प्रस्तुत होगा इसका ठीक-ठीक पता लगाना तो कठिन है पर यह आशा अवश्य की जाती है कि हमारे साहित्य के भीतर इससे अनेक नवीन विशेषताएँ प्रस्फुटित होंगी।

जब निरालाजी छायावाद के एक प्रतिनिधि कवि थे तब भी उन्होंने अपना नवीन मार्ग निकाला था और ओजस्विनी वाग्धारा प्रवाहित की थी। वह ओज, वह पौरुष अब भी ज्यों का त्यों उनमें बना हुआ है और नए-नए रचना-प्रयोगों के द्वारा वे अब भी हिंदी-साहित्य का भंडार भर रहे हैं। यथार्थ की भूमि पर उतरकर उन्होंने काव्य-क्षेत्र में अपना नया रूप दिखाया है जो पूर्णतः युगप्रवृत्ति निदर्शक है। अब उनका विद्रोह और असंतोष व्यंग्य कला के आवरण में एक नए रूप में व्यंजित हो रहा है। इस व्यंगात्मकता का प्रसार प्रगतिवादी काव्य के भीतर विशेष रूप से होता दिखाई देता है और इसमें संदेह नहीं कि आधुनिक काव्य में व्यंगवृत्ति का जो प्रसार हो रहा है उसमें सबसे महत्त्वपूर्ण योग निरालाजी का है।

11

'आँसू' का काव्य-सौष्ठव

प्रसादजी का 'आँसू' हमारे आधुनिक काव्य-साहित्य की एक अत्यंत मनोहर रचना हैं। विरह-दशा की विदग्ध कल्पना के अतिरिक्त व्यक्तिगत वेदना के प्रसार के लिए क्रमशः व्यापक होती हुई जिस भाव-भूमि की योजना करने का प्रयास इसमें दिखाई देता है, वह अवश्य ही प्रशंसनीय है। 'आँसू' में इसीलिए लोक-कल्याण तथा आशावाद का भी एक झीना स्वर सुनाई पड़ता है। इस रचना में नितांत एकांतता का आरोप नहीं किया जा सकता।

'आँसू' के रूप-चित्र अत्यंत मधुर हैं। प्रेम के दिव्य स्वरूप का प्रदर्शन भव्य है। विरही की अंतर्दशाओं का सूक्ष्म उद्घाटन बड़ी ही मार्मिक पद्धति पर हुआ है। इन सब काव्यगत विशेषताओं की विवेचना करने के पूर्व 'आँसू' के संबंध के दो महत्त्वपूर्ण प्रश्नों पर विचार कर लेना चाहिए। पहला प्रश्न है कि वस्तुतः इस रचना में भाव की कोई निर्दिष्ट भूमि, जो क्रमशः प्रसारित होती गई हो, है या नहीं।

इस बात पर विचार करते हुए हमें सबसे पहले यह देखना होगा कि कवि ने क्या भाव-दशाओं के क्रम के अनुसार पद्यों का कोई विभाजन किया है? 'आँसू' के परिवर्धित और संशोधित संस्करण में एक प्रकार का विभाजन अवश्य दिखाई देता है। इस संग्रह में कुल 190 पद्य हैं और उन्हें सोलह भागों में विभक्त किया गया है। इन सभी खंडों का अत्यंत संक्षिप्त सारांश पाठकों के सामने उपस्थित कर देने से कोई एक मत स्थिर करने में उन्हें सुविधा होगी। यह लेख लिखते समय हमारे सामने 'आँसू' का पाँचवाँ संस्करण है, अतएव उसी के आधार पर पृष्ठों और पद्य-संख्या का उल्लेख किया जाएगा—

एक। पद्य-संख्या 1-4। पृष्ठ 7-8। वेदना-जन्य करुणा-कलित हृदय में वेदना के असीम गर्जन तथा सुख-दुःख (संयोग-वियोग) की दो सीमाओं के बीच चेतना की उठती हुई मृदुल तरंगों का उल्लेख।

दो। पद्य 5-15। पृष्ठ 9-12। संयोगावस्था की अमिट स्मृतियों तथा विरहावस्था में सुख और उमंगों के तिरोभाव और करुणा के आविर्भाव का वर्णन।

तीन। पद्य 16-38। पृष्ठ 13-20। कवि अपनी व्यथा-कथा की प्रतिध्वनि चातक की चकित पुकारों और श्यामा की रसीली ध्वनि में देखता है। फिर भी निष्ठुरता का मर्मांतक वर्णन करने के पश्चात् उसके सर्व-प्रथम मिलन के क्षण का सुषमा-वर्णन।

चार। पद्य 39-52। पृष्ठ 21-25। प्रिय के मनोहर स्वरूप का आलंकारिक वर्णन तथा अपने दुःख के प्रति उसके उपेक्षा भाव का आभास।

पाँच। पद्य 53-59। पृष्ठ 26-28। प्रिय के समागमकालीन आनंद और वियोग के कारण उत्पन्न प्रेमी की व्यथा-कथा का वर्णन।

छः। पद्य 60-74। पृष्ठ 29-34। वियोगजन्य क्लेश और प्रिय की स्मृति के स्थायित्व का कथन।

सात। पद्य- 75-79। पृष्ठ 35-36। मदमाती आती हुई स्मृति के प्रभाव और प्रिय की निष्ठुरता का आभास।

आठ। पद्य 80-85। पृष्ठ 37-39। अनुराग के रंग का जो वियोगावस्था के आँसुओं से और चटकीला होता जाता है और प्रिय की निष्ठुरता का वर्णन।

नौ। पद्य 86-104। पृष्ठ 40-46। वियोगावस्था से उत्पन्न दुःख। प्रेमी के प्रेम की अनन्यता। प्रेम में निहित उत्सर्ग की दिव्य भावना। मानव-जीवन के सुख-दुःख के समन्वय-संबंधी तत्व-चिंतन की ओर कवि का झुकाव। यहीं से कवि की दृष्टि लोक-पक्ष-समन्वित भाव-भूमि पर जाती है

दस। पद्य 105-118। पृष्ठ 47-51। आनंदमय आकाश और पृथ्वी पर दृष्टि डालकर सुख-दुःख के सामंजस्य की ओर संकेत। नियतिवाद का क्षीण स्वर और उसके एकनिष्ठ प्रेम का आभास।

ग्यारह। पद्य 119-120। पृष्ठ 52। प्रिय अपने प्रेमी की करुण दशा से द्रवित होकर उसके पास निश्चय ही आवेगा।

बारह। पद्य 121-129। पृष्ठ 53-56। संसार में चेतना ही दुःख का कारण है। उसे हटाकर विस्मृति की दशा का आह्वान कर कल्याण की आशा कवि प्रकट करता है।

तेरह। पद्य 130-134। पृष्ठ 57-58। अन्य व्यक्तियों की वेदना पर दृष्टिपात करके शक्ति-संचय।

चौदह। पद्य 135-146। पृष्ठ 59-63। अपनी संवेदना के प्रकाश से संसार के दुःख-तिमिर के नाश का उपक्रम।

पंद्रह। पद्य 147-163। पृष्ठ 64-69। प्रेम के दिव्य स्वरूप की महत्ता और उसका स्वागत।

सोलह। पद्य 164-176। पृष्ठ 70-74। प्रेम का स्वागत करते हुए उसके संसर्ग से जगत् का कलुष नष्ट करने की कामना।

सत्रह। पद्य 176-190। पृष्ठ 75-79। संसार के निराश प्राणियों के करुण भावों की व्यंजना तथा अनेक हलचलपूर्ण और छलमय हाहाकारी दृश्यों का चित्रण करते हुए प्रेम के द्वारा उनके विनाश और आनंद की स्थापना की इच्छा।

अलग-अलग लिखे गए उपर्युक्त संक्षिप्त प्रतिपाद्य भावों को यदि एक स्थान पर थोड़े में कहा जाए तो भावों के क्रमविकास का निर्देश करते हुए एक सूत्र तैयार हो जाता है। प्रथम 85 पद्यों तक तो प्रिय के वियोगजन्य क्लेश का मार्मिक वर्णन है। कवि की वेदना, प्रिय की निष्ठुरता आदि की बड़ी सुंदर व्यंजना इनमें मिलती है। 86वें पद्य से लेकर 134वें पद्य तक के बीच में कवि की दृष्टि लोक-पक्ष-समन्वित भावभूमि पर जाती है। प्रेम के दिव्य स्वरूप की महत्ता, 'विस्मृति' की रहस्यवादी प्रवृत्ति तथा अन्य व्यक्तियों की वेदना की ओर दृष्टिपात—ये सब बातें इस दूसरे विभाजन के भीतर आ जाती हैं। तीसरा विभाजन है 135वें पद्य से लेकर अंतिम पद्य तक, जहाँ आकर कवि की दृष्टि व्यापक हो जाती और अपनी वेदना के प्रकाश तथा प्रेम के प्रभाव से सारे संसार की कल्याण-कामना करता है। इस प्रकार भाव-प्रसार की ये तीन अवस्थाएँ, निरीक्षण करने पर लक्षित होती हैं।

पहली अवस्था में कवि अपने प्रिय के वियोग में आँसू बहाता और अपने दैन्य-दुःख का वर्णन करता है। प्रिय की मधुर स्मृतियाँ उसे बेचैन किए देती हैं। दूसरी अवस्था में अन्य व्यक्तियों के दुःख-क्लेश की ओर दृष्टि डालकर कवि चिंतन करने लगता है और निरपेक्ष प्रेम के दिव्य स्वरूप की महत्ता स्वीकार करता है। तीसरी अवस्था में अपनी वेदना (कल्याणी शीतल ज्वाला) के प्रकाश को सारे विश्व में फैलाकर सबकी कल्याण-कामना करता है।

'आँसू' काव्य को किस भेद के अंतर्गत रखा जाए, यह दूसरा महत्त्वपूर्ण प्रश्न है। कुछ लोग इस रचना को खंड-काव्य कहने लगे हैं। खंड-काव्य में यद्यपि जीवन के किसी एक अंग का वर्णन होता है, पर दो बातें उसमें आवश्यक होती हैं—एक तो कथा या इतिवृत्त, दूसरे चरित्र-चित्रण। 'आँसू' में प्रिय के वियोग के दुःख-क्लेश आदि का वर्णन है, किंतु इसमें खंड-काव्य के अनुरूप कथांश नहीं है। चरित्र-चित्रण की स्पष्ट रेखाएँ भी इसमें नहीं लक्षित होतीं। उपर्युक्त बातें 'आँसू' को 'आख्यानक काव्य' की संज्ञा भी नहीं स्वीकार करने दे सकतीं। 'आख्यानक काव्य' कहने से एक सुस्पष्ट आख्यान की भावना होती है, जिसकी पूर्ति 'आँसू' नहीं करता। 'विरह-काव्य' मात्र कह देने से यह तो ज्ञात हो जाता है कि 'आँसू' में विप्रलंभ का वर्णन है, पर इससे उसके काव्य-स्वरूप का ज्ञान नहीं होता। वस्तुतः 'आँसू' में मुक्तक के ही गुण अधिक हैं, पर पूर्ण रूप से वह मुक्तक इसलिए नहीं है कि एक भाव की रेखा पूरी पुस्तक में यहाँ से वहाँ तक विद्यमान है। हिंदी के

एक विद्वान् के साथ हमारा भी यही मत है कि यह रचना पद्य-निबंध है। पद्य का अर्थ यहाँ काव्य से है। पद्यों के क्रमबद्ध बंध के अर्थ में निबंध शब्द का प्रयोग हुआ है। अतएव काम चलाने के लिए 'आँसू' को 'पद्य-निबंध' ही मानना चाहिए।

इस रचना का नामकरण 'आँसू' प्रतीक पद्धति पर हुआ है। आधुनिक हिंदी-कविता के क्षेत्र में प्रतीकों की जैसी रमणीय कल्पना प्रसादजी में मिलती है, वह अन्य किसी आधुनिक कवि में नहीं। 'आँसू' यहाँ वेदना का प्रतीक है–

जो घनीभूत पीड़ा थी
मस्तक में स्मृति-सी छाई
दुर्दिन में आँसू बनकर
वह आज बरसने आई।

'आँसू' में प्रेम के स्वरूप का बड़ा ही भव्य प्रदर्शन है। वियोगावस्था में प्रिय की अनेक स्मृतियों का इतना सजीव और आकर्षक वर्णन है कि पाठक के सामने रूप खड़ा हो जाता है। कामायनी में एक स्थल पर कवि कहता है–

मानस का स्मृति शतदल खिलता,
झरते बिन्दु मकरंद घने
मोती कठिन पारदर्शी ये,
इनमें कितने चित्र बने!

अर्थात् हृदयरूपी सरोवर का स्मृतिरूपी कमल खिलता है। कमल शतदल है; स्मृतियाँ बहुत-सी हैं। उस कमल से मकरंद-बिंदु झर रहे हैं; आँसू गिर रहे हैं। ये आँसू के मोती बड़े ही कठिन हैं, साधारण मोती की तरह नहीं, जिन्हें आसानी से चूर-चूर किया जा सके। ये पारदर्शी हैं, इनमें से होकर बहुत-से रूप झलकते हैं; न जाने कितनी-कितनी वस्तुएँ स्मृति इनके सामने लाकर खड़ी कर देती है।

ऐसे ही आँसू की बूँदों में झलकने वाले मनोहर स्मृति-चित्रों को 'आँसू' पाठक के सामने खड़ा कर उसे मुग्ध कर लेता है।

प्रसाद जी प्रेम का उदय एकाएक मानते हैं। प्रिय के प्रथम दर्शन में ही न जाने कौन-सी अज्ञात शक्ति हमें प्रेरित कर अनुरक्त बना देती है, हम मुग्ध हो जाते हैं। ऐसा लगता है, मानो वह कब का परिचित व्यक्ति है–

मधु राका मुसक्याती थी
पहले जब देखा तुमको
परिचित-से जाने कब के
तुम लगे उसी क्षण हमको!

जीवन में अनेक व्यक्तियों के संसर्ग में आना पड़ता है, पर प्रेमी को प्रिय में सबसे बढ़कर सौंदर्य दिखाई देता है। वह उसके प्राणों का प्राण है। प्रिय में आनंद और सौंदर्य का प्रकाश दिखाई देता है। वह आँखों में काली पुतली की तरह बस जाता है—

घन में सुंदर बिजली-सी
बिजली में चपल चमक-सी
आँखों में काली पुतली
पुतली में श्याम झलक-सी
प्रतिमा में सजीवता-सी
बस गई सुछवि आँखों में
थी एक लकीर हृदय में
जो अलग रही लाखों से।

प्रिय के प्रति प्रेम उदय होने के पहले जीवन में शुष्कता व्याप्त थी। प्रेम के आविर्भाव के साथ ही जीवन में प्रफुल्लता और सरसता का संचार हो गया—

पतझड़ था, झाड़ खड़े थे सूखी-सी फुलवारी में;
किसलय नव कुसुम बिछाकर आए तुम इस क्यारी में।

प्रिय का सौंदर्य अत्यंत आकर्षक और रमणीय था। उसकी प्यारी-प्यारी सुषमा का चित्र खड़ा करने में कवि ने बड़ी ही विदग्ध कल्पना और अपूर्व लाक्षणिक वक्रता दिखाई है।

कवि (अथवा प्रेमी) की पुतली-रूपी नाव प्रिय के अपार शोभा-सागर में तैरती हुई भी तृप्त नहीं होती थी। कभी एक अंग के सौंदर्य पर, कभी अर्ध अंग के सौंदर्य पर दृष्टि जमती और हटती रहती थी, और प्रिय के अंजन-युक्त नेत्रों का लावण्य इतना आकर्षक था कि कवि की दृष्टि उन्हीं पर जम गई, वह उन पर न्योछावर हो गया। जिस प्रकार काले-पानी की सज़ा पाए हुए क़ैदी वहाँ पर उतार दिए जाते थे और उनका वहाँ से लौटना असंभव होता था, उसी प्रकार नेत्रों में लगी हुई अंजन की रेखाओं के बीच जब प्रेमी की दृष्टि पड़ी तो वह वहीं उलझकर रह गई—

तिर रही अतृप्ति जलधि में नीलम की नाव निराली,
काला-पानी बेला-सी है अंजन रेखा काली।

जिसे कुटिलता की रमणीयता देखनी हो, दृष्टि की वक्रता अथवा तिरछी नज़र की मिठास देखनी हो, वह उस (प्रिय) की भौं में बल देखे—

कोमल कपोल पाली में सीधीसादी स्मिति की रेखा,
जानेगा वही कुटिलता जिसने भौं में बल देखा।

प्रियतम के लाल-लाल ओंठों पर फैली हुई हँसी इतनी मनोहर है कि उसके सम्मुख उषःकाल की अरुणाभा के प्रकाश में खिला हुआ कमलों का समूह तुच्छ प्रतीत होता है–

विकसित सरसिज-वन वैभव मधु-उषा के अंचल में,
उपहास करावे अपना जो हँसी देख ले पल में!

प्रसादजी का निरीक्षण अत्यंत सूक्ष्म था। रूपचित्र खड़ा करने में यह बड़े प्रवीण हैं। इनकी कल्पना में मूर्तविधायिनी शक्ति बहुत प्रबल है, यह ऊपर की उद्धृत पंक्तियों से बहुत कुछ स्पष्ट हो जाएगा।

संयोग की अवस्था में तो अपार आनंद मिला, पर शीघ्र ही प्रिय से वियोग हो गया। इस वियोगावस्था का वर्णन प्रसादजी ने बड़ी मार्मिकता से किया है। वियोग-दशा की अनेक अवस्थाओं की इतनी तीव्र अनुभूति कवि को है कि वियुक्त व्यक्ति की उक्तियाँ सीधे हृदय को स्पर्श कर लेती हैं।

वियोगावस्था में प्रेमी की दशा बहुत करुणाजनक हो गई है। वसंतकालीन रात्रि के पिछले पहर में खिला हुआ सुंदर-सुकुमार शिरीष-पुष्प जिस प्रकार प्रातः-काल धूल में मिल जाता है, उसी प्रकार विरह के उत्ताप से झुलसकर प्रेमी भी मुरझा गया है–

कुसुमाकर रजनी के जो पिछले पहरों में खिलता,
उस मृदुल शिरीष-सुमन-सा मैं प्रातधूलि में मिलता।

अप्रस्तुत के विधान के लिए यहाँ कितनी कोमल कल्पना से काम लिया गया है। सुकुमार वस्तुओं की तुलना संस्कृत-कवियों ने शिरीष-पुष्प से बहुत अधिक की है। प्रातःकाल सूर्य की किरणों की प्रखरता को न सह सकने के कारण शिरीष के कोमल फूल मुरझा कर नीचे गिर जाते हैं। ऐसी प्यारी सुकुमार वस्तु को धूल में मिली देखकर बड़ा क्लेश होता है। प्रेमी भी बहुत कोमल व्यक्ति है और शिरीष-पुष्प की ही दशा इस समय उसकी भी है। भाव और चित्र, दोनों के अनुरूप यहाँ इस अप्रस्तुत का कितना सुंदर विधान हुआ है! इसी उपमान के द्वारा कवि ने इन पंक्तियों में भी कितना चमत्कार ला दिया है–

हीरे-सा हृदय हमारा कुचला शिरीष-कोमल ने,
हिम-शीतल प्रणय अनल बन अब लगा विरह से जलने।

संयोगावस्था में, प्रेमी के नवनीत-सदृश कोमल हृदय में प्रेम भास्वर हो उठा था, पर उसके वियुक्त हो जाने पर आज निराशा और विरह के अंधकार में उस मधु-मिलन की बातें मानस-पट पर धुँधली हो चली हैं–

जल उठा स्नेह, दीपक-सा, नवनीत हृदय था, मेरा,
अब शेष धर्म-रेखा से चित्रित कर रहा अँधेरा।

दीपक बुझा देने पर अंधकार छा जाता है और बुझी हुई बत्ती से धुएँ की टेढ़ी-मेढ़ी रेखाएँ मानो अंधकार के पट पर चित्र बनाती हैं! कितना सूक्ष्म निरीक्षण और मौलिक उद्भावना है! यहाँ साम्य विधान प्रस्तुत के एकदम अनुरूप और उत्कृष्ट कला से पूर्ण है।

प्रिय बड़ा निठुर है। प्रेमी की व्यथा-कथा सुनने का भी उसे अवकाश नहीं, उसके कानों में दुःख-भरे शब्द ठहर ही नहीं पाते–

मुख-कमल समीप सजे थे दो किसलय से पुरइन के।
जलबिंदु-सदृश ठहरे कब उन कानों में दुख किनके?

यहाँ पुरइन के आकार का नहीं, बल्कि उसके गुण और स्वच्छता का साम्य व्यंग्य-व्यंजक लक्षण की सहायता से स्थापित किया गया है।

प्रेमी रो-रोकर अपनी दीन-दशा का वर्णन करता है, पर प्रियतम उसकी बातों को अनसुनी करके निष्ठुरता दिखा रहा है–

रो-रोकर सिसक-सिसककर कहता मैं करुण-कहानी
तुम सुमन नोचते सुनते करते जानी अनजानी।

प्रसादजी की उत्कृष्ट कला का यह पद एक सुंदर उदाहरण है। इसमें उदासीनता की मार्मिक व्यंजना भी हो जाती है, निष्ठुरता का रूप भी खड़ा हो जाता है और प्रेमी की दीन-दशा का परिचय भी मिल जाता है। प्रिय बड़ा निष्ठुर है, यह न कहकर उसकी निष्ठुरता का एक दृश्य ही सामने रख दिया गया है–'तुम सुमन नोचते सुनते।'

अपने समीप के वातावरण को शांत और प्रसन्न देखकर प्रिय से वियुक्त प्रेमी का दुःख और भी बढ़ जाता है–

मधु मालतियाँ सोती हैं, कोमल उपधान सहारे।
मैं व्यर्थ प्रतीक्षा लेकर गिनता अंबर के तारे।

विरह-दशा में आँसुओं से धुलकर प्रेम का रंग और चटकीला होता जाता है।

अब छुटता नहीं छुड़ाये रँग गया हृदय है ऐसा।
आँसू से धुला निखरता यह रंग अनोखा ऐसा।

प्रेम की मधुरता जीवन की सारी कटुताओं को आनंदपूर्वक सह लेने की शक्ति प्रदान करती है। अपने प्रियतम चन्द्र की सुंदर प्रतिमा का हृदय में ध्यान करके चकोर दहकते हुए अंगारे भी खा लेता है–

है चन्द्र हृदय में बैठा उस शीतल किरण सहारे,
सौन्दर्य-सुधा बलिहारी, चुगता चकोर अंगारे।

संसार के प्राणियों के बीच चारों ओर दुःख और क्लेश फैला हुआ है–

नीचे विपुला धरणी है दुखभार वहन-सी करती;
अपने खारे आँसू से करुणा-सागर को भरती।

जब तुम्हें सुखी व्यक्ति देखकर हँसते हैं तो तुम रोओ मत। यह कैसी परवशता प्रदर्शित कर रहे हो! अपनी वेदना का विस्तार करो, तब तुम प्रेम-साधना की उस उच्च-भूमि पर पहुँचोगे, जहाँ तुम्हें देखकर लोग सम्मान करेंगे।

प्रेम का उच्चतम ध्येय तब प्राप्त होता है, जब वह निरपेक्ष हो। सच्चा प्रेम प्रतिदान की अपेक्षा नहीं रखता। मिलन और विरह भी क्रमशः सुख और दुःख के कारण नहीं हैं। वस्तुतः मिलन और विरह तो आँख और मन का खेलमात्र है। मिलन में प्रिय आँखों के सामने रहता है और विरह में वह मानस में उपस्थित रहता है। इस प्रकार प्रेमी प्रिय से एकदम वियुक्त कभी होता ही नहीं।

मानव-जीवन की वेदी पर विरह और मिलन का, सुख और दुःख का मिलन ही मानव-जाति के लिए कल्याणकारी है–

मानव-जीवन-वेदी पर परिणय हो विरह-मिलन का;
दुःख-सुख दोनों नाचेंगे, है खेल आँख का, मन का।

× × ×

हो उदासीन दोनों से दुःख-सुख से मेल करायें;
ममता की हानि उठाकर दो रूठे हुए मनायें।

प्रेम का स्वरूप बड़ा दिव्य है। वह जीवन का द्रष्टा है। प्रेम में कभी हर्ष-पुलक (संयोगावस्था) और कभी ...... क्लेश और असीम आनंद दोनों ही प्रेम में मिलते हैं। कवि ऐसे प्रेम का स्वागत करता है–

जिसके आगे पुलकित हो जीवन है सिसकी भरता;
हाँ, मृत्यु नृत्य करती है मुसकाती खड़ी अमरता।

वह मेरे प्रेम विहँसते, जागो, मेरे मधुवन में;
फिर मधुर भावनाओं का कलरव हो इस जीवन में।

इसके पश्चात् कवि विश्व में प्रेम की वेदना का आह्वान करता है, जिससे मानव-जगत् को सुख और शांति प्राप्त हो–

सबका निचोड़ लेकर तुम सुख से सूखे जीवन में;
बरसे प्रभात हिमकण-से आँसू इस विश्व-सदन में।

अंत में 'आँसू' की आध्यात्मिकता पर भी थोड़ा विचार कर लेना चाहिए। कुछ लोगों का मत है कि 'आँसू' आध्यात्मिकता से ओत-प्रोत है। वह रहस्यवाद की महान् कृति है। भावों की एकसूत्रता स्थापित करने में यह बात भली भाँति स्पष्ट हो जाती है कि आँसू पूर्ण रूप से आध्यात्मिक रचना नहीं है। श्लेष के चमत्कार से कहीं-कहीं आध्यात्मिकता का योग पाकर पद और भी चमक उठते हैं। प्रिय की आँखों, वेणी, दंतपंक्ति, आलिंगनपाश, कपोल आदि का वर्णन करने में ससीम का ही आधार है। वह बिलकुल स्थूल नख-शिख-वर्णन है, उसकी तह में कोई रहस्यवादी भाव कदापि नहीं है।

1. **ये सर्वस्फुलिंग हैं मेरी इस ज्वालामयी जलन के;**
   कुछ शेष चिह्न हैं केवल मेरे उस महामिलन के।

× × ×

2. **गौरव था, नीचे आये प्रियतम मिलने को मेरे;**
   मैं इठला उठी अकिंचन, देखे ज्यों स्वप्न सवेरे।
3. **मादकता-से आये तुम संज्ञा-से चले गये थे;**
   हम व्याकुल पड़े बिलखते थे उतरे हुए नशे से।

ऊपर उद्धृत तीन पदों के रेखांकित शब्दों के कारण उनमें आध्यात्मिकता का पुट मिल गया है। पर प्रसंग में, पूर्वापर संगति बिठाकर अर्थ करने पर कोई व्यतिक्रम नहीं उपस्थित होता। देखिए (1) (अ) प्रेमी और प्रिय का मिलन है। (ब) आध्यात्मिक पक्ष—ईश्वर से साक्षात्कार। (2) (अ) प्रिय कोई साधारण व्यक्ति नहीं है, वह सभी प्रकार से संपन्न है। प्रेमी से जब वह मिलने आया तो उच्च स्थिति के कारण उसे एक स्तर नीचे उतर आना पड़ा था। ध्यान रखना चाहिए कि यह उक्ति प्रेमी की है। प्रेमी कहता है कि मैं अकिंचन यह देखकर वैसे ही इठला उठा, जैसे सवेरे का क्षणिक सुनहला सपना देखकर कोई अकिंचन इठला उठता है। सवेरे का स्वप्न अर्थात् क्षणिक स्वप्न। (ब) आध्यात्मिक पक्ष में इसकी व्यंजना यह होगी कि ईश्वर प्रेम के अधीन होकर नीचे संसार में आ जाता है।

थोड़ी ही देर के लिए ईश्वर से साक्षात्कार हुआ। इतने ही में मैं फूल उठा; पर वह सवेरे के मधुर सपने के समान था, जो क्षणिक होता है। (३) (अ) प्रिय-मिलन की अवस्था में हृदय की वृत्तियों का प्राधान्य होता है। प्रेमी कहता है कि जब तुम मेरे समीप थे तो मैं मुग्धावस्था में पड़ा रहा, अपना या जगत का ध्यान मुझे नहीं था। एक प्रकार की मादकता मुझ पर छा गई थी। जब तुम चले गए, तब मेरी बुद्धि सजग हुई। मुग्धावस्था या मोहावस्था हट गई। मैंने अपने आसपास देखा, तुम नहीं थे। मैं बेचैन हो उठा, चिंतित हो उठा (जो मस्तिष्क का व्यापार है)। कवि कहता है कि प्रिय मानो मादकता ही के द्वारा पास आया था और मस्तिष्क के पूर्ण क्रियाशील होने पर चला गया। (ब) आध्यात्मिक पक्ष में इसका अर्थ बहुत प्रचलित है, जो प्रायः सभी को ज्ञात होगा।

इस प्रकार पदों में दोहरे अर्थ आ जाने से काव्य का चमत्कार बढ़ गया है, इसमें संदेह नहीं। हाँ, यह दूसरी बात है कि प्रसाद जी दो-एक स्थलों पर आध्यात्मिक पक्ष में लगने वाले अर्थ को बहुत दूर तक खींच ले गए हैं, जिससें वही अर्थ प्रधान-सा लगने लगता है। उदाहरण के लिए 123 से लेकर 129वें पद्य तक वाले अंश की ओर निर्देश किया जा सकता है, जहाँ कवि ने रहस्यवादी विधि के अंतर्गत स्वीकृत 'विस्मृति' का स्वागत किया है और सर्ग-प्रलय का लंबा-चौड़ा रूपक बाँधा है। पर ऐसे स्थल दो ही एक मिलेंगे।

12

छायावाद का प्रादुर्भाव

आधुनिक हिंदी कविता की छायावादी कही जाने वाली काव्यधारा का प्रारंभ सन् 1918-19 से समझना चाहिए जब पंत, प्रसाद और निराला की कविताएँ यत्र-तत्र प्रकाशित होने लगी थीं। यद्यपि अच्छी तरह इसकी रूपरेखा सन् 1923-24 में स्पष्ट होती है जब उपर्युक्त कवियों की कविताएँ प्रचुर परिमाण में हिंदी-पाठकों के सम्मुख आने लगीं।

पं. श्रीधर पाठक, श्री मैथिलीशरण गुप्त और बद्रीनाथ भट्ट की कतिपय कविताओं में जिस स्वच्छंदतावाद (Romanticism) का आभास मिलता है वह अवश्य ही एक नई दिशा का द्योतक है, पर छायावाद के पूर्वाभास के रूप में उनका ग्रहण नहीं किया जा सकता। यद्यपि परोक्ष सत्ता के प्रति जिज्ञासा और थोड़े बहुत लाक्षणिक प्रयोग तथा तत्कालीन कवियों की अपेक्षा मनोभावों की अधिक स्वच्छंद गति का आभास इनकी रचनाओं में दिखाई पड़ जाता है पर इतिवृत्तात्मकता के प्रति विद्रोह और अंतर्वृत्तियों की वह उन्मुक्त व्यंजना इनमें नहीं लक्षित होती जो छायावादी कविताओं के मूल में अवस्थित है। उपर्युक्त कवियों में एक पाठक जी की मनोवृत्ति अधिक स्वच्छंद दिखाई देती है, विशेष रूप से छंदों के व्यवहार में। सन् 14 के आसपास इन कवियों ने जिस नूतनता का आभास दिया था वह उस रूप में महायुद्ध के बाद पल्लवित न हो सकी। सबसे बड़ी बात तो यह थी कि इन्हें इस बात का पता भी न था कि ये एक नया मार्ग प्रशस्त करने जा रहे हैं। फिर भी इतना तो स्वीकार करना ही होगा कि द्विवेदी युग के अंतिम चरण में इन्होंने काव्य की सच्ची आत्मा (Spirit) का विस्तार करने के प्रयत्न में हृदय की स्वच्छंद गति का अधिक योग दिया।

श्री मुकुटधर पांडेय ने सन् 1917 में जिस ढंग की थोड़ी-सी कविताएँ लिखीं उनमें अब तक के कवियों की अपेक्षा अधिक नवीनता के दर्शन होते हैं। रहस्योन्मुख भावाभास और छंदों का नयापन—दोनों ही इन रचनाओं में अधिक हैं। इसलिए पांडेय जी बहुत-कुछ छायावादी कवियों के निकट आते हैं। उस समय के नवयुवक

कवि पाठक जी और मुकुटधर जी की कविताएँ "बड़े शौक़ से पढ़ते थे"। परंतु छायावाद के प्रवर्त्तक ये नहीं हैं। छायावाद के प्रवर्त्तक और प्रतिष्ठापक प्रसाद, पंत और निराला ही हैं।

अब यहीं छायावाद की पूर्ववर्ती द्विवेदी कालीन काव्यधारा का भी संक्षिप्त परिचय प्राप्त कर लेना चाहिए जिससे इस नवीन ढंग की कविता के आविर्भाव की कतिपय मूल उत्तेजक भावनाओं का ज्ञान हो सके। इसके पश्चात्, छायावाद के प्रारंभ काल की परिस्थितियों का भी थोड़ा उल्लेख इसलिए कर दिया गया है जिससे तत्कालीन राजनीतिक, सामाजिक वातावरण के बीच रखकर इस काव्यधारा का स्वरूप समझा जाए। उल्लिखित परिस्थितियों में से कुछ का स्पष्ट, और कुछ का अलक्ष्य प्रभाव छायावाद पर पड़ा है।

यों तो आधुनिक हिंदी कविता का विकास भारतेंदु युग से ही प्रारंभ होता है पर वस्तुतः वह प्रधान रूप से प्राचीन आवरण में नवीन विषयों और विचारों का युग था जबकि खड़ी बोली अपनी बाल्यावस्था में थी और भाषा का रूखापन तथा व्याकरण की अव्यवस्था आदि उसमें बहुत कुछ दोष वर्तमान थे। द्विवेदी युग में कविता का प्राचीन आवरण भी हट गया और रीतिकालीन काव्यधारा के विरोध में एक नवीन चेतना सजग हुई। द्विवेदीजी ने रीतिकालीन कविता की निर्जीव रूढ़ियों का कड़ा विरोध किया। विषय, छंद और भाषा, सबका परिष्कार कर एक नई दिशा की ओर बढ़ने के लिए उन्होंने हिंदी के कवियों और लेखकों को प्रेरित किया।

काव्य-भाषा में पूर्ण परिवर्तन और अन्य अप्रचलित छंदों के प्रयोग के साथ द्विवेदी युग में काव्य-विषयों का भी प्रसार हुआ। गद्य और पद्य की भाषा स्वीकार की गई। व्याकरण का अनुशासन कड़ा हुआ। पर प्रांजल भावों की पूर्ण रसमय व्यंज़ना इस काल में न हो सकी। खड़ी बोली की भाषा अभी पूरी तरह मँज कर भावाभिव्यक्ति में पूर्ण समर्थ न हो सकी थी। द्विवेदी-काल वस्तुतः प्रयोगों का समय था जिसमें कविगण नए-नए विषयों पर नए-नए छंदों में रचना करने की ओर प्रवृत्त हुए! चाहे नए-नए प्रयोगों की ओर दृष्टि होने के कारण हो या गद्य-पद्य की भाषा एक करने के आग्रह के कारण, इस समय की अधिकांश कविताएँ प्रायः नीरस और इतिवृत्तात्मक हो गईं। एक ओर तो संस्कृत के काव्य-शास्त्रों के अनुशासन और दूसरी ओर लोक की सामान्य जनता के बीच प्रवाहित होने वाले लोकगीतों की परंपरा से दूर जा पड़ने के कारण द्विवेदी युग की कविता में मनोभावों का वह लयकारी स्वरूप सामने न आ सका जिसके रस में डूब कर हृदय तन्मय होता, उसे थोड़ी स्निग्धता मिलती। इस समय बौद्धिकता का प्रबल आग्रह था। नैतिकता और आदर्श का कठोर अंकुश होने के कारण हृदय स्वच्छंद होकर विचरण नहीं कर पाता था।

भावों के साम्राज्य काव्य-क्षेत्र में ऐसी स्थिति अधिक काल तक बनी न रह सकती। द्विवेदी युग के अंतिम चरण में श्रीधर पाठक, मुकुटधर पांडेय और श्री

मैथिलीशरण गुप्त ने कुछ स्वच्छंद होकर अपनी रचनाओं में एक नवीन दिशा का आभास दिया जहाँ हृदय को रमने के लिए अपेक्षाकृत कुछ अवकाश दिखाई दिया। पर जैसा कि कह आए हैं, श्रीधर पाठक और मुकुटधर पांडेय की कविताओं में एक नए युग का स्पष्ट निर्देश नहीं मिला। महायुद्ध के पश्चात् सन् 1618-19 में इन सबसे अलग होकर, नवीन शिक्षा-दीक्षा-संपन्न स्वच्छंद मनोवृत्ति वाले नवयुवक कवियों की एक नई पीढ़ी ने छायावादी कही जाने वाली नव-उन्मेष और चेतना से पूर्ण विद्रोही काव्यधारा की नींव डाली जो चार-पाँच साल बाद सन् 23-24 में जाकर प्रशस्त हुई।

'छायावाद' ने जिन सामाजिक-राजनीतिक आदि परिस्थितियों में जन्म लिया उनका संक्षिप्त परिचय यहाँ प्राप्त कर लेना अच्छा होगा।

हमारे छायावादी कवि अंग्रेजी पढ़े-लिखे नवयुवक थे जिनमें नया उत्साह और नई उमंग भरी थी। शेली, कीट्स, बायरन आदि रोमांटिक कवियों को इन्होंने चाव से पढ़ा और उनकी कविताओं में निहित रमणीय मूर्त्त कल्पनाओं और मनोभावों के स्वच्छंद प्रवाह की ओर इनका आकर्षण बढ़ा। इसी समय अध्यात्म के रंग में रंगी बांग्ला कविताओं की ख्याति देखकर ये उनकी ओर भी झुके। रवीन्द्रनाथ ठाकुर को सन् 1913 में नोबल पुरस्कार मिला और इनका यश और प्रसिद्धि चारों ओर फैल गई। अतएव इनकी ओर मुख्य रूप से ये नवयुवक कवि आकृष्ट हुए। छायावाद की प्राथमिक रचनाओं पर इनका काफी प्रभाव पड़ा।

गत महायुद्ध के पश्चात् भारत के राजनीतिक जगत् में जो एक घनीभूत निराशा, विषाद और संशय का वातावरण तैयार हुआ उसने देश के जीवन पर बड़ा व्यापक प्रभाव डाला। इस युद्ध में देश ने बड़े उत्साह और लगन से योग दिया। भारतीयों को महायुद्ध के पश्चात् आत्मनिर्णय का अधिकार मिलने की पूर्ण आशा थी। पर युद्ध समाप्त होने पर देश के सामने कल्पनातीत परिस्थितियाँ आईं। कुछ दलों के षड्यंत्रों का बहाना लेकर भारतीयों के दमन के लिए रौलट बिल कौंसिल में पेश हुआ। सारे देश ने एक स्वर से इसका विरोध किया पर इसका कोई प्रभाव नहीं पड़ा और सरकार ने रौलट एक्ट पास कर दिया। लाचार होकर महात्मा गाँधी को असहयोग आंदोलन प्रारंभ करना पड़ा। महात्मा गाँधी गिरफ्तार हुए, देशव्यापी हड़ताल और रोष प्रकाशन हुआ। फिर पंजाब का हत्याकांड, नेताओं की गिरफ्तारी और दमन।

इस प्रकार छायावाद के आविर्भाव और प्राथमिक विकास का काल घोर निराशा और असंतोष का है। काँग्रेस के आंदोलनों द्वारा देश की क्षुब्ध मनोदशा का पता चलता है।

धार्मिक दृष्टि से स्वामी दयानंद के आर्यसमाजी विचारों का प्रचार उस समय के तरुण-समाज के बीच खूब फैल रहा था जिसमें रूढ़िवादी धार्मिक मान्यताओं का खुलकर विरोध किया गया था और वैदिक ढंग से ईश्वर की निराकार उपासना पर जोर दिया गया था। बालविवाह का विरोध, विधवा विवाह का समर्थन, जात-पाँत

के बंधनों की व्यर्थता, पर्दा-निषेध आदि का आंदोलन करने में आर्यसमाजी लोग लगे थे। उधर बंगाल में ब्रह्मसमाज के विचारों का प्रचार शुरू था। इसमें स्थूल कर्मकांडों का विरोध तथा उपनिषदों और पाश्चात्य दर्शन के समन्वय से एक नवीन धार्मिक मत चलाने का निर्देश था जिसमें अनुभव-साक्षिक ज्ञान का बहुत अधिक महत्त्व स्वीकार किया गया। इस मत के विचारों का प्रभाव निराला जी की प्रारंभिक कविताओं में लक्षित होता है। रवींद्रनाथ ठाकुर काव्य क्षेत्र में इस मत को पूर्ण रूप से ग्रहण कर चले हिंदी के नए कवि बांग्ला विशेषकर रवींद्रनाथ की ओर आकृष्ट थे इसलिए उन पर इस मत के रहस्यवादी सिद्धांतों का प्रभाव पड़ा। यह भी माना जाता है कि बाद में इन हिंदी कवियों ने अपने प्राचीन दर्शनों का भी अध्ययन किया और अपने लिए एक नवीन मार्ग निकालने का प्रयास किया। प्रसाद और निराला की कविताओं से यह बात प्रमाणित होती है। इसके अतिरिक्त देश के तरुण-समाज पर स्वामी रामतीर्थ और स्वामी विवेकानंद के उपदेशों का भी प्रभाव पड़ा जिन्होंने विदेशों में वैदिक धर्म का झंडा ऊँचा कर ख्याति प्राप्त की थी।

सामाजिक दशा भी मनोनुकूल न थी। नवीन विचारों से प्रभावित होने के कारण युवकों की मानसिक चेतना बहुत सजग हो गई थी और प्रकृति स्वच्छंद, पर उनके विचारों का सामाजिक स्थिति के साथ मेल नहीं बैठा। युवकों के अनुकूल सुधार नहीं हो पाए। जात-पाँत आदि का बंधन बना ही रहा। हमारे कवि प्रायः निम्न मध्यवर्ग के थे जिन्हें पग-पग पर आर्थिक और सामाजिक संकटों और बंधनों का सामना करना पड़ता था। अपनी इच्छा के अनुसार, पैसों के अभाव में जीवन निर्वाह नहीं कर पाते थे। प्रेम और विवाह में कभी आर्थिक, कभी सामाजिक रुकावटें आ जाती थीं।

इन सब परिस्थितियों का फल यह हुआ कि इस काल के नवयुवक कवियों में विद्रोह और असंतोष तथा निराशा की भावना प्रबल हो उठी जिसकी पूरी झलक उनकी कविताओं में बराबर मिलती है।

निराशा की भावना दो रूपों में व्यक्त हुई। एक तो वेदनावाद या दुःखवाद के विषण्ण स्वर के रूप में और दूसरे वर्तमान जगत् की कठोर वास्तविकता से पलायन के रूप में। वेदनावाद या दुःखवाद कहीं तो व्यक्तिगत निराशा के रूप में प्रकट हुआ और कहीं भारतीय और विदेशी दुःखवादी या मायावादी दार्शनिक मत-मतांतरों का सहारा लेकर एक विशेष निराशामूलक वेदनामय जीवन-दर्शन (Philosophy) के रूप में। वास्तविकता से पलायन की प्रवृत्ति कहीं तो इस संसार से अलग कल्पना के रमणीय लोक में जा बसने की लालसा के रूप में व्यंजित हुई और कहीं अतीत के समृद्ध युग की झाँकी के रूप में। यहाँ यह कह देना आवश्यक है कि अतीत की ओर दृष्टि डालना सदा पलायनवादी मनोवृत्ति का ही परिचायक नहीं होता वरन् वह एक प्रेरक आदर्श के रूप में भी सम्मुख आता है। जहाँ अतीत के प्रति मोह या अतीत के गौरव का ध्यान कर केवल आँसू बहाया

जाए वहाँ पलायनवादी मनोवृत्ति और जहाँ अतीत की समृद्धि तथा महापुरुषों की शक्ति का वर्णन कर उनका आदर्श सामने रखा जाए और कर्तव्य-पथ पर प्रेरित किया जाए वहाँ कर्मशील मनोवृत्ति समझना चाहिए। इस दूसरी प्रवृत्ति के सुंदर उदाहरण हैं मैथिलीशरण गुप्त और प्रसाद जी की रचनाएँ।

काव्य में विद्रोह और असंतोष की भावना भी दो ढंग से व्यक्त हुई। एक तो स्पष्ट राष्ट्रीय और क्रांतिवादी कविताओं के रूप में जिसका प्रतिनिधित्व श्री मैथिलीशरण गुप्त, माखनलाल चतुर्वेदी, सनेही, नवीन, दिनकर तथा सुभद्राकुमारी चौहान ने किया और दूसरे प्रच्छन्न रूपकों और प्रतीकों के आवरण में विशेष कलात्मक ढंग से जिसका उदाहरण निराला की 'जागो फिर एक बार', 'बादल राग' तथा पंत की 'परिवर्तन' जैसी कविताएँ हैं।

व्यक्तिवाद की जैसी लहर इस समय हिंदी काव्य जगत् में आई वैसी यहाँ पहले कभी देखी-सुनी न गई थी। अंग्रेजी के स्वच्छंदवादी कवियों में 'अहं' की भावना बहुत प्रबल थी। अपने काव्य के चरितनायक ये स्वयं होने लगे। अपने सुख-दुख, आशा-निराशा, हर्ष-विषाद की ही स्पष्ट अभिव्यक्तियों का प्राधान्य इनमें दिखाई दिया। इन सब बातों का पूर्ण प्रभाव छायावादी कवियों पर पड़ा और हिंदी काव्य में 'व्यक्तिवाद' की नींव पड़ी। यह व्यक्तिवाद आगे चलकर बहुत ही अस्वस्थ रूप में विकसित हुआ। यह सब तो पश्चिमी कवियों का प्रभाव है। पर थोड़ा बहुत प्रभाव मध्यवर्ग की उन्नतिशील भावनाओं का भी स्वीकार किया जाना चाहिए। बीसवीं सदी में नगरों में व्यापार शासन संस्थाओं, स्कूल-कॉलेजों आदि का केंद्रीकरण होने के कारण उनका महत्त्व बहुत बढ़ गया। व्यापार की उन्नति होने तथा सरकारी नौकरियों का द्वार खुल जाने के कारण बहुत से लोग आकर नगरों में रहने लगे। नगरों में सामूहिक कृत्यों का अवसर अधिक नहीं आता। लोग आपस में मिलजुलकर एक-दूसरे की हँसी-खुशी या दुख-दर्द में उतना भाग नहीं लेते जितना गाँवों में। अपने-अपने सुख और आनंद की सामग्री इकट्ठा करने में ही सब लोग रहते हैं। इन सब व्यक्तिवादी मनोवृत्तियों ने भी मध्यवर्गीय नागरिक कवियों की रचनाओं में व्यक्तिवाद के विकास में कुछ योग अवश्य दिया।

कवि सुमित्रानन्दन पंत ने 'पल्लव' (प्रथम संस्करण) की भूमिका में इस नवीन काव्यधारा के विषय में लिखा, ''उसमें नए हाथों का प्रलय, जीवित साँसों का स्पंदन, आधुनिक इच्छाओं के अंकुर, वर्तमान के पद-चिन्ह, भूत की चेतावनी, भविष्य की आशा, अथच नवीन युग की नवीनसृष्टि का समावेश है। उसमें नए कटाक्ष, नए रोमांच, नए स्वप्न, नया हास, नया रुदन, नया हृत्कंपन, नवीन वसंत, नवीन कोकिलाओं का गान है।''

यह एक विद्रोही कवि की वाणी है। छायावाद के आरंभ में यह विद्रोह का स्वर बहुत उग्र था। धीरे-धीरे उसमें अधिक अपनापन और स्निग्धता आती गई।

13

निबंधकार आचार्य रामचंद्र शुक्ल

आचार्य शुक्लजी हिंदी के वह प्रकाश स्तंभ थे जिसकी ज्योति में हिंदी ने अपने गौरव का अनुभव किया। आलोचना-क्षेत्र के वे एकच्छत्र सम्राट् थे। जिस प्रकार आलोचना के अंग को उन्होंने परिपुष्ट और उन्नत किया उसी प्रकार निबंध लेखन कला में भी उन्होंने आश्चर्यजनक सफलता प्राप्त की। अब तक के हिंदी निबंधकारों में उनका स्थान श्रेष्ठतम माना जाएगा।

निबंध साहित्य का एक विशिष्ट अंग है। निबंधों के यथार्थस्वरूप का ज्ञान करने के लिए उसके दो भाग कर लेना संगत होगा। एक तो (Personal) अर्थात् व्यक्तित्व-व्यंजक और दूसरा (Impersonal) अर्थात् तथ्य-निरूपक। निबंधों की सबसे बड़ी विशेषता उनमें निहित लेखक का व्यक्तित्व माना जाता है। चाहे वह तथ्य-निरूपक हो या व्यक्तित्व-व्यंजक, दोनों ही दशाओं में लेखक के आत्मीय राग का प्रचुर मात्रा में सन्निवेश होना चाहिए। व्यक्तित्व-व्यंजक निबंधों में व्यक्ति (लेखक) प्रधान होता है और उसे ही ठीक केंद्र-बिंदु मानकर विषय उसके चारों ओर घूमता है। दूसरे प्रकार के निबंधों में प्रतिपाद्य विषय की ओर लेखक अधिक ध्यान देता है।

पर स्मरण रखना चाहिए कि निबंध की सबसे बड़ी विशेषता उसमें व्यंजित लेखक की व्यक्तिगत विशेषता है। व्यक्तिगत विशेषता का, जैसा कि अधिकतर हिंदी समालोचकों ने समझा है, यह तात्पर्य नहीं है कि लेखक मौक़े बेमौक़े अपनी रामकहानी सुनाने लगे। व्यक्ति‍त्व-व्यंजक निबंधों में यह बात कुछ दूर तक मानी भी जा सकती है, पर तथ्य-निरूपक निबंधों में प्रत्येक अवसर पर व्यक्तित्व का यह प्रदर्शन तमाशा बन जाता है। व्यक्तिगत विशेषता का तात्पर्य है लेखक की व्यक्तिगत प्रवृत्ति से। निबंधकार अपनी रुचि के अनुकूल स्वच्छंद होकर किसी विषय-विशेष पर विचार करते-करते अपनी रुचि की बात भी कहते हुए इधर-उधर बहक जाता है। एक ही विषय पर अपनी प्रवृत्ति के अनुसार कोई लेखक कुछ सोचता है और कोई कुछ। विषय-विशेष को छोड़कर इधर-उधर, फूटी हुई पगडंडियों पर

विचरते चलना और किसी बात को अपने ढंग से सोचना—ये ही दो बातें व्यक्तिगत विशेषता की मूल आधार हैं।

शुक्ल जी के निबंध तथ्य-निरूपक हैं, प्रकार भेद से उनके निबंध विचारात्मक कहे जाएँगे। विचारात्मक निबंधों में विचारों की सुशृंखल योजना, उनका क्रमबद्ध उद्‌घाटन एवं यथातथ विवेचन की प्रधानता होती है। ऐसे निबंधों का भी प्राण आत्मीय राग ही है जो शुक्लजी के निबंधों में सर्वत्र दृष्टिगोचर होता है।

एक आलोचक ने अपने विचार प्रकट करते हुए लिखा है—"शुक्लजी के निबंधों में व्यक्तिगत विशेषता नहीं है, अतएव वे अच्छे निबंधकार नहीं कहे जा सकते।" दूसरे लेखक ने अपने पत्र में प्रकाशित किया कि 'चिंतामणि' के निबंधों में शुक्लजी प्रतिपाद्य विषय को छोड़कर अपनी रुचि के अनुसार अपनी पसंद की बात कहते दूर तक चले गए हैं, यह एक दोष है। बेचारे शुक्लजी किस-किस को प्रसन्न करें, बड़ी आफ़त है।

शुक्लजी के निबंधों में व्यक्तिगत विशेषता सब स्थलों पर स्पष्ट लक्षित होती है। वे मर्यादावादी थे, और समाज का ध्यान उन्हें सदा रहता था। उनके प्रत्येक निबंध में उनकी मर्यादावादिता अथवा समाज के मंगल की कामना साफ़ दिखाई देती है। 'श्रद्धा-भक्ति' नामक निबंध में श्रद्धा और भक्ति के विविध स्वरूपों और व्यापारों का विवेचन करते हुए भी प्रतिपाद्य विषय में वे इतने तल्लीन नहीं हो जाते कि उनका व्यक्तित्व मर जाए। लोक-कल्याण की भावना से भावित लेखक कहीं छात्र धर्म की उच्चता और उपयोगिता का वर्णन करता है, कहीं समाज की नाना असंगतियों का स्पष्ट चित्र सम्मुख उपस्थित करता है। 'करुणा' नामक निबंध में प्रेमी प्रिय और प्रीति के विषय में अत्यन्त मधुर और सुन्दर विवेचना की गई है। 'लोभ और प्रीति' में समाज की अर्थसंबंधी लालच का कितना अच्छा वर्णन है—'रुपये के रूप, रस, गंध, आदि में कोई आकर्षण नहीं होता पर जिस वेग से मनुष्य उस पर टूटते हैं उस वेग से भौंरे कमल पर और कौए मांस पर भी न टूटते होंगे। यहाँ तक कि 'लोभी' शब्द से साधारणतः रुपए-पैसे का लोभी, धन का लोभी, समझा जाता है। एक धातु-खंड के गर्भ में कितने प्रकार के सुख और आनंद मनुष्य समझता है' इसी निबंध में आगे चलकर लेखक व्यापार नीति और राजनीति पर अपने विचार प्रकट करता है।

'भय' नामक निबंध में भय की विविध दशाओं और उसके द्वारा समाज पर पड़े प्रभावों का उल्लेख करते व्यापारियों के अर्थोन्माद और सार्वभौम वणिग्वृत्ति का विवेचन करते हुए लेखक दूर तक चला गया है। एक स्थल पर वह कहता है, 'जब तक योरप की जातियों ने आपस में लड़कर अपना रक्त नहीं बहाया तब तक उनका ध्यान अपनी इस अंध नीति-के अनर्थ की ओर नहीं गया। गत महायुद्ध के पीछे जगह-जगह स्वदेश-प्रेम के साथ-साथ विश्व-प्रेम उमड़ता दिखाई देने लगा।

आध्यात्मिकता की बहुत कुछ पूछ होने लगी। पर इस विश्व-प्रेम और आध्यात्मिकता का शाब्दिक प्रचार ही अभी तक देखने में आया है। इस फ़ैशन की लहर भारतवर्ष में भी आई। पर कोरे फ़ैशन के रूप में गृहीत इस 'विश्व-प्रेम' और 'अध्यात्म' की चर्चा का कोई मूल्य नहीं। इसे हवा का एक झोंका ही समझना चाहिए।'

शुक्लजी का प्रकृतिप्रेम विख्यात है। 'कविता क्या है?' नामक निबंध में अपनी स्वच्छंद प्रकृति के अनुसार वे प्रकृति की मनोरमता और उसकी मृदुलता के विषय में कहने लगते हैं—हम पेड़-पौधों और पशु-पक्षियों से संबंध तोड़कर बड़े-बड़े नगरों में आ बसे; पर उनके बिना रहा नहीं जाता। हम हर वक्त उन्हें पास न रखकर एक घेरे में बंद करते हैं और कभी-कभी मन बहलाने के लिए उनके पास चले जाते हैं। हमारा साथ उनसे भी छोड़ते नहीं बनता। कबूतर हमारे घर के छज्जों के नीचे सुख से सोते हैं, गौरे हमारे घर के भीतर आ बैठते हैं, बिल्ली अपना हिस्सा या तो म्याँव-म्याँव करके माँगती है या चोरी से ले जाती है, कुत्ते घर की रखवाली करते हैं, और वासुदेव जी कभी-कभी दीवार फोड़ कर निकल पड़ते हैं। बरसात के दिनों में सुर्खी-चूने की कड़ाई की परवा न कर हरी-हरी घास पुरानी छत पर निकलने लगती है, तब हमें उसके प्रेम का अनुभव होता है। वह मानों हमें ढूँढ़ती हुई आती है, और कहती है कि "तुम हमसे क्यों दूर-दूर भागे फिरते हो?" शुक्ल जी की यह व्यक्तिगत विशेषता है कि प्रकृति के प्रत्येक स्वरूपों से उन्हें अगाध प्रेम है। उसका दिग्दर्शन कितनी रोचक और भावुक शैली में उपर्युक्त पैराग्राफ़ में कराया गया है। इसी प्रकार 'लोभ और प्रीति' नामक निबंध में देश-प्रेम और धनियों की क्रूरता का कितना सुंदर और हृदयग्राही चित्रण है—'जन्मभूमि का प्रेम, स्वदेश-प्रेम यदि वास्तव में अंतःकरण का कोई भाव है तो स्थान के लोभ के अतिरिक्त और कुछ नहीं है। इस लोभ के लक्षणों से शून्य देश-प्रेम कोरी बकवाद या फ़ैशन के लिए गढ़ा हुआ शब्द है। यदि किसी को अपने देश से प्रेम है तो उसे अपने देश के मनुष्य, पशु, पक्षी, लता, गुल्म, पेड़, पत्ते, वन, पर्वत, नदी, निर्झर सबसे प्रेम होगा; सबको वह चाहभरी दृष्टि से देखेगा, सबकी सुध करके वह विदेश में आँसू बहाएगा। जो यह भी नहीं जानते कि कोयल किस चिड़िया का नाम है, जो यह भी नहीं सुनते कि चातक कहाँ चिल्लाता है, जो आँख भर यह भी नहीं देखते कि आम प्रणयसौरभ-पूर्ण मंजरियों से कैसे लदे हुए हैं, जो यह भी नहीं झाँकते कि किसानों के झोंपड़ों के भीतर क्या हो रहा है, वे यदि दस बने-ठने मित्रों के बीच प्रत्येक भारतवासी की औसत आमदनी का परता बताकर देश-प्रेम का दावा करें, तो, उनसे पूछना चाहिए कि, "भाइयो! बिना परिचय का यह प्रेम कैसा? जिनके सुख-दुःख के तुम कभी साथी नहीं हुए उन्हें तुम सुखी देखना चाहते हो, यह समझते नहीं बनता। उनसे कोसों दूर बैठे-बैठे, पड़े-पड़े या खड़े-खड़े तुम विलायती बोली में अर्थशास्त्र की दुहाई दिया करो, पर प्रेम का नाम उसके साथ न घसीटो।" रसखान

तो किसी की 'लकुटी अरु कामरिया' पर तीनों पुरों वा राजसिंहासन तक त्यागने को तैयार थे पर देश-प्रेम की दुहाई देने वालों में से कितने अपने थके-माँदे भाई के फटे पुराने कपड़ों और धूल भरे पैरों पर रीझकर, या कम से कम न खीझ कर, बिना मन मैला किए कमरे की फ़र्श भी मैली होने देंगे? मोटे आदमियो! तुम जरा-सा दुबले हो जाते—अपने अंदेशे से ही सही—तो न जाने कितनी ठठरियों पर मांस चढ़ जाता।'

इस प्रकार अपनी रुचि की व्यक्तिगत भावनाओं का स्पष्ट और सरल निदर्शन शुक्लजी की विशेषता है। इसके अतिरिक्त व्यक्तिगत घटनाओं का उल्लेख करते हुए रचना को विशेष आकर्षक बनाना भी वे खूब जानते हैं। उदाहरण के लिए 'लोभ और प्रीति' नामक निबंध में अपने लखनवी दोस्त के साथ महुए की महक वाली घटना या 'रसात्मक बोध के विविध रूप' नामक निबंध में अतीत के प्रति लेखक की सरल भावुकता से पूर्ण आसक्ति का उल्लेख मात्र कर देना ही उचित होगा। निबंध की यह व्यक्तिगत विशेषता शुक्लजी के निबंधों में बहुधा लक्षित होती है।

भावुकता का पुट देना भी श्रेष्ठ निबंधकार का आवश्यक गुण है। 'कविता क्या है?' 'रसात्मक बोध के विविध रूप', 'तुलसी का भक्तिमार्ग' आदि निबंधों में शुक्लजी के हृदय के उस अंतःप्रदेश के दर्शन होते हैं जहाँ भावना का अगाध सागर तरंगें मारता दिखाई देता है। सहृदय पाठकों को वहाँ भावस्रोत में बहने के अतिरिक्त और कुछ करते नहीं बनता।

व्यंग और विनोद की मात्रा शुक्लजी के निबंधों में भी मिलती है। इतने गंभीर विषयों पर लेख लिखते हुए भी वे ऐसे सभ्य और साहित्यिक हास्य की योजना करते हैं कि पढ़कर उनकी प्रतिभा पर आश्चर्यचकित रह जाना पड़ता है। जिन लोगों ने यह कहा है कि शुक्लजी के निबंध उक्त विशेषता से शून्य हैं वे यदि आँख खोलकर देखें तो पता चलेगा कि 'घृणा' जैसे विषय पर निबंध लिखते हुए भी शुक्लजी का ही काम था कि स्मित-हास्य की छटा छिटका दें। व्यंग और विनोद के नाम पर अश्लील और दूषित हास्य उत्पन्न करने वाले अधिकांश हास्यरस-लेखकों को शुक्लजी से साहित्यिक हास्य लिखने का ढंग सीखना चाहिए।

'इस ज़माने में वीरता का प्रसंग उठा कर वाग्वीर का उल्लेख यदि न हो तो बात अधूरी ही समझी जाएगी। ये वाग्वीर आजकल बड़ी-बड़ी सभाओं के मंचों पर से लेकर स्त्रियों के उठाए हुए पारिवारिक प्रपंचों तक में पाए जाते हैं और काफ़ी तादाद में।'

(उत्साह)

'संगीत के पेंच-पाँच देखकर भी हठयोग याद आ जाता है। जिस समय कोई कलावंत पक्का गाना गाने के लिए आठ अंगुल मुँह फैलाता है और 'आ-आ' करके

विकल होता है उस समय बड़े-बड़े धीरों का धैर्य छूट जाता है–दिन-दिन भर चुपचाप बैठे रहने वाले बड़े-बड़े आलसियों का आसन डिग जाता है। जो संगीत नाद की मधुर गति द्वारा मन में माधुर्य का संचार करने के लिए था वह इन पक्के लोगों के हाथ में पड़कर केवल स्वर-ग्राम की लंबी-चौड़ी क़वायद हो गया। श्रद्धालुओं के अंतःकरण की मार्मिकता इतनी स्तब्ध हो गई कि एक खर-श्वान के गले से भी इस लंबी क़वायद के गले से ठीक उतरते देख उनके मुँह से 'वाह-वाह' 'ओहोहो' निकलने लगा। × × × यदि ये कलाएँ मूर्तिमान् रूप धारण करके सामने आतीं तो दिखाई पड़ता कि किसी को जलोदर हुआ है, किसी को फ़ीलपाँव।'

(श्रद्धा-भक्ति)

'लोग अपना रुपया माँगने में संकोच करते हैं, साफ़-साफ़ बात कहने में संकोच करते हैं, उठने-बैठने में संकोच करते हैं, लेटने में संकोच करते हैं, खाने-पीने में संकोच करते हैं, यहाँ तक कि एक सभा के सहायक मंत्री हैं जो कार्यविवरण पढ़ने में संकोच करते हैं। सारांश यह कि एक बेवकूफी करने में लोग संकोच नहीं करते और सब बातों में करते हैं।'

(लज्जा और ग्लानि)

'लोभियो! तुम्हारा अक्रोध, तुम्हारा इंद्रिय-निग्रह, तुम्हारी मानापमान-समता, तुम्हारा तप अनुकरणीय है; तुम्हारी निष्ठुरता, तुम्हारी निर्लज्जता, तुम्हारा अविवेक, तुम्हारा अन्याय अविगर्हणीय है। तुम धन्य हो! तुम्हें धिक्कार है!!'

(लोभ और प्रीति)

'एक प्रकार के कविराज तो रईसों के मुँह में मकरध्वज रस झोंकते थे, दूसरे प्रकार के कविराज कान में मकरध्वज रस की पिचकारी देते थे, पीछे से तो ग्रीष्मोपचार आदि के नुसख़े भी कवि लोग तैयार करने लगे। गरमी के मौसम के लिए एक कवि जी व्यवस्था करते हैं–

'सीतल गुलाबजल भरि चहवच्चन में, डारि कै कमलदल न्हायबे को धँसिए।
कालिदास अंग अंग अगर अतर संग, केसर उसीर नीर घनसार धँसिए॥
....
जेठ में गोविन्द लाल चन्दन के चहलन, भरि-भरि गोकुल के महलन बसिए।'

(कविता क्या है?)

'एक दिन मैं काशी की एक गली से जा रहा था। एक ठठेरे की दूकान पर कुछ परदेशी यात्री किसी बरतन का मोल-भाव कर रहे थे और कह रहे थे कि इतना नहीं इतना लो तो लें। इतने ही में सौभाग्य-वश दूकानदार जी को ब्रह्मज्ञानियों के वाक्य याद आ गए और उन्होंने चट कहा–"माया छोड़ो और इसे ले लो।" सोचिए तो काशी ऐसा पुण्य-क्षेत्र! यहाँ न माया छोड़ी जाएगी तो कहाँ छोड़ी जाएगी।'

(श्रद्धा-भक्ति)

इधर शुक्लजी की भाषा पर बड़े विकट आक्षेप होने लगे हैं। हिंदी के एक प्रसिद्ध मासिक पत्र ने जिसमें शुक्ल जी के स्वर्गवास पर साढ़े तीन लाइन की टिप्पणी एक कोने में छपी थी, उनकी भाषा की क्लिष्टता, दुरूहता और अव्यावहारिकता की कड़ी आलोचना करते हुए उनके निबंध 'लोभ और प्रीति' में से कई उद्धरण दिए हैं। पर जहाँ तक मैं समझता हूँ, भाषा और भाव के विचार से उक्त निबंध उच्च कोटि का है। भावों की स्पष्टता और उच्चता के अतिरिक्त लेखक की कठिन और सरल भाषा का सुंदर समन्वय भी वहाँ मिलता है। कहीं-कहीं तो शैली इतनी गुदगुदाने वाली है कि हृदय पुलकित हो जाता है।

शुक्लजी हिंदी में अत्यंत पौरुषयुक्त और समर्थ शैली के प्रतिष्ठापक हैं। भाषा उनके संकेतों पर नाचती चलती है। वह सदा भाव की अनुरूपिणी रहती है। जहाँ विषय की गहनता अनिवार्य रूप से आ जाती है वहाँ भाषा भी बड़ी गंभीर और बहुत कुछ कठिन भी हो जाती है। पर स्मरण रखना चाहिए कि शुक्लजी के निबंधों में सरल और चुलबुली भाषा की ही बहुलता मिलती है। शैली को आकर्षक, चुभती हुई और मनोरंजक बनाने के लिए उनके निबंधों में उर्दू के चलते शब्दों का व्यवहार अच्छे परिमाण में हुआ है। मुहाविरों का प्रयोग भी उल्लेखनीय रूप से कम नहीं है। गंभीर विषयों पर लिखते हुए भी भाषा में मनोरंजकता लाना, स्थान-स्थान पर स्मित हास्य की छटा बिखेर देना और जहाँ-तहाँ मुहाविरों का फबता हुआ प्रयोग करना विशेष सामर्थ्य की अपेक्षा रखता है। आपके कई निबंधों में तो ऐसे भी वाक्य मिलते हैं जिनमें केवल मुहाविरों की ही भरमार है।

14

साहित्य की लहरें

(दो नए कविता-संग्रह)

आजकल हिंदी में पुस्तकें और संकलन खूब निकल रहे हैं। कविताएँ भी काफी लिखी-पढ़ी जाती हैं। साहित्य के सभी क्षेत्रों में नवीन उद्धावनाओं, नई शैलियों और नए विचारों का प्रादुर्भाव दिखाई दे रहा है। यह संक्रांति काल है और नई मान्यताओं की स्वीकृति इसका धर्म। इस समय नाना प्रकार के वदतोव्याघात दृष्टिगोचर होंगे। स्थितप्रज्ञता अभी नहीं दिखाई देती, यह तो आएगी शांति के समय, जब विद्रोह का जोश ठण्डा पड़ जाएगा और व्यवस्था की ओर लोगों का ध्यान आकर्षित होगा।

ऐसी दशा में, साहित्य में बहुत उलट-फेर करने की ओर पूर्ण रूप से प्रवृत्त न रहनेवाले दो कवियों के नए काव्य-संग्रहों का संक्षिप्त परिचय 'क्षत्रिय-मित्र' के पाठकों को देकर यह दिखाने का प्रयत्न किया जाएगा कि युग ने कहाँ तक इन कवियों को प्रभावित किया है।

इस बार मैं कविवर निरालाजी की 'अणिमा'† और श्री गोपाल सिंह नेपाली की 'पञ्चमी'* को सामने रखना चाहता हूँ।

'अणिमा' में निरालाजी के गीतों और कतिपय मुक्त छंदों का संकलन है। पहले ही गीत में कवि अपने प्रेम-पात्र उस आध्यात्मिक सत्ता को संबोधित कर कहता है–

उतरी नभ से निर्मल राका,
पहले जब तुमने हँस ताका।
बहु बिधि प्राणों को झंकृत कर,
बजे छन्द जो मन्द रहे।

---

† अणिमा–लेखक श्री सूर्यकांत त्रिपाठी 'निराला', प्रकाशक युग मंदिर, उन्नाव। मूल्य पहले॥) छपा था। फिर काटकर 'सवा रुपया' लिख दिया गया है।

* पञ्चमी–लेखक श्री गोपाल सिंह नेपाली, प्रकाशक कविवासर, बेतिया, चम्पारन (बिहार) मूल्य दो रुपया।

नयनों के ही साथ फिरे वे,
मेरे घेरे नहीं घिरे वे।
तुम से चल तुम में ही पहुँचे,
जितने रस आनन्द रहे।

'निराला' जी की यह रहस्योन्मुख भावना सदा से भक्तोचित भाव-भूमि पर पर्यवसित होती रही है। वह केवल अपने ही लिए आनंद की उपलब्धि नहीं चाहते। उनके हृदय का प्रसार विस्तृत है। संसार के सभी दीन दुखी जनों के प्रति सहानुभूति रखते हुए वे समाज के कल्याण का पूर्ण ध्यान रखते हैं और आनंद का प्रसार लोक में चाहते हैं। इसके लिए वे प्रार्थना करते हैं–

''दलित जन पर करो करुणा।
दीनता पर उतर आये
प्रभु, तुम्हारी शक्ति अरुणा।''

मनुष्य को ही सभी कुछ न मानकर कवि इस संसार से परे एक सर्वशक्तिमान सत्ता का अनुभव करता है जो 'सच्चिदानंद' है और भक्त जनों की प्रार्थना सुनता है। यहाँ वे उन लोगों से भिन्न हैं जो 'प्रगतिवादी' के नाम से पुकारे जाते हैं। लोक कल्याण की भावना दोनों में है पर एक मानव को ही सर्वशक्तिमान मानता हुआ भी उसे सर्वशक्तिमान नहीं मानता। इसीलिए वह भगवान से प्रार्थना करता है, जगत के दुख-दैन्य को हटाने के लिए।

यहाँ यह कदापि न समझना चाहिए कि मनुष्य की शक्ति का मूल्य निराला जी नहीं मानते। उनका 'उद्बोधन' गीत मानव की महत्ता और उसके पराक्रम का जयघोष है–

''दूर करो भ्रम-भास,
खोलो ये पलकें,
खुला सूर्य, खुला दिगाकाश।''
''प्रगति में तुम्हारे यदि
बिछा काँटों का जाल,
उड़ती है सदा धूल,
हिम्मत न हारो तुम,
सुधरेगी यह भूल,
सुधरा होगा पथ,
उठेंगे शीघ्रगति–
लक्ष्य को पद श्लथ।

नहीं वह तुम्हारा गात,
लोभ-लुण्ठन हो जहाँ
नाश जिसकी परिणति,
औद्धत यौवन
हो युद्ध की विघोषणा,
हार और मृत्यु के ही
उदर की पोषणा।
कहता है इतिहास
सत्य-ज्ञान-प्रेम का
तुम्हारा दिया है प्रकाश।''

कवि कल्पना के आनंद लोक में विचरण करने वाला नहीं है। अपनी वर्णित महत्ता अथवा अपने ज्ञान-संचय के अभिमान से पराभूत न होकर वह सामान्य जनों के साथ रहकर उसके सुख-दुख की अनुभूति चाहता है–

धूलि में तुम मुझे भर दो।
धूलि-धूसर जो हुए पर
उन्हीं के वर वरण कर दो
दूर हो अभिमान, संशय,
वर्ण-आश्रम-गत महाभय,
जाति जीवन हो निरामय
वह सदाशयता प्रखर दो।

मनुष्य की पूर्ण तृप्ति केवल उदर पोषण अथवा आर्थिक सहायता से ही नहीं हो सकती। उसकी संतुष्टि के लिए और व्यापक साधनों की आवश्यकता है।

भूख अगर रोटी की ही मिटी,
भूख की जमीन न चौरस पिटी,
और चाहता है वह कौर उठाना कोई,
देखो, उसमें उसकी इच्छा कैसे रोई।
द्वार-द्वार फिर कर
भीख माँगता कर फैला कर–
तुम्हें चाहता वह भी सुन्दर।*

---

* अंतिम तीन पंक्तियों का अन्वय इस प्रकार होगा–
(हे) सुंदर, (जो) द्वार-द्वार फिर कर, कर फैलाकर भीख माँगता (है) वह भी तुम्हें चाहता (है)।

आयु की वृद्धि का ध्यान कर कभी-कभी चिंतन काल में ऐसे भी क्षण आते हैं जब कवि जीवन की नश्वरता पर ध्यान देता है, जीवन की संध्या समीप आती हुई दिखाई देती है–

''मैं अकेला;
देखता हूँ, आ रही
मेरे दिवस की सान्ध्य वेला।''

× × × ×

स्नेह निर्झर बह गया है।
रेत ज्यों तन रह गया है।
आम की यह डाल जो सूखी दिखी,
कह रही है–'अब यहाँ पिक या शिखी
नहीं आते, पंक्ति में वह हूँ लिखी
नहीं जिसका अर्थ–
जीवन बह गया है।'

पर यह सत्य का दर्शन है। इसमें निराशावाद का विषण्ण स्वर नहीं। लोक कल्याण के जितने क्षण जीवन में आते हैं वे अनश्वर हैं, जीवन की सार्थकता उसमें है जो विनष्ट होने वाली है। वह तो जीवन का बाहरी अलंकरण है, ऐहिक ऐश्वर्य है।

'दिये हैं मैंने जगत को फूल-फल,
किया है अपनी प्रभा से चकित-चल,
पर अनश्वर था सफल पल्लवित पल–
ठाट जीवन का वही
जो ढह गया है।'

जीवन का आनंद एकदम विलुप्त हो गया हो यह बात नहीं है। वह तो नव-नव वेश धारण कर भास्वर होता रहता है–

'रंग गया प्रेम का अंतराल,
खुल गया हेम का जगज्जाल,
तुल गई किरण, धुल गई झाल,
जीवन-सकाल से सफल गहे।'

मधुर-ध्वनि-प्रवाह के कारण इन पंक्तियों से आरंभ गीत–

'द्रुम-दल-शोभी फुल्ल नयन ये,
जीवन के मधुगंध चयन ये।'

'गीतिका' का स्मरण दिलाता है।

'भारत' पर लिखी गई कविता किसी भी दृष्टि से कोई नवीनता नहीं व्यंजित करती। लंबे मुक्त छंदों में निर्मित कविताओं में 'अज्ञता' 'तुम और मैं' तथा 'स्वामी प्रेमानंद जी महाराज' शीर्षक रचनाएँ उल्लेखनीय हैं। प्रसिद्ध जनों पर जो छोटी बड़ी रचनाएँ हैं उनका 'काव्य की दृष्टि' से कोई विशेष मूल्य नहीं प्रतीत होता। इस प्रकार की कई रचनाएँ फरमायश पर लिखी गई मालूम होती हैं। 'माननीया श्रीमती विजयलक्ष्मी पंडित के प्रति' लिखी गई चतुर्दश पदी चाहे दिल की फरमायश पर ही लिखी गई हो किंतु उसे संग्रह में देने की क्या आवश्यकता थी, यह समझ में नहीं आता। संग्रह के अंत में दी गई कुछ रचनाएँ जिनमें प्रकृति के विशृंखल और अधूरे चित्र उपस्थित किए गए हैं काव्य की दृष्टि से क्या महत्त्व रखती हैं यह साधारण पाठक की बुद्धि के परे की बात है। जिन कविताओं में निराला जी 'हिंदोस्तानी जबान' का ध्यान रख कर चले हैं उनका शब्द चयन (Diction) चिंत्य है। अपने इस सुप्रसिद्ध कवि से हम समर्थ व्यंजना की आशा रखते हैं। साधारण शब्दों का बहिष्कार न हो पर उन्हें इस रूप में ही आना चाहिए कि जिस निमित्त को लेकर वे प्रयुक्त हुए हैं उसे पूरा कर सकें। जिस भाव की व्यंजना वे करने वाले हैं उसको पाठक के हृदय में अच्छी तरह ढाल सकें। मेरा अपना विचार है कि यदि इस संग्रह की एक तिहाई रचनाएँ न भी संगृहीत होतीं तो कुछ ऐसी हानि नहीं थी।

× × ×

श्री गोपाल सिंह नेपाली प्रकृति के कवि हैं। सरलता इनकी कविता और इनके स्वभाव का विशेष गुण है। पिछले बारह वर्षों से ये कविताएँ कर रहे हैं और इनका इतने दिनों की काव्यसाधना के क्रमिक विकास की ओर मेरा ध्यान स्वभावतः चला जाता है। किंतु इस छोटे से लेख का विषय दूसरा है। यहाँ उनकी नवीनतम कृति 'पञ्चमी' का परिचय देते हुए उन पर पड़ी छाप की ओर संकेतमात्र कर देना उचित होगा।

नेपाली प्रकृति के मनोहर स्वरूप से प्रेरणा ग्रहण करते हैं। मुग्ध दृष्टि से सौंदर्य चयन करते हुए ये आनंद विभोर हो उठते हैं।

'मार कर तुम किरणों के बाण,
खिलाते नयनों के जलजात।
हँसा कर डाल डाल में फूल
फूल में हँसते हो सुकुमार
उड़ाकर काले काले भृङ्ग

भृङ्ग का रूप तुम्हारी सूझ
फूल के, रंग तुम्हारे खेल
खिलाकर फूल उड़ा कर धूल
मिलाते तुम जीवन का मेल
झुरमुट में छिप कर चुपचाप
हिलाते तुम प्राणों के पात'

(भोर)

प्रभात का समय है। सूर्य निकल रहा है। किरणें मानों अंधकार को खोज-खोज कर उसका नाश करने को उद्यत हो गई हैं। अंधकार भाग रहा है किरणें उसके पीछे लगी हैं। इस दृश्य का आकर्षक चित्र देखिए—

'किरण वन-विहगों सी उड़ चली
किरण जल-लहरों-सी खुल पड़ी
खोजती फिरी गुहा से गुहा
तिमिर को किरणों की फुलझड़ी
तिमिर भागा बन कर तरु छाँह
चलीं किरणें तरुतरु को छान
तिमिर बन गया सघन बन-कुंज
बनी किरणें विहगों के गान
तिमिर का काला पर्दा चीर
किरण का रास रचाता चला
पड़े सागर पर मेरे चरण
चलीं लहरें चरणों को चूम
देख इन अधरों पर मुस्कान
उठी सागर लहरों में झूम
लहरियाँ चंचलानल की उठीं,
करों में अरुण बाल रवि लिये
किरण ने उन लहरों को चूम
लहर में अमर गान भर दिये
तरी मेरी इतराती चली, लहर पर मैं लहराता चला'

(प्रभात गान)

इन कविताओं में चमत्कार प्रदर्शन की रुचि हृदय-संपृक्त भावनाओं में लिपटी होने के कारण सहज ही में पाठक को प्रसन्न कर देती है।

'पंछी' शीर्षक कविता में प्रातःकाल की मनोमुग्धकारी सुषमा के सुंदर चित्र उपस्थित करते हुए कवि ने एक उड़ते हुए पक्षी के उल्लास की मार्मिक व्यंजना की है अंत में उसकी यह उद्भावना दर्शनीय है–

'रवि है नीड़ क्षितिज डाली है, नभ बन सा दिखलाता।
बिहग चंचु में लिये किरण का, तिनका उड़ता जाता॥
आँखों में भर अमर पिपासा, पाँखों में तूफान।
पंछी गाता उड़ा गगन में, आज विजय के गान॥'

'पतझड़ का चाँद' में रात्रि की नीरवता, पत्रविहीन वृक्ष और उनसे छनकर आता हुआ चाँद का बिंब आकाश में तैरते हुए बादल के टुकड़े–इन सब दृश्यों का अत्यंत हृदय-ग्राही चित्रण है। पूरी मूर्ति स्पष्ट हो जाती है।

रिम-झिम रिम-झिम गिरती हुई बूँदें, महीना सावन का। हृदय रस-सिक्त हो रहा है–

'सावन मनभावन जाग आज,
ये नन्ही बूँदें बरस रहीं।
आँगन-आँगन में झूम-झमक
गा रहीं गीत दे दरस रहीं।
बन की इन निर्जन गलियों में
दुबकी-सकुचाई कलियों में
उमड़ा पावस-रस, मची धूम
मधु पीने वाले अलियों में
मिलकर समीर के झोंकों में
ये मचल उछल कर बरस रहीं।'

प्रकृति के विविध रूपों के साथ अपने हृदय का तादात्म्य दिखाते हुए 'तुम और मैं' शीर्षक कविता में कवि ने सुंदरतापूर्वक अपना प्रकृति-प्रेम प्रदर्शित किया है। एक चित्र देखिए–

आ रहे तुम बनकर मधुमास
और मैं ऋतु का पहला फूल

× × ×

सुभग तुम झिल-मिल झिल-मिल प्रात
प्रात का मंद-मधुर कल हास
गहन मैं थकी झुटपुटी साँझ

उतरती तरु कुंजों के पास
सघन तुम हरा-भरा बन कुंज
कुंज का मैं गायक खग बाल
तुम्हारा जीवन मेरा गान
और मेरा जीवन तरु डाल
पुरुष तुम फैला देते बाँह,
प्रकृति मैं जाती उन पर झूल।

ऐसे मोहक दृश्यों के अतिरिक्त एक-आध स्थलों पर प्रकृति के ही माध्यम से कवि ने युवकोचित अदम्य साहस और उत्साह भी दिखाया है–

नाव को मेरे माँझी आज
बढ़ा ले चल धारों की ओर।
'हवा के झोंकों में अब झूम
नाचती हुई लहर को चूम
जरा हम भी तो देखें आज
यहाँ आँधी-पानी की धूम
गरजते तूफानों से खेल
यहाँ लहरों-धारों में घूम
उमड़ते दरियादिल का राज
हमें भी करने दो मालूम
उड़ा दे आज हवा में पाल
लहर की ललकारों की ओर
उड़ेगी पाल पढ़ेगी नाव
चलेंगे हम लहरों को चीर
ठोकरों से फूटेगी धार
लहर की टूटेगी जंजीर'

नेपाली की सबसे बड़ी विशेषता यह है कि जिस दृश्य को वे हमारे सामने खड़ा करते हैं उसके सभी अवयवों का अपने निरीक्षण शक्ति के द्वारा बड़े मार्मिक ढंग से चित्रण करते हैं। इस प्रकार के सविस्तार वर्णन से एक सांगोपांग रूप खड़ा हो जाता है और हमारे हृदय पर इन सबका एक समन्वित प्रभाव पड़ता है।

प्रकृति का संश्लिष्ट चित्र उपस्थित करने में नेपाली को अच्छी सफलता मिली है। यह निःसंकोच कहा जा सकता है। हाँ, इस अवसर पर हम कवि से यह संकेत कर देना चाहेंगे कि उसे केवल रोमांटिक दृश्यों की व्यंजना करके ही नहीं संतोष

कर लेना चाहिए। प्रकृति के उन दृश्यों से भी उसे प्रेरणा ग्रहण करनी चाहिए जिनमें शक्ति और उत्साह संचरण करने की सामर्थ्य हो। नेपाली का काव्यक्षेत्र मुख्यतः प्रकृति है अतएव उस क्षेत्र में अंतरात्मा की नाना-रूपात्मक विभूतियों का दर्शन करना चाहिए, केवल क्रीड़ा कौतुक और रोमांटिक हर्ष पुलक के भाव जाग्रत करने वाले दृश्यों पर ही संतोष नहीं। दूसरी बात भाषा और व्यंजना के विषय में यह कहनी है कि भाषा की ध्वन्यात्मकता तथा व्यंजना को और सबल बनाने की आवश्यकता है। भाषा की दृष्टि से नेपाली की कविता सबल नहीं कही जा सकती। जैसे कवि को शब्दों की कमी बार-बार उसे मुसीबत में डाल देती हो और भाव-संचरण की उपयुक्त क्षमता उनमें बहुत अच्छी न हो। केवल एक उदाहरण पाठकों के सम्मुख उपस्थित करता हूँ।

नीड़ में विहग भड़भड़ा उठे।
वायु में पंख फड़फड़ा उठे।
कुंज के पात खड़खड़ा उठे।
ग्रीष्म के पाँव लड़खड़ा उठे।

× × ×

इसके इतिरिक्त मैखाने का पूरा सामान भी स्थान-स्थान पर इकट्ठा किया हुआ दिखाई देता है। अब तो आधुनिक साहित्य में यह सब चीजें बहुत अधिक सामने आ चुकीं। अब दूसरी ओर भी मुड़ना चाहिए।

15

गणदेवता

बिहार के सुप्रसिद्ध कवि श्री रामदयाल पांडेय की कविताओं का पहला संग्रह 'गणदेवता' के नाम से अभी-अभी प्रकाशित हुआ है।

आधुनिक हिंदी कविता के नवीनतम उत्थान में योग देने वाले नवयुवक कवियों में पांडेय जी का अच्छा स्थान है। इनकी कविताओं में उत्साह और ओज की तीव्र धारा दूर तक चलती रहती है। करुण और क्षोभ की व्यंजना जो आज के सचेष्ट और जागरूक कवि की बिल्कुल स्वाभाविक प्रवृत्ति के अनुकूल है, 'गणदेवता' के रचयिता की विशेषता है। पर इनकी सबसे बड़ी विशेषता है मनुष्य की महत्ता के व्यापक स्वरूप की अनेक दृष्टियों से पहचान।

इस संग्रह का 'गणदेवता' नाम ही इस बात का द्योतक है कि कवि मनुष्य की महानता में अविचल निष्ठा रखने वाला है। लोक जीवन के नाना संघर्षों के बीच लड़ता-भिड़ता, उठता-गिरता, समाज की मंगलमयी स्थिति को प्राप्त करने के लिए प्रयत्नशील मनुष्य ही ईश्वर स्वरूप है—इस भाव की सौष्ठवयुक्त काव्यात्मक व्यंजना अनेक रूपों में करने का प्रयत्न पांडेय जी की रचनाओं में स्पष्टतया लक्षित होता है। कवि समग्र विश्व में फैले हुए मानव समाज में एकत्व का अनुभव करता हुआ जागरण का संदेश देता है—

''मनुष्य देवता उठो,
विकास के पिता उठो,
''अनन्त रूप नाम में,
अनन्त धर्म-धाम में,
अनन्त देश ग्राम में,
महान एकता उठो!''

भारत के 'गणदेवता' को उसके अतीतकालीन पूर्वजों की अनंत शक्ति, उदारता, अखंडता और प्रकांड तत्त्व-ज्ञान का स्मरण दिलाता हुआ उसे स्वतंत्रता की प्राप्ति के लिए कटिबद्ध होने की प्रेरणा देने वाला गीत अत्यंत सुंदर बन पड़ा है—

"जागो, जागो भारतवासी,
सत्य-साधना में युग-युग की चिर अखंड अविनाशी
जागो कोटि-कोटि लहरों में
ज्यों जीवन का नाद एक है
दिग्दिगंतव्यापी मेघों के
गर्जन में संवाद एक है
भारत के चालीस कोटि की
हार एक है, जीत एक है
पुण्य भूमि चालीस कोटि की भारत काबा-काशी"

आज के युग में जब बुद्धि के चकाचौंध उत्पन्न करने वाले प्रकाश में ज्ञान का ही वैभव सभी ओर प्रधानरूप से दृष्टिगोचर हो रहा है, कवि का भावुक हृदय पथभ्रष्ट बुद्धि-बल को छोड़ मनुष्य के हृदय में छिपी हुई श्रद्धा और विश्वास की भावना की खोज में है जिसके प्रसार से आज की विभीषिका से त्राण मिले—

"मैं खोज रहा हूँ मानव के
अन्तर की वह श्रद्धा अनंत
जो जीवन के घन पतझड़ में
लाती है युग-युग से बसंत"

इसी श्रद्धामूलक भावना के कारण कवि 'माता' शीर्षक कविता में भारतीय नारीत्व के शक्तिशील-सौंदर्य-युक्त महत् स्वरूप की कल्पना कर सका है। नारी की महिमा के वास्तविक स्वरूप का आभास देने वाली यह कविता उच्च भावों से ओत-प्रोत है।

रो-रोकर जीने से हँस-हँस कर कर्तव्य की बलिवेदी पर मर जाना अच्छा है। स्वतंत्रता की प्राप्ति के लिए प्रयत्नशील चैतन्य युवक की शक्तिपूर्ण वाणी 'युगमानव' शीर्षक कविता की पंक्तियों में गूँज रही है—

"रो-रो कर जीना न चाहता
हँस-हँसकर मैं मरा करूँगा
जीऊँगा मैं महामृत्यु में
देकर हँसी एक-दो क्षण की
जगजीवन का रुदन मरण है
जीवन है मुसकान मरण की
और जन्म से मैं मानव हूँ
मर कर मान बढ़ाने वाला"

इसलिए मानव जीवन को मुक्त करने के लिए वह तत्पर है–

"इच्छाओं में बँध न सकूँगा
मैं न बनूँगा उनका बंधन
तोड़-फोड़ प्राचीर-घरौंदे
मुक्त करूँगा मानव-जीवन।"

वर्तमान युग का मानव कवि के कंठों से बोल रहा है–

"एक ही उद्गार
मुक्त कर दो द्वार
मुक्त कर दो बंद जीवन के करोड़ों द्वार"
"मुक्ति है चिर-श्रेय मेरा
मुक्ति चिर पाथेय मेरा
प्रलय है मेरा मरण ही, जन्म सृष्टि-प्रसार"

कवि की संवेदनशीलता का प्रसार समाज के शोषित वर्ग के बीच विशेष है। समाज को आगे बढ़ाने के लिए पैर का काम उपर्युक्त वर्ग ही देता है इसलिए उसके प्रति विशेष सम्मान और ममता का भाव प्रदर्शित करना स्वाभाविक ही है। इस प्रसंग में मुझे सहजोबाई का एक दोहा स्मरण आ रहा है–

शीश, कान, मुख, नासिका, ऊँचे-ऊँचे नाँव।
सहजो नीचे कारने, सब कोउ पूजे पाँव॥

'गणदेवता' का कवि अपने 'देवता' का परिचय देता है–

"देवता मेरे जग के प्राण
दलित-पीड़ित मजदूर किसान
धरा की मिट्टी में सौ बार,
मिल चुके हैं जिनके अरमान"

कवि की दृष्टि में किसान ही वास्तविक कलाकार हैं जो विश्व के जीवन की स्थिति सँभाले हुए हैं–

"हल जिनकी लौह लेखनी है,
धरती असीम ही पत्र सुघर
निज तन का स्वेद-रुधिर स्याही
नव बीज-विटप जिनके अक्षर"

“मानव युग-युग तक भोगेगा,
उनका व्यापक साहित्य अमर
मैं एक शब्द शिल्पी केवल,
वे विश्व-कला के सृजनहार,
उनको मेरा चिर नमस्कार।”

जो लोग कविता को ऐसी परम पवित्र कला मानते हैं जिसे छूने का अधिकार श्रमिक वर्ग को नहीं। अथवा अपने को केवल शब्द शिल्पी और उन्हें विश्वकला का सृजनहार कहने का शाब्दिक अर्थ लेकर जो लोग इस कविता में अशिष्टता और उच्छृंखलता तथा असंयम आदि की छाया देखते हैं उनसे अत्यंत संक्षेप में मेरा कहना यही है कि आप अपनी दृष्टि ठीक कीजिए तो कवि के हृदय की व्यापक संवेदनशीलता का परिचय यहाँ आपको मिलेगा।

रामदयाल जी प्रायः लंबी कविताएँ लिखते हैं। गाने की दृष्टि से तो यह अच्छा है ही। इसके अतिरिक्त इस योजना में किसी भाव के समन्वित प्रभाव निष्पन्न करने की कामना भी भासित होती है। 'गणदेवता' नामक कविता में विस्तार के साथ मनुष्य के क्रमिक विकास की चार स्थितियों को दिखाने की चेष्टा की गई है। 'इलाही का फातिहा' में कलकत्ते की सड़क पर जाड़े की रात में 'या इलाही मिट न जाए दर्द दिल' गाते हुए एक भिखारी बालक की दर्दनाक तस्वीर और उसकी कवि के मन पर हुई प्रतिक्रिया का आकर्षक वर्णन है। इन लंबी कविताओं में बहुत कुछ उपरिनिर्दिष्ट गुण समन्वित हो गए हैं। पर इससे कहीं-कहीं दो भारी कमियाँ आ गई हैं, एक तो यह कि कुछ स्थलों पर कुछ दूर तक तुकबंदी सी दिखाई देने लगती है, मुक्तक-काव्य में अपेक्षित चुस्ती वहाँ नहीं दिखाई देती। दूसरी बात यह कि कहीं-कहीं एक भावना का विस्तार करते-करते अंत में उसे इतना व्यापकत्व प्रदान करने की प्रवृत्ति दृष्टिगोचर होती है कि सारा प्रभाव ही नष्ट हो जाता है और अंत में एक धुँधली सी चीज पाठक के सामने रह जाती है। पर ऐसा बहुत कम स्थानों पर हुआ है।

'गणदेवता' की अधिकांश कविताएँ आधुनिक काव्य की नवीनतम प्रवृत्ति की उत्तम रूपरेखा सामने रखती हैं।

विजयशंकर मल्ल : लोक यात्रा

–डॉ. जयप्रताप मल्ल

बेल्थरा आजमगढ़ मार्ग, बेल्थरा (जिला-बलिया) से पश्चिम लगभग 12 कि.मी. दूर मर्यादपुर बस स्टेशन और इस बस स्टेशन से उत्तर 2 कि.मी. की दूरी पर मऊ जिले का एक बड़ा गाँव (क्षेत्रफल की दृष्टि से), जिसका नाम है *'लखनौर'*। इस गाँव का कुल क्षेत्रफल लगभग 1800 हेक्टेयर और वर्तमान में इसकी कुल आबादी लगभग 5000 के आसपास है। जमींदारी उन्मूलन के पूर्व यहाँ 4-5 जमींदार हुआ करते थे, जिनकी जमींदारी मऊ एवं बलिया में दूर-दूर तक फैली हुई थी। उन्हीं जमींदारों में एक प्रतिष्ठित जमींदार बाबू रामगुलाम मल्ल थे। बाबू रामगुलाम मल्ल के द्वितीय पुत्र विजयशंकर मल्ल का जन्म 1 अगस्त 1921 ई. में हुआ था। इस गाँव में 'मल्ल' विशेन वंश के लगभग 30 परिवार हैं। लगभग 8 ब्राह्मण पुरोहित परिवार शेष में अन्य यादव, कोख दी, नाई, गोड़, बारी भर एवं हरिजन आदि हैं।

बाबू रामगुलाम मल्ल अपने पुत्रों की शिक्षा के प्रति सजग थे। उनकी शिक्षा के लिए उस समय जितने साधन हो सकते थे, उन्होंने उपलब्ध कराए। लखनौर गाँव के सटे पश्चिमी हिस्से में एक बहुत पुराना, लगभग 200 वर्ष पूर्व का स्थापित प्राइमरी स्कूल था, वह आज भी है। इसी प्राइमरी स्कूल से विजयशंकर मल्ल ने अपनी प्राइमरी की शिक्षा प्राप्त की। इसी प्राइमरी स्कूल से प्रसिद्ध ऐतिहासिक नाटककार पंडित लक्ष्मीनारायण मिश्र जी एवं उत्तर प्रदेश के पूर्व एडवोकेट जनरल पंडित कन्हैयालाल मिश्र जी ने भी अपनी प्राइमरी शिक्षा प्राप्त की थी। दोनों मिश्र जी का गाँव क्रमशः बस्ती एवं मर्यादपुर, ग्राम-लखनौर के बगल के ही हैं। पिताजी के पीढ़ी के 'मल्ल' परिवार में, अनेक मेधावी छात्रों ने यहीं से अपनी प्राइमरी की शिक्षा प्राप्त कर, विभिन्न क्षेत्रों में उच्च पदों तक गए। उन मेधावी छात्रों में श्री कृष्णमोहन मल्ल, जिन्होंने इंजीनियरिंग की शिक्षा प्राप्त कर पूर्वोत्तर रेलवे के जी.एम. पद से अकाश ग्रहण किया। प्रोफेसर लल्लन मल्ल वनस्पति विज्ञान के क्षेत्र में एक ख्याति प्राप्त वैज्ञानिक थे। जिन्होंने उज्जैन विश्वविद्यालय से अवकाश प्राप्त किया। इस प्रकार उस पीढ़ी में 'मल्ल' परिवार के कई युवकों ने उच्च शिक्षा प्राप्त कर, विभिन्न क्षेत्रों में उच्च पदों तक पदोन्नति कर अवकाश ग्रहण किया।

विजयशंकर मल्ल ने अपनी प्राइमरी शिक्षा प्राप्त कर, जिला आजमगढ़ के श्रीकृष्ण पाठशाला में आठवीं की परीक्षा सन् 1936 ई. में उत्तीर्ण की। इसके पश्चात् आगे की संपूर्ण शिक्षा-दीक्षा काशी हिंदू विश्वविद्यालय, वाराणसी में संपन्न हुई। सेंट्रल हिंदू स्कूल, कमच्छा से सन् 1939 ई. में हाई स्कूल की परीक्षा, इंटरमीडिएट सन् 1941, बी.ए. (आनर्स) सन् 1943 ई. और एम.ए. सन् 1945 ई. में, काशी हिंदू विश्वविद्यालय से सभी परीक्षाएँ विशेष योग्यता के साथ उत्तीर्ण कीं। एम.ए. (हिंदी) की परीक्षा में प्रथम श्रेणी में प्रथम स्थान प्राप्त किया। एम.ए. के पश्चात् अपने क्वींस कालेज में छः महीने तक अध्यापन कार्य किया। इसके बाद के समय में काशी हिंदू विश्वविद्यालय के हिंदी विभाग में समय-समय पर अध्यापन कार्य करते रहे और जुलाई 1948 ई. में आपकी नियुक्ति उसी विभाग में स्थायी प्रवक्ता पद पर हुई। आचार्य केशव प्रसाद मिश्र, आचार्य नंददुलारे वाजपेयी, आचार्य हजारी प्रसाद द्विवेदी, आचार्य विश्वनाथ प्रसाद मिश्र, डॉ. जगन्नाथ प्रसाद शर्मा, पद्म नारायण आचार्य, डॉ. श्रीकृष्णलाल और डॉ. करुणापति त्रिपाठी जैसे साहित्य मनीषियों के साथ लंबे समय तक अध्ययन-अध्यापन करने का सुअवसर आपको मिला।

बी.ए. के छात्र जीवन से ही आपने 'जयेश' नाम से कई कहानियाँ और ललित निबंध लिखे, जिसका प्रकाशन 'भारत' और 'आज' के साप्ताहिक अंकों में होता रहा। दैनिक पत्र 'आज' में सन् 1946 ई. से सन् 1953 ई. तक 'ज्ञानवर्धन' नाम से मनन मनोरंजन शीर्षक के अंतर्गत नियमित स्तंभ-लेखन किया। इसके अतिरिक्त अंग्रेजी-भाषा और साहित्य पर भी इनका समान अधिकार रहा। अंग्रेजी अखबार 'लीडर' में आपके कई साहित्यिक लेख प्रकाशित हुए। जिसमें 'तुलसीदास हिज लिट्रेरी, आइडियल्स' विशेष रूप से चर्चित रहा। इसके अतिरिक्त हंस, आलोचना, माधुरी, संगम, समाज, संसार तथा सम्मेलन-पत्रिका में आपके श्रेष्ठ समीक्षात्मक निबंध प्रकाशित होते रहे हैं। आचार्य रामचंद्र शुक्ल और डॉ. श्यामसुंदर दास पर लिखे आपके लेख हिंदी विश्वकोश में संकलित हैं। हिंदी गद्य की जातीय शैली आपके चिंतन और अभिरुचि का विशेष क्षेत्र बनी रही। आपने अपनी पी-एच.डी. की उपाधि के लिए 'आधुनिक साहित्य के माध्यम के रूप में हिंदी गद्य शैली का विकास' शीर्षक शोध-प्रबंध सन् 1962 में प्रस्तुत किया। आपकी 'प्रगतिवाद' पर पहली समीक्षात्मक पुस्तक सन् 1947 ई. में प्रकाशित हुई, जो इस विषय की अग्रणी आलोचनात्मक कृतियों में अन्यतम है। 'प्रताप नारायण मिश्र' ग्रंथावली का संपादन करके आपने भारतेंदु युगीन साहित्य के क्षेत्र में नवीनतम अनुसंधान कार्यों के लिए एक नई आधारभूमि प्रस्तुत की। इसी दृष्टि से आपके हाथों श्रद्धाराम फुल्लौरी के उपन्यास 'भाग्यवती' के संपादन का भी विशेष महत्त्व है। 'आलोचना' में प्रकाशित 'हिंदी नए चाल में ढली : हँसमुख गद्य का विकास' हिंदी साहित्य जगत में काफी चर्चित हुई।

आपने काशी हिंदू विश्वविद्यालय के हिंदी विभाग में, लगभग 33 वर्षों तक

सुदीर्घ स्थायी अध्ययन कार्य के उपरांत, जुलाई 1981 में अवकाश ग्रहण किया। आपके अनेक शिष्य साहित्य-जगत में विशिष्ट साहित्यकार के रूप में प्रतिष्ठित होकर, साहित्य जगत की सेवा कर रहे हैं। आपने स्नातक एवं स्नातकोत्तर कक्षाओं के लिए दर्जनों पाठ्य-पुस्तकों का संपादन किया। आप अनेक साहित्यिक संस्थाओं एवं विश्वविद्यालयों के बोर्ड ऑफ स्टडीज के सदस्य रहे एवं कुछ महीने तक आप विक्रम विश्वविद्यालय, उज्जैन में विजिटिंग प्रोफेसर भी रहे।

आपका वाराणसी में सर्वप्रथम आगमन, अपने पिता के साथ सन् 1937 ई. में हुआ। उसी वर्ष आपने सेंट्रल हिंदू स्कूल कमच्छा में 9वीं कक्षा में एडमिशन लिया। कमच्छा में ही एक मकान में दो कमरा लिया गया। खाना बनाने एवं अन्य कार्य के लिए गाँव से साथ में नौकर भी आया था। लेखन का कार्य इंटर के छात्र जीवन से ही प्रारंभ हो गया। सबसे पहले स्कूल की पत्रिका में आपका लेख छपा। बी.ए. तक आते-आते आपके लेख 'आज' एवं 'प्रभात' के साप्ताहिक पत्र में छपने लगे। इंटरमीडिएट के छात्र जीवन में तीन छात्रों से मित्रता बनी जो अंत तक अभिन्न मित्र बने रहे। उनका नाम है—श्री सागर सिंह, डॉ. शंभुनाथ सिंह, एवं इटावा के कुँवर वीरेन्द्र सिंह। ये तीनों मित्र सन् 1943 ई. में पिताजी के साथ ग्रीष्मावकाश में लखनौर गाँव गए। डॉ. शंभुनाथ सिंह एवं कुँवर वीरेन्द्र सिंह, अब नहीं रहे। बाबू सागर सिंह की आयु 84 वर्ष की है। बनारस के प्रतिष्ठित एवं वरिष्ठ एडवोकेट हैं। लखनौर गाँव में व्यतीत किए हुए समय का वह संस्मरण अब भी सुनाते हैं।

एक दिन मैंने माताजी से अपने विवाह से लेकर अब तक बीते हुए जीवन का संस्मरण सुनाने का आग्रह किया। उनकी कही हुई बातों के आधार पर मैं आगे की बातों को प्रस्तुत कर रहा हूँ—*(इस परिवार में पिताजी को 'दादाजी' का संबोधन किया जाता रहा है। हमारे पिताजी भी अपने पिता को 'दादाजी' का ही संबोधन करते थे। हम भाई-बहन भी अपने पिताजी को 'दादाजी' का संबोधन करते रहे हैं।)*

तुम्हारे दादाजी सन् 1941 में बी.ए. के छात्र थे, उसी वर्ष हमारा विवाह हुआ। दो वर्ष पश्चात् मैं लखनौर गाँव सन् 1943 में आई। वह समय जमींदारी का था, परिवार में संपन्नता थी, आस-पास के क्षेत्र में अच्छी प्रतिष्ठा थी। जमींदारी खत्म होने के पश्चात् काफी खेती की जमीन निकल गई क्योंकि सीरदारी या जोत की जमीन कम थी, अधिक जमीन लगान पर दी हुई थी। जमींदारी निकलने के 8-10 वर्ष पूर्व तुम्हारे बाबा रामगुलाम मल्ल ने व्यापार का काम प्रारंभ किया था। प्रारंभ में 4-5 वर्षों तक कारोबार ठीक चला, परंतु बाद में घाटा होने लगा और यह घाटा इतना बढ़ गया कि उस कारोबार को बंद करना पड़ा। इस कारण परिवार में अधिक परेशानी भी आ गई। जहाँ तक तुम्हारे दादाजी का सवाल है प्रारंभ से ही खेती-बारी के कार्य से कोई सरोकार नहीं रहा। खेती का कार्य कारिंदे ही देखते थे। पूरे परिवार की व्यवस्था बाबाजी के ही देखरेख में थी। जमींदारी खत्म होने के कुछ वर्ष पश्चात् अब आर्थिक परेशानी के साथ बाबा को पारिवारिक परेशानियों का सामना करना पड़ा। चाचाजी

जरा उग्र स्वभाव के थे, परिवार के सदस्यों में अलगाव हुआ। दादाजी की नियुक्ति काशी हिंदू विश्वविद्यालय में हो गई थी, बनारस ही रहना हुआ। अतः गाँव की खेती-बारी का काम देखने के लिए एक आदमी रखा गया, उसी के भरोसे काम चल रहा है।

माताजी (श्रीमती शान्ती देवी मल्ल का स्वर्गवास मंगलवार 10 अगस्त 2004 को हो गया।) का बताना है कि वह पहली बार बनारस सन् 1950 ई. में नगवा (लंका) मोहल्ले में आईं। नगवा से एक वर्ष पश्चात् कमच्छा में रणवीर संस्कृत विद्यालय के सामने वाली गली में किराए पर मकान लिया गया। तुम्हारे दादाजी बराबर लिखने-पढ़ने में व्यस्त रहा करते थे। इस मकान पर, साहित्यिक मित्रों में डॉ. शिवमंगल सिंह सुमन, डॉ. रघुवंश, पं. करुणापति त्रिपाठी, डॉ. श्रीकृष्ण लाल, डॉ. शंभुनाथ सिंह, डॉ. बच्चन सिंह, डॉ. राममूर्ति त्रिपाठी, डॉ. राकेश गुप्त आदि का अक्सर आना होता था।

कमच्छा वाले मकान पर एक घटना के बारे में माताजी बताती हैं कि सन् 1955 ई. के आसपास गाँव के एक पट्टीदार श्रीनाथ मल्ल अपने टी.बी. के इलाज के लिए आए। उसी के कुछ समय के बाद, न जाने कैसे, क्यों और किस कारण से तुम्हारे दादाजी के मन-मस्तिष्क पर कैसा प्रभाव पड़ा कि वे एक मानसिक बीमारी से ग्रस्त हो गए। थोड़े दिन बाद बीमार भी पड़ गए। कमजोर भी हो गए। इसके पश्चात् अध्ययन और लेखन की गति धीमी पड़ गई। अब स्वभाव में भी परिवर्तन आ गया। सामान्य बात पर भी अत्यधिक सोचते-विचारते। स्वभाव में दुविधा, शंका, वहम, चिंता, चौंकने का भाव आदि का प्रवेश हो गया। गाँव से बाबा आए, उन्हें देखकर चिंतित हुए, समझाया, निश्चिंत रहने के लिए कहा। उस समय दादाजी के पारिवारिक डॉक्टर डॉ. गंगा सहाय पांडेय थे। डॉक्टर साहब मुमुक्ष भवन के एक हिस्से में रहते थे। उस समय तुम्हारे दादाजी के पास जो भी रुपया रहता उसे अल्प समय में ही खर्च कर देते । ऐसे समय में गाँव से बाबा इलाज आदि के लिए तुम्हारे दादाजी के पास सीधे रुपया न भेजकर डॉ. गंगा सहाय पांडेय जी को रुपया भेज देते। डॉक्टर साहब उन रुपयों में से जरूरत के मुताबिक समय-समय पर पैसा देते रहते थे। यह क्रम लगभग दो वर्ष तक चलता रहा। लगभग दो वर्ष पश्चात् वह सामान्य स्थिति में आ गए। फिर भी दुविधा, वहम आदि कुछ न कुछ स्वभाव में शेष रह ही गया। ऐसी स्थिति में भी देर रात तक पढ़ने का क्रम बना रहा। देर रात तक जगने के कारण सुबह काफी विलंब से उठते। इसी आदत के कारण पेट बराबर खराब रहता, कब्जियत से बराबर परेशान रहते।

इन सब परेशानियों के कारण माताजी को लगा कि कमच्छा का मकान ठीक नहीं है। अतः उस मकान को छोड़कर जल संस्थान के पास एक मकान में आ गए। यहाँ केवल 3 महीने तक रहना हुआ। तब तक काशी हिंदू विश्वविद्यालय परिसर के हैदराबाद कॉलोनी में एक क्वार्टर एलाट हो गया। सन् 1956 ई. में, ओल्ड जी/7, हैदराबाद कॉलोनी, काशी हिंदू विश्वविद्यालय के क्वार्टर में आ गए। इस क्वार्टर में

सन् 1956 ई. से 1976 ई. तक लगभग 20 वर्षों तक रहे। इस मकान पर कई विशिष्ट साहित्यकार आते रहे हैं, उनमें कुछ गुरुजन और कुछ मित्र साहित्यकार—गुरुजनों में प्रमुख रूप से आचार्य नंददुलारे वाजपेयी, आचार्य हजारीप्रसाद द्विवेदी, पं. विश्वनाथ प्रसाद मिश्र, पं. लक्ष्मीनारायण मिश्र आदि। मित्र साहित्यकारों में डॉ. रघुवंश, डॉ. शंभुनाथ सिंह, डॉ. बच्चन सिंह, पं. करुणापति त्रिपाठी, श्री त्रिलोचन शास्त्री, डॉ. सत्येंद्र, कुँवर चंद्रप्रकाश सिंह, डॉ. राकेश गुप्त, डॉ. नामवर सिंह, डॉ. शिवप्रसाद सिंह, डॉ. रामदरश मिश्र, डॉ. केदारनाथ सिंह, श्री विष्णुचंद्र शर्मा, पं. सुधाकर पांडेय, आदि।

दादाजी प्रो. विजयशंकर मल्ल से एक दिन कुछ बातचीत चल रही थी, उस समय मैंने पूछा कि आप किसी विषय पर लिखना प्रारंभ करते हैं और कुछ पृष्ठ लिखने के पश्चात् काम रोक देते हैं, काम पूरा नहीं हो पाता, ऐसा क्यों? इस पर उनका कहना होता है कि हाँ जी, क्या तुम्हें बताएँ। बात यह है कि पहले की लिखी सामग्री सटीक नहीं जान पड़ती, बहुत-सी बातें छूटी हुई लगती हैं। पहले लिखी सामग्री जमती नहीं। साथ यह भी कहते हैं कि यह प्रवृत्ति ठीक नहीं है। इन्हीं वजहों से कई काम अधूरे रह गये हैं।

उनके कमरे में दो चौकी, बिस्तर पर एक मसनद और दो तकिया, एक तकिया पर दूसरी तकिया रखकर, उन तकियों के आगे मसनद खड़ा करके लिटा देते और उस पर सिर तथा पीठ टिकाकर, लेटे हुए बराबर पढ़ा करते थे। चौकी के आधे हिस्से में किताबें, पत्रिकाएँ बेतरतीब ढंग से बिखरी पड़ी रहतीं। यदि उनके बिस्तर पर रखी किताबों आदि को कोई ठीक करने का प्रयास करता तो उसे बड़ी डाँट पड़ती। माताजी ही कभी-कभी उसे ठीक करने की हिम्मत जुटातीं और उनकी डाँट-डपट को सुनतीं। इतना ही नहीं चौकी के नीचे भी किताबें-पत्रिकाएँ, बहुत-सी लिखी सामग्री बिखरी पड़ी रहती। इसी प्रकार एक दूसरा स्वभाव और भुलक्कड़ी प्रवृत्ति। अपने ही रखे हुए सामान को भूल जाते, यह भी एक बड़ी समस्या थी। आवश्यक-पत्र, पेन, चश्मा या कोई सामान जरूरत पड़ने पर तलाशते, न मिलने पर खिझलाते। अपना सामान जब तलाश रहे होते और कोई सदस्य सामने पड़ जाता तो वही पकड़ा जाता, उसे ही सामान खोजकर देना होता। चश्मा तो अक्सर ही भूल जाया करते थे। चश्मा से संबंधित एक रोचक घटना है। चश्मा लगाए हुए हैं और उसे खोज रहे हैं, बड़े परेशान, चिल्लाकर, खिझलाए हुए मुझे बुलाते हैं और कहते हैं, देखो जी काफी देर से चश्मा खोज रहा हूँ, खोजते-खोजते थक गया, मिल नहीं रहा है, अखबार आ गया है, पढ़ना है। हम लोग उनकी इस आदत से परिचित ही थे, कहना पड़ा कि उसे तो आप लगाए हुए हैं। बस फिर क्या हँसकर कहते, 'अरे जी, क्या बताएँ।' बाहर का कोई व्यक्ति इसे सुनता तो ठहाका लगाए बिना न रहता। इसी तरह की एक और रोचक घटना है। उज्जैन विश्वविद्यालय बोर्ड ऑफ स्टडी की मीटिंग में जाना था। ट्रेन का रिजर्वेशन हो गया था। अटैची, बैग, होल्डाल

बाँधकर तैयारी हो गई थी। उस समय हम लोग हैदराबाद कॉलोनी, काशी हिंदू विश्वविद्यालय के परिसर में रहते थे। स्टेशन जाने के लिए रिक्शा आ गया था। रिजर्वेशन टिकट का लिफाफा बरामदे के मेज पर रखा हुआ था। ऐसे ही मैंने मेज पर रखे लिफाफे को खोलकर रिजर्वेशन टिकट निकाल लिया और पढ़ने लगा। रिजर्वेशन टिकट में यात्रा की मैंने तारीख पढ़ी। यात्रा की तारीख एक दिन पूर्व की थी और जाने की तैयारी दूसरे दिन हो रही थी। मैंने सभी से पूछा कि आज कौन-सी तारीख है। दादाजी ने चौंककर पूछा बात क्या है? मैंने कहा कि यात्रा की तारीख तो टिकट पर बीते हुए कल की है।

खाने-पीने के काफी शौकीन थे। जिसमें मिठाई और मीठे पकवान सामने आ जाएँ तो अपने पेट की समस्या को भूल जाते। जलेबी इतनी प्रिय कि घर पर ही जलेबी बनवाई जाती। चाशनी तैयार होती तो देखते कि यह ठीक है कि नहीं। चाशनी को हाथ के एक अँगूठे और उँगली के सिरों के बीच रखकर देखते कि तार बन रहा है कि नहीं। कड़ाही में छनी जलेबी चीनी की चाशनी में स्वयं डुबाते। थोड़ी देर बाद स्वयं ही चाशनी में डूबी हुई जलेबी को निकालकर सभी की प्लेट में रखते। इसके पश्चात् स्वयं खाते और दूसरों को खिलाते। मिठाई इतनी खाते कि हम सभी लोगों को यह शंका हो जाती कि कहीं ब्लड शुगर न हो जाए। इसी शंका में बीच-बीच में खून की जाँच होती रहती थी। बराबर शुगर नॉर्मल ही निकलता था। पेट बराबर गड़बड़ ही रहता, फिर भी यदि सामने मालपुआ, जलेबी, या रसगुल्ला आ जाए तो उसे छोड़ते नहीं थे। यह स्वभाव अंत तक बना रहा। दूसरी तरफ पेट की दवा भी बराबर चलती रहती थी।

यदि कोई बीमार पड़ जाता या किसी परेशानी में रहता तो उसके लिए स्वयं इतने परेशान हो जाते कि उनका सारा काम रुक जाता। माताजी बताती हैं कि सन् 1946 के आसपास की बात है कि ग्रीष्मावकाश में तुम्हारे दादाजी गाँव गए हुए थे। उस समय घर के गाय-बैल को सानी-पानी देने वाला नौकर बीमार था। लोगों का यह कहना था कि उसे हैजा हो गया है। इस डर से कोई उसके पास जाने को तैयार नहीं होता। दादाजी को इस बात का जब पता चला, स्वयं उसके पास गए। उसकी दशा देखी। उसके बाद स्वयं उसे उठाते-बैठाते। एक दूसरे नौकर को अपने साथ लेकर अब उसकी देखभाल में लग गए। वैद्य को दिखाना, दवा देना आदि कार्य अपनी देख-रेख में करते। यह क्रम तब तक लगा रहा जब तक कि वह ठीक नहीं हो गया इसी प्रकार छावनी पर खेती-बारी का काम देखनेवाला जयनंदन यादव, जिसकी अपने पट्टीदारों से फौजदारी हो गई थी उस मारपीट में एक लाठी की मार से उसका सिर फूट गया था। गरीबी के कारण डॉक्टर से दवा कराने में असमर्थ होने के कारण, वह घरेलू दवा कर रहा था। जिसकी वजह से सिर का वह घाव ठीक होने के बजाय, बिगड़ता गया। घाव इतना अधिक संक्रमित हो गया कि उससे दुर्गंध आने लगी थी। दादाजी उस समय गाँव आए हुए थे। इस घटना की खबर उन्हें जब लगी,

सीधे छावनी पर गए और उसे अपने साथ उसके इलाज के लिए बाहर ही बाहर सीधे बनारस लेते गए। काशी हिंदू विश्वविद्यालय के सर सुंदर लाल अस्पताल में भर्ती कराया। वहाँ उसका निदान हुआ, घाव ठीक हो गया। आज वह जयनंदन यादव 4-5 वर्ष पूर्व, जिला को-आपरेटिव के सचिव पद से रिटायर हो गया है। वह आज भी दादाजी के प्रति कृतज्ञता व्यक्त करते हुए बताता है कि यदि उस समय मदद नहीं मिलती तो शायद मैं आज जीवित नहीं रहता। जहाँ तक मैंने देखा है कि जब भी किसी के साथ सामान्य घटना भी घटित होती तो उसे सुनने पर चौंकते हुए कहते अरे, क्या! यह कैसे हो गया? उसके पश्चात् मुख की भंगिमाओं के साथ, हाथ एवं उँगलियों की ऐसी मुद्रा बन जाती कि मानो वह भी विचलित होकर भावों को व्यक्त करती हुई सी जान पड़ती।

जीवन के अंतिम समय से 4-5 वर्ष पूर्व उन्हें स्पेंडोलाइटिस के कारण कभी-कभी चक्कर आ जाता और कंधे के पास वाले हाथ के हिस्से में काफी दर्द उभर आता। इसकी दवा तो चल ही रही थी कि इसके दो वर्ष पश्चात् प्रोस्टेट ग्लैंड की समस्या आ जाने पर पेशाब करने में कठिनाई होने लगी। काशी हिंदू विश्वविद्यालय के यूरोलाजी विभाग के डॉक्टर पी.बी. सिंह को दिखलाया गया। उसी समय डॉक्टर ने ऑपरेशन करने की सलाह दी। परंतु वह ऑपरेशन टालते गए, अंत में तैयार भी हुए तो काफी विलंब हो चुका था। दूसरी तरफ शरीर की कमजोरी बढ़ती ही जा रही थी। जून 2003 में, दशा यह हो गई थी कि लगभग 100 मीटर चलने पर भी थकान हो जाती। पेट की कब्जियत से तो परेशान रहते ही थे। घर के सदस्यों को इस बात का आभास नहीं रहा कि पेशाब में रुकावट की वजह से शरीर में इन्फेक्शन बढ़ रहा है, जिससे कमजोरी बढ़ती जा रही है। घर के लोग उन्हें यही उलाहना देते कि आप टहलते तो हैं नहीं, जिससे पेट की समस्या बनी रहती है, समस्या का वही कारण है। यह कमजोरी 26-27 जुलाई 2003 तक इतनी बढ़ गई कि बिस्तर से उठने में भी कठिनाई होने लगी थी। उस समय मैंने कहा कि अब घर पर डॉक्टर का इलाज कराना पर्याप्त नहीं है। आपको अस्पताल में भर्ती होकर सभी जाँच कराना आवश्यक है, डॉक्टर की यही सलाह है। कालोनी के बगल के 'ओपल्स हॉस्पिटल' में भर्ती कराया गया। सभी जाँच हुई। रिपोर्ट में ब्लड यूरिया कुछ बढ़ा हुआ था, प्रोस्टेट ग्लैंड भी काफी बढ़ गया था। डॉक्टर ने कहा भर्ती हो जाइए, ऑपरेशन के बाद आप ठीक हो जाएँगे। उस समय पिताजी ने कहा कि बड़े लड़के को बुलवा लेता हूँ, अब ऑपरेशन आप कर ही दीजिए, जिससे इस परेशानी से छुटकारा तो मिल जाए। परंतु, ऑपरेशन का मौका न आ सका। दूसरे ही दिन ज्वर आ गया। 4-5 दिन तक दवा चली, 14 अगस्त को डॉक्टर ने बतलाया कि यूरिन इन्फेक्शन की वजह से दादाजी को सेप्टीसीमिया हो गया है। जिसके कारण सबसे तेज एंटीबायोटिक देने पर भी, यह दवा काम नहीं कर रही है। 15 अगस्त 2003 को बी.एच.यू. के अस्पताल में भर्ती कराया गया। वहाँ दूसरे दिन आई.सी.यू. यूनिट में रखा गया, ऑक्सीजन लगना

प्रारंभ हो गया। वहाँ पर दो दिन रखे गए, कुछ सुधार हुआ। वापस पुनः बार्ड में लाए गए, ऑक्सीजन लगता रहा, दवा चलती रही। डॉक्टर अति गंभीर दशा की ओर बराबर संकेत करते रहे। इस गंभीर दशा की खबर को माताजी से बताने की किसी को हिम्मत न हुई।

हॉस्पिटल में भर्ती होने के पूर्व की घटना : 5 अगस्त 2003 को अपराह्न 4 बजे के लगभग श्री शिवशंकर मिश्रजी घर पर आए। मुझसे मिश्रजी ने पूछा कि गुरुजी कैसे हैं? मैंने उन्हें बताया कि इस समय तबीयत ठीक नहीं है। उन्हें सीधे दादाजी के पास ले गया। मिश्रजी को देखते ही दादाजी ने कहा—आइए-आइए, मिश्राजी, आपको मेरा संदेशा मिल गया था न, मैं आपकी प्रतीक्षा कब से कर रहा हूँ। देखिए न इधर, कुछ दिनों से मुझे बड़ी कमजोरी हो गई है। दो दिन पूर्व ही ज्वर आ गया, आज कुछ ठीक हूँ, परंतु कमजोरी बनी हुई है। दवा चल रही है, आज पहले से कुछ ठीक हूँ। आप अपना समाचार बताइए, आप कैसे हैं? उसके पश्चात् उन्होंने मुझसे कहा कि मिश्राजी काफी दिनों के बाद आए हैं, पहले कुछ चाय पानी तो कराओ। मिश्राजी ने भी अपना हालचाल बताते हुए कहा कि—गुरुजी मेरी भी उम्र 72 वर्ष की हो चली है, पहले जैसा स्वास्थ्य रह नहीं गया है, मोतियाबिंद का ऑपरेशन कराया है। दादाजी ने कहा कि—बताइए, इतना समय कैसे निकल गया? आप भी वृद्धों की जमात में आ गए। अब तो कुछ समझ में नहीं आता, खैर। इतना कहने के पश्चात् कुछ देर के लिए चुप हो गए, थोड़ी देर शांत रहे, चुपचाप छत की तरफ देखते रहे, मानों किसी विचार में खो गए। इस समय हम सभी लोग उन्हीं की तरफ देख रहे थे। कुछ देर बाद धीमी आवाज में मिश्राजी से कहा कि—आजकल करते-करते इतना समय बरबाद हो गया। कई काम पड़ा हुआ है, कुछ योजनाएँ मेरे मन में हैं। मिश्राजी आपको मेरी मदद करनी होगी। मैं कुछ दिन में ठीक हो जाता हूँ, फिर आपको बुलाता हूँ, आपको मेरे यहाँ आना होगा। अब जो भी कुछ है, जैसे-तैसे बोलता जाऊँगा और आपको लिखना होगा। मिश्राजी ने कहा कि ठीक है, आपका आदेश है तो यह काम अवश्य होगा। पहले आप स्वस्थ हो जाएँ, मुझे संदेशा करा दीजिएगा, आपका काम पूरा अवश्य होगा।

परंतु होनी कुछ और ही थी। स्वस्थ होने का समय फिर वापस न आ सका। दिन-प्रतिदिन स्वास्थ्य गिरता गया। अंतिम दिन तो कमजोरी इतनी अधिक हो गई कि मुख से आवाज ही नहीं निकल पाती। होंठ हिलते कुछ कहने को, परंतु शब्द ही बाहर नहीं आ पाते। छाती पर दोनों हाथ की हथेली रखे हुए थे। कोई कुछ पूछता या कहता तो छाती पर रखी हथेली उठ जाती। वह उठी हथेली क्या कहने को उठती रही, हम सभी असमर्थ, विवश, स्तब्ध होकर देखते ही रह गए। 31 अगस्त की रात्रि 10 बजे तक रही दादाजी की अंतिम साँस। अब कुछ भी शेष नहीं रहा।

□□□